RENÉ GIRARD
DIÁLOGOS

É Realizações
Editora

Copyright © Michigan State University, originalmente publicado pela Michigan State University Press como parte da série de estudos em violência, mímese e cultura.
Título original: *Politics & Apocalypse*
Copyright da edição brasileira © 2019
É Realizações Editora

Editor
Edson Manoel de Oliveira Filho

Coordenador da Biblioteca René Girard
João Cezar de Castro Rocha

Produção editorial
É Realizações Editora

Preparação de texto
Evandro Lisboa Freire

Revisão
Mariana Cardoso

Design Gráfico
Alexandre Wollner
Alexandra Viude
Janeiro/Fevereiro 2011

Sobrecapa, capa, diagramação e finalização
Nine Design | Mauricio Nisi Gonçalves

É Realizações Editora, Livraria e Distribuidora Ltda.
Rua França Pinto, 498 -
04016-002 - São Paulo, SP
Telefone: (5511) 5572 5363
e@erealizacoes.com.br
www.erealizacoes.com.br

Proibida toda e qualquer reprodução desta edição por qualquer meio ou forma, seja ela eletrônica ou mecânica, fotocópia, gravação ou qualquer outro meio de reprodução, sem permissão expressa do editor.

Este livro foi impresso pela Mundial Gráfica, em maio de 2020. Os tipos são da família Rotis Serif Std e Rotis Semi Sans Std. O papel do miolo Lux Cream 70 g, e o da capa, Ningbo C2 250 g e da sobrecapa couchê fosco 150 g.

CIP-BRASIL. CATALOGAÇÃO NA PUBLICAÇÃO
SINDICATO NACIONAL DOS EDITORES DE LIVROS, RJ

H186p

    Hamerton-Kelly, Robert G., 1938-
Política e apocalipse : estudos em violência, mímese e cultura / Robert G. Hamerton-Kelly ; tradução Mauricio G. Righi. - 1. ed - São Paulo : É Realizações, 2019.
    400 p. ; 22 cm. (Biblioteca René Girard)

    Tradução de: Politics and apocalypse : studies in violence, mimesis, & culture
    Inclui índice
    ISBN 978-85-8033-394-7

    1. Fim do mundo. 2. Religião e política. 3. História - Aspectos religiosos. I. Righi, Mauricio G. II. Título. III. Série.

19-61258   CDD: 901
                                      CDU: 930.1

Meri Gleice Rodrigues de Souza - Bibliotecária CRB-7/6439
08/11/2019 14/11/2019

RENÉ GIRARD
DIÁLOGOS

política e apocalipse
estudos em violência, mímese e cultura

organizador
Robert G. Hamerton-Kelly

tradução: Mauricio G. Righi

É Realizações
Editora

Esta edição teve o apoio da Fundação Imitatio.

INTEGRATING THE HUMAN SCIENCES

Imitatio foi concebida como uma força para levar adiante os resultados das interpretações mais pertinentes de René Girard sobre o comportamento humano e a cultura.

Eis nossos objetivos:

Promover a investigação e a fecundidade da Teoria Mimética nas ciências sociais e nas áreas críticas do comportamento humano.

Dar apoio técnico à educação e ao desenvolvimento das gerações futuras de estudiosos da Teoria Mimética.

Promover a divulgação, a tradução e a publicação de trabalhos fundamentais que dialoguem com a Teoria Mimética.

sumário

9
um ensaio introdutório
Robert Hamerton-Kelly

49
capítulo 1
a subversão do mito pelos evangelhos
René Girard

79
capítulo 2
"negação do apocalipse" *versus* "fascinação pelo final dos tempos"
Józef Niewiadomski

103
capítulo 3
Carl Schmitt e sua resistência "apocalíptica" contra uma guerra civil planetária
Wolfgang Palaver

139
capítulo 4
filosofia, história e apocalipse em Voegelin, Strauss e Girard
Fred Lawrence

201
capítulo 5
a modernidade e a questão judaica: o que Leo Strauss aprendeu com Nietzsche
John Ranieri

273
capítulo 6
o momento de Strauss
Peter Thiel

317
capítulo 7
entendimento em busca da fé: o problema central na filosofia de Eric Voegelin
Stefan Rossbach

379
posfácio
o terrorismo, o bode expiatório e o mundo atual
João Cezar de Castro Rocha

389
índice analítico

393
índice onomástico

um ensaio introdutório
Robert Hamerton-Kelly

> *Onde estiver o cadáver, aí se ajuntarão os abutres.*
> Mateus 24,28 / Lucas 17,37.
> *Mas Jesus lhe respondeu: "Segue-me e deixa que os mortos enterrem seus mortos".*
> Mateus 8,22 / Lucas 9,60

O seminário cujo resultado são os ensaios aqui publicados foi planejado por Peter Thiel e por mim e realizado em Stanford, Califórnia, em julho de 2004. O intuito do encontro foi principiar, com René Girard, um debate amigável sobre assuntos bastante atuais. Para tal, convidamos apenas oito acadêmicos, e o debate desenvolveu-se ao longo de seis dias. Como transparece em todo seu ensaio, Peter Thiel acredita que os ataques de 11 de setembro nos revelaram o quanto a filosofia política do Ocidente não mais consegue lidar com o problema da violência global: "os assombrosos fatos de 11 de setembro exigem que as fundações da política moderna sejam reexaminadas".[1] Enquanto meditávamos sobre o assunto,

---

[1] Cf. Francis Fukuyama, *After the Neocons: America at the Crossroads*. New York, Profile, 2006. Fukuyama continua a pensar dentro dos limites de sua teoria de relações internacionais e propõe um "wilsonianismo realístico". Tal proposta é meramente tática, enquanto o que precisamos é de uma proposta estratégica, ou seja, um novo paradigma para governarmos com eficiência posições táticas tais como o realismo, wilsonianismo e "wilsonianismo realístico". Cf. George Soros, *The Age of Fallibility: The Consequences of the War on Terror*. New York, Public Affairs, 2006. Com *insight* característico, Soros percebe que as crenças milenaristas moldaram o pensamento da administração Bush em termos apocalípticos bem conhecidos. A ideia errônea central que vem desse tipo de inspiração é tornar o terrorismo um "Adversário Universal" apocalíptico, o que é seguido pela incapacidade, por causa de uma tomada de decisão baseada na fé, de corrigir erros e ajustar a prática,

consultamos a opinião de Wolfgang Palaver, que nos sugeriu o título "Política e Apocalíptico". Tal abordagem não poderia causar grande surpresa, uma vez que, dentre todos, Palaver é aquele que mais claramente destaca a natureza apocalíptica do pensamento de Girard como um todo, e particularmente da teoria mimética.[2] Alterei o título para "Política e Apocalipse", já que "apocalíptico" é um adjetivo, e usar adjetivos no papel de substantivos ainda é, pelo menos em inglês, um solecismo. Todavia, essa mudança não resolveu todos os problemas, pois o substantivo "apocalipse" designa, sobretudo, uma obra literária: justamente o livro do *Apocalipse*, no Novo Testamento, do qual os acadêmicos do século XIX tomaram o termo "apocalipse" para designar um tipo de literatura. Esse livro apresenta a si mesmo como "Revelação de Jesus Cristo que Deus lhe concedeu para que mostrasse aos seus servos as coisas que devem acontecer muito em breve" (Apocalipse 1,1). No entanto, uma vez que os documentos chamados de apocalipses estão classificados mais segundo seu conteúdo do que por sua forma, podemos usar o termo a fim de descrever o tipo de material visionário que contêm e, dessa forma, adicionalmente, todo o fenômeno apocalíptico, incluindo pensamento, método, forma e imaginário.

Em nosso debate são três os itens principais: política, teoria mimética e apocalipse, e, certamente, precisamos compreender cada um deles. Todavia, em vez de oferecer uma descrição introdutória de cada um, proponho que deixemos que seus significados sejam esclarecidos conforme forem apresentados pelos ensaístas, durante o transcorrer de suas reflexões. Desse modo, não vou propor uma definição introdutória sobre política, já que deixarei o assunto para os ensaios que tratam

---

ou seja, um fracasso na esfera da prudência. Soros refere-se à fonte clássica em Norman Cohn, *The Pursuit of the* Millennium: *Revolutionary Millenarians and Mystical Anarchists of the Middle Ages*. New York, Oxford University, 1970, e a Kevin P. Philips, *American Theocracy: The Peril and Politics of Radical Religions, Oil, and Borrowed Money in 21st Century*. New York, Viking, 2006.

[2] Wolfgang Palaver, *René Girard Mimetische Theorie: Im Kontext Kulturtheoretischer und Gesellschaftspolitischer Fragen*. Münster, Lit Verlag, 2003, p. 315-18 e passim. Cf. Chris Fleming, *René Girard: Violence and Mimesis*. Cambridge, Polity Press, 2004.

do pensamento de Carl Schmitt. Da mesma forma, uma compreensão mais acurada sobre a teoria mimética será apresentada no desenvolvimento dos próprios ensaios, nos quais foi aplicada, discutida e defendida. De qualquer modo, supomos que nossos leitores estejam, em parte, familiarizados com os rudimentos da teoria mimética. No entanto, o termo apocalipse parece realmente precisar de uma introdução, uma vez que é usado tão ampla e indiscriminadamente em nossos dias, além de ser a categoria que articula os outros dois itens. Apocalipse é o termo a compor o cenário de tudo que será aqui debatido.

O que é um apocalipse?[3]

O significado original do termo grego *apokalypsis* indica "desvendamento" ou "revelação", e o enredo central de todos os ensaios deste volume também aponta para um processo de revelação com base na nossa ordem mundial. Isso ocorre por graça divina ou pelo exercício da razão humana, e essa revelação não presta apenas testemunho sobre a ameaça que se impõe sobre nós, mas também provoca uma crescente onda de instabilidade. Como a teoria de René Girard pode nos ajudar a interpretar o apocalipse da história do mundo em geral e do período pós-11 de setembro em particular? Podemos apenas sugerir uma abordagem, mas, de qualquer maneira, precisamos esclarecer como o termo "apocalipse" é atualmente usado e como foi sendo desenvolvida sua trajetória ou linha de sentido histórico.[4]

---

[3] A resposta curta mais convencional a essa questão é dada por J. J. Collins em Paul J. Achtemeier (org.), *Harper's Bible Dictionary*. San Francisco, Harper and Row, 1985, p. 35-36. Collins (1985, p. 35, itálicos meus) escreve: "Os livros apocalípticos relatam revelações misteriosas, as quais são mediadas por anjos e revelam um mundo sobrenatural. Elas se caracterizam por seu foco escatológico (*discorrendo sobre os tempos finais e as coisas finais*), o que implica, com frequência, transformações cósmicas e sempre envolve o julgamento dos mortos. Os apocalipses são geralmente pseudônimos – as revelações são atribuídas a heróis antigos, tais como Enoque ou Abraão, e não aos autores reais".

[4] Utilizo a expressão "linha de sentido" de Stefan Rossbach em *Gnostic Wars: The Cold War in the Context of a History of Western Spirituality*. Edimburgo, Edinburgh University

Alguns exemplos atuais

Recentemente, a atriz inglesa Gillian Hanna descreveu a última apresentação pública do ator e dramaturgo Harold Pinter como um apocalipse. Afetado por um câncer, Pinter tinha acabado de atuar em *Krapp's Last Tape* [A Última Gravação], de seu amigo Samuel Beckett. Hanna, em conversa com o crítico Alan Cowell, diz: "A coisa foi além da mera atuação. Algo no conjunto da peça e na forma como foi representada me levou para outro lugar". Cowell prossegue: "Esse outro lugar, segundo Hanna, com certa desolação esperada, era uma 'estepe gelada', um apocalipse".[5] Portanto, nesse caso, o apocalipse é visto como lugar desolado e assolado, onde a morte reina; como um campo de batalha após o morticínio com seus cavalos caídos e armas retorcidas.

Articulista e crítico constante dos excessos do presidente George W. Bush, o economista Paul Krugman (leio atentamente Krugman faz seis anos e garanto que ele vem chamando o presidente de mentiroso), ao ouvir o ex-presidente da Câmara acusar George Soros de principal manipulador do repúdio público dirigido contra o congressista republicano Mark Foley – envolvido em escândalos sexuais – relembrou um ensaio de Richard Hofstadter escrito em 1964. Esse ensaio intitulado *O Estilo Paranoico da Política Americana* fora redigido por conta do movimento *Goldwater*, cujos herdeiros controlam há dez anos todas as repartições do governo federal. Hofstadter descreve esse hábito de paranoia política como um modo de ser que envolve "acalorado exagero, suspeita e fantasia conspiratória". Comparando-se esse modo com o caso envolvendo Soros, vemos o congressista Hastert dizer: "Sabem, eu não sei como George Soros ganha seu dinheiro. Não sei de onde vem esse dinheiro [...] se o dinheiro vem do exterior ou dos cartéis do tráfico". Agora, é Hofstadter que avisa: "O porta-voz paranoico" vê as coisas,

---

Press, 1999. Prefiro, todavia, o termo "trajetória", pois, embora seja mais metafórico, é menos desajeitado que "linha de sentido".
[5] *The New York Times*, 26 de outubro de 2006, p. A15.

> [...] em termos apocalípticos [...]. Ele está sempre reforçando as trincheiras da civilização [...] o que está sempre em questão é o conflito entre o absoluto bem e o absoluto mal [...] o inimigo é tido como completamente maligno e absolutamente intratável e precisa ser eliminado [...] a necessidade do triunfo total conduz à formulação de objetivos irreais [...] e uma vez que tais objetivos não podem ser nem remotamente alcançados, o fracasso está sempre aguçando o senso paranoico de frustração.

Krugman complementa dizendo que tal paranoia apocalíptica leva facilmente à conclusão de que o fracasso em se alcançar os objetivos almejados seria resultado não de um fraco planejamento e de uma inadequada execução, mas devido à traição de se ver "apunhalado pelas costas". Não é preciso citar aqui o presidente Bush e seu vice-presidente a fim de documentar o estilo paranoico dessa retórica: a prova está na primeira página de todos os jornais e pode ser encontrada no artigo de Krugman.[6] Nesse sentido, o apocalipse é visto como delírio paranoico.

O colunista conservador David Brooks, percorrendo os Estados Unidos em viagem investigativa, perguntou aos norte-americanos a opinião deles sobre o cenário político internacional. Brooks nos diz que nas "ruas" as pessoas pensam que o Papa levantou a questão certa ao questionar se o islã não estaria, de fato, encorajando a irracionalidade e a violência.

> O que os americanos percebem é uma violência fanática, uma cultura excessivamente calcada na vitimização e na dor, uma tendência compartilhada por muitos árabes que sempre

---

[6] *The New York Times*, 9 de outubro de 2006, p. A17.

> responsabilizam os outros e nunca a si mesmos pelos problemas que criam [...] os muçulmanos milenaristas possuem uma mentalidade que os conduz à escalada da violência. Eles confiam na vitória final por causa de sua disposição de morrer por sua verdade, e não parecem marginalizados, mas nos desprezam como fracos e duvidam de nossa habilidade para contra-atacar.

Portanto, os muçulmanos também têm um estilo paranoico na condução de sua política milenarista, e pensam que podem dominar o mundo.[7] Devemos notar que o artigo de Brooks pode ser visto como "responsavelmente alarmista", indicando que devemos considerar seriamente a ameaça islâmica e agir de acordo – uma atitude, porém, que pode facilmente escorregar e cair em "paranoia autojustificada". Logo, apocalipse seria uma atitude quase paranoica de senso de justiça.

Tim LaHaye, um cristão fundamentalista, escreveu uma série de romances intitulada *Left Behind* [Deixados Para Trás].[8] Alguns desses romances foram escritos com Jerry Jenkins. As histórias referem-se à expectativa apocalíptica bíblica, segundo a qual os seguidores de Jesus seriam raptados da terra e levados ao céu, "arrebatados" é o jargão usado. Os que fossem deixados para trás, todavia, sofreriam torturas indescritíveis, as quais Deus lançaria sobre os descrentes quando Ele se apoderasse do mundo. Ao ler o volume final da série, chega-se à conclusão de que a história foi escrita por sadistas para masoquistas. Nela encontramos o típico cenário de pornográfica violência ressentida. Podemos simplesmente desconsiderar esse tipo de literatura como exemplo grosseiro de mero mau gosto, mas essa

---

[7] *The New York Times*, 30 de setembro de 2006, p. A14. Para mais informações sobre a mentalidade muçulmana, ver, de Lawrence Wright, *The Looming Tower: Al-Qaeda and the Road to 9/11*. New York, Knopf, 2006, e, de Gregory M. Davis, *Religion of Peace? Islam's War against the World*. Los Angeles, World Ahead Publishing, 2006.
[8] Ver *Left Behind.com*, e, de Chris Hedges, *American Fascists: The Christian Right and the War on America*. New York, Free Press, 2007.

série vendeu milhões de exemplares, gerando jogos eletrônicos, livretos, quadrinhos, conferências, clubes, periódicos e páginas na internet. O boletim mensal do website oficial recebe o nome de "Interpretando os Sinais" e atualmente aflige seus leitores dizendo que a gripe aviária pode ser a precursora do fim. Seus praticantes chamam esse modo de interpretação de "profecia" e contrastam-no com a interpretação "histórica" das Igrejas mais tradicionais.[9] Portanto, os muçulmanos e os políticos não são os únicos grupos infectados pelo contágio apocalíptico. Nossos círculos religiosos também produzem milhões de sofredores. Para eles, o apocalipse é uma visão de mundo que enxerga o futuro e profetiza a reivindicação gloriosa dos participantes da Igreja em questão, juntamente com a cruel punição dos não participantes.

Michael Ley, da Universidade de Viena,[10] oferece-nos evidências bem convincentes da influência do medieval Joaquim de Fiore sobre o pensamento de Adolf Hitler, especialmente a profecia de que, quando o Messias chegar para estabelecer o terceiro reino, ele exterminará os inimigos de Deus. De acordo com Joaquim, a história desdobra-se em três dispensações ou reinos divinos: a primeira, do Pai (Israel); a segunda, do Filho (Jesus); e a terceira, do Espírito Santo (o Reino Vindouro). A terceira dispensação será inaugurada por um Messias, e a propaganda do Terceiro Reich sugeria que o Führer seria esse Messias, portanto, particularmente comissionado para exterminar os inimigos especiais de Deus, no caso, os judeus. Nesse sentido, mais importante que as alegações da propaganda nazista foi o fato de Hitler ter realmente acreditado nas atribuições desse drama

---

[9] Diante de uma interpretação fundamentalista tão extrema, fazemos bem em prestar atenção ao aviso dado por Niewiadomski para não jogarmos o bebê fora junto com a água do banho e para não nos afastarmos do apocalipse, o que, segundo ele, boa parte da Igreja já fez. Este livro, assim espero, é uma pequena tentativa de corrigir essas deformações e lidar de maneira responsável com o apocalipse, ou seja, ler os sinais dos tempos à luz da revelação divina.
[10] *Kleine Geschichte des Anti-Semitismus.* Stuttgart, Utb, 2003. Rossbach (*Gnostic Wars*) fornece-nos um rico relato da história de Joaquim e de sua influência no contexto da teoria política de Voegelin.

apocalíptico e aceitado o papel designado a ele. Assim, o apocalipse é entendido como ideologia extremista, na qual personagens históricos radicais encabeçam ações históricas catastróficas.

A guerra é matéria-prima para o pensamento apocalíptico, o que expressa uma característica dominante desse gênero: a profunda dicotomia entre os grandes protagonistas. No universo apocalíptico da Bíblia, a batalha final entre o Bem e o Mal, Deus e o Diabo, ou entre o arcanjo Miguel e Satanás (o arcanjo caído) é a batalha do Armagedon. Este nome vem do hebraico e significa "a montanha [*har*] de *Meguido*" (Apocalipse 16,16; 2 Crônicas 35,22; 2 Reis 9,27; 23,28-30; Juízes 5,19). Meguido era uma fortaleza dos reis de Israel, localizada na vizinhança da atual cidade de Haifa, um lugar onde ocorreram batalhas importantes e, mais notoriamente, a batalha contra as forças do faraó Necao, em 609 a.C., na qual, diante dos portões de Meguido, morreu Josias, o rei reformador monoteísta de Judá, para o constrangimento dos autores bíblicos dessa história, já que bons monoteístas não deveriam perecer prematuramente. Hoje em dia, peregrinações de cristãos fundamentalistas visitam a região, os quais sobem até o monte da cidadela em ruínas a se erguer sobre o vale que se estende de Haifa até a Galileia, enquanto os pregadores que os acompanham dizem que lá será o local da batalha final.
É preciso um bocado de imaginação para encaixar um evento dessa magnitude dentro do espaço limitado desse charmoso vale, mais apropriado para caminhadas bucólicas do que para a guerra. Sabemos que o termo Armagedon tem aparecido de tempos em tempos na retórica presidencial desde os tempos de Ronald Reagan. Portanto, nesse caso, o apocalipse indica uma solução final para os problemas do grupo, e a solução final deve ser a guerra e o extermínio.

As raízes bíblicas

O termo "apocalipse" vem da Bíblia (Apocalipse 1,1). O pensamento bíblico é notadamente histórico, em vez de metafísico, no sentido de ter a narração como modo dominante. Na Bíblia ficamos sabendo que apocalipse e política são fatores intimamente interligados desde o início; na realidade, na maior parte das vezes, *apocalipse* é uma *interpretação da política na forma de uma narrativa codificada*. Essa definição de apocalipse mostra sua relevância estreita com o universo político e é suficiente para explicar as bases de nosso projeto. O modo dominante de um típico texto apocalíptico é a união direta entre profecia e política, e, uma vez que compreendamos como o apocalipse judaico e sua visão de mundo foram gerados na forma de comentário político e propaganda, podemos ser capazes de nos movimentar livremente entre política e apocalipse em nossas reflexões sobre a situação mundial de nossos tempos. Seguiremos esse procedimento desde o primeiro apocalipse, o qual aparece no livro bíblico de Daniel.

O inaugurador da visão de mundo apocalíptica é o livro de Daniel.[11] Todos os quatro apocalipses que investigaremos aqui – os pergaminhos do Mar Morto, os Evangelhos Sinópticos, a segunda carta de Paulo aos Tessalonicenses e o livro do Apocalipse – estão fundamentados em Daniel e alguns, de fato, o citam. Escrito num período de intenso conflito político-cultural, provavelmente durante a opressão helenística sobre a cultura religiosa judaica no século II a.C., quando em 163 a.C. o rei Antíoco IV Epifanes de Antioquia, descendente e sucessor de um dos generais de Alexandre, conquistou Jerusalém e profanou o templo segundo os padrões conservadores judaicos. O livro de Daniel encoraja a "resistência" dos judeus por meio de comentários políticos codificados.

A "resistência" judaica à opressão grega tomou ao menos duas formas. Os pietistas afastaram-se da esfera política e retiraram-se

---

[11] Collins, em *Harper's Bible Dictionary* (1985, p. 35-36), diz que há dois tipos de apocalipse – o apocalipse histórico, que lida com os eventos neste mundo, e outro tipo, que descreve o "outro" mundo. Daniel é o exemplo central do primeiro, e Enoque, do último. Essa é, contudo, uma distinção excessivamente genérica e possivelmente enganosa, uma vez que a ordem da história e a ordem celeste se encontram completamente emaranhadas nos dois tipos.

nas comunidades fechadas, vivendo juntos em pequenas cidades e vilarejos, provavelmente em uma comunidade principal às margens do Mar Morto, embora a identificação das ruínas em Wadi Qumran como sendo um "monastério" seja continuamente contestada (mais recentemente, essas ruínas foram identificadas como um estabelecimento comercial). De qualquer forma, os pergaminhos encontrados em Qumran contêm um alto nível de conteúdo apocalíptico, o que inclui um pergaminho intitulado "A Guerra dos Filhos da Luz contra os Filhos das Trevas", no qual encontramos uma visão profética cuja solução final é militar e da qual participam os anjos, e o Messias de Davi conduz o exército de Deus à vitória. Havia dois messias para essa gente, um de Davi e outro de Aarão, ou seja, representando o palácio e o templo, respectivamente.

No entanto, os ativistas pegaram em armas, e João, Simão, Judas, Eleazar e Jônatas, os cinco filhos de Matatias (um sacerdote da linhagem de Hasmon), tornaram-se os "martelos de Deus": os macabeus. Esses homens revelaram-se generais habilidosos, cujos sucessos militares fraturaram o controle político dos macedônicos siríacos, e em 142 a.C. os hasmoneus conseguiram colocar no poder um sacerdote de sua própria linhagem. O relato tradicional dos feitos desses heróis da ḥănukkāh [revolta do povo] encontra-se nos três livros dos Macabeus, uma coleção incluída no cânone católico e que os protestantes marginalizam como texto apócrifo.

Essa mudança da família sacerdotal governante dos zadoquitas para os hasmoneus trouxe talvez mais prejuízos para a organização política judaica do que trouxera a interferência dos gregos macedônicos, já que, para os antigos seguidores e aliados de Zadoque, a ascensão dos hasmoneus comprometia a pureza do templo e invalidava seu ritual. Os hasmoneus não eram a verdadeira classe sumo sacerdotal. Os judeus aos quais chamamos de pietistas também eram conhecidos, segundo Josefo, como essênios, contudo, eles se autodenominavam "Filhos de Zadoque" e, no comentário sobre Oséias (4Qp Oséias), mencionam um "sacerdote maligno", que perseguia seu "justo professor". Essa referência é mais bem interpretada como uma descrição da origem da seita, na resistência dos leais a Zadoque (zadoquitas) diante do novo sumo sacerdote hasmoneu, e o preço que pagaram em poder e relevância.

Portanto, observamos duas reações principais ao assalto grego sobre a organização política e cultural judaicas, ambas religiosas, isto é, uma reação pietista e outra ativista, os zadoquitas e os macabeus. É especialmente relevante para nosso tema saber que, entre as duas posições, os pietistas eram os mais apocalípticos, o que endossa a especulação segundo a qual literatura apocalíptica é literatura de ressentidos, no sentido dado por Nietzsche, daqueles cuja vingança fracassou. Para Nietzsche, a melhor forma de lidar com um ferimento é a imediata retaliação, na ausência da qual o veneno do insulto penetra em todo o sistema, paralisando-o e cristalizando um senso superior de justiça, que é reforçado até o ponto onde a vítima, como uma naja negra, cospe seu veneno contra inimigos reais ou imaginários. Aqueles que, como os macabeus, tiveram sucesso em seus projetos de vingança, não produziram apocalipses. Eles não esperaram sua vingança esfriar e, por isso, não precisaram retificar sua humilhação num futuro imaginário.

Os Filhos de Zadoque foram compensados em sua humilhação temporária com dois dons: o dom da interpretação e o conhecimento dos segredos celestiais (*pesher* e *razim*, respectivamente). A exegese *pesher* é baseada na convicção de que estes são os últimos dias, e aqueles que sabem disso também sabem que o texto bíblico descreve a presente época final, em vez de descrever o passado, durante o qual foi escrito. Os escritores bíblicos foram profetas que em código escreveram sobre o nosso tempo, em vez de escreverem sobre o tempo deles, escreveram sobre a fundação e o futuro de nosso grupo. A frase característica da *pesher* é "o significado disso é [*peshro*]", uma maneira de citar o Antigo Testamento que é bem conhecida a partir do Novo Testamento. Para esses intérpretes apocalípticos o texto do Antigo Testamento era, portanto, uma longa profecia codificada, que de fato descrevia a atual situação histórica deles, a qual era tida como o fim da história, e o papel deles seria o de interpretar os sinais desse fim.[12] Para conhecer o significado mais profundo do texto bíblico seria preciso ter acesso ao conhecimento dos segredos celestiais [*razim*], os quais estavam ocultos desde a fundação do mundo. O "correto professor" de Qumran demonstrava essa necessidade à medida que combinava intimamente os dois componentes da revelação, mostrando os segredos por meio da exegese e conduzindo a exegese por meio dos segredos. Assim, vemos que a atividade apocalíptica era principalmente a atividade literária dos "escribas", os escritores e intérpretes dos textos, o que endossa, caso seja necessário, nosso método mimético a surgir da interpretação literária e que veio para se tornar um princípio de inteligibilidade histórica e uma revelação das coisas ocultas.

Os segredos constituíam unidades de conhecimento especial do plano de salvação de Deus para a história, também denominado no Novo Testamento como "sabedoria de Deus". Em 1 Coríntios 2,7-9, podemos observar um bom exemplo de como Paulo, o apóstolo, usa esse conceito. Ele afirma: "Ensinamos a sabedoria de Deus, misteriosa e oculta, que Deus, antes dos séculos, de antemão destinou para nossa glória. Nenhum dos príncipes deste mundo a conheceu, pois se a tivessem conhecido, não teriam crucificado o Senhor da Glória". Girard expõe o significado completo desse texto paulino ao mostrar como os poderes deste mundo destruíram a si mesmos ao crucificarem o Cristo, pois a Cruz revelou a violência deles, demonstrando o quanto este mundo é uma estrutura de violência sagrada. Tivessem esses poderes o conhecimento da sabedoria secreta, não teriam servido tão apropriadamente ao plano de Deus ao revelar o ardil da vítima substituta. Em sua ignorância, expuseram o segredo de seu poder, o segredo da violência camuflada, danificando irreparavelmente todo o mecanismo.

---

[12] Esse método de interpretação subsiste hoje como interpretação profética da Escritura feita por grupos milenaristas, em contraposição à interpretação histórica das principais igrejas.

Vamos, agora, retornar para os conteúdos de alguns apocalipses bíblicos representativos, a fim de ilustrar a natureza dos apocalipses originais na tradição ocidental. Comecemos pelo capítulo sétimo do livro de Daniel. O original está escrito em aramaico, em vez de em hebraico, indicando que é um texto relativamente tardio do cânone, redigido por volta do século II a.C. O texto é o produto de um povo que passa por uma crise aguda, e que lida com essa condição ao se situar na história através de uma historiografia apocalíptica, que os torna o objetivo central de uma providência divina a se desdobrar até sua consecução em uma pós-história e transcendência.

O capítulo 7 de Daniel situa-se no primeiro ano do reinado de Baltazar, rei da Babilônia, em 554 a.C., mas essa data é ficcional, já que todo o texto é pseudoepigráfico e foi, de fato, escrito quatrocentos anos depois. Daniel sonha com quatro animais monstruosos, os quais simbolizam os quatro impérios: o primeiro "era semelhante a um leão com asas de águia"; o segundo, "um urso com três costelas na boca"; o terceiro, "um leopardo com quatro asas e quatro cabeças"; o quarto animal não pode ser comparado a nenhum outro e é simplesmente descrito como diferente dos outros três: "terrível, espantoso e extremamente forte, com enormes dentes de ferro", que trituravam tudo que estava à sua frente, e aquilo que escapava de seus dentes era esmagado por suas patas. Todavia, a característica mais notável são os dez chifres, no meio dos quais, enquanto observava, Daniel notou o surgimento de um pequeno chifre, diante do qual foram arrancados três dos primeiros chifres pela raiz. O chifre era dotado de olhos humanos e uma boca "que proferia palavras eloquentes".[13]

---

[13] Do ponto de vista mimético, a incomparável aparência da última demonstra que a crise sacrificial se instalou definitivamente e que os monstros, tecnicamente falando, surgiram, ou seja, combinações sem precedentes de partes corporais, até então integradas em padrões estáveis, mas que agora se combinam caoticamente. Os três primeiros são "como um leão, como um urso e como um leopardo", e o último não se parece com nada na terra. Esse último simboliza os reais perpetradores do caos segundo o autor, os gregos de Antioquia, os quais estão profanando o templo e assassinando os santos.

O clímax dessa procissão de horrores dá-se com o aparecimento de um ancião, cujos cabelos e vestes são brancos como a neve. Esse homem está sentado em um trono em meio a uma corte gloriosa. Livros são abertos e julgamentos são pronunciados com base nos registros. A última fera abominável é, então, morta e queimada, ao passo que as outras quatro perdem seu poder, mas continuam vivas. Então, aparece "alguém como um ser humano", "filho do homem" no idioma aramaico, e que se aproxima do trono do esplendoroso ancião, o qual lhe "outorga o império, a honra e o reino, para que todos os povos, nações e línguas o sirvam. Seu império é um império eterno que jamais passará, e seu reino jamais será destruído" (Daniel 7,14).

Daniel, enquanto sonha, pede a um dos presentes que lhe explique o significado de tudo que se passou, e ele lhe diz que os quatro monstros representam os quatro reinos, os quais sabemos que são, respectivamente, os caldeus (babilônios), medas, persas e os gregos de Alexandre, precisamente os impérios que dominaram os judeus desde o exílio babilônico de 586 a.C. até a profanação de Jerusalém em 163 a.C. Portanto, ficamos sabendo que essa é uma profecia *ex eventu*, uma sabedoria retrospectiva apresentada como previsão, mas que, de qualquer forma, é uma sabedoria em *insight* colocada sob um disfarce narrativo. O "ser humano" ("Filho do Homem") representa "o Reino dos Santos do Altíssimo", claramente o nome de um grupo religioso como os "Filhos de Zadoque", uma seita talvez também em disputa com o regime dos sacerdotes hasmoneus do templo.

Desse relato colhemos todas as características formais do conteúdo do apocalipse, como também seu significado geral como origem do conceito de uma história universal. Os elementos estáveis do conteúdo são o mundo celestial, o anjo interpretador, o grupo especial, os livros dos registros ocultos, guerra e julgamento final e o vidente, ou, como os mórmons diriam, o "revelador", aquele que se apresenta como a contrapartida terrena do intérprete angelical. Em Gênesis, capítulo 5, Enoque é o arquétipo clássico do revelador e, em meio às recitações enfadonhas das gerações, lemos que Jarede gerou Enoque, que Enoque gerou Matusalém e que "Enoque andou com Deus, depois desapareceu, pois Deus o arrebatou" (Gênesis 5,24). A tradição apocalíptica interpretou essa passagem enigmática como se Deus tivesse alçado o corpo de Enoque ao reino dos anjos, às esferas celestiais, ou mesmo aos arredores do santíssimo recinto onde está o próprio trono de Deus. Uma vez que Enoque fora alçado em corpo, ele podia retornar mais tarde à terra e relatar o que vira para nossa edificação e aviso. Dos registros de Enoque, compreendendo três livros, sabemos, dentre outras coisas formidáveis, que existem sete céus, cinco arcanjos e uma *massa damnata* de anjos caídos no terceiro céu.

A história universal termina em julgamento universal, e, nesse julgamento dos julgamentos, os litigantes, tanto a acusação quanto a defesa, consultam os registros, que descrevem não só as ações dos indivíduos, mas também das nações e, portanto, apresentam um relato da história do mundo até o final dos tempos. Aqueles que conseguem alcançar esses registros podem predizer, e é esse conhecimento de valor inestimável que um Daniel e um Enoque trazem para nós. Aqui, então, temos uma história universal do mundo de seu início ao final, com o "ser humano" em seu clímax.

Uma vez que o propósito ou final da história universal é o humano, o apocalipse usa enfaticamente o princípio de responsabilidade moral para interpretar essa trajetória. O julgamento final é a retificação moral da ordem da história. Retificação é a melhor tradução do termo "justificação", tão usado pelo apóstolo Paulo. A retificação ou justificação alcançada em Daniel 7 é a restauração dos seres humanos, em sua hegemonia original, sobre as feras (os monstros). Em Gênesis, Deus fez Adão, o governante das feras (Gênesis 1,26-29), mas, como resultado de seu pecado, Adão se subordinou às feras, passando por uma longa e humilhante servidão. Quando o "Filho do Homem" vem com seu "Reino dos Santos do Altíssimo", a humanidade é restabelecida e retoma seu senhorio sobre as feras e a desordem da criação é reordenada em retidão (retificada). "O autêntico ser humano" ("Filho do Homem") é a vanguarda dessa retificação, e nesse momento vale a pena notar que de todos os títulos que a tradição dos Evangelhos usa para descrever a condição de Jesus, "Filho do Homem" parece ser a única que Jesus historicamente aceitou.

Portanto, Jesus é o inaugurador da Nova Criação que se apresenta como um novo mundo, onde os seres humanos são vistos como iguais e irmãos, e esse é o tema que o apóstolo Paulo torna central para sua própria compreensão sobre o significado de Jesus. O universalismo é a nota dominante do cristianismo primitivo. Paulo celebra essa novidade quando percebe que sua religiosidade estreita fizera dele um perseguidor (Gálatas 2,19-21) e finalmente proclama "não há judeu nem grego, não há escravo nem livre, não há homem nem mulher; pois todos vós sois um só em Cristo Jesus" (Gálatas 3,28). Durante os encontros do Colóquio sobre Violência e Religião, em Ghost Ranch, no Novo México, Michel Serres afirmou que Paulo é o pensador mais apropriado para nossa época, porque participou única e reconhecidamente da morte de uma cultura e do nascimento de outra, e que atualmente estamos passando por semelhante momento de transformação histórica. A colocação de Serres, nessa ocasião, pode ser tomada como um apocalipse no sentido de uma revelação sobre o significado dos sinais dos tempos.[14] Paulo pôde fazer o que fez porque pensava em termos apocalípticos de uma história universal, segundo um evento de significado universal: a Ressurreição de Jesus. O final da história – a Ressurreição dos mortos e a Nova Criação – aconteceu durante a história humana, então "o final" se tornou "o agora, o meio".

Essa identificação do centro da história com o final é a identificação de um conceito espacial com um temporal, o "aqui e agora" com o "lá e então". Para boa parte de nós, a promessa do "lá e então" é suficiente. O temor atesta nossa debilidade humana com respeito à apropriação da realidade. Por causa dessa debilidade, devemos nos contentar em receber "a conta-gotas", as doses de realidade, como coloca T. S. Eliot; a conta-gotas porque não

---

[14] Michel Serres, "Ego Credo". *Contagion: Journal of Violence, Mimesis, and Culture*, vol. 12-13, 2006, p. 1-11. Eu não poderia deixar de recomendar esse artigo, pois é absolutamente inspirado.

podemos aguentar muita realidade de uma vez. Estamos ligados ao tempo, e a realidade costuma chegar até nós por intermédio dessa dependência. Finalmente, quando a linha do tempo cessa, ficamos "face a face" (1 Coríntios 13,12), mas, nesse ínterim, como acontecia aos antigos funcionários do império britânico, recebemos nosso módico pagamento periódico da metrópole. O místico, ou revelador ou profeta, contudo, experimenta por vezes o contato direto com esse suprarreal e, dessa forma, é capaz de manter o resto de nós informados e encorajados. A Encarnação de Deus como expressão do autenticamente humano nos dá um vislumbre do real, permitindo que o antecipemos em regozijo, portanto, trata-se do evento apocalíptico por excelência, ou seja, o fim da história como a conhecemos. No entanto, uma vez que isso aconteceu em meio à história, o apocalipse comporta o *status* de realidade proléptica do "já, mas ainda não"; "já" em substância, mas "ainda não" em duração.

O efeito de se compor esse simbolismo do tempo e espaço, o "então" e o "lá", na ilustração da transcendência pode ser visto de maneira mais clara no evangelho de João. "Em verdade, em verdade, vos digo: vem a hora – e é agora – em que os mortos ouvirão a voz do Filho de Deus, e os que o ouvirem, viverão" (João 5,25). João nos diz que a futura consumação de todas as coisas terrenas já está presente no reino celestial, e ele a complementa com a revolucionária afirmação – essencialmente cristã – de que já se encontra também presente na terra, em meio ao tempo, na pessoa do próprio Jesus ("Eu sou a Ressirreição e a Vida" (11,25)). O julgamento final se dá, agora, à medida que julgamos a nós mesmos face à escolha que fazemos de aceitar ou rejeitar Jesus (5,21-24; 3,16-21). Portanto, a Encarnação de Deus manifesta a entrada do "lá" no "aqui", e o momento em que isso ocorre é o momento escatológico.[15] Em Jesus encontramos o fim do mundo, em ambos os sentidos de fim, isto é, tanto de finalidade quanto de término.

---

[15] Podemos aqui distinguir entre os termos "escatologia" e "apocalipse". Escatologia é o termo genérico para a descrição da presença do transcendente. Significa, literalmente, a doutrina das últimas coisas, sem forma ou conteúdos específicos. Apocalipse

A leitura dos sinais dos tempos é fator proeminente nos ditos apocalípticos atribuídos a Jesus dentro dos Evangelhos sinópticos (Mateus, Marcos e Lucas). Ao nos movermos para o Jesus dos sinópticos, começamos com uma das epígrafes deste ensaio: "Onde estiver o cadáver, aí se ajuntarão os abutres". Em Mateus, esse trecho representa o clímax do discurso apocalíptico de seu Evangelho, enquanto em Lucas faz parte da construção do apocalipse. Certamente, trata-se de uma injunção sinistra repleta de peso negativo a expressar uma linguagem catastrófica, evocando a cena do entardecer no campo de batalha, depois do morticínio. Seria o caso de Jesus ser tão sardônico? Vamos supor que poderia e que esse aforismo, impossível de ser lembrado por sua alegria, vem dele. Isso sugere uma relutância aborrecida em discutir ardentemente sobre os sinais dos tempos, exortando atenção e discernimento. "Não estejam tão ansiosos por andar entre abutres e cadáveres", diz Jesus àqueles que desejam apressadamente pelo dia de sua reivindicação.

O chamado "Apocalipse Sinóptico" encontra-se em Marcos 13,1-37; ele é a base sobre a qual Marcos e Lucas construíram seus apocalipses ao adicionar a hipotética fonte Q. A narrativa se inicia com Jesus profetizando a destruição do templo e os discípulos perguntando quando isso ocorrerá e quais serão os sinais de sua iminência. Jesus se recusa a especificar sinais, mas, em vez disso, alerta sobre perseguições e tribulações em geral, exortando sobriedade. De fato, quando ele adverte sobre os sinais, a profecia já foi realizada, a "abominação da desolação" está lá no Santo dos Santos do templo, e o leitor é levado a interpretar a situação corretamente. "Quando virdes

---

é uma forma de escatologia, definida por seu foco no final catastrófico e registrada em trabalhos literários chamados de apocalipses. "Escatológico" é o termo mais usado pelos acadêmicos bíblicos para se referir ao transcendente em geral e à Encarnação em particular. A Encarnação de Deus é o "evento escatológico". Assim, enquanto o uso secular atual toma "apocalíptico" para significar simplesmente catastrófico, o pensamento cristão o toma para designar "a catástrofe" da Nova Criação, a revelação de Jesus como criador e recriador de nosso mundo (João 1,1-3).

a abominação da desolação instalada onde não devia estar – que o leitor entenda – então os que estiverem na Judeia fujam para as montanhas" (Marcos 13,14; Mateus 24,15; Daniel 9,27,11,31, 12,11; 1 Macabeus 1,57). A frase "abominação da desolação" é uma citação direta de Daniel, e a sugestão para o leitor confirma que estamos diante de uma narrativa codificada, agora provavelmente a real profanação do templo efetuada pelos romanos sob o comando de Tito no ano 70 d.C. Isso não mostra apenas a continuidade de um tipo de historiografia apocalíptica que vem de Daniel, mas, também, que o narrador presente está interpretando o texto de Daniel por meio da exegese *pesher*. Os evangelistas usaram o método e o imaginário de Daniel para nos relatar que a profanação do templo pelos romanos foi profetizada num documento que se apresenta como mensagem escrita na Babilônia do século VI a.C., mas que, de fato, é um relato do século II a.C. sobre profanação do templo na época de Antíoco. No entanto, isso se encaixa nas atrocidades cometidas pelo general romano Tito durante a primeira guerra judaica contra os romanos. Logo, os evangelistas descobrem e reaplicam em sua história esses elementos constantes, dizendo que Daniel se referia ao tempo deles, mesmo na Babilônia. Nesse caso, a "abominação da desolação" que invade o templo se torna, provavelmente, os estandartes das legiões romanas que capturaram Jerusalém.[16] Assim, o apocalipse sinóptico é, como em Daniel, uma profecia pós-evento atribuída a Jesus, que na época desses acontecimentos já tinha deixado este mundo mais de trinta anos antes.

---

[16] Tito comandava quatro legiões durante o cerco a Jerusalém: a 5ª, a 10ª e a 15ª, que foram passadas a ele por seu pai, Vespasiano, quando este retornou a Roma em 69 d. C. para ser proclamado imperador com sua própria legião, e a 12ª, que ele trouxe consigo de Alexandria. Schüerer escreve o seguinte: "Enquanto isso, toda a cidade alta foi ocupada pelos romanos. O ímpeto militar foi consolidado, e o hino da vitória foi entoado. Os soldados irromperam sobre a cidade matando, queimando e saqueando". Emil Schüerer. In: Geza Vermes e Fergus Millar (orgs.), *The History of the Jewish People in the Age of Jesus Christ*. Edimburgo, T & T Clark, 1973, vol. 1, p. 508. Essas foram as circunstâncias que o autor do apocalipse considerava, retrospectivamente. É fácil compreender como os primeiros cristãos interpretaram essa destruição de Jerusalém como punição pela morte de Jesus, Filho do Homem.

A mensagem central desses apocalipses sinópticos alerta que uma vez que ninguém sabe quando esses eventos finais ocorrerão, a atitude apropriada não é de curiosidade, mas de sobriedade e vigilância, como está escrito em Marcos 13,32-33: "Quanto à data e à hora, ninguém sabe, nem os anjos do céu nem o Filho, somente o Pai. Atenção, e vigiai, pois não sabeis quando será o momento".

O último livro da Bíblia, conhecido como Apocalipse, intitula-se como "Revelação de Jesus Cristo" (Apocalipse 1,1), e como se tornou o arquétipo desse tipo de texto na história da literatura, devemos dar, ao menos, uma breve atenção a ele. Não precisamos nos prender em explicações prévias, pois já vimos em Daniel as características centrais do gênero apocalíptico, relacionadas tanto à mentalidade quanto à técnica. Escrito em algum momento durante o reinado do imperador Domiciano (81-96 d.C.), que perseguira violentamente os cristãos, confinando o autor do livro em um campo de trabalhos forçados na Ilha de Patmos, o Apocalipse de João ostenta as marcas de sua procedência de crise e sofrimentos. É, em grande parte, um relato sobre acontecimentos celestes, cujos desdobramentos se precipitam sobre o mundo no fim da história, retransmitido por meio de um revelador para aqueles que ainda estão aqui. O capítulo 13 começa como uma paráfrase de Daniel 7 e prossegue para se tornar uma nova composição à medida que as visões bestiais recebem uma nova e prolongada interpretação. A besta que surge do mar agrega os poderes combinados dos quatro monstros em Daniel e representa o império romano.[17] Desse apocalipse também recebemos a maior parcela dos componentes convencionais da escatologia apocalíptica popular: o milenarismo, ou os mil anos de bem-aventurança quando Satanás estará aprisionado, o fogo em que o demônio e seus anjos, como todos os humanos que os serviram, queimarão eternamente, as tribulações do final dos tempos e a recompensa dos justos.

---

[17] Esse é outro exemplo de exegese *pesher* de Qumram (cf. "Aqui é preciso [codificado] discernimento! Quem é inteligente calcule o número da besta, pois é o número de um homem, seu número é 666!") (Apocalipse 13,18).

Uma característica importante da historiografia apocalíptica que ainda não enfatizamos é o princípio segundo o qual "como é no céu, será na terra", o curso em paralelo dos eventos e a existência das instituições em paralelo no céu e na terra.[18] Por exemplo, a guerra travada no céu torna-se guerra na terra (Apocalipse 12,7-9), os rituais celestes tornam-se arquétipos dos rituais encenados na terra, e a Jerusalém celestial é o modelo superior da Jerusalém terrena (Apocalipse 21,1 ss, cf. Gálatas 4,25-27). Durante o clímax da história, a cidade celeste desce ao mundo terreno, substituindo a cidade terrena. Não há qualquer templo nessa nova cidade, pois Deus está presente em todos os domínios, ou seja, a liturgia celestial, tão adoravelmente descrita, substitui sua contrapartida terrena e não precisa mais ficar confinada ao templo, pois o templo e a cidade se tornaram um, e o próprio céu, em função do qual o templo era um sinal e uma antecipação, se faz agora presente conosco aqui na terra.

Finalmente, voltamo-nos para o apocalipse paulino em 2 Tessalonicenses 2,1-12, um texto que funciona como pano de fundo para a importante apresentação de Carl Schmitt sobre o *katechon*. Alguns membros da congregação dos tessalonicenses acreditam que "o Dia do Senhor" já chegou e está em pleno andamento. Paulo explica por que esse dia ainda não chegou e por que eles deveriam se acalmar. Paulo, então, apresenta sua compreensão sobre o que deve acontecer, e, como em todos os outros exemplos que vimos, seu apocalipse também se baseia no modelo de Daniel. Talvez Paulo esteja de fato recitando um texto já existente, em vez de estar criando um novo texto, o que, caso seja verdade, mostraria que seu apocalipse era propriedade geral da Igreja primitiva, e não uma composição específica do apóstolo. Esse texto desempenha um papel importante no pensamento de Schmitt e no ensaio de Palaver.

---

[18] Margaret Baker, *The Great High Priest: The Temple Roots of Christian Liturgy*. Londres, T & T Clark, 2003; Rachel Elior, *The Three Temples: On the Emergence of Jewish Mysticism*. Trad. David Louvish. Oxford, Littman Library of Jewish Civilization, 2004.

Em primeiro lugar, devemos considerar "a apostasia" e, depois, o aparecimento do homem ímpio,[19] o filho da perdição, que se exalta e se opõe às coisas de Deus, chegando a sentar-se no templo de Deus e a se proclamar como se fosse um deus; mas agora os fiéis sabem o que ainda o retém (o *katechon* = "a coisa que retém") até que se manifeste o momento apropriado. "Pois o mistério da impiedade já está agindo, só é necessário que seja afastado aquele que ainda o retém! Então, aparecerá o ímpio, aquele que o Senhor destruirá com o sopro de sua boca, e o suprimirá pela manifestação de sua Vinda" (2 Tessalonicenses 2,7-8; cf. Apocalipse 19,15). O homem ímpio [*anthropos tes anomias*] é, em termos miméticos, o símbolo da crise sacrificial, o caos a partir do qual todas as distinções desaparecem.

Nesse drama, o homem ímpio atua pelo poder de Satanás e opera milagres fraudulentos. Ele é o "mistério da impiedade", àquele que se opõe à vontade do Senhor. Nas cartas de João é esse o anticristo (1 João 2,18-25). Assim como o "Filho do Homem" (o Cristo) é o representante do ser humano, da mesma forma "o homem ímpio" é o representante inimigo do ser humano (o anticristo). Ele não é Satanás, mas filho de Satanás, por assim dizer, como Jesus é o Filho de Deus. O anticristo, em nosso apocalipse, assemelha-se a Antíoco IV Epífanes no apocalipse de Daniel. Portanto, esse elemento é provavelmente uma referência literária, e não uma representação simbólica de um personagem histórico da época. Não obstante, a ideia segundo a qual esse apocalipse poderia se referir, simbolicamente, ao imperador Caio Calígula é digna de atenção. Josefo nos diz que Caio Calígula, durante o inverno de 39 para 40 d.C., considerando-se insultado pelos habitantes do vilarejo judaico de Jâmnia, ordenou a construção de uma estátua de si mesmo para que fosse colocada no templo de Jerusalém. A estátua veio por Mar de Sidon e foi enviada para Ptolomaida, onde o governador da Síria, Petrônio, atrasou o desembarque repetidas vezes por causa dos maciços protestos

---

[19] Anarquia em grego é chamada de *anomia*, a fonte da anomia de Durkheim é uma descrição em termos girardianos da crise sacrificial. O *katechon* segura a irrupção da crise sacrificial.

públicos. Durante esse atraso, Calígula foi assassinado e a crise passou. Ao decodificar nosso apocalipse à luz dessa história, podemos chegar à conclusão de que o homem malvado que pensara ser Deus e se sentou no templo é Calígula, e que a força de retenção ou o *katechon* seria o poder por trás da sabedoria de Petrônio e dos assassinos de Calígula.[20] De qualquer maneira, adotando-se uma leitura mimética em nosso apocalipse, o homem e o mistério da impiedade se referem à crise sacrificial relacionada ao apagamento das distinções, o caos gerado pela indiferenciação, donde a violência irrompe.

Seja lá como for, a ação é controlada pela ideia apocalíptica do "tempo certo", e o poder histórico de retenção está em operação para não deixar que os eventos ocorram prematuramente. A retenção não previne, de forma alguma, a ocorrência dos eventos, mas serve apenas para assegurar que o calendário apocalíptico seja mantido. Aos tessalonicenses que pensavam que o Dia do Senhor já chegara, Paulo diz que o *katechon* assegurará a vinda do fim, mas "só a seu tempo" (2 Tessalonicenses 2,6).

Deixemos que esses apocalipses sirvam para nos indicar os conteúdos do termo "apocalipse", ilustrando seus detalhes. O gênero apocalipse descreve aquilo que "é" eternamente e aquilo que "será" temporariamente, quando a história deste mundo terminar, tornando--se a eternidade daquele mundo. Até o momento, já catalogamos alguns usos atuais do termo: a "estepe gelada" em "algum outro lugar" onde o ator que está morrendo encena o personagem moribundo, e a morte beija a morte (vf. p. 14); vimos a intolerante autojustificativa grandiosa do político paranoico a exortar a salvação do grupo e condenar à danação os que são de fora; vimos especulações violentas sobre punições tidas como merecidas, embasadas na narrativa da Bíblia pelas lentes de romancistas sádicos. Hoje, o termo "apocalipse" mantém todo o seu significado tradicional: a justificativa final do

---

[20] O melhor relato dessa história, que oferece muitas citações das fontes primárias em Flávio Josefo e Fílon de Alexandria, encontra-se em *History of Jewish People*, de Schüerer, p. 394-98.

precioso grupo por meio de um cataclismo final, que é entendido como
punição universal, assim como apresenta um novo significado popular
de simples catástrofe. Apocalipse é a lente por meio da qual vemos
a política internacional porque é o *fons et origo* [fonte e origem] do
conceito de história e de historiografia. Não fosse pelo apocalipse, não
teríamos desenvolvido as categorias mentais com as quais poderíamos
levantar questões de significado e adequação interpretativa.

A teoria mimética como apocalipse

A contribuição do pensamento de Girard para este volume é um
bom exemplo sobre a natureza apocalíptica da teoria mimética.
Neste ensaio, num escrito que até então não fora publicado e que
Girard chama de "meu período criativo", encontramos os *insights*
fundamentais da contra-astúcia a superar a astúcia da violência
sagrada, e que ainda retêm o frescor da descoberta. A teoria mimética é
ironicamente apocalíptica, e isso se dá pelo fato de ser o oposto daquilo
que é geralmente tido como gênero apocalíptico. Ela é não violenta, ao
passo que o apocalipse vulgar é violento, é uma teoria que decodifica,
enquanto a forma vulgar codifica; no entanto, é apocalíptica porque
lida com a história universal e a natureza humana, assumindo a
possibilidade de uma ciência historiográfica ao dizer que a história
humana não é "um conto anunciado por um idiota". É apocalíptica
porque decodifica a criptografia de violência contida no apocalipse
vulgar em símbolos como o julgamento final e a tortura dos culpados.

Desde o início, a teoria mimética de Girard constituiu-se como
uma teoria apocalíptica. Girard intitula o penúltimo capítulo de
seu trabalho inicial, *Mentira Romântica e Verdade Romanesca*
(1961)[21] de "o apocalipse dostoievskiano", e nele sintetiza a

---

[21] René Girard, *Mentira Romântica e Verdade Romanesca*. Trad. Lilia Ledon da Silva. São Paulo, É Realizações Editora, 2009, p. 287-321.

grande realização de Dostoiévski ao revelar aquilo que Girard denominava na época "desejo metafísico". Nesse estágio inicial de desenvolvimento da ideia de desejo mimético, Girard estava preocupado em expor como os grandes romancistas de fato revelam a forma como o desejo imita a si mesmo e opera de forma triangular, um triângulo do desejo compreendendo "desejo, desejado e modelo ou mediador do desejo". Ele chamou esse desejo de "metafísico", uma vez que se manifesta essencialmente como um desejo cuja intenção é se apropriar do ser do outro. Sinto-me privado de ser e, em minha necessidade, creio que o modelo possui uma totalidade de ser que eu, aquele que deseja, posso talvez adquirir ao desejar os mesmos objetos que o modelo e, eventualmente, o próprio ser do modelo. A escassez de ser do desejo é resultado de seu desvio em relação à verdadeira fonte de ser: o divino. Assim sendo, o desejo se inclina para o outro humano, por meio do orgulho. O orgulho alega autossuficiência do desejante, mas que de fato, ainda que sem reconhecer, está sendo humilhado, em vez de exaltado, porque depende, para existir, de um outro igualmente exíguo. O desejo se desvia cada vez mais completamente para o atalho desventurado, onde o cego conduz o cego ao vazio do fosso mimético.[22]

O grande revelador do desejo desviado e do mito romântico da autossuficiência foi Dostoiévski, inicialmente em *Notas do Subterrâneo* e notoriamente em *Os Demônios* (traduzido inicialmente como *Os Possuídos*). O penúltimo capítulo de *Os Demônios* descreve a morte de Stiepan Trofímovitch Verkhovensky, que "constantemente desempenhava uma forma especial de papel cívico entre nós".[23] Nesse papel, ele instigava a rivalidade mimética dos jovens em torno

---

[22] Fiódor Dostoiévski, *Demons, a Novel in Three Parts*. Trad. Richard Pevear e Larissa Volokhonsky. New York, Vintage Books, 1995. Ver Varvara Pietrovna dirigindo-se a Stiepan Trofímovitch em seu leito de morte: "Lembra-se, homem leviano, sem fé nem lei, homem pusilânime e eternamente leviano!"; "Pois bem, então você fique sabendo, Sofia Matvieivna, que ele é o homenzinho mais asqueroso, mais leviano".
[23] Dostoiévski, *Demons*, p. 7.

de Nikolai Vsevolodovich Stavrogin, filho único de seu protetor, e agora está deitado em seu leito de morte e se confessa a uma estranha, uma vendedora de Bíblias. Ela lê para ele três passagens bíblicas que são cruciais para a compreensão do romance como um todo, especialmente seu final como ato de conversão. Essas três passagens são escolhidas de três formas distintas, um fato que é de suma importância para a interpretação. Primeiro, a senhora escolhe o Sermão da Montanha; depois ele pede a ela para que abra a Bíblia aleatoriamente e leia a primeira passagem que lhe apareça, e ela, então, lê a carta à igreja de Laodiceia do terceiro capítulo do Apocalipse (3,14-22), na qual há um alerta à congregação onde se diz que ao não serem nem frio nem quente, mas tépidos, Deus os vomitará de sua boca como café estragado. Assim, o apocalipse revela a total falta de seriedade com que Stiepan Trofímovitch levou sua vida.[24] A última passagem que a senhora lê é feita a pedido de Stiepan e se trata do endemoniado de Gerasa, em Lucas 8,32-36, uma passagem que, como nos lembra o narrador, funciona como uma das epígrafes de toda a história.[25] Portanto, embora tenhamos duas passagens dos Evangelhos que foram escolhidas de forma deliberada, justamente aquela referente ao Apocalipse foi escolhida de forma aleatória; o apocalipse está sempre presente, sob a superfície, pronto a emergir quando menos esperado.

Colocado no início da história e em seu final, a história do louco e dos suínos é a chave para todo o romance como uma recuperação do objetivo apropriado do desejo em Deus, ao ser aberta a possibilidade da jornada que parte da loucura com destino à sanidade, do desejo desviado para a realização divina, do vazio existencial para a plenitude do amor, do pecado para a graça, do inferno aos céus por meio da revelação e da conversão. A conversão inclui os dois elementos clássicos: confessar-se e voltar-se para Deus.

---

[24] "Varvara Pietrovna que, havia vinte anos, se habituara à ideia de que nada de sério e decisivo poderia vir de Stiepan Trofímovitch, ficou toda transtornada e muito pálida" (Dostoiévski, *Demons*, p. 662).
[25] Dostoiévski, *Demons*, p. 654.

Dessa forma, Stiepan confessa seus pecados: "Minha amiga, quando compreendi a frase [...] apresente a outra face [...] compreendi ainda outra coisa [...] *J'ai menti toute ma vie!*".[26]

Então, ele se volta a Deus:

> Minha imortalidade é necessária pelo simples fato de que Deus não deseja ser injusto, e extinguir para sempre a chama de amor que por ele se acendeu em meu coração. E o que há de mais precioso do que o amor? O amor está acima da existência, o amor é o seu coroamento, Daí, como poderia ocorrer que a existência não lhe fosse submetida? Se amei a Deus, se me regozijei com meu amor, será possível que ele extinguiria tanto a mim quanto minha alegria, tornando-nos um nada? Se Deus existe, então sou imortal! *Voilà, ma profession de foi* [Aqui está minha profissão de fé.][27] (Assim, vemos a transformação do objetivo de vida: do ser para o amor, pois "Deus é Amor" – 1 João 4,8).

A conversão é metaforicamente um exorcismo, mas empiricamente é um apocalipse, e, em 1961, Girard propôs que tal processo descrevia a experiência dos grandes romancistas, os quais subitamente experimentam um *insight* que os fez compreender a dinâmica mimética de si mesmos e de seus personagens, e a partir daí foi possível reescrever a narrativa do ponto de vista daquilo que foi revelado. Todo grande romance é escrito duas vezes, a primeira

---

[26] Ibidem, p. 664; cf. "Minha amiga, menti minha vida inteira. Mesmo quando dizia a verdade, jamais falei por amor à verdade, mas apenas por mim mesmo. Já sabia disso antes, mas agora posso ver claramente [...] talvez minta neste momento. O pior de tudo é que acredito em mim quando minto. O que há de mais difícil na vida é viver sem mentir [...] e não acreditar nas próprias mentiras" (Ibidem, p. 652).
[27] Ibidem, p. 663.

vez como ocultação e a segunda, como apocalipse. Recentemente, Milan Kundera escreveu o seguinte:

> [...] se você imaginar a gênese de um romancista na forma de um conto clássico, um mito, essa gênese se assemelha a uma *história de conversão* [itálicos dele]; Saulo se tornando Paulo; o romancista renascendo a partir das ruínas de seu mundo lírico ["romântico" – no sentido de Girard].

Será que Kundera tomou esse *insight* de Girard? Eu não sei. Ele e Girard se conhecem e já conversaram muitas vezes. De qualquer forma, Kundera pode muito bem ter descoberto esse importante aspecto da verdade mimética por si mesmo, justamente porque é um grande romancista.[28]

Uma "legião" de demônios deixa o endemoniado para possuir um grupo de porcos, os quais se lançam de um penhasco e se afogam num lago. O homem se senta aos pés de Jesus, restaurado para uma vida em paz. Essa é a experiência individual, mas há também a experiência grupal. Girard destaca que os demônios são duplamente um e muitos. Legião e legião, e Stiepan Trofímovitch compara o endemoniado à Rússia como um todo, possuída, porém, em vias de ser purificada. Girard adotou uma manobra semelhante em seu

---

[28] Milan Kundera, "O que é um Romancista? Como são feitos os grandes escritores?". *New Yorker*, 9 de outubro de 2006, p. 40-45. Kundera adota Flaubert como seu modelo de estudo e escreve sobre *Madame Bovary* como penitência para os excessos românticos de *Tentação de Santo Antônio*. "É a história de uma conversão. Flaubert está com trinta anos, a idade apropriada para se livrar de sua crisálida lírica. Queixar-se de que seus personagens são medíocres é o tributo que ele presta àquilo que se tornou sua paixão: a arte do romance e o território que ela explora, a prosa da vida" (Kundera, "O que é um Romancista?", 2006, p. 41). Todavia, Kundera não possui qualquer conteúdo teórico para essa imagem de conversão, e para ele é a conversão do lirismo juvenil para a prosa adulta, um desencantamento superficial, em vez de uma transformação metafísica. Cf. Milan Kundera, *The Curtain: An Essay in Seven Parts*. Trad. Linda Asher. New York, HarperCollins, 2006, p. 89-90.

pensamento; mais adiante em sua trajetória intelectual ele se virou da Legião para a legião, do individual para o grupal.

O homem que está morrendo diz:

> É exatamente como se passa em nossa Rússia. Esses demônios que saem de um homem doente e entram nos suínos – todos os inchaços, todos os miasmas, toda impureza, todos esses grandes e pequenos demônios que habitam nosso gigante querido, a doente Rússia, por séculos e séculos [...], mas esse homem doente será curado e se sentará aos pés de Jesus [...] e todos olharão estupefatos.[29]

Uma vez que esse homem doente é a Rússia como um todo, podemos usar a imagem como análoga à teoria mimética, como uma teoria do indivíduo em função do grupo para uma teoria de grupos em relacionamento entre si, e das instituições que dão estabilidade aos grupos.

Em *A Violência e o Sagrado*[30] e *Coisas Ocultas desde a Fundação do Mundo*,[31] Girard discerniu como o desejo mimético confere estrutura aos grupos e mantém a ordem pública. Nesse estágio, a teoria se torna uma antropologia apocalíptica. Como o apocalipse implica uma historiografia universal, da mesma forma a teoria mimética implica uma antropologia universal. Essa análise com base na rivalidade mimética e no mecanismo do bode expiatório leva à visão deste mundo como uma estrutura de Violência Sagrada,

---

[29] Ibidem, p. 665.
[30] René Girard, *Violence and the Sacred*. Trad. Patrick Gregory. Baltimore, The Johns Hopkins University Press, 1977. [Em português: *A Violência e o Sagrado*. Trad. Martha C. Gambini. São Paulo, Paz e Terra, 2008.]
[31] René Girard, *Things Hidden Since the Foundation of the World*. Trad. Stephen Bann e Michael Metteer. Stanford, Stanford University Press, 1987. [Em português: *Coisas Ocultas desde a Fundação do Mundo*. Trad. Martha C. Gambini. São Paulo, Paz e Terra, 2009.]

erigida conforme os três poderes que emanam da vítima substituta: rito, mito e proibição. Os rituais formam as instituições, os mitos formam as identidades, e as proibições formam as leis. Portanto, as estruturas sagradas "deste mundo" emanam das vítimas substitutivas como uma série de diferenças cuja primeira e fundadora diferença é a aquela entre o profano e o sagrado, ou seja, a diferença entre o grupo de linchadores e sua vítima. Esta última – que catalisa a violência para fora do sistema social – funda a estrutura sagrada na lacuna gerada entre si mesma e seus algozes, ao funcionar como catalisadora para a formação da solidariedade entre os linchadores. Dessa forma, o mecanismo da vítima substituta fornece estabilidade ao grupo que se encontra geralmente esmagado pela rivalidade mimética e pela competição violenta entre seus membros, mas essa estabilidade é instável.

O sacrifício ritual renova a estabilidade, o mito a esconde, e a lei obriga seu cumprimento, mas cada um desses agentes é dúbio. A eficiência do ardil depende que o mecanismo seja mantido oculto da visão e imune à compreensão e, caso isso ocorra, então, a última coisa que o ardil pode tolerar é um apocalipse, ou seja, a revelação dos segredos ocultos. Na medida em que a crucificação de Jesus revela a inocência da vítima imolada desde a fundação do mundo (Apocalipse 13,8), ela se apresenta como o apocalipse decisivo, nada menos que a chegada do final dos tempos em meio à história. Portanto, o Crucificado é o "Filho do Homem", nosso libertador da crise sacrificial da qual surgem os monstros de Daniel. Quando Daniel sonha com monstros e os associa às estruturas imperiais de violência, ele inicia o processo de revelação (apocalipse) que culmina na revelação do Filho do Homem como a vítima executada desde a fundação do mundo. Nesse sentido, a teoria mimética mostra como a Cruz desmistifica o mundo, isto é, como nos conta a verdade a respeito da origem e sobrevivência do mundo como estrutura de violência sagrada constantemente renovada, totalmente dependente dos rituais de sacrifício, dos mitos de origem, das leis e proibições. "Mundo" nesse sentido, então, é o mundo dos seres humanos que se organizam em torno do ardil vinculado ao bode expiatório, em torno da pilha de pedras sobre a vítima idolatrada. A fundação deste mundo ocorre no exato momento em que o primeiro ardil em torno da vítima substituta é perpetrado, quando a vida se tornou possível pela morte e os dois estados naturais foram distinguidos cultural e simbolicamente.

O efeito da pregação do Evangelho sobre a cultura ocidental foi o de revelar o segredo que mantém a sobrevivência da sociedade, por meio do ritual de sacrifício da vítima e, ao fazer isso, colocou a sobrevivência em risco. À medida que melhor conhecemos o ardil, pior se torna o seu funcionamento para a manutenção das estruturas do sagrado, dentro das quais conseguimos nos proteger de alguma maneira da desordem violenta. Atualmente, a globalização está erodindo as distinções culturais e a autovitimização vem se tornando uma indústria cultural, e o mais significativo, a violência está dissolvendo até mesmo a distinção existencial entre a vida e a morte. Nas seitas dos homens-bomba o desejo pela destruição em massa, contida durante a Guerra Fria na estrutura sagrada da política de dissuasão, está agora fluindo para participantes cada vez menores. Os terroristas suicidas estão dissolvendo as linhas dos mecanismos dissuasórios, aquele mapa de um mundo comum no qual todos os envolvidos se preocupam com suas vidas. Antagonismos suicidas não podem ser freados com base nas velhas suposições; a distinção crucial para o controle social da violência, entre o grupo e a vítima (os vivos e os mortos), está finalmente se dissolvendo completamente, e a crise sacrificial está conjurando os monstros uma vez mais.

Ataques suicidas indicam o estágio agudo do colapso do sistema da vítima substituta e representam, atualmente, um componente central de nossa cultura global. O ardil da vítima substituta opera através do assassinato de um terceiro; o ataque suicida funciona ao se matar o próprio *self*, assim como o de outros, o que acaba apagando a antiga distinção entre assassino e vítima, embaralhando a principal distinção cultural, ou seja, aquela entre o sagrado e o profano, entre a vítima morta, de um lado, e os perpetradores vivos, de outro, a partir dos quais os rituais, mitos e leis emergem como elementos geradores das distinções adicionais e como estabilizadores de todas as outras distinções culturais. Os radicais muçulmanos provavelmente acreditam que suas mortes asseguram a vida dos outros membros do grupo, e fortalecem essa crença ao reforçar as distinções entre os de dentro e os de fora, mas, de fato, estão rachando o sistema de distinções, o qual se baseia na diferença entre a vida e a morte, abrindo as portas para o mundo dos monstros, o mundo fantasmagórico dos mortos-vivos e dos endemoniados, os que vivem entre as tumbas.

Ironicamente, a violência sagrada do islã jihadista, que crê estar fortalecendo sua fundação sacrificial, está de fato serrando o alicerce sobre o qual sua religião se apoia. A violência suicida não mais confirma a distinção fundamental, mas, pelo contrário, dissolve-a, desferindo golpes devastadores sobre o sistema da violência boa, do qual se espera o controle sobre a violência nefasta. A violência que não mais faz a distinção entre vida e morte pode de fato ser fatal a todo o mecanismo sacrificial, e este, como um velho automóvel caindo aos pedaços, começa a se soltar ao atravessar uma estrada esburacada. O início do final apocalíptico pode estar entre nós, e uma gigantesca crise sacrificial já pode ter irrompido.

Assim sendo, a teoria mimética nos deixa com a visão de uma longuíssima, universal, social e cultural estrutura de violência sagrada, baseada na fundação do ardil em torno da vítima substituta, e que agora parece estar reeditando o grande período de crise sacrificial do período original e, portanto, desintegrando-se em confusão e em crescente violência sem controle. O fato de o islã representar a atual vanguarda desse desmantelamento não nos causa qualquer surpresa, uma vez que o monoteísmo constitui o primeiro e mais eficiente golpe contra a ordem sacrificial pagã, e toda grande religião é grande à medida que decodifica sua própria mitologia de violência sagrada. Ao fazer isso, as grandes religiões revelam o ardil, tornando-o progressivamente ineficaz, o que acaba enfraquecendo o controle religioso tradicional da violência.

O islã alcançou um novo extremo desse processo e ao destruir a si mesmo como religião está fundamentalmente salvando a si mesmo como fé, caso de fato seja uma fé verdadeira. Caso não seja, está simplesmente destruindo a si mesmo.

O islã está passando pelos espasmos de uma avançada e profunda crise sacrificial com o surgimento do suicídio como virtude, algo que até então era considerado tradicionalmente um pecado, fazendo com que o mundo espere em vão por uma representativa e legítima condenação islâmica aos ataques suicidas. Quando será que sua liderança, embora fragmentária, anunciará enfática e repetidamente que aqueles que fazem tais coisas não são muçulmanos, mas pagãos, e que não estão a caminho do paraíso, mas do inferno? Esperamos em vão por tal transparência e não podemos deixar de suspeitar que o islã não se manifesta justamente porque afirma a violência do sagrado e é, pelos padrões miméticos, nada mais que um modo de sacrifício pagão, culpando um bode expiatório e adquirindo unidade interna a custa do sangue do inimigo externo. Essa última e desesperada tentativa de salvar o velho mecanismo sacrificial já se encontra singularmente solapada com os atentados suicidas, os quais provocam o apagamento da primeira distinção entre o grupo e a vítima, isto é, entre a vida e a morte. Quando o grupo mata a si mesmo para o bem de si mesmo, a lógica do ardil já entrou em estágio de decadência terminal, e muito em breve a estrutura sacrificial se tornará incapaz de controlar a violência. Esse é o sinal de que os últimos dias do mundo como o conhecemos está sobre nós.

Certamente, não estou dizendo que em breve as estrelas despencarão do céu noturno e que a lua mergulhará em sangue, ou que um dragão surgirá do lago de fogo e os malvados serão torturados por Deus; não, estou simplesmente dizendo que a atual ordem global se encontra em processo de profunda transformação e que o resultado é incerto. A antiga ordem está entrando em colapso, e o sacrifício não pode mais impedir a crise de desordem ou mesmo controlá-la. Os Estados Unidos com todo seu poder militar, que eu considero uma instância de boa violência, são hoje uma nação incapaz de restaurar a ordem no Iraque, o que é um sinal desse nosso estágio histórico de avançado fracasso sacrificial, de fato, um apocalipse.

Lendo os sinais dos tempos

A conferência a respeito da qual os ensaios aqui reunidos são um registro destina-se a avaliar a competência da teoria mimética em revelar a estrutura e a dinâmica da história humana, para que, por meio dessa luz teórica, possamos "ler os sinais" de nossos tempos especialmente violentos, isto é, localizar os abutres e encontrar o cadáver. Atesta-se a adequação de uma teoria ao aplicá-la; o sucesso da teoria mimética, na interpretação dos eventos, confirma a sua adequação como teoria; mas existe outra maneira, embora certamente menos útil, de se testar uma teoria, e isso é feito ao se comparar a teoria em questão com outras teorias comparavelmente significativas. Nossa competência e interesse nos levaram a três eruditos do século XX: Carl Schmitt, Leo Strauss e Eric Voegelin, e à questão adicional de saber se a filosofia como tal pode ainda funcionar como guia confiável para a situação humana ou se seria o caso de a teoria mimética poder substituí-la. Os participantes lidaram com esses tópicos, e não pretendo aqui, nesta introdução, resumir seus trabalhos; em vez disso, pegarei apenas algumas características mais contundentes de seus argumentos, as quais articulam a discussão sobre a realidade do apocalipse como reflexão geral da obra.[32] Caso a teoria mimética seja uma teoria apocalíptica, então, como as teorias desses grandes pensadores do século XX, que são muitas vezes apocalípticos de uma forma significativa, podem ser ou não articuladas a ela, e como a teoria mimética se sai em comparação a elas?

---

[32] O ensaio de Lawrence é um excelente relato comparativo sobre nossos elementos centrais, juntamente com uma aguçada apreciação e crítica sobre Girard.

Carl Schmitt

Schmitt introduz o outro polo de nosso título, isto é, a política, e juntamente com a política ele introduz a guerra. Clausewitz disse, em passagem notória, que guerra é política por outros meios, ao passo que Schmitt reverte a direção ao afirmar que política é guerra por outros meios. A distinção entre amigo e inimigo e a luta por poder entre antagonistas formam a essência da atividade política. Pode-se comparar isso com o parágrafo de abertura do livro *On War* [Da Guerra], de Clausewitz, em que ele diz que a guerra é essencialmente o embate entre dois antagonistas [*ein Zweikampf*, geralmente traduzido como "um duelo"] e que o *Zweikampf* se assemelha mais com uma luta livre [*ringen*] do que com pistolas para dois ao entardecer. A definição extraordinariamente esclarecedora de Schmitt é uma descrição apocalíptica sobre o universo da política, usando o tema característico da dicotomia. A dicotomia, em seu nível mais arcaico, é estabelecida entre a vítima substituta e o grupo de linchadores, e o apocalipse clássico é estruturado por essa distinção. O próprio fato de a definição ser tão esclarecedora nos mostra que a distinção entre amigo e inimigo é mimética e apocalíptica e, incidentalmente, que a teoria mimética e a teoria apocalíptica são, nesse sentido, pouco distinguíveis.[33]

Palaver nos mostra claramente que a ideia de Schmitt de política e suas visões sociais estão ambas baseadas no mecanismo da vítima substituta. Nela, a estrutura da violência sagrada exerce o poder capaz de reter a história [*katechon*] em seu movimento acelerado em direção à revolução (crise sacrificial). O *katechon* é o termo apocalíptico de Schmitt, emprestado, como vimos, da narrativa

---

[33] Compare-se a Mark Halperin e John F. Harris, *The Way to Win: Taking the White House in 2008*. New York, Random House, 2006; como noticiado no *The New York Times* em 3 de novembro de 2006, p. B35. Bush vê a si mesmo como um "iluminador nacional". Sua teoria de liderança é a seguinte: "Um líder de sucesso permanecerá francamente do lado de um grande argumento. Então, ele ou ela vencerá no argumento ao acentuar as diferenças e mobilizar seus seguidores mais comprometidos para o seu lado". Isso é fazer política não como a arte da conciliação, mas como separação entre amigo e inimigo.

bíblica, para designar um fenômeno muito semelhante à ordem do Sagrado de Girard, em seu efeito mantenedor da ordem ao segurar o movimento histórico de desordem e evitar o caos. Na medida em que o pensamento de Schmitt se configura como teológico, como em *Teologia Política*, o título de um de seus livros mais conhecidos, esse pensamento é, não obstante, uma versão pagã de cristianismo, uma adaptação da teologia cristã a serviço da violência sagrada. Dessa forma, apesar de Schmitt fazer certa confusão entre teologia e mitologia, ele é um intérprete dos sinais cuja leitura confirma o *insight* da teoria mimética.

Palaver o chama de antiapocalíptico, colocando-o junto a Strauss e Voegelin como pensadores que temem o potencial de caos que vem da visão cristã e de sua energia. Por essa razão, é preciso supor que o uso que Schmitt faz de *katechon* é irônico, no sentido de ser uma ideia apocalíptica usada contra o apocalipse. Pode-se perguntar se Schmitt não faz uso impróprio da ideia ao ler o texto de forma equivocada. O texto afirma que o *katechon* é um fenômeno temporário a serviço do calendário apocalíptico, cuja atuação se preocupa em estabelecer que o anticristo apareça na hora certa, e não antes, não se trata de uma força capaz de segurar o movimento da história para sempre, o qual avança para o seu desenlace. O debate que Palaver inicia sobre o *katechon* é bem matizado, apontando o quanto esse conceito lembra o Sagrado ao ostentar duas valências, de um lado o caos e do outro lado a ordem, violência boa e violência nefasta, referindo-se à visão de Bonhoeffer como aquela força interna da história que impõe limites à violência. De qualquer forma, Schmitt a compara ao império romano e ao fazer isso compartilha da visão do apóstolo Paulo de um império que serve a vontade divina, como está dito no pequeno apocalipse em Romanos 13.

Leo Strauss

Strauss teve contato com Schmitt desde o início de sua carreira, considerando o pensamento de Schmitt compatível ao seu.

Strauss pode ser visto como outro pensador antiapocalíptico, mas compreendendo-o como continuador do pensamento de Schmitt precisamos perguntar se os dois, de fato, não usam algumas ideias apocalípticas a fim de anular outras. Se este for o caso, poderiam ser chamados de pensadores semiapocalípticos. Seguindo a excelente leitura que Ranieri faz de Strauss ao aproximá-lo de Nietzsche, parece que Schmitt e Strauss têm duas importantes ideias apocalípticas em comum, uma em negação e outra em afirmação; ou seja, de um lado eles se opõem ao aspecto messiânico e universal do apocalipse e por outro lado eles estimam a centralidade do grupo escolhido, como "Os Santos do Altíssimo" ou os "Filhos de Zadoque", para Schmitt o povo germânico e sua terra natal, e para Strauss o povo judaico e o Sião. Logo, na Bíblia, Strauss favorece os reis de Israel e de Judá, os quais lutaram pela manutenção da ordem em suas épocas, acima dos profetas, que os criticavam em nome de um futuro julgamento e uma utopia final; e ele aconselha os judeus, descendentes desses reis, para que encontrem sua dignidade e significado não na esperança messiânica, mas na resistência honrada de sua presente humilhação.

Outro ponto mimético e apocalíptico que têm em comum é o seguinte: uma vez que a oposição de fora fortalece as forças centrípetas dentro do grupo, isso não é de todo negativo. Portanto, o grupo precisa de seus inimigos para o bem de sua coerência interna.

Todavia, Strauss é radicalmente apocalíptico em sua alegação de que o homem sábio oculta em vez de revelar sua sabedoria. Ele aponta para uma tradição de tamanha ocultação nos filósofos gregos, e ele mesmo a coloca em prática. Por esse motivo, ele é notoriamente difícil de ler, reservando sua sabedoria oculta somente àqueles que têm energia para investigar e lutar. O apocalipse, como vimos, é uma sabedoria oculta, agora revelada, mas revelada em código e exigindo esforços para que seja apreendida – "Deixe o leitor compreender".

Eric Voegelin

É particularmente importante consultar Fred Lawrence para se ter um tratamento equilibrado sobre Eric Voegelin, pois o ponto que me chama atenção é aquele feito por Rossbach em sua brilhante e especificamente concentrada investigação que questiona se Voegelin se tornou realmente cristão, no final da vida.

Voegelin compartilha a visão apocalíptica de uma história universal e a exegese por meio da qual os símbolos dessa história são lançados e acabam se abrindo como janelas, revelando seu significado e direção. Voegelin não finalizou seu trabalho porque seus projetos geraram dificuldades insolúveis e ele sempre foi muito honesto para forçar uma interpretação e, também porque, como afirma Rossbach, ele foi sempre advertido por sua postura de filósofo a evitar alcançar qualquer conclusão ou final. Voegelin compartilha com Schmitt e Strauss uma atitude negativa em relação a uma expectativa messiânica ou utópica. Ele chama a postura messiânica de gnóstica porque ela alega ser portadora exclusiva de segredos divinos, de um "conhecimento secreto" e, dessa forma, alega ser capaz de agir com total certeza, o que, para Voegelin, mascara uma arrogância que corre o risco de nêmesis. Tal entusiasmo é gnóstico e apocalíptico, na medida em que o conhecimento secreto é um princípio organizador na composição dos dois tipos de visão.

Sabiamente, Rossbach recusa aceitar o gnosticismo como categoria histórica estável, denominando-o "linha de sentido".[34] Eu dou boas-vindas a essa manobra, que abarca, certamente, muitas outras categorias de classificação usadas pelo universo acadêmico tradicional. Por exemplo, foi sempre difícil distinguir formalmente as categorias apocalipse e gnose, uma da outra, e agora isso não é mais necessário, uma vez que são ambos posicionamentos enredados

---

[34] Rossbach, *Gnostic Wars*.

numa trajetória tanto convergente quanto divergente, uma da outra, à medida que diferentes posicionamentos são inseridos no gráfico da história. Distinções entre ambos podem ser agora *ad hoc* e provisórias.

O apocalipse se preocupa, sobretudo, com o "final", ou seja, com o final da história ou o final do mundo. Rossbach faz uma reflexão sobre as últimas afirmações de Voegelin à luz do primeiro *insight* de Girard sobre o final de um grande romance.[35] O herói do romance e o autor do livro se encontram ambos escravizados pelo desejo metafísico; o autor retrata o herói de tal forma, no intuito de se eximir do desejo que ele representa, até o momento em que se vê em seu herói e reconhece sua própria escravidão ao desejo. A partir desse ponto, ele começa a ser capaz de se libertar, e, assim, passa a ver seu herói com outros olhos, reescrevendo-o em outras bases, o que leva sua narrativa da mediocridade à grandiosidade. O momento desse *insight* é o momento de conversão. Segundo Rossbach, Voegelin não experimentou esse momento; como Stavrogin, ele meramente morreu.

Teoria mimética e filosofia

Assim, chegamos a um pós-escrito conclusivo não científico, que fala da relação entre filosofia e teologia, razão e revelação, observação e apocalipse. Para Girard, o filósofo é aquele autor que nunca se arrepende e, por isso, nunca chega a um final. Nesse momento, lembro-me das palavras de um radical da patrística do século III d.C. – Tertuliano – que dizia que os gregos fazem da incessante busca uma virtude, o que seria uma estupidez, uma vez que o homem sensato finaliza, satisfeito, quando encontra o que estivera procurando. Os filósofos fazem da incessante busca uma virtude, e ninguém representou isso melhor do que o próprio Voegelin, o qual era alérgico a qualquer tipo de dogma. Para ele, a verdade estava na

---

[35] René Girard, *Mentira Romântica e Verdade Romanesca*, p. 287-321.

honesta e incessante busca pela luz cujas sombras podemos ver nas cavernas deste mundo. Para ele, conversão é a virada platônica do mundo das sombras no fundo da caverna para a luminosidade que as geram, e, finalmente, para a própria luz.

Quando perguntado sobre qual seria a objeção mimética à filosofia, Girard, durante uma sessão em uma conferência, disse que o filósofo nunca inclui a si mesmo em sua análise, mas se coloca sempre de fora, no lugar de observador autossuficiente. Neste momento, é justo fazer novamente uma referência a Lawrence, nosso filósofo profissional, a fim de percebermos o quão elegante e útil pode ser o discurso filosófico. Ele compara Girard aos outros segundo os termos tradicionais de "Jerusalém e Atenas", enquanto matiza a comparação à luz da ligação emocional de Strauss com os judeus e os árduos esforços de Voegelin para penetrar a Bíblia filosoficamente. Ele critica Girard por negligenciar a categoria de Natureza, a qual, ele acredita, ajudaria paradoxalmente a desnaturalizar a evidente naturalização do pecado no esquema de Girard. Essa é uma proveitosa crítica filosófica, mas creio que Girard já respondeu a essa questão na ideia de ser e na perda do ser por meio do orgulho, que ele descreve em seu primeiro trabalho.

Concluo com o final de *Os Demônios*, em que vemos o filósofo Stavrogin, que simplesmente morre, ao passo que Stiepan Trofimovitch, o qual fora, certamente, um mau filósofo durante toda a sua vida vazia e de mentiras, vai da terra ao céu nas asas dos anjos apocalípticos, com sua verdade conquistada no último momento ao confessar que fora um mentiroso durante toda a sua vida.

Portanto, encerro com a segunda epígrafe deste ensaio, que é uma síntese do bom apocalipse em meio ao progressivo estremecer do mau:

Mas Jesus lhe respondeu: "Segue-me e deixa que os mortos enterrem seus mortos".

Mateus 8,22 / Lucas 9,60

capítulo 1
a subversão do mito pelos evangelhos

René Girard

Em *Totem e Tabu*, Freud afirma que muito antes de ele ser capaz de ter acesso aos segredos sobre as origens humanas o Evangelho cristão já havia realizado essa tarefa. "Na doutrina cristã", ele diz, "os homens reconheceram de forma absolutamente flagrante a culpa associada ao feito primevo".[1] Nesse caso, como em outras passagens, a afirmação aparentemente inacreditável de *Totem e Tabu* contém um *insight* gigantesco. O que Freud está dizendo aqui é literalmente verdadeiro, o que certamente não vale para sua interpretação psicanalítica do assassinato fundador. A fim de mostrar essa verdade é preciso analisar justamente aqueles textos dos Evangelhos nos quais encontramos as passagens mais desagradáveis aos nossos ouvidos, os trechos que são mais fortemente reprimidos, mesmo pelos cristãos, que os evitam cada vez mais. Mesmo os cristãos não conseguem se aproximar dessas passagens, porque, caso o fizessem, teriam de concordar, como temem, com aqueles que veem um espírito de ódio em operação nos Evangelhos, e até mesmo um traço de vingança em muitas palavras atribuídas ao próprio Jesus. De todos esses textos, aquele conhecido por "Maldição aos Fariseus", em Mateus 23 e Lucas 11, é a passagem que ostenta a pior reputação. Essas passagens parecem confirmar a opinião de que a mentalidade

---

[1] Sigmund Freud, *Totem and Taboo*. Trad. James Strachey. New York, W. W. Norton and Company, 1950, p. 154.

que está por trás de Mateus 23,35-36 ainda endossa a primitiva maldição de sangue (Gênesis 4,10-12).

> E assim cairá sobre vós todo o sangue dos justos derramado sobre a terra, desde o sangue do justo Abel até o sangue de Zacarias, filho de Baraquias, que matastes entre o santuário e o altar. Em verdade vos digo: tudo isso sobrevirá a esta geração! (Mateus 23,35-36)

Abel não é judeu. Dessa forma, como essa passagem poderia ser lida no contexto de uma primitiva maldição de sangue sobre os judeus? Para os antigos judeus, a Bíblia era mais que um código religioso e a narrativa da fundação da nação, pois anunciava a história de toda a raça humana e, assim, compreendia a soma de todo o conhecimento. Portanto, não é somente o fato de os assassinos religiosos não se limitarem a uma única linhagem de sangue, mas, também, o fato de não se limitarem a uma única tradição religiosa. Depois da bem conhecida figura de Abel, que aparece na Bíblia como a primeira vítima assassinada, um personagem muito mais obscuro é mencionado. Por quê? Ele é a última vítima assassinada no segundo livro em Crônicas (2 Crônicas 24,20-21).[2] Portanto, considerando-se toda a narrativa bíblica, a primeira e a última vítimas são mencionadas. Esses dois nomes representam, obviamente, o início e o final de toda uma lista impossível de abarcar. Simplesmente haveria muitos nomes. Logo, todas as vítimas entre o primeiro e o último nome estão tacitamente incluídas.

Isso não deixa de evocar o tipo de vitimização de que estou falando, e o texto em Lucas nos dá mais uma razão extra para acreditar nesse sentido exato.

---

[2] A tradição do Novo Testamento confundiu esse Zacarias, que era, segundo esse texto em Crônicas, o filho de Joiada, com Zacarias, o profeta canônico, filho de Berequias (Zacarias 1,1). Pode-se supor que Jesus usava essa expressão de uso corrente "de Abel a Zacarias" para se referir ao constante fenômeno histórico do assassinato dos mensageiros de Deus.

Pode-se dizer que a palavra *início* [*arché*] não aparece em Mateus, um termo que sugere a fundação da cultura, mas se encontra presente em João (1,1) e novamente em Lucas, ou mesmo sob a forma de um termo ainda mais significativo que corre quase em paralelo ao texto em Mateus (Lucas 11,49-51):

> A fim de que se peçam contas a esta geração do sangue de todos os profetas que foi derramado desde a criação [o início] do mundo, do sangue de Abel até o sangue de Zacarias, que pereceu entre o altar e o Santuário. (Lucas 11,50)

A palavra que é traduzida por alguns como "início" e por outros, de forma mais significativa, como "fundação" – *katabole*. Os gregos dizem *apo kataboles tou kosmou*. *Apo* sugere uma relação gerativa, em vez de uma relação meramente temporal. *Katabole* significa a ordenação ou reordenação que interrompe algum tipo de perturbação, o momento capital de resolução de uma crise. Há um emprego médico do termo, análogo ao termo *katharsis*, cujo sentido é purgativo, no qual há um forte sentido de paroxismo (Platão, *Górgias*, 519a). *Kosmos* significa ordem. A Vulgata latina traduziu a frase *apo kataboles tou kosmou* por *constitutione mundi* – "a partir [ou desde] a constituição do mundo", mas essa fórmula não fornece o sentido de processo paroxísmico. Conjuntamente ao assassinato, em especial o tipo de assassinato que temos no início da narrativa bíblica, o assassinato de Abel, a expressão grega *apo kataboles tou kosmou* não deixa de evocar a dinâmica dos mitos e ritos. Ao rastrear os assassinatos religiosos até chegar, retroativamente, a Abel, a associação bíblica do primeiro assassinato com o *kataboles tou kosmou* não pode sugerir uma mera coincidência cronológica entre o primeiro assassinato e a fundação do mundo. Existe a expressa indicação de um conluio entre a cultura humana e esses assassinatos, uma realidade que remonta ao início da humanidade e isso, segundo Jesus, continua a funcionar até o presente, encontrando-se em operação entre os fariseus.

Mateus 23,35-36 e Lucas 11,49-51 revelam o assassinato fundador.

Vamos, agora, ler outra maldição, que também evoca o mesmo mecanismo que estamos desvendando:

> Ai de vós, escribas e fariseus, hipócritas, que edificais os túmulos dos profetas e enfeitais os sepulcros dos justos e dizeis: "Se estivéssemos vivos nos dias de nossos pais, não teríamos sido cúmplices seus no derramar o sangue dos profetas". Com isso testificais, contra vós, que sois filhos daqueles que mataram os profetas. Completai, pois, a medida dos vossos pais! (Mateus 23,29-32)

Os fariseus não negam a ocorrência desses assassinatos. Longe de aprovarem ou ignorarem os assassinatos, eles os condenam severamente. Na verdade, querem se dissociar de seus ancestrais assassinos e de seus predecessores religiosos. Aos olhos de Jesus, todavia, eles não têm êxito algum, pois o comportamento religioso dos fariseus perpetua paradoxalmente o tipo de solidariedade que buscam negar: a cumplicidade no assassinato dos profetas.

O assassinato dos profetas foi uma ação coletiva e a arrogante negação de envolvimento é também uma ação coletiva. "Se estivéssemos vivos nos dias de nossos pais, não teríamos sido cúmplices seus no derramar o sangue dos profetas" (Mateus 23,30). Em outras palavras, jamais teríamos sucumbido ao contágio mimético da vitimização coletiva. Os fariseus asseguram-se de que seriam incapazes de fazer tal coisa.

A fim de demonstrar seu não envolvimento com a violência, ou seja, provar sua própria inocência intrínseca, os filhos condenam os pais. No entanto, os assassinatos fundadores foram cometidos justamente sob a lógica da mesma intenção. Assim, descobrimos que os assassinos mataram suas vítimas para não perceberem sua própria violência; e esse é o real significado do efeito gerado pelo mecanismo do bode expiatório, o qual projeta a violência da comunidade sobre a vítima. Os filhos, portanto, fazem exatamente o mesmo que seus pais: condenam as gerações anteriores a fim de alcançar o mesmo propósito que os antigos assassinos, ou seja, o propósito de obscurecer a própria violência. A condenação constitui o ato de violência que repete e reproduz fielmente cada aspecto do assassinato original, exceto pela morte física de uma vítima. Os filhos apenas mudaram de um tipo de mecanismo de expulsão vitimária para outro. Eles são os assassinos espirituais de seus próprios pais assassinos e, como tais, são merecedores dos pais que têm, mas dos quais se veem separados por um abismo moral.

A continuidade de geração a geração é garantida, a cada época, por um esforço em se romper com o passado que sempre toma a forma de um real ou simbólico assassinato do passado, um ato de vitimização física ou espiritual. Somente nossa hipótese pode tornar essa "filiação" inteligível, uma vez que o assassinato original já é um meio para que a comunidade se dissocie de seu próprio passado de violência, buscando esquecer a realidade dessa violência ao arremessar todo o seu peso sobre uma vítima escolhida coletivamente. Todas as culturas posteriores repetem o mesmo ardil de fuga violenta contra a violência. As pessoas reencenam o enterro violento da verdade, o que caracteriza até mesmo as formas mais primitivas de fundação e elaboração cultural. Todas as culturas humanas começam e prosseguem com esse enterro violento da verdade.

No caso dos fariseus, como em Édipo e seu oráculo, as vítimas parecem ter sido vingadas, os assassinos são condenados e o rompimento com os violentos parece completo; mas tal aparência é enganosa.

Os assassinos pretéritos são denunciados como participantes de uma realidade exclusiva, uma época que já passou, algo que não mais diz respeito àqueles que vieram depois, os piedosos fariseus, exceto, certamente, como motivo de autocongratulação. A antiga estrutura é invertida; os assassinos originais passam a ocupar o lugar das vítimas originais, e vice-versa. A estrutura invertida serve, contudo, ao mesmo propósito da estrutura original: justifica a atual geração ao separá-la forçosa e falsamente da violência do passado, e isso se dá porque a coisa é feita de maneira violenta. O violento repúdio ao passado é uma manobra análoga e contínua à violência do passado.

Vou agora para outro texto que sempre pareceu ser ainda mais obscuro, vingativo e sinistro do que, talvez, os outros citados, mas que significa absolutamente a mesma coisa. Trata-se de João 8,43-44. Os interlocutores desse texto não são designados como escribas ou fariseus, mas, agora, simplesmente como judeus.

É verdade que, por vezes, esse texto foi usado historicamente para justificar um antissemitismo cristão, mas é possível demonstrar que isso ocorreu porque o texto foi completamente mal compreendido pelos cristãos:

> Vós sois do diabo, vosso pai, e quereis realizar os desejos de vosso pai. Ele foi homicida desde o princípio e não permaneceu na verdade, porque nele não há verdade: quando ele mente, fala do que lhe é próprio, porque é mentiroso e pai da mentira. Mas, porque digo a verdade, não credes em mim. (João 8,44)

Ao menos cinco temas estão intimamente relacionados nessa passagem enigmática. Satanás é descrito como fonte inexaurível de mentiras; os judeus ainda estão presos a essas mentiras, pois compartilham os desejos de Satanás. Os judeus são ativos colaboradores da ilusão satânica, a qual perdura desde o início e está essencialmente associada aos assassinatos. Satanás foi um assassino desde o início.

De que tipo de assassinato Jesus está falando?

A designação de Satanás como assassino é geralmente interpretada como uma referência velada à história de Caim e Abel. Em outras palavras, a maior parte dos comentadores acredita acertadamente que João 8,44 se relaciona de alguma forma ao texto: "E assim cairá sobre vós todo o sangue dos justos derramado sobre a terra, desde o sangue do justo Abel até o sangue de Zacarias", e assim por diante (Mateus 23,35).

Isso é verdade, até certo ponto. O assassinato de Abel é, certamente, o primeiro a aparecer em ordem cronológica, mas talvez o seja de outra e mais fundamental maneira.

Descobrimos que o assassinato de Abel é o assassinato fundador no sentido de ser a fundação da cultura cananita, a qual é apresentada como a primeira cultura humana. Satanás é o próprio ciclo mimético, o mecanismo que funda a cultura humana. Esse é o motivo pelo qual seu reinado se encontra realmente no final, muito embora seu triunfo pareça estar mais completo do que nunca. Podemos compreender muito bem por que ele seria um assassino desde o princípio, assim como o pai de todos os mentirosos (o que significa o pai de todos os interlocutores de Jesus), o pai de toda uma cultura que não se funda na verdade. Podemos, então, bem entender por que Jesus falava de duas línguas: sua própria língua, a qual revela o assassinato original e, portanto, a língua da verdade, e a língua dos seus ouvintes, fundada na mentira, pois enraizada no assassinato fundador. A verdade única, contra a qual os ouvintes resistem ao máximo, é a verdade proferida naquele momento: a verdade sobre o assassinato fundador.

Não há qualquer problema em relacionar esse texto de João à história de Abel. Os dois se relacionam perfeitamente; mas as pessoas que os conectam não compreendem a real natureza desse relacionamento; não percebem o aspecto genético do mecanismo cultural que está por trás do assassinato de Abel. Da frase "Satanás foi um assassino desde o princípio" pensam que alguma coisa está faltando. A informação ausente seria a identidade da vítima e do assassino. Somos informados de que a vítima é Abel. No texto dos Evangelhos interpretamos um confuso mistério envolvendo o assassinato, em que os nomes dos autores foram removidos por engano. Sentimos que adicionamos algo ao texto ao fornecermos esses nomes. Essa atitude é de suprema significância. Todos os intérpretes sempre pensam que têm uma perspectiva, uma metodologia ou outro texto que vai mais longe que o texto do Evangelho. Não percebem que enquanto ficarem absortos aos nomes de indivíduos ou a nomes genéricos de vítimas e culpados, em casos específicos de assassinato, permanecerão aprisionados à mitologia; eles ainda não descobriram a verdade. A fim de verdadeiramente chegar à verdade, é preciso eliminar todos os nomes próprios, todos os elementos ficcionais. É preciso substituir todas as fabulosas histórias de origem pela matriz semiótica, pelo mecanismo genético por trás de todos os mitos e ritos. Isso é exatamente o que o texto dos Evangelhos está fazendo quando diz: no início da cultura humana houve um assassinato, e todos os seres humanos, sem exceção, são filhos e filhas desse assassinato. Até o presente, eles permanecem aprisionados a essa mentira porque o mecanismo não foi ainda realmente desmascarado.

Se meu argumento estiver certo, então, todas as atitudes modernas são regressivas e repressivas, em comparação ao texto dos Evangelhos.

Com velocidade vertiginosa, mas de forma absolutamente clara, um mecanismo é formulado em João, a melhor formulação por ser puramente abstrata e universal, porém, a mais provável de ser mal compreendida. Por ela, compreendemos que ser filho de Satanás e ser filho dos homens, os quais matam profetas, é a mesma coisa. A maneira mais segura de se perpetuar as velhas mentiras, enraizadas no assassinato original, e gerar ainda mais mentirosos, é dizer: "Se estivéssemos vivos nos dias de nossos pais, não teríamos sido cúmplices seus no derramar o sangue dos profetas".

O assassinato fundador é uma fonte inesgotável de significados culturais e de valores fraudulentos, em que não somente os fariseus

– não apenas os judeus – mas toda a humanidade ainda se encontra aprisionada.

Em João, a conexão entre Satanás, assassinato, mentira e *arché* [início] significa exatamente a mesma coisa que a conexão entre assassinato, negação de assassinato e a fundação do mundo nos Evangelhos Sinópticos. A fundação e o princípio deste mundo, Diabo e Satanás, são a única e mesma coisa, e nada mais são que o mecanismo espontâneo do bode expiatório como a fonte de todas as religiões e de todas as culturas humanas, o próprio mecanismo de simbolicidade.

Longe de dizer coisas completamente diferentes e se enraizar em propostas distintas, os Evangelhos sinópticos e o Evangelho de João dizem exatamente a mesma coisa. O enorme esforço da crítica moderna para desmembrar o Novo Testamento, assim como o Antigo Testamento, forçando cada texto a parecer divergir de todos os outros, assemelha-se à atitude de muitos classicistas em relação à literatura trágica do *corpus* grego e europeu. Devemos suspeitar que esse imenso empreendimento de dissociação não é inocente; mas faz parte de nosso esforço de contornar e escapar do significado que é comum a todos esses textos, ou seja, fugir da mensagem que continuamos a tratar mais ou menos da mesma forma que aqueles cujo lugar é designado nos Evangelhos como os primeiros recipientes da mensagem.

A interpretação tradicional tende a estreitar o escopo do texto ao universo dos interlocutores narrados, os quais certamente compreendem grupos religiosos judaicos. Seu título tradicional, "Maldição aos Fariseus", já indica uma interpretação. Essa leitura é obviamente equivocada. Podemos identificar sua deficiência essencial caso a própria letra do texto que chegou até nós apresente certos detalhes a sugerir, mesmo quando não apoia a leitura tradicional, que as pessoas que o transcreveram tinham uma compreensão imperfeita desse texto. A leitura que fazemos é muito poderosa e fiel à letra do texto e costumamos descartar aqueles aspectos textuais que nos parecem mazelas menores. Essas coisas não são suficientes para desqualificar a leitura presente, a qual se apresenta como excessivamente coerente e eficiente em sua complexidade relativa [*lectio difficilior*] para que possa ser refutada por pequenos constrangimentos. Essas passagens podem ter sido o resultado de lapsos temporários dos próprios escritores dos Evangelhos, literalmente esmagados pela enormidade da mensagem que tinham de registrar, ou podem mesmo indicar deficiências de nossa parte, sinalizando nossa recorrente incapacidade para apreender essa mesma mensagem em sua totalidade.

Seja lá qual for o caso, a leitura que proponho envolve completamente o leitor e sugere que não pode haver qualquer tipo de deturpação inocente na leitura de um texto como esse.

De maneira constante, os Evangelhos alegam que estão trazendo ao mundo algo que nunca foi antes visto ou ouvido. Os comentadores tomam como certo que essa revelação se relaciona, exclusivamente, a questões sobrenaturais. A esfera do sobrenatural é essencial nos Evangelhos, mas nunca poderá ser avaliada propriamente – ficará sempre confundida com alguma espécie de idealismo religioso – caso o aspecto humano da revelação não seja percebido. Existe uma dimensão oculta ao comportamento humano (a violência) que é parte essencial da revelação:

> Não tenhais medo deles, portanto. Pois nada há de encoberto que não venha a ser descoberto, nem de oculto que não venha a ser revelado. O que vos digo às escuras, dizei-o à luz do dia: o que vos é dito aos ouvidos, proclamai-o sobre os telhados. (Mateus 10,26-27; Lucas 12,2-3)

O trecho em Lucas da mesma passagem aparece imediatamente depois da passagem crucial nas "maldições", sobre o conluio oculto entre o assassinato e a cultura religiosa (Lucas 11,49-51).

Outro texto que sugere o quanto a revelação sobre a origem da cultura humana é parte integral da revelação de Jesus é o empréstimo que faz Mateus do Salmo 78,2, que é colocado na boca de Jesus.

> Abrirei a boca em parábolas; proclamarei coisas ocultas desde a fundação do mundo. (Mateus 13,35, citando Salmo 78,2)

Já vimos as últimas palavras da "Maldição aos Fariseus", a propósito do assassinato original: "*todo o sangue inocente* derramado desde a fundação do mundo" (Lucas 11,50). Aqui, temos "coisas mantidas desde": *Kekroumena apo kataboles tou kosmou*. Os dois únicos termos que diferem nas duas frases são "todo o sangue inocente" em uma e *kekroumena* na outra. A referência às "coisas mantidas ocultas" é intercambiável com "todo o sangue derramado", porque tanto uma quanto a outra se referem ao mesmo mecanismo de violência coletiva que precisa permanecer oculto para que se mantenha como a trave-mestra da religião e cultura humanas, para que continue a funcionar da forma como ainda funciona com os contemporâneos de Jesus.

Ninguém hoje em dia, nem mesmo a maior parte dos cristãos, leva a sério a alegação dos Evangelhos segundo a qual as palavras de Jesus e sua morte constituem o cumprimento do Antigo Testamento. Para nós, isso soa como uma espécie de travessura mística sem sentido cuja credibilidade só pode ser mantida pelo mais obscuro e atrasado provincianismo religioso em aliança nefasta com certa arrogância etnocêntrica.

Contudo, é verdade que, de fato, essa afirmativa, no passado, nunca significou muito mais do que ela expressa. Para o cristão medieval, a crença de que o Novo Testamento é a realização do Antigo, explicando-o e resolvendo-o por completo, era aceita como um princípio de fé e tornou-se a base para a então denominada interpretação alegórica ou figurativa da Bíblia, supostamente informada por uma compreensão puramente cristã.

Se olharmos para as interpretações alegóricas da Idade Média, poderemos observar que, em grande parte, apesar de certos *insights* iniciais, a crença no poder interpretativo do Novo Testamento permanece letra morta e não resulta em conhecimento antropológico mais do que o traduz em uma nova formulação religiosa. Assim como no caso dos exegetas modernos que nada fazem exceto referir João 8,44-45 a Caim, por completa falta de assunto, os alegoristas medievais preferem se debruçar sobre as histórias do Antigo Testamento, ou, nos Evangelhos, sobre os discursos das parábolas, em vez de enfrentar as afirmações diretas e carregadas de implicações como aquelas que estamos lendo, as quais permanecem letra morta ou, pior, até que seu objeto real seja percebido: o assassinato original e suas consequências.

Uma vez que esse objeto real é percebido, notamos que as alegações dos Evangelhos em relação ao Antigo Testamento devem ser seriamente consideradas. Descobrimos que de fato existe uma tendência no Antigo Testamento para a desconstrução dos mitos de violência coletiva, uma tendência já em operação, mas que nos Evangelhos se torna ciente de sua própria significância, porque apenas nos Evangelhos é que esse processo alcança uma compreensão sobre seu verdadeiro objetivo: reduzir toda cultura e religião humanas ao seu mecanismo gerativo.

Gostaria de ter espaço suficiente para examinar com vocês outras passagens dos Evangelhos que ficaram até agora sem explicação, mas que podem ser esclarecidas uma vez que sejam lidas da maneira como estou propondo, ou seja, à luz do assassinato original como revelado nos Evangelhos. Quando frases como "deixem que os mortos enterrem os mortos" ou "onde estiver o cadáver, aí se ajuntarão os abutres" estão em pauta, e os exegetas não têm muita coisa a dizer, eles supõem que frases como essas sejam proverbiais, contudo, deixam o significado desses provérbios sem explicação.

Vou também mencionar de passagem a parábola dos vinhateiros homicidas (Mateus 21,33; Marcos 12,1; Lucas 20,9-19), os quais sempre se juntam contra os mensageiros enviados pelo senhor das vinhas, expulsando todos os mensageiros e finalmente matam o próprio filho do senhor das vinhas. Depois dessa parábola, Jesus ironicamente pergunta aos seus ouvintes para que interpretem para ele uma outra citação do Antigo Testamento: "A pedra que os construtores rejeitaram tornou-se a pedra angular" (Salmo 118,22-23; Mateus 21,42; Marcos 12,10; Lucas 20,17).

Gostaria de alertar para o possível relacionamento entre aquilo que estou discutindo e frases como a proferida por Caifás no Evangelho de João: "Não compreendeis que é de vosso interesse que um só homem morra pelo povo e não pereça a nação toda?" (João 11,49-50).

Existe mais uma interpretação possível da "Maldição aos Fariseus", uma que ainda permite àqueles que adotaram os Evangelhos como sua Escritura Sagrada, e que chamam a si mesmos de cristãos, que escapem das implicações mais sérias da mensagem. Refiro-me à interpretação tradicional, aquela postura que enxerga o texto apenas literalmente e nada mais, maldições que seriam exclusivamente direcionadas contra uma seita judaica, ou talvez mesmo contra o judaísmo como um todo, mas que não fariam referência a ninguém mais.

Esse tipo de leitura apenas repete a prática que Jesus repreende nos fariseus, pois suprime a revelação da matriz semiótica. Ela redireciona o impacto doloroso da revelação para outro. Uma vez que alguns leitores se veem como seguidores de Jesus, eles não podem adotá-lo como bode expiatório; mas podem se voltar contra as únicas outras pessoas presentes no quadro, que são, certamente, os interlocutores diretamente envolvidos com Jesus, os fariseus. Eles são as últimas vítimas disponíveis. Agora é a vez dos cristãos dizerem: "Se estivéssemos vivos nos dias de nossos ancestrais espirituais judeus, não teríamos sido cúmplices seus no derramar o sangue de Jesus". Se Jesus diz aos fariseus para que completem os feitos de seus ancestrais, a tradicional leitura cristã das "Maldições" certamente completa os feitos dos fariseus. Repete uma vez mais o velho padrão, mas, neste caso, os vitimizadores nunca param de ler o texto que condena a própria vitimização que estão perpetrando. Eles invocam como justificativa o texto que na realidade os condena da forma mais explícita possível.

Se olharmos para essa leitura tradicional de textos como a "Maldição aos Fariseus", perceberemos que a ênfase não é colocada sobre as coisas que são ditas, mas sobre aqueles que recebem a crítica, os ouvintes imediatos de Jesus, as pessoas com as quais ele está se confrontando pessoalmente. Dessa forma, todo o foco do texto é espremido, seu escopo é diminuído, ou seja, uma revelação cuja mensagem se destina igualmente a todas as pessoas e a todos os sistemas religiosos e culturais é transformada em denúncia dirigida apenas a algumas pessoas, aquelas que pertencem a uma religião em particular.

Certamente, não deixa de ser significativo que os fariseus sejam o alvo direto, mas o significado disso é bem diferente daquele que é geralmente imaginado. Caso existisse, em qualquer lugar da terra, um meio religioso-cultural – passado, presente ou futuro – que também não merecesse as acusações proferidas contra os fariseus, então, os Evangelhos simplesmente não teriam o escopo universal que os próprios cristãos sempre alegaram que eles têm, uma universalidade que, no entanto, os próprios cristãos acabam negando na prática, ao restringir ao judaísmo as consequências da revelação cristã que eles buscam afastar de si mesmos. Caso o farisaísmo não fosse o mais alto modo de vida religiosa alcançado pelo homem, ele não poderia representar todas as outras formas, e as palavras proferidas nos Evangelhos não poderiam atingir todas as formas culturais, ao mesmo tempo. Esse papel do judaísmo como modelo máximo representativo da humanidade como um todo se faz uno com a ideia frequentemente repetida no próprio Novo Testamento, segundo a qual a eleição de Israel nunca foi e nunca será cancelada, de que o povo de Israel desempenha um papel privilegiado na revelação de toda a verdade.

Hoje, alcançamos um novo estágio na história de nosso relacionamento com as escrituras judaico-cristãs, e o antissemitismo cristão é constantemente repudiado e denunciado. Todavia, esse repúdio não resultou em uma maior compreensão do texto dos Evangelhos. Longe disso: percebemos que o texto se tornou uma pedra de tropeço até mesmo para os cristãos, os quais passaram a vê-lo como causa de sua própria violência passada. Dessa forma, em vez de buscar a fonte dessa violência em si mesmos, continuam tentando projetá-la sobre alguma espécie de bode expiatório sacralizado, e uma vez que todas as possíveis vítimas humanas já foram esgotadas, elas podem agora ser dispensadas e a vitimização é realizada diretamente sobre os Evangelhos, o texto antissacrificial por excelência, o texto que denuncia a vitimização em todas as suas formas, mas que agora é denunciado como a única e maior fonte de violência e ódio em nosso mundo. Mesmo aqueles que evitam ir tão longe creem ser aconselhável se afastar do texto; é prudente não reconhecer as dúvidas que possam ter em relação à perversidade do texto.

Por aproximadamente três séculos, em todas as instituições de ensino superior, não é considerado intelectualmente respeitável lidar com o texto, a não ser como objeto de desmistificação, e toda vez que nós o mencionamos devemos tomar a precaução ritual de insultá-lo e injuriá-lo a fim de demonstrar que nossa atitude é apropriada, que realmente pertencemos ao consenso mimético da *intelligentsia* moderna. Devemos reencenar, diante do texto, os gestos de conspurcação ritual, os quais seriam considerados etnocêntricos e regressivos caso fossem direcionados contra qualquer cultura ou religião não judaico-cristã.

Alcançamos o ponto onde podemos compreender o gigantesco papel desempenhado pela tumba nos textos que estamos lendo. Os fariseus, como nos dizem, gostam de erigir monumentos funerários aos profetas mortos há muito; essas tumbas, por definição, estão vazias, mas os próprios fariseus e sua cultura são comparados a tumbas de carne e osso, em outras palavras, às tumbas que ainda contêm os restos mortais de seres humanos:

> Ai de vós, escribas e fariseus, hipócritas! Sois
> semelhantes a sepulcros caiados, que por
> fora parecem bonitos, mas por dentro estão
> cheios de ossos de mortos e de toda podridão.
> (Mateus 23,27)

Uma tumba tem dois propósitos. É destinada a honrar uma pessoa que se foi (túmulo) e também serve como recipiente de um cadáver, para que ele possa ficar escondido dos sobreviventes, tornando invisível e inacessível a feia e perigosa realidade da corrupção e da morte. Esses dois propósitos são contraditórios; e nunca são mencionados simultaneamente. A tumba alcança as duas coisas simultaneamente. Ela oculta a realidade material de corrupção ao mesmo tempo que declara a continuidade espiritual da cultura humana, a recordação e glorificação do passado.

O corpo que apodrece dentro da bela estrutura em torno dele se assemelha a todo o processo da cultura humana em seu relacionamento com a vítima original. O dentro e o fora da tumba recordam e reproduzem a natureza dual do *sacra* primitivo, a conjunção de violência e paz, de morte e vida, desordem e ordem. Essa homologia estrutural não deve ser considerada fortuita. Com exceção das ferramentas, os traços mais antigos de cultura humana são justamente as tumbas, e estas podem muito bem ser os monumentos originais da humanidade.[3]

Por que nossos antepassados meio-humanos ou incompletamente humanos inventaram tamanha instituição como a inumação de cadáveres? É difícil considerar que um belo dia a ideia simplesmente lhes ocorreu; eles devem ter sofrido uma pressão formidável para que adotassem tais novidades. Eu pessoalmente acredito que a pressão veio da crise mimética e da vitimização

---

[3] Cf. Robert Pogue Harrison, *The Dominion of the Dead*. Chicago, University of Chicago Press, 2003. Essa profunda meditação por um de seus mais jovens colegas e admiradores compreende muito do espírito de Girard. (Nota do Organizador)

que esses antepassados primevos sofreram muitas e muitas vezes, o que é, diferentemente do esquema inventado por Freud em *Totem e Tabu*, perfeitamente concebível como mecanismo de hominização de um estágio pré-humano. Os inventores da inumação não estavam lidando meramente com um cadáver, num sentido naturalista, mas lidavam com uma vítima coletiva contra a qual haviam se reunido e puderam se reconciliar. Essa vítima coletiva já era vista com uma mistura de terror e veneração, e esse é o motivo pelo qual não puderam simplesmente abandoná-la no local como fizeram seus antepassados animais, e a inumação dos mortos foi inventada. A ideia da tumba não vem do sagrado, mas pode ter sido a primeira e essencial manifestação do sagrado. A prática proto-humana de sepultamentos religiosos sugere que nunca houve tal coisa como morte natural para os primeiros humanos. Todas as pessoas que morriam eram automaticamente assimiladas à vítima sacralizada. Esse é o motivo pelo qual os rituais funerários, por todo o mundo, como todos os outros ritos, apontam invariavelmente para a reencenação da crise mimética e para a reconciliação promovida pelo bode expiatório. Eles incluem morte e desintegração, mas terminam com uma renovação; por meio da corrupção da morte tentam alcançar o poder supremo da vida.

A ideia segundo a qual humanos menos inteligentes e corajosos que nós inventaram a religião a fim de não ter que enfrentar a morte no sentido naturalista do termo, a morte como final de tudo e ponto final, é completamente desprovida de sentido. A morte tida como um evento puramente natural é, certamente, uma invenção muito recente; a humanidade primitiva nunca precisou contornar esse tipo de morte porque nunca a conheceu como tal. A morte apareceu, primeiramente, como poder sagrado por meio do autoengano do mecanismo do bode expiatório, que é o mecanismo universal da cultura humana. Longe de ser uma máscara a encobrir nosso conceito naturalista da morte, uma consciência que teria vindo primeiro e teria sido falsificada apenas mais tarde *ad hoc*, via mito da religião, na realidade é a religião que vem primeiro, tornando o homem arcaico um construtor de tumbas, porque a religião é a face mitológica do equivocado mecanismo do bode expiatório.

Portanto, não podemos dizer que o texto do Evangelho, o texto chamado de "Maldição aos Fariseus", torna a tumba metáfora da vida humana, mas podemos dizer o contrário: é a cultura humana como um todo que é uma metáfora da tumba, e o túmulo em si é o deslocamento metafórico e pragmático original da deformada reconciliação promovida pelo bode expiatório, a primeira e fundamental transformação promovida por esse mecanismo no primeiro monumento simbólico da cultura humana. Desconsiderando-se quão complexa a cultura possa se tornar, ela permanece como extensão dos ritos funerários, um edifício erigido em torno de uma vítima sacrificial. Se o túmulo é realmente o núcleo original e se todos os desenvolvimentos subsequentes mantêm o aspecto tumular, isso também está obviamente presente no mecanismo de autoengano das formas religiosas mais desenvolvidas denunciado pelos Evangelhos, e não devemos dizer que nosso texto é metafórico, mas que ele revela o túmulo como a primeira metamorfose simbólica de vitimização.

Se toda cultura sacrificial é um túmulo, da mesma forma o é cada membro individual dela, moldado e estruturado pelo mesmo equívoco protetor, pela mesma ausência de uma crise radical ou de uma crítica radical sobre aquilo que constitui o todo.

> Ai de vós, escribas e fariseus, hipócritas! Sois semelhantes a sepulcros caiados, que por fora parecem bonitos, mas por dentro estão cheios de ossos de mortos e de toda podridão. (Mateus 23,27)

Essa passagem não tem como deixar de evocar a ideia moderna de um inconsciente individual ou coletivo, de uma consciência e comportamento humanos sendo governados por algo que é parte de nós, que nos integra totalmente, mas, mesmo assim, não pode ser alcançado e não quer ser alcançado. De fato, podemos facilmente verificar, em tudo que eu disse até agora, que a vítima dentro do túmulo coletivo ou individual, o bode expiatório violentamente expulso opera como a fonte desconhecida de toda significância e comportamento culturais, tanto no plano individual quanto coletivo. Isso não significa, todavia, que o texto dos Evangelhos deva ser interpretado como uma antecipação ou aproximação da ideia psicanalítica, que ainda é uma visão imperfeita de algo que Freud mais tarde aperfeiçoou. Apesar de sua extrema brevidade e concentração, o texto dos Evangelhos consegue apresentar de forma absolutamente eficiente muitas ideias que não são realmente elaboradas por Freud, uma vez que foram apreendidas de forma incompleta, sobretudo e certamente a ideia segundo a qual, mesmo no homem moderno, o inconsciente individual está enraizado no mesmo tipo de assassinato primordial e que também se associa com o luto ao morto.

Apesar ou mesmo porque seus recursos metafóricos são sempre simples e fáceis de visualizar, o texto dos Evangelhos destaca um esquema de autoengano que é intelectualmente mais poderoso e mais rigoroso que o de Freud.

Por exemplo, descobrimos que os homens podem deplorar a violência de seus ancestrais e, ainda assim, reter a marca dessa mesma violência, de forma que nosso repúdio ao assassinato acaba realmente nos conduzindo a uma reencenação desalojada do mecanismo vitimário. Assim, à medida que aparentemente a cultura vai se afastando cada vez mais de suas origens, apagando todos os traços de violência coletiva que realmente vieram primeiro, na realidade, todo o processo permanece estruturalmente homólogo às manifestações mais cruentas do fenômeno de vitimização. Embora a cultura sacrificial seja um túmulo que se apresenta quase explicitamente como tal, o mecanismo se sofistica uma vez que novas vítimas continuam a ser sacrificadas em altar sacrificial em culturas posteriores, nas quais os sacrifícios de sangue perderam gradativamente boa parte de sua importância, ou mesmo desapareceram completamente, como aconteceu com a nossa cultura, mas continua a ser uma sepultura, embora não mais sinalize sua condição ou até mesmo negue sua própria natureza tumular.

A fim de representar esse processo visualmente, os Evangelhos passam da tumba enquanto monumento (túmulo) – como sarcófago, o monumento visível materialmente edificado sobre a terra – para a tumba que está no subsolo, invisível mesmo como tumba. A tumba não identificada como tal não torna invisível somente o seu conteúdo, mas, também, a si mesma. Sabendo-se que toda tumba é um meio de disfarce e ocultação, a tumba subterrânea é, portanto, uma tumba melhorada e reduplicada, uma espécie de tumba ao quadrado.

> Ai de vós, porque sois como esses túmulos disfarçados, sobre os quais se pode transitar, sem o saber. (Lucas 11,44)

Certamente, nem disponho de tempo nem tenho a capacidade para desenvolver todas as implicações de uma leitura que arbitrariamente não estreite o escopo do texto dos Evangelhos dentro de apenas um universo cultural. Contudo, uma implicação fundamental fica clara. Nesses textos, algo é completamente revelado, mais completamente do que no Antigo Testamento, e muito mais, ainda, do que em qualquer outra tradição literária. Esse algo é a matriz semiótica de todo universo mitológico e ritual.

Se tentarmos enquadrar os Evangelhos como um todo, rapidamente perceberemos que o texto se apresenta como um processo cujo início é um aviso e um convite feito por Jesus, primeiro aos judeus e depois para a humanidade como um todo: é chegado o momento para que os homens se reconciliem entre si, sem incorrer em sacrifícios e outros meios sacrificiais, porque essa prática chegou ao seu fim.

Assim como acontece conosco, a reação dos ouvintes mostra que eles não compreendem o que realmente está em jogo. A escola histórica moderna, e agora a escola estruturalista, é igualmente incapaz de compreender o verdadeiro sentido de urgência da mensagem, tanto quanto os comentadores medievais cristãos, os quais acreditavam na ameaça apocalíptica, mas a interpretavam de forma sobrenatural e, portanto, sacrificial. Como se a violência retratada nos Evangelhos ainda viesse de um deus violento. Toda a ideia de pacto sacrificial entre Pai e Filho, uma interpretação sacrificial da Paixão, uma posição absolutamente ausente nos Evangelhos, torna-se certamente o elemento central em uma leitura sacrificial dos Evangelhos. É realmente o mesmo e velho engano do mecanismo do bode expiatório, já que ele continua a transferir a violência humana sobre uma figura divina. A leitura sacrificial é incapaz de conceber uma divindade absolutamente livre de violência, embora este seja o ponto central em torno do qual gravita toda a mensagem dos Evangelhos. Minha leitura dos Evangelhos não é, de forma alguma, uma leitura humanista. É quase impossível aos seres humanos, e também terrivelmente perigoso, conceber uma divindade que estaria absolutamente livre de qualquer violência.

Tão logo essa concepção se torne inteligível, os humanos precisam perceber que a violência permanece totalmente com eles. Toda proteção sacrificial entra em colapso, e as pessoas conseguem ver, pela primeira vez, sua própria realidade violenta. Esse é o sentido da ideia de que o sangue de todas as vítimas recairá sobre as gerações daqueles que ouvirem os Evangelhos, que todo esse sangue será cobrado, ou seja, que a humanidade pós-Evangelho suportará a culpa de todas as outras. Isso nada tem a ver com qualquer tipo de primitiva maldição de sangue. Significa simplesmente que, mesmo que sejam mal interpretados de início e distorcidos num sentido sacrificial, os Evangelhos não foram escritos em vão e a revelação finalmente alcançará a consciência de todos os homens, tornando a cultura tradicional impossível e compelindo a humanidade para que viva sob a completa realidade de sua própria verdade, agora desprotegida dos sacrifícios rituais e da mitologia.

O processo descrito nos Evangelhos é elaborado muito cuidadosamente. À medida que as pessoas reagem mais e mais negativamente à oferta de reconciliação proposta pelos Evangelhos, essa oferta aumenta sua pressão e as consequências de uma recusa se tornam progressiva e claramente mais evidentes. Os textos que lemos representam um momento crucial nessa revelação e tornam possível para nós compreender o que o texto central dos quatro Evangelhos – a Paixão – realmente significa de um ponto de vista antropológico.

Se os seres humanos se recusam a adotar uma reconciliação não sacrificial, a qual precisa substituir os já exauridos métodos sacrificiais, isso significa que inevitavelmente tentarão suprimir o conhecimento que lhes é oferecido pelos Evangelhos. Tentarão uma vez mais fechar a cultura humana sobre si mesma, erguendo barreiras ainda mais violentas contra a revelação da própria violência deles. Portanto, torna-se inevitável uma renovada tentativa de consolidar, uma vez mais, a cultura sacrificial do bode expiatório, que incluirá uma nova vitimização. Todavia, dessa vez, a nova vítima não será arbitrária, no sentido de que agora a vítima deve ser Aquele que ameaça ou parece ameaçar todo o sistema por meio de suas revelações atemporais sobre a verdadeira realidade de toda cultura humana. A vitimização unânime, em outras palavras, será reencenada, mas dessa vez será reencenada contra aquele que revelou a existência mesma e a função desse assassinato unânime.

A verdade será uma vez mais enterrada e, até certo ponto, será profundamente enterrada, já que tudo será interpretado, uma vez mais, de forma sacrificial. Ao mesmo tempo, todavia, o texto dos Evangelhos, não obstante o quão imperfeito possa ser em alguns detalhes, permanece intacto, e, a qualquer momento, qualquer intérprete que escolha repudiar as distorções sacrificiais poderá ver por si mesmo que, nesse texto, a verdade sobre o pecado original, depois de ter sido revelada teoricamente, por assim dizer, é também reencenada, e esse assassinato tem que ser reencenado porque sua verdade é intolerável e os humanos se recusam a ouvi-la. Na Paixão, a humanidade recorre uma vez mais ao assassinato original, a fim de permanecer em estado de autoengano a respeito do mesmo assassinato original.

A ideia segundo a qual a verdade sobre o assassinato fundador não pode ser expressa sem antes disparar, uma vez mais, o assassinato fundador é apresentada de forma muito clara nos Evangelhos.

> Com isso testificais, contra vós, que sois filhos daqueles que mataram os profetas. Completai, pois, a medida dos vossos pais!
> (Mateus 23,31-32)

No texto dos Evangelhos, a revelação em palavras sempre precede a encenação concreta da verdade revelada, porque o mecanismo que necessita permanecer enterrado para continuar eficiente será inevitavelmente disparado sempre que for desenterrado, ou seja, quando for ressuscitado.

Seria necessária uma longa análise para demonstrar que é exatamente isso que acontece no caso da Paixão. Certamente, não tenho tempo aqui para isso, mas me debruçarei muito brevemente sobre um texto que não pertence propriamente aos Evangelhos, mas ao Ato dos Apóstolos e, como tal, ainda retém certas características dos Evangelhos. O texto em questão trata do martírio de Estêvão, que ocorre no final e como consequência de um discurso que ele profere diante do Sinédrio. Só precisamos citar as últimas palavras desse discurso, mas elas são cruciais, uma vez que não são nem mais nem menos que uma repetição da "Maldição aos Fariseus", as quais são interrompidas pela irrupção violenta da multidão. Indubitavelmente, essas são palavras que revelam o papel do assassinato coletivo na cultura humana, o que certamente dispara uma tentativa violenta e unânime de suprimir a própria revelação, e essa tentativa reproduz de maneira inevitável a ação que o grupo tenta negar e suprimir. Segue o texto:

> Homens de dura cerviz, incircuncisos de coração e de ouvidos, vós sempre resistis ao Espírito Santo! Como foram vossos pais, assim também vós! A qual dos profetas vossos pais

> não perseguiram? Mataram os que prediziam
> a vinda do Justo, de quem vós agora vos
> tornastes traidores e assassinos, vós, que
> recebestes a Lei por intermédio de anjos, e não
> a guardastes!
>
> Ouvindo isto, tremiam de raiva em seus corações
> e rangiam os dentes contra ele. Estevão, porém,
> repleto do Espírito Santo, fitou os olhos no céu
> e viu a glória de Deus, e Jesus, de pé, à direita
> de Deus. E disse: "Eu vejo os céus abertos, e
> o Filho do Homem, de pé, à direita de Deus".
> Eles, porém, dando grandes gritos, taparam os
> ouvidos e precipitaram-se à uma sobre ele. E,
> arrastando-o para fora da cidade, começaram a
> apedrejá-lo. (Atos 7,51-58)

Mesmo antes da visão de Estevão do Cristo em glória, seus ouvintes já estão se agrupando em unanimidade violenta por causa das palavras que os ligam uma vez mais, como toda a sua cultura, aos assassinos religiosos do passado. Na edição ancoreta de Atos, Johannes Munck compara as últimas palavras de Estevão a "uma fagulha que detona uma explosão",[4] uma descarga espontânea e irresistível de fúria coletiva. Não há qualquer tipo de condenação de Estevão feita pelo Sinédrio. É verdade, por um lado, que os assassinos de Estevão conseguem administrar o ódio que sentem durante um tempo suficiente para arrastar a vítima para fora dos limites da cidade. Essa é outra precaução ritual comum a muitas sociedades. A poluição da violência e da morte não deve ser permitida dentro da comunidade. Parece haver uma mistura inextricável de características legais e ilegais, de elementos rituais e espontâneos. Temos, aqui, o comentário de Johannes Munck:

---

[4] *The Acts of the Apostles.* Tradução, introdução e notas de Johannes Munck. Revisão de William F. Albright e C. S. Mann. Garden City, Doubleday, 1967, p. 70.

> Seria o caso de um depoimento diante do Sinédrio seguido de apedrejamento depois de um julgamento real legalmente executado? Não sabemos. A característica de improvisação emocionalmente carregada dos eventos como foram relatados sugere que foi ilegal, um linchamento.[5]

Somos informados que a ritualização e a espontaneidade são polos distintos; em nosso texto são, contudo, idênticos, de tal forma que não podem ser distinguidos. Do ponto de vista da origem cultural e ritual aqui postulado, essa ambiguidade tem grande significado. A hesitação dos acadêmicos entre a forma mais espontânea e a mais ritualizada sugere que a segunda pode muito bem ser uma cópia escrupulosa e imitação da primeira. A forma ritual é sempre capaz de fornecer um canal satisfatório para uma explosão espontânea; podendo tornar-se, por assim dizer, desritualizada, sem passar por grandes mudanças, uma vez que nada mais é que a ritualização de uma primeira explosão, a qual teve tamanho êxito no restabelecimento da paz que suas formas são cuidadosamente relembradas e reproduzidas. Essa sabedoria cultural que encontramos no apedrejamento ritual não é resultado de um cálculo de estadista, o qual operaria sem um modelo e poderia planejar tudo *ex nihilo*, mas é padronizada depois de um fenômeno de expiação vitimária tão eficiente que permanece não categorizado e é lido, consequentemente, como uma intervenção da divindade.

A unanimidade dos participantes é, aqui, uma indicação quase técnica, que é mais explícita no original grego *homothumadon*, e em sua tradução literal para o latim na Vulgata, *unanimiter*, do que na maioria das traduções modernas. A unanimidade é requerida pelo ritual do bode expiatório e é o resultado espontâneo das palavras proferidas por Estêvão, do enorme escândalo que provocam.

---

[5] Ibidem, p. 68.

O linchamento de Estevão tem todas as características estruturais do assassinato original do qual estamos falando. O linchamento é acionado imediatamente após as palavras mais decisivas de Estevão, aquelas que repetem a "Maldição aos Fariseus", a revelação efetuada pelo próprio Jesus sobre o assassinato original. Podemos verificar o relacionamento paradoxal entre esse assassinato e sua motivação. O assassinato fundador reaparece para mantê-lo oculto. Estevão é linchado a fim de manter escondida a verdade sobre o linchamento; mas a verdade do linchamento já foi pronunciada. É proferida por Estevão quando ele repete as palavras de Jesus. A prova de que é muito tarde é o fato de os linchadores *taparem seus ouvidos* no momento em que se juntam para o linchamento, *unanimiter*, contra Estevão.

A Paixão de Jesus é precedida pela revelação do assassinato fundador na "Maldição aos Fariseus" e outros textos. A Paixão se coloca na mesma relação a esses textos como o martírio de Estevão se coloca em relação às últimas linhas de seu discurso. Em ambos os casos, a revelação é duplamente palavra e ação. Primeiro, temos a palavra e, então, vemos a ação, que confirma e corrobora a palavra, não porque aqueles que cometem a ação querem que a palavra seja autenticada e confirmada, mas justamente o oposto. Aqueles que cometem a ação querem silenciar, suprimir e expulsar a palavra, mas, contrariamente à intenção, eles terminam por confirmá-la, porque a Palavra fala a respeito de sua própria supressão e expulsão.

Contudo, todas essas precauções revelam-se totalmente inúteis. Cada palavra da vítima, cada gesto dos vitimizadores é implacavelmente registrado no texto de Atos. Isso certamente significa que a violência coletiva contra a verdade ou o esforço de se enterrar essa verdade uma vez mais em unanimidade violenta é, não obstante, transformado em revelação ainda mais completa: tudo que está encoberto será descoberto. Primeiro, temos as palavras, as quais nos dizem da repressão violenta que sofre a verdade, toda vez que essa verdade está prestes a ser proclamada, e, então, temos a atuação concreta da repressão violenta. Logo, as palavras da revelação chegam antes e são imediatamente confirmadas e verificadas pela ação; caso a revelação seja verdadeira, as coisas devem se passar exatamente dessa forma, uma vez que aquilo que ela revela é a repressão violenta da própria realidade violenta da cultura humana.

Podemos compreender o motivo pelo qual o termo grego para testemunha, *martyros*, passou a significar em nossas línguas modernas uma vítima, como Estêvão. Ser uma testemunha significa não apenas repetir as palavras de Jesus, mas, também, pagar com a própria vida por essas palavras, não em uma espécie de sacrifício irracional e sem sentido, mas como testemunho da verdade dessas palavras, como uma imediata verificação, por assim dizer. Fica, então, evidente que o cristianismo não alega possuir qualquer monopólio sobre as vítimas inocentes; não alega nem sequer o monopólio sobre as vítimas que morrem com a verdade sobre suas mortes em suas bocas; mas, de agora em diante, todas as vítimas morrerão do lado da verdade. Essas palavras dizem que a violência não pertence a Deus, como os homens sempre acreditaram, ou ao elemento especificamente religioso da religião, como agora procuram acreditar, mas à comunidade cultural humana como tal. A comunidade humana confirma imediatamente essa revelação ao executar a testemunha. Eles, no entanto, complementarão nosso conhecimento, em vez de subtraí-lo.

À medida que compreendemos o significado do mártir, o qual não pode ser revertido, obviamente, aos mártires especificamente cristãos, passamos também a compreender o significado de outra passagem importante em "Maldição aos Fariseus", uma passagem que está presente tanto em Mateus quanto em Lucas (Mateus 23,34; Lucas 11,49).

> Eis porque a Sabedoria de Deus disse: Eu lhes enviarei profetas e apóstolos; eles matarão

> e perseguirão alguns deles, a fim de que se peçam contas a esta geração do sangue de todos os profetas que foi derramado desde a criação do mundo. (Lucas 11,49-50)

Por que a sabedoria de Deus? Quanto mais os homens multiplicam suas vítimas, mais revelam a verdade que querem negar, a verdade sobre a cultura humana. Não é culpa de Deus, certamente, se essa verdade se torna acessível aos homens por meio de mais e mais vítimas. É culpa da humanidade, a qual tenta desesperadamente reprimir e excluir o conhecimento que esteve disponível a ela.

> Ai de vós, legistas, porque tomastes a chave da ciência! Vós mesmos não entrastes e impedistes os que queriam entrar! (Lucas 11,52; Mateus 23,13)

"Vós mesmos não entrastes e impedistes os que queriam entrar". Quem são esses que queriam entrar? Só pode ser o povo judeu, já que esteve exposto ao Antigo Testamento, à inspiração profética que continuou a revelar a verdade sobre a cultura humana, como estamos analisando, mas que nunca teve um êxito completo. Se os fariseus quisessem, teriam feito progressos adicionais seguindo o mesmo caminho, da mesma forma que Jesus fez e continua a fazer, mas, em vez disso, eles mataram essa inspiração e imobilizaram a religião judaica em complacência ritualística. Toda inspiração genuína foi secada e engessada em minutas acadêmicas, em legalismo pietista.

Uma vez que a verdade é proclamada, uma vez que é inscrita em texto, ela não pode mais ser reprimida. Por baixo de todas as linguagens que continuam a reprimir a verdade, a linguagem mitológica e ritual, a linguagem da filosofia, ou a linguagem da ideologia moderna, outra linguagem se encontra em funcionamento – outro Logos, que nada tem a ver com o Logos da cultura humana.

Hoje, todos os esforços da crítica moderna estão focados sobre a noção de Logos, que significa a própria cultura humana, pois se trata de uma realidade dotada de linguagem. A crítica contemporânea efetivamente revela que o Logos como um todo está desmoronando. A crítica é capaz de mostrar cada vez mais como o significado foi ajuntado e organizado, apontando os defeitos lógicos e estruturais mesmo nas mais belas construções da cultura humana.

Estou de pleno acordo com essa crítica. Simplesmente, acredito que tal crítica possa ser realizada de forma muito mais profunda e que será levada ao seu final lógico à medida que o papel da violência humana em toda criação cultural se torne cada vez mais óbvio.

Todavia, há um enorme equívoco com essa crítica: ela se encontra distorcida e perturbada por uma enorme ilusão, e essa é a mais estranha e durável ilusão de todo o pensamento ocidental.
É a ilusão segundo a qual o Logos grego de Heráclito e o Logos judaico-cristão são a única e mesma coisa. Essa ilusão já está presente no pensamento medieval, o qual vê o Logos de Heráclito como uma antecipação do Logos de João. Está presente na escola histórica da modernidade, que vê o Logos joanino como cópia e usurpação do Logos grego. Está, ainda, presente em Heidegger, o primeiro que tentou separar o Logos grego do judaico-cristão, mas que não teve êxito ao ver a mesma violência em ambos. Essa assimilação do Logos judaico-cristão em função do grego é muito mais que um simples equívoco, certamente, pois é um fato de nossa história; é, e na verdade, o fato intelectual capital de nossa história.

A fim de se entender que os dois não podem ser o mesmo é preciso muito pouco, pois tudo o que é preciso, realmente, é ler a definição do Logos cristão no prólogo de João. Parece que uma distração invencível tem evitado que nós leiamos essas poucas e simples linhas. Isso não nos causa surpresa. Essas linhas nos dizem que o Logos judaico-cristão, o Cristo como Logos, é realmente a verdade que não está aqui, a verdade que é sempre expulsa, negada e rejeitada. Não é de estranhar que não consigamos ler essas linhas.

Elas constituem a formulação mais direta de tudo que está agora em jogo em nossa crise cultural, na desintegração do Logos grego e cultural. Esse Logos grego é o Logos construído sobre a violência e o mal-entendido gerado por essa violência humana, é o Logos da expulsão, ao passo que o Logos judaico-cristão é a verdade expelida, ou, ainda melhor, a própria verdade, mas que ainda é expulsa e rejeitada.

> *E a luz brilha nas trevas,*
> *mas as trevas não a apreenderam [...].*
> *Veio para o que era seu e os seus não o*
> *receberam.* (João 1,5.11)

capítulo 2
"negação do apocalipse" versus "fascinação pelo final dos tempos"
a atual discussão teológica do pensamento apocalíptico à luz da teoria mimética
Józef Niewiadomski

Uma avaliação abrangente do debate teológico contemporâneo sobre a questão apocalíptica assemelhar-se-á, provavelmente, à análise que faz René Girard da questão do sacrifício. Em vez de responder a questão, o debate descreve "um problema que permanece".[1] Em defesa dessa visão, cito Jürgen Moltmann:

> Permanece até hoje um quebra-cabeça teológico saber por que as primeiras congregações cristãs esperavam ainda outros embates apocalípticos entre Deus e os poderes do mundo, entre o arcanjo Miguel e o Dragão, e entre Cristo e o anticristo, muito embora acreditassem na vitória escatológica do Cristo na cruz e na sua ressurreição, e em suas doxologias exaltava-se o senhorio do Cristo

---

[1] René Girard, *Violence and the Sacred*. Trad. Patrick Gregory. Baltimore, The Johns Hopkins University Press, 1977. [Em português: *A Violência e o Sagrado*. Trad. Martha C. Gambini. São Paulo, Paz e Terra, 2008.]

> sobre o cosmos. Por que, então, os cenários de batalha, derrota, ressurreição e vitória são continuamente recorrentes nas representações apocalípticas da história? [...] Como o cristológico "de uma vez por todas" pode ser reconciliado com a expectativa apocalíptica de "outros e mais outros" embates finais?[2]

Uma vez que o debate teológico contemporâneo obscurece o drama do Novo Testamento, uma vez que fracassa em se dirigir ao problema dado pela batalha entre o bem e o mal, que se torna crescentemente mais intensa por conta da revelação que ocorreu, esse debate termina por se contentar com o reconhecimento de um mistério, lavando suas mãos e recriminando os fundamentalistas tomados de febre apocalíptica, que são desdenhados ou, mais recentemente, tidos como perigosos. Esse fundamental problema teológico questiona se realmente existe uma dimensão apocalíptica na atuação de Deus na história que possua relevância atual, mas o assunto é geralmente rebaixado a uma questão histórico-cultural, e o Deus que atua é substituído pelo teólogo que explica. Contudo, as seitas tomadas por febre apocalíptica dificilmente têm consciência do drama real, pois têm como certa sua participação do lado do bem, durante o embate do final dos tempos, dizendo ter identificado há muito tempo os agentes das "trevas" e, assim, não serão surpreendidas pelas ações apocalípticas de Deus. Portanto, uma vez que as fronteiras do debate pouco mudaram por décadas, em vez de uma discussão sobre a dimensão apocalíptica da atuação de Deus na história, encontramos uma desgastante guerra entre posições entrincheiradas. Os canhões são regularmente disparados em direção ao adversário e, de tempos em tempos, os equipamentos são modernizados. Acabar com essas fronteiras parece ser inimaginável. Eu gostaria de iniciar uma descrição das duas fronteiras e, então,

---

[2] Jürgen Moltmann, *The Coming of God: Christian Eschatology*. Trad. Margaret Kohl. Minneapolis, Fortress Press, 1966, p. 232.

prosseguir com a discussão sobre a tentativa de dissolvê-las, uma discussão que foi desenvolvida de forma harmoniosa no diálogo entre Girard e Raymund Schwager assim como entre outros teólogos de Innsbruck, um diálogo que nos países de língua germânica ficou comumente conhecido como "Teologia Dramática".[3]

Anseio pelo apocalipse

A fascinação causada pelo Apocalipse até os nossos dias encontra sua primeira articulação em dois motivos correlacionados, embora separados. São eles os motivos do iminente fim do mundo e do Reino Milenar de Cristo na terra, respectivamente. Dentro do cristianismo primitivo encontramos correntes que esperavam o breve retorno de Cristo e o fim próximo do mundo. Embora tal expectativa de um fim iminente do mundo tenha sido frustrada e o ensinamento oficial da Igreja tenha interpretado as palavras relativas ao fim iminente em função da morte individual, a interpretação coletiva nunca desapareceu. Coisas semelhantes podem ser observadas em relação à expectativa do Reino Milenar. Irineu e muitos teólogos do século II consideraram as afirmações bíblicas de forma bastante literal. Segundo o Livro do Apocalipse (20,1-3), o Milênio começa com o acorrentamento de Satanás e seu banimento no abismo. Esse evento espetacular iniciaria, neste mundo, um reino de justiça e de paz. Eusébio de Cesareia associou esse evento ao reinado do imperador romano Constantino. Ele equiparava, desse modo, a Igreja, o Império Romano e o Reino de Deus. No entanto, primeiro Orígenes, mas, depois, especialmente Agostinho, compreenderam

---

[3] Iniciada pelo teólogo dogmático católico S. J. Raymund Schwager (1935-2004), que foi também o primeiro presidente do Colóquio sobre Violência e Religião, essa abordagem levou muitos teólogos do Instituto de Teologia Sistemática de Innsbruck a trabalhar em estreita cooperação. As características centrais dessa abordagem são (1) uma interpretação teológica da teoria mimética; e (2) uma visão ampliada sobre a revelação, compreendendo-a como um processo de ações e reações interdependentes, executadas por diferentes agentes, incluindo Deus.

o Milênio somente segundo a realidade da Igreja. Portanto, todo o processo passou a ser visto como referência à dimensão espiritual. Essa descrição removeu a Igreja do campo de rivalidade mimética com o Estado, afastando-a de um conflito com um reino terrestre. Segundo essa visão "o acorrentamento de Satanás" não representa um evento espetacular na história do mundo a inaugurar um reino melhor; mas, em vez disso, representa a conversão de cada pessoa individualmente, tanto no coração quanto no batismo. Todavia, uma vez que é impossível separar o joio do trigo em meio ao caos histórico, a Igreja é em si mesma caracterizada pela ambivalência entre pecado e santidade e terá de viver em meio a esse paradoxo com serenidade. Por mais paradoxal que isso possa parecer, segundo o bispo de Hipona, a dimensão apocalíptica da ação de Deus é uma e ao mesmo tempo a mesma realidade de tolerância e ira de Deus pelos pecadores. Esse é o motivo pelo qual Agostinho não foi tentado a cair em febre apocalíptica, tanto durante o saque de Roma quanto no prenúncio do saque de sua própria Sé episcopal em Hipona.

Apesar de toda a hermenêutica agostiniana, a esperança por um "literal" Reino de Cristo continuou a existir na Igreja. A expectativa, assim como a esperança por um final iminente do mundo, sempre motivou grupos periféricos, especialmente em tempos de crise. O recrudescimento das guerras e dos levantes sociais na Idade Média acabou empurrando ambas as esperanças ao palco central. Nesse contexto, a extrema importância do abade cisterciense Joaquim de Fiore não pode ser exagerada. Em relação ao curso posterior da história ocidental, é verdade que Joaquim está mais vivo do que Agostinho.[4] Sua exegese da Escritura era diferente da então dominante teologia escolástica, e, no contexto desta apresentação, é de suma importância a seguinte suposição de Joaquim: existe uma concordância imediata entre a história de Israel e a história

---

[4] Henri de Lubac, *La Postériorité Spirituelle de Joachim de Fiore*. Paris, Lethielleux, 1979 e 1981, 2 vols.

da Igreja. De um ponto de vista metodológico, isso significa que a concórdia tinha agora tomado o lugar há muito dominado pela alegoria.[5] Eventos históricos isolados podiam ser vistos em paralelo com outros eventos, e a história, como um todo, foi dividida em várias eras. Seguindo a Era do Pai, que durou até a chegada do Cristo, e a Era do Filho, marcada por uma Igreja imperfeita e hierárquica, agora – por meio de uma grande crise –, tem início a Era do Espírito Santo. A esperança de Joaquim não tinha como foco principal o Reino de Deus na vida após a morte, mas na Igreja – transformada pelo Espírito Santo. A Igreja, que ele continuou a compreender em sentido espiritual, colocava-se no centro de sua teologia, mas de uma forma que era diferente da perspectiva de Agostinho. A instituição concreta da Igreja era agora colocada em rivalidade mimética e em conflito com a visão do Reino do Milênio. Por um lado, Joaquim desenhou um quadro claro sobre quem era o inimigo, apontando para a condição hierárquica imperfeita; por outro lado, sua crença no despertar iminente de uma nova era o tentou a procurar um líder político-espiritual, a encarnação de Cristo retornando ao mundo. Por intermédio dos espirituais franciscanos, Thomas Münzer e outros grupos entusiastas, seu pensamento chegou à filosofia, sendo divorciado do imediato sonho eclesiástico e provocando um impacto duradouro sobre os desenvolvimentos políticos na era moderna, estendendo-se até o trauma do Reich milenar da nação germânica.

Mais tarde, tivemos a expectativa do final dos tempos de Lutero, que é importante no contexto desta apresentação. Certamente, ele percebeu o papado como representante do anticristo, contra o qual a luta final deveria ser travada. Por causa desse embate

---

[5] No método alegórico, as passagens bíblicas são interpretadas de uma forma que transcende seu sentido histórico imediato em direção a um significado mais profundo e oculto. Portanto, São Paulo, em Gálatas 4,21-31, tomou as duas mulheres de Abraão, Agar e Sara, para se referir ao Antigo e ao Novo Testamentos, respectivamente. O consenso limita o campo de possíveis interpretações alegóricas porque exige um paralelo direto entre personagens e eventos específicos no Antigo e no Novo Testamentos, ou na história da Igreja.

final, ele também esperava o iminente fim do mundo. Para alguns grupos e correntes radicais dentro do movimento da Reforma, essa expectativa do fim do mundo assumiu uma importância ainda maior. Dentro desse contexto, o impacto político mais significativo veio com a Revolução Puritana na Inglaterra, mas que ao ser lá derrotada transferiu-se para os Estados Unidos. As esperanças foram transferidas para o "Novo Mundo", para a fundação da "cidade na colina" a fim de liderar em outro eixo uma Europa decadente, fundando uma nova e gloriosa era. Por séculos, os ideais nacionais dos Estados Unidos foram inspirados por visões como essas. E, nesse contexto, é possível observar que os dois motivos (o fim e o reino milenar) não se encontram nitidamente separados, como podemos observar nas duas expressões de esperança que coexistem em tensão uma com a outra: pré-milenarismo e pós-milenarismo.[6]

Por fim, não se pode esquecer que o surgimento das ciências naturais foi acompanhado de impulsos apocalípticos e em parte foi por eles inspirado. Newton não é apenas o fundador da física moderna, mas, também, o intérprete do livro de Daniel e do Apocalipse de João. Todavia, as ciências naturais, por sua vez, eram a principal força motriz por trás da transformação da futura fé messiânica em crença puramente secular no progresso. Essa nova crença livrou com sucesso a consciência cultural da febre apocalíptica. A partir desse ponto, apenas caipiras ignorantes podiam ser dar ao luxo de uma interpretação aparentemente literal dos escritos apocalípticos.

Nessa nova era de consciência esclarecida, tal leitura apocalíptica só podia ser encontrada em notórios círculos fundamentalistas norte-americanos ou entre os católicos – e não devemos deixar que uma denominação de oposição nos engane no reconhecimento

---

[6] O pré-milenarismo acredita que o Segundo Advento de Cristo acontecerá antes do reino milenar; o pós-milenarismo considera o período de 1.000 anos como uma precondição para o Segundo Advento.

de analogias mais profundas. Dentre os últimos, ela ocorreu principalmente no contexto da piedade que aponta para todos os tipos de revelações e visões, uma vertente que poderia ser chamada de "apocalípticos marianos". A reconstrução dos alicerces fundamentais dessa hermenêutica apocalíptica nos manuais predominantes não apenas aponta para o fato de a abundância de imagens e afirmações religiosas ser constituída, em última análise, de um pequeno número de ideias básicas, mas também sublinha os expressivos paralelos entre essas afirmações e a visão de mundo dos apocalipses não canônicos, por exemplo, o Apocalipse de Enoque, que foram escritos numa época entre a produção do Antigo e do Novo Testamentos.

Em primeiro lugar, encontramos a convicção de que vivemos no final dos tempos deste mundo e a destruição final é iminente. A fundação do Estado de Israel, em 1948, e a Guerra dos Seis Dias desempenharam um papel importante na intensificação dessa crença entre especialistas evangélicos.[7] Como os atos de Deus não mais podem deixar de ser notados neste mundo, a humanidade é finalmente apresentada à demonstração da divindade de Deus por meio de Suas ações destrutivas para o bem de Seu povo, Israel. Nessa visão, Deus surpreenderá os homens com Seu poder destrutivo e fornecerá a prova de Sua Divindade. Essa prova, todavia, virá a um alto preço para Seus inimigos: serão identificados como inimigos de Deus, e serão humilhados, sim, até mesmo destruídos; os fiéis – com os quais os intérpretes geralmente se identificam – serão salvos. Uma vez que a destruição do mundo ateu já foi decidida por Deus, é impossível atrasá-la, para não falar da impossibilidade ainda maior de evitar que aconteça. Este mundo foi irreversivelmente entregue à derrota, por causa de sua maldade. O que conta é salvar a si mesmo, assim como o maior número possível de "cristãos

---

[7] Raymund Schwager e Józef Niewiadomski (orgs.), *Religion erzeugt Gewalt – Einspruch!* Münster, LIT, 2003, p. 17-19 e 240-41.

verdadeiros e justos", para entrar no novo mundo. As situações políticas concretas do presente estão integradas a essa estrutura formal básica. Assim, perigos percebidos e motivos políticos atuais de conflito são, por meio da concórdia, constantemente direcionados para validar a veracidade dos ensinamentos bíblicos ou os conteúdos das revelações (marianas). Nessa visão, os escritos apocalípticos bíblicos ou as visões posteriores revelam as causas reais da crise do mundo, ou seja, mostram que o mundo (em determinado momento) será levado à destruição. Esses escritos também descrevem as armas modernas, assim como desvendam os desenvolvimentos no plano político e na instituição da Igreja e, mais importante, identificam os seus inimigos políticos como agentes de Satanás. Essa relação confusa entre apocalipsismo e ética politicamente motivada pode levar a uma passividade política, mas, de tempos em tempos, pode ser revertida na direção de um ativismo intenso. Alguém que esteja fascinado pelo final pode tentar acelerá-lo ou contribuir para a sua realização. No entanto, isso não significa que mesmo aqueles marcados por um ardente desejo pelo apocalipse permaneçam necessariamente cegos à relevância presente da dimensão apocalíptica da atuação de Deus na história?

Considerando-se que essa crença é encontrada apenas em grupos e círculos prontamente identificáveis, ela nunca causou muita preocupação à teologia esclarecida ou às ciências políticas. Pelo contrário, a mera menção aos fundamentalistas não esclarecidos sempre foi suficiente para que os donos da razão ignorassem, de imediato, esses perdidos do presente. Uma análise superficial poderia sugerir que essa situação foi fundamentalmente alterada nos últimos anos. A crise da crença num progresso puramente secular, uma nova sensibilização em direção às catástrofes e um surto mundial de violência motivada pela religião gerou um interesse renovado pela literatura apocalíptica. Somando-se a isso, a renovação do debate fundamentalista no último quartel do século passado moveu o lócus no qual os medos e esperanças apocalípticas são debatidos e vividos mais e mais em direção a um público cujo universo é estruturado pela mídia. A febre apocalíptica pode agora se tornar um evento midiático. Mensagens enviadas por indivíduos e pequenos grupos, ou mesmo antigas tradições religiosas e a crença no final dos tempos são forças – por meio de incontáveis livros, filmes, vídeos, páginas na internet, e mesmo comerciais – que se aglutinam na formação de um cozido apocalíptico [*apocalyptic stew*], que é preparado para funcionar como intérprete da política mundial. Pode soar paradoxal, mas o interesse renovado por apocalipses e a transposição do debate para um palco global apenas enfatizam os lugares já estabelecidos de desacordo, reforçando-os em vez de os dissolver. Aqueles que são movidos pelo temor apocalíptico ainda percebem Deus como fonte de violência; e realistas "esclarecidos" atribuem essa percepção aos próprios fundamentalistas. O fato mesmo de o tópico ser ativamente anunciado pela mídia distrai nossa atenção e afasta-nos da questão fundamental: "O que queremos dizer quando afirmamos que Deus atua na história?". Em vez de enfrentar com seriedade o problema colocado pela dimensão apocalíptica da atuação de Deus na história, olhamos fixamente para os "malignos" fundamentalistas, que são tidos como responsáveis por nosso problema apocalíptico. Apesar de toda a febre milenarista em torno, nossa cultura ostenta certa cegueira apocalíptica.

Cegueira apocalíptica na academia

Como resultado de sua fixação na questão proposta pelas ciências naturais e históricas do século XIX, o próprio debate teológico acadêmico contribui para o estabelecimento dessas fronteiras tradicionais e para a disseminação da ampla cegueira apocalíptica. O esforço de se manter a fidelidade aos padrões científicos da época levou, num primeiro momento, ao abandono das tradições bíblicas. Foi Ernst Troeltsch quem deu o golpe fatal. A moderna cosmologia científica dispensa de uma só vez os medos e as esperanças apocalípticas:

> O universo que se coloca agora diante de
> nós é incomensuravelmente mais grandioso
> que os sete dias da Bíblia [...]. A ciência nos
> informa que aparecemos num determinado
> momento no tempo, e que em outro momento
> desapareceremos – mas não nos diz mais nada.
> Assim como a terra começou sem a nossa
> presença, da mesma forma terminará sem nós.
> Colocando em termos religiosos, isso significa
> que o final não será um apocalipse.[8]

Johannes Weiss e Albert Schweitzer nada mais fizeram, com suas teses, do que colocar ainda mais lenha nessa fogueira.[9] A suposição desses autores de que a mensagem de Jesus sobre o Reino de Deus e mesmo Sua completa existência só fazem sentido caso sejam entendidas em função de um fim iminente do mundo dá à teologia aparentemente poucas alternativas definidas. Como Jesus esperava, ou mesmo tentou promover, o final dos tempos, o fato de isso não ter acontecido é prova clara de que Jesus estava equivocado nesse ponto. Portanto, se alguém quiser salvar o cristianismo, é preciso descartar o pensamento apocalíptico. Alguns se dedicaram a essa empreitada ao intensificar uma teologia liberal que interpreta Jesus como nada mais que uma autoridade moral; outros fizeram uma distinção aguda entre escatologia e apocalipse. Mas, à medida que o último foi abandonado em favor de uma reinterpretação do primeiro, o aspecto especificamente bíblico de escatologia foi perdido, ou seja, a ideia segundo a qual a batalha entre o bem e o mal foi intensificada pelo próprio fato de a revelação ter ocorrido. O argumento dessa atitude reservada em relação ao escatológico foi elaborado a fim de se alcançar um entendimento da diferença

---

[8] Ernst Troeltsch, *The Christian Faith: Based on Lectures Delivered at the University of Heidelberg em 1912 e 1913*. Prefácio de Marta Troeltsch. Edição de Gertrud von le Fort. Trad. Garrett Paul. Minneapolis, Fortress Press, 1991, p. 58.
[9] Johannes Weiss publicou seu *Die Predigt Jesu vom Reiche Gottes* em 1892; o *Geschichte der Leben-Jesu-Forschung* de Albert Schweitzer foi publicado em 1906.

temporal entre o governo de Deus que já estava presente com aquele que ainda não existia e que poderia ser completado no final dos tempos. Assim, a escatologia transformou-se na caixa preta favorita do século XX, e a crítica bíblica virou a crítica do próprio apocalipse. Como todos sabem, Rudolf Bultmann liderou o ataque e, embora tenha vivido em meio a essa guerra, não mostrava qualquer consciência da catástrofe. Pelo contrário, pois passou um claro veredicto contra a tradição apocalíptica bíblica ao dizer:

> A escatologia mítica está encerrada basicamente pelo simples fato de a Parusia cristã não ter ocorrido da forma imediata como o Novo Testamento esperava que ocorresse, pois a história do mundo continua e continuará, como todo avaliador competente se encontra convencido.[10]

O *Kerygma and Myth* [Querigma e Mito] de Bultmann exclui radicalmente a experiência da violência e continua seu trabalho de "desmundialização" da teologia. Sua teologia existencialista também substitui a teologia política e a filosofia política pelo vasto reino da experiência interna do indivíduo, e, desde esse momento até agora, uma posição crítica sobre os tópicos apocalípticos se tornou uma espécie de cartão de identificação dos teólogos acadêmicos. Até nova ordem, foi isso que separou os teólogos dos cultos e das seitas. A questão sobre se há de fato uma dimensão apocalíptica nas ações de Deus na história e, especialmente, a questão sobre o que isso realmente significaria, não podia mais nem sequer ser levantada por esse tipo de teologia. Em seu trabalho provocativo, *Ratlos vor der Apokalyptik* [Sem Noção sobre o Apocalíptico], o acadêmico do Antigo Testamento, Klaus Koch em 1970, forneceu, de fato, um

---

[10] Rudolf Bultmann, "New Testament and Mythology". In: *New Testament and Mythology and Other Basic Writings*. Edição e tradução de Schubert M. Ogden. Filadélfia, Fortress Press, 1984, p. 5. O original em alemão desse texto foi publicado em 1941 e em 1948 foi integrado no posteriormente notório "Kerygma and Myth".

lembrete sobre essa questão não resolvida. Ele apontava para Ernst Käsemann e via em sua teologia um novo começo, um ponto de referência importante na teologia do Novo Testamento.

> O Apocalipsismo foi retirado do claustro de uma área restrita de especialização em história religiosa e levado para ser divulgado a um amplo público teológico, pelo menos na Alemanha e na Suíça. Dentro dessa abordagem, o apocalipsismo é visto como uma continuação legítima das ideias do Antigo Testamento e, portanto, como um meio de conectar o Antigo com o Novo Testamento. Embora a tese de Käsemann tivesse precursores e embora outros exegetas além dele defendessem posições semelhantes, apenas os escritos de Käsemann foram lidos com empolgação, criando mesmo uma sensação. Na verdade, Käsemann apresentara o problema de forma mais pontual do que qualquer outro antes dele; somando-se a isso, todavia, ele fora aluno do notório pesquisador do Novo Testamento, o professor Bultmann, alguém cuja posição era diametralmente oposta. Outros alunos do professor Bultmann, assim como exegetas conservadores, estavam igualmente chocados. No campo dos estudos bíblicos, o apocalipsismo tinha sido até o momento um assunto periférico nos estudos do Antigo e do Novo Testamento, beirando a heresia. Subitamente, Käsemann declarou que o tributário era, na verdade, a corrente principal, a qual supostamente "alimenta todo o resto no final do Antigo e no início do Novo Testamento".[11]

---

[11] Klaus Koch, *Ratlos vor der Apokalyptik: Eine Streitschrift über ein Vernachlässigtes Gebiet der Bibelwissenschaft und die Schädlichen Auswirkungen auf Theologie und Philosophie.* Gütersloh, Mohn, 1970, p. 11-12.

Em 1977, foi Johann Baptist Metz que introduziu no debate político a ideia de que o apocalipse é a mãe de toda a teologia cristã. Mas, voltando-se contra o pensamento evolucionista moderno, Metz queria apenas salvaguardar o motivo de expectativa próxima. No final, para ele, o apocalipsismo está no âmago de um ensinamento sobre a natureza catastrófica de todas as épocas:

> A visão apocalíptica judaico-cristã foi corretamente descrita por Ernst Käsemann como a "mãe da teologia cristã". Não foi considerada uma expulsão mítica do tempo em padrões rígidos, mas, em vez disso, um processo por meio do qual o tempo poderia ser restaurado para o mundo. Nesse caso, podemos ver a consciência humana da catástrofe expressa na visão apocalíptica basicamente como uma consciência do tempo, não como uma consciência do tempo da catástrofe, mas uma consciência da natureza catastrófica do próprio tempo, do caráter de descontinuidade e do final dos tempos.[12]

Será que tal tentativa de salvaguardar o apocalipsismo é convincente, especialmente à luz de décadas de guerra entrincheirada entre seitas fundamentalistas que rejeitam a teologia acadêmica e esta última que simplesmente desdenha a fé dessas seitas, considerando-a perigosa? Caso alguém decida considerar seriamente a posição dos crentes, que se encontram fascinados com o final dos tempos, seria preciso creditar a eles, mais do que a quaisquer outros, uma consciência aguda sobre a natureza catastrófica do tempo. Contudo, uma concessão desse tipo ainda não fornece um instrumento crítico por meio

---

[12] Johan B. Metz, *Faith in History and Society: Toward a Practical Fundamental Theology*. Trad. David Smith. New York, Seabury Press, 1980, p. 175-76.

do qual seja possível distinguir entre posições que possam
ser corretamente criticadas de outras que devam ser aceitas.
O ensinamento sobre a "natureza catastrófica do tempo" não
permite uma compreensão diferenciada da dimensão apocalíptica
da atuação de Deus na história. E, dentro dessa moldura
hermenêutica, é completamente impossível acessar os apocalipses
não canônicos. Deveria esse pequeno bando de justos, os quais
se sentem absolutamente ao lado de Deus e que se colocam
radicalmente contrários às massas de blasfemos – porque
estes pertencem ao reino de Satanás – também receber o guia
abençoado da provedora teologia cristã? Esse tipo de abordagem
está bastante na moda para um público dominado pela mídia.
Isso ocorre precisamente pelo fato de ser extremamente fácil,
para o grande público, determinar quem são esses "justos", os
quais permanecem completamente movidos por um espírito
de ressentimento e de vingança em meio a um imenso cozido
apocalíptico, e tudo isso é colocado na mesma tigela a comportar
"mártires cristãos" e homens-bomba islâmicos, e assim é
alimentado o preconceito de que o problema apocalíptico se
origina única e exclusivamente de pessoas com uma fantasia
religiosa perversa.

A solução harmoniosa de Girard e Schwager

Em sua descrição da condição apocalíptica em *Coisas Ocultas
desde a Fundação do Mundo*, Girard não apenas solapou essas
fronteiras incrustadas, mas mostrou o quanto a condição
apocalíptica é o resultado direto do descortinamento das fontes
violentas dos padrões sociais humanos por meio da revelação da
cruz. À medida que os humanos são deixados sem quaisquer meios
sacrificiais para desviar sua violência-padrão, eles sofrem um grau
de responsabilidade até então inédito para a humanidade. Logo,
torna-se claro que, dentro de todo o esforço humano por consenso
social, a conversão passa a ser a única alternativa verdadeira

para se escapar do mecanismo do bode expiatório, e, assim, ela se torna essencial. No entanto, porque o mecanismo oculto do antigo consenso não consegue mais ficar encoberto – não podendo mais ser sustentado – e porque esse comportamento radicalmente renovado não se materializa, a possibilidade de autodestruição humana segue seu complemento lógico. Segundo essa lógica, os apocalipses bíblicos retratam a destruição das estruturas humanas de ordem.[13] Todavia, eles não brotam a partir de uma perversa fantasia religiosa, nem são meros artefatos de uma cultura pré-esclarecida; eles apenas levam a conduta humana à sua conclusão lógica: a autodestruição é o fim de uma humanidade privada de seus meios (sacrificiais) de acobertamento e controle da violência, mas que ainda se encontra indisposta a se comportar de uma forma radicalmente nova (porque não quer ou não é capaz de agir assim). A lógica dessa autodestruição não está ligada a datas específicas, mas, em vez disso, permanece uma possibilidade permanente. Ela mostra a urgência total da questão sobre a dimensão apocalíptica das ações de Deus na história. Inspirado por Girard, Schwager organizou sistematicamente muitos motivos difusos e contraditórios do debate teológico e também mostrou claramente os definidos contornos da fé cristã na era apocalíptica.[14] Assim, as analogias e diferenças entre legítimas expectativas apocalípticas cristãs e a fascinação indiferenciada por cenários apocalípticos tornam-se claramente evidentes.

Embora Jesus se associasse à tradição apocalíptica quando pregava a iminência do Reino de Deus, ele claramente rejeitava as expectativas apocalípticas de seu entorno. Portanto, rejeitava todo

---

[13] Ver a discussão em René Girard, *Things Hidden since the Foundation of the World*. Trad. Stephen Bann e Michael Metteer. Stanford, Stanford University Press, 1987, p. 196-205 e 253-62. [Em português: *Coisas Ocultas desde a Fundação do Mundo*. Trad. Martha C. Gambini. São Paulo, Paz e Terra, 2009.]
[14] Ver, de Raymund Schwager, *Jesus in the Drama of Salvation: Toward a Biblical Doctrine of Redemption*. Trad. James G. Williams e Paul Haddon. New York, Crossroad, 1999; Raymund Schwager, *Banished from Eden: Original Sin and Evolutionary Theory in the Drama of Salvation*. Trad. James G. Williams. Leominster, Gracewing, 2006.

o conhecimento de datas e, também, qualquer cálculo de datas.[15] Ao fazer isso, ele infundiu à linguagem da iminência um novo significado. À medida que o Reino de Deus se dá primeiramente por meio de uma experiência pessoal de aproximação com Deus, ele pode aparecer em todo e qualquer lugar. Nesse sentido, Agostinho permanece radicalmente fiel à lógica de Jesus em sua interpretação. Em primeiro lugar, todavia, o Reino de Deus irrompeu de forma única tanto na mensagem de Jesus como em seu próprio destino. Esse é também o motivo pelo qual a aceitação ou rejeição de Jesus e de sua mensagem tem de ser compreendida como problema apocalíptico fundamental. A dificuldade teológica decisiva não se encontra na tensão temporal entre um reino que "já" chegou em Jesus, mas que "ainda não" existe; encontra-se, entretanto, em vez disso, na questão da "vontade contrária" dos humanos, que não recebem a mensagem de Jesus. A essa rejeição Jesus reage com o discurso do julgamento. E, exatamente nesses textos, Girard vê um acesso privilegiado à literatura apocalíptica. O que esses textos nos dizem sobre a atuação de Deus na história? Por meio de seu ensinamento e de seu destino, Jesus não transformou apenas a compreensão sobre a vinda do Reino de Deus, mas também transformou o discurso apocalíptico do julgamento de Deus. As palavras de Jesus sobre o julgamento brotam de uma lógica que se coloca em contraste direto com a tradição apocalíptica (predominantemente não canônica) e sua indiferenciada abordagem branco e preto; isto é, em contraste com a ideia de um Deus violento a separar as pessoas umas das outras, que destrói ou pune aqueles que considera malignos, e também em contraste à moralidade vaidosa dos videntes apocalípticos, que sempre sabem de antemão quem são os agentes de Satanás. As palavras de Jesus visam não apenas a inimigos e adversários, mas a todos. Dessa forma, elas cortam pela raiz qualquer moralismo sectário. Além disso, são estruturadas por uma fé em um Deus absolutamente não violento e repleto de amor, mesmo por Seus

---

[15] Ver Marcos 13,22.

inimigos e, portanto, também servem para os inimigos de qualquer um. Assim sendo, esse Deus não pode, de modo algum, revelar Sua divindade por meio de atos destrutivos. Seu julgamento deve ser visto como um julgamento que a humanidade inflige em si mesma ao repelir a vinda do Reino de Deus.[16] Onde quer que isso aconteça, as catástrofes anunciadas nas passagens do julgamento estão ocorrendo. Onde pais são colocados contra os filhos e os filhos contra os pais, onde as pessoas se destroem em guerras intermináveis. Por que, então, as Escrituras descrevem esse julgamento como julgamento de Deus? Uma razão é que Deus é o autor de toda ordem criada. Outra razão é, todavia, que as palavras reveladoras de Cristo desmascaram as conexões do mal, das mentiras e da violência. Os agentes imediatos do julgamento ainda são, contudo, os próprios seres humanos.

As tradições apocalípticas não são apenas corrigidas no ensinamento e exemplo pessoal de Jesus. Seu destino, em particular, condensa os eventos apocalípticos e os transforma. A partir de seu destino é possível ver de forma renovada e ainda mais profunda como o aspecto apocalíptico da atuação de Deus na história deve ser compreendido. Quando o mal e a violência foram acionados diretamente contra ele, Jesus não se defendeu de forma violenta. Ele também não pediu a seu Pai que destruísse violentamente seus inimigos. Pelo contrário, rezou por eles. Jesus reinterpretara seu próprio destino de antemão e, assim, conseguiu quebrar a espiral de violência e de contraviolência que respondem pelo ressentimento apocalíptico, isto é, o ódio especificamente apocalíptico entre vítimas e perpetradores. O Pai não interveio de forma violenta a fim de ajudar o Filho. Entretanto, Deus identificou a Si mesmo de forma inequívoca com o Filho e o libertou da morte.

Essa compreensão da dimensão apocalíptica da atuação de Deus na história é de fundamental importância para a teologia

---

[16] Ver Raymund Schwager, *Jesus in the Drama of Salvation*, p. 53-81.

sistemática. Naturalmente, ela afirma, em primeiro lugar, que "Deus julga!". Todavia, Ele julga ao permitir que na ordem criada o mal tenha inserção sobre os homens. Até mesmo seu Filho teve que passar por isso. Esse Filho teve que suportar todo o mal que a humanidade não queria ver em si mesma.[17] No entanto, hoje em dia, a morte violenta de Jesus não deve ser vista como acidental nem como algo que surgiu da vontade de um Deus raivoso.
A ideia de um Deus raivoso é, de fato, a última reserva sacrificial possível a proteger desonestamente a contemplação da "objetiva situação apocalíptica". Ao colocar a morte de Jesus em conexão positiva com a vontade de Deus, ao expor o filho no lugar do pecador para que receba a ira do Pai, a tradição colocou a si mesma no impasse que cerrou seus olhos sobre o drama real do mundo: a situação que resultou na morte de Cristo. Por causa dessa cegueira autoinfligida, o fato de o livro do Apocalipse de João não só incorporar uma batalha entre o bem e o mal como torná-la mais intensa tinha que permanecer como enigma.

Além do mais, uma compreensão dramática sobre a dimensão apocalíptica da atuação de Deus também diz: "Deus julga ao levantar os mortos!".[18] A fé na ressurreição é, de fato, parte fundamental das perspectivas apocalípticas. Normalmente, essa crença encontra-se incrustada no clima de ressentimento apocalíptico ou mesmo dentro de um quadro de vingança das vítimas sobre seus assassinos. O aspecto legítimo (que aparece de tempos em tempos no debate teológico) de uma justiça e de uma esperança em que os assassinos não triunfarão sobre suas vítimas fica completamente distorcido em muitos escritos apocalípticos apócrifos. Neste mundo de mentiras e falseamentos a "ressurreição e danação eterna" é na maior parte dos casos transformada em projeção da própria justiça virtuosa que legitima uma agressão contra inimigos, a qual é mais forte que a morte. A ressurreição de

[17] Ibidem, p. 116-18.
[18] Ibidem, p. 119-41.

Jesus de fato adota esse motivo, mas o transforma radicalmente. Aquele que é ressuscitado é o mesmo que expressou integralmente o Deus do amor aos inimigos. Esse simples fato representa um desafio radical ao ódio ostensivamente direcionado contra os ateus. Ademais, os fiéis são apresentados sob um critério claro de verificação quando se trata de decidir entre amor e ódio, violência e não violência. E por que é assim? Segundo a lógica apocalíptica do Antigo Testamento e da literatura não canônica, a ressurreição dos mortos permanece inseparavelmente ligada ao final dos tempos, ao julgamento final de Deus e também ao novo céu e à nova terra. Essa lógica afirma que serão apenas nesses complexos eventos futuros que a humanidade apocalíptica encontrará a prova sobre a veracidade de seus ressentimentos. Embora num primeiro momento isso possa parecer uma solução tentadora, uma reflexão mais crítica mostra que é de fato uma mera projeção: elementos nebulosos de esperança apocalíptica não podem ser corrigidos por nada. Por outro lado, o destino de Jesus fornece uma visão altamente diferenciada sobre os eventos do final dos tempos, transformando dessa forma a expectativa apocalíptica ao impedir projeções aleatórias. Uma vez que a ressurreição ocorre em meio à história, o amor e a não violência são demonstrados como atributos de Deus; ódio e violência, por outro lado, são expressamente reprovados. Além disso, os cristãos terão sempre que distinguir o final do mundo em seu duplo sentido: temporal e de finalidade. Embora Cristo tenha ressuscitado, a história do mundo continua. Portanto, compreender o apocalipse apenas segundo uma lógica de descontinuidade não é uma opção para o pensamento cristão.

As diferenciações estabelecidas nos parágrafos anteriores têm enorme importância para se discernir os medos e esperanças religiosas ambivalentes daqueles que ficam fascinados pelo apocalipse. Uma destruição das culturas políticas, mas também uma possível destruição da humanidade, mesmo a destruição de nosso próprio planeta pode ser fundamentalmente o resultado do autojulgamento da humanidade.

Nesse contexto, o julgamento de Deus só pode ser visto na forma de Ele permitir que isso aconteça. Todavia, a destruição não é de forma alguma idêntica à revelação da majestade de Deus e menos ainda idêntica à chegada do novo céu e da nova terra, muito pelo contrário.

Se Troeltsch e outros teólogos colocam imagens científicas do possível final da humanidade contra o cenário de apocalipse, eles simplesmente negligenciam o fato de o destino de Jesus já ter transformado o apocalipse em drama simbólico real.

Por fim, a ressurreição mostra que a própria cruz deve ser compreendida como um ato de julgamento. Todavia, é um julgamento que novamente solapa as esperanças de um julgamento apocalíptico. Mesmo a perspectiva sugerida no Evangelho segundo Mateus 25,31-46, de dois campos distintos, o das ovelhas e dos cabritos diante do julgamento realizado pelo Filho do Homem, é corrigida na paixão que se segue. Lá, o próprio juiz é julgado. Ele se torna vítima. Como vítima, ele pode perdoar os perpetradores, porque em última análise vê neles, sobretudo, vítimas do pecado. Nesse sentido, ele, a vítima, pode se identificar com eles e dissolver a separação apocalíptica em dois grupos de pessoas. Essa separação não ocorre na forma sugerida pela literatura não canônica, ou seja, entre um pequeno grupo de justos e as massas pululantes dos seguidores de Satanás. Em vez disso, é uma separação dentro do próprio homem. Como perpetradores do pecado, os humanos permanecem alinhados contra o juiz "julgado"; enquanto vítimas, permanecem dentro do raio de ação de seu poder salvador.

Esse é o motivo pelo qual o conflito dramático não cessa depois da Páscoa. Pelo contrário, ele é intensificado.[19] Paulo já escreve sobre cristãos que vivem de forma pior que os pagãos em 1 Coríntios 5,1-5. O tempo depois da chegada de Cristo é obviamente o tempo

---

[19] Ver Nikolaus Wandinger, *Die Sündenlehre als Schlüssel zum Menschen: Impulse K. Rahners und R. Schwagers zu einer Theologischen Anthropologie*. Münster, LIT, 2003, p. 238-39.

da Igreja, e sua história é tão dramática quanto o próprio destino de Jesus. Na vida da Igreja, as coisas que foram fundamentalmente realizadas na vida de Jesus são agora e repetidamente reconquistadas em vários níveis. Sabendo-se que Deus não realizará Seu Reino contra a vontade da liberdade humana, Ele permite que a história continue. Ele não levará forçosamente a história deste mundo a um final, mas certamente permitirá que o mal cumpra seu papel. Em seu trabalho salvador, todavia, Ele sempre começa no exato lugar e momento onde uma pessoa se encontra. Mesmo se a pessoa estiver engajada em praticar o mal. Na época seguinte à Páscoa, o drama do julgamento ainda está presente. Se os seres humanos forem transformados pelo poder de identificação com o Cristo, a vítima, eles não mais agem como acusadores, mas agem pelo perdão, então também transformam, juntamente com o Cristo, o imenso potencial de lágrimas, maldições, dores e morte. Certamente, isso não ocorre, de forma alguma, segundo qualquer espírito pragmático, ou segundo lógicas de Estado, de sociedade e de pequenos grupos, nem mesmo só na Igreja. Apesar do poder revelador dos Evangelhos, esses corpos sociais permanecem estruturados pelos mecanismos de acusação e de vitimização. Todavia, isso não é um argumento contra a crença de que a lógica apocalíptica indiferenciada foi para os ares em Cristo. Nem é um argumento contra a esperança de que essa salvação está disponível para todos. Se o fim enfatiza uma reconciliação consciente a superar uma separação apocalíptica em duas partes, essa esperança precisa criar imagens, que, por sua vez, nos motivam em direção a um amor que perdoa e que fortalece a fé na redefinição do julgamento por meio do evento da cruz. A antiga imagem apocalíptica do julgamento final é agora purificada à luz dos pensamentos anteriormente apresentados.[20] No final, a reflexão dá lugar à narrativa. Em termos pedagógicos, o maior efeito educacional é ainda alcançado por meio de uma narrativa que cria significado.

---

[20] Ver Józef Niewiadomski, *Herbergsuche. Auf dem Weg zu einer Christlichen Identität in der Modernen Kultur.* Münster, LIT, 1999, p.167-86.

"O julgamento final"

A Igreja acredita na ressurreição dos mortos. O que isso significa concretamente? A ressurreição dos mortos é, num primeiro momento, o sonho do cumprimento dos desejos humanos, assim como de seus ressentimentos. O que isso significa? É a oportunidade, tão importante para todos nós e frequentemente citada em epitáfios, de encontrarmos aqueles que foram bons para nós, encontrarmos o pai, a mãe e todos os nossos amados. A ressurreição dos mortos é também a oportunidade de encontrarmos aqueles que nos fizeram mal, aqueles que amaldiçoamos e sobre os quais juramos vingança. Todavia, aqui é o lugar onde esses desejos humanos, sustentados pela lógica apocalíptica, costumam encontrar o seu limite. Mas a ressurreição dos mortos também não seria a oportunidade de encontrar todos aqueles contra os quais eu fiz mal? Todos aqueles que acusei e todos aqueles cuja vida destruí também serão confrontados comigo. Sempre que a imagem clássica do Julgamento Final se referiu a uma clara compreensão dos bons e maus feitos, essa claridade, em primeiro lugar, referiu-se à relação entre vítima e algoz dentro de cada indivíduo humano. Deixe-me colocar a questão em termos mais radicais: quando imaginamos que Hitler e seus lacaios serão confrontados com as vítimas de Auschwitz, e Stalin e os seus, com as vítimas dos Gulags, e as vítimas de Hiroshima, com todos os políticos e cientistas que causaram suas mortes, quando nós, os habitantes do mundo desenvolvido, imaginamos que teremos de olhar para os milhões de crianças dos países mais pobres diretamente nos olhos delas, e quando, finalmente, pensamos que os abortados que foram privados de seu direito de viver exigirão os seus direitos, esse encontro se torna mais e mais insuportável, caso fique claro o quanto os próprios algozes nada mais eram que vítimas. Que tipo gigantesco de cenário de desculpas e novas acusações está sendo compreendido?

Existem dois lados para essa imagem. Todos aqueles que infringiram meus direitos, que me fizeram mal, de quem me tornei vítima, ficam diante de mim como algozes. Como vítima, deles serei capaz de adjudicar o que é meu por justiça. Fica a meu critério. O que exigirei? Provavelmente, insistirei em meus direitos e exigirei retribuição e vingança.

Ao mesmo tempo, todavia, serei confrontado com todas as vítimas de minha conduta, minhas mentiras e minhas acusações. Elas terão o direito ao mesmo julgamento a meu respeito. Elas também provavelmente insistirão sobre seus direitos e exigirão retribuição e vingança. Ainda assim, pronunciarei minha inocência acusando outros e repassando a retribuição e a vingança a mim direcionada contra eles. Isso poderia se tornar de fato um verdadeiro *dies irae*, um dia de ira, no "melhor" da tradição bíblica, caso tudo dependesse somente de nós nesse dia e se esse julgamento não fosse nada mais que nosso autojulgamento. Sem a interferência de Deus, os humanos se condenariam mutuamente ao sabor de um inferno sem fim de acusações, mentiras e negações intermináveis. Todos insistiriam na condição de vítimas, exigindo retribuição, e repassariam a retribuição colocada sobre si em cima de terceiros.

Mas haverá ainda mais um confronto nesse dia de ira, um que tem importância decisiva, isto é, o confronto com a insondável bondade de Deus e sua prontidão para perdoar. Essa bondade, revelada na história da Bíblia e que culmina no destino de Jesus Cristo, será decisiva – isso, ao menos, é o que os cristãos esperam. O cenário do Julgamento Final inclui o enfrentamento do juiz apocalíptico do mundo. A fim de adquirir uma perspectiva sistemática sobre isso, teremos de ver a imagem dos dois campos, em Mateus 25, juntamente com a imagem do cordeiro sacrificado no livro do Apocalipse de João.[21] Nesse contexto, temos que levar seriamente em consideração as dimensões divinas e humanas de Cristo. Nele, o perdão e a integração incondicionais de Deus foram expressos em uma vida e morte humanas; no Julgamento Final Jesus terá

---

[21] Ver Wandinger, *Die Sündenlehre*, p. 375-77.

de dizer também algo importante sobre sua humanidade. E seria surpreendente se ele fizesse qualquer outra coisa a não ser pedir o que pediu para seu Pai fazer, quando esteve pendurado na cruz: que os perdoasse.

Por seu exemplo na cruz, o Cristo forneceu a base para que incontáveis homens e mulheres ao longo de toda a história do cristianismo pudessem romper com o círculo vicioso de acusações mútuas, agora adotando um perdão e uma gentileza preventiva, mesmo ao parcialmente transformar esse círculo ("irrupções de graça" no discipulado em Cristo). Seguindo o exemplo de Cristo, muitos homens e mulheres não transferiram sua culpa, mas, em vez disso, declararam que estava perdoada de antemão pelas orações e pelas ações em nome dos mortos. E, finalmente, quando percebemos que o homem que rezava por seus inimigos na cruz e aquele que perdoa a todos nós agora, no Julgamento Final, não é um homem qualquer, mas o Filho de Deus, o qual fala conosco em perfeita unidade com Deus, de forma que nele somos colocados face a face com Deus, que poderia nos ter condenado, deixando-nos ao sabor do inferno autoinfligido que criamos em nossas escolhas, mas ainda assim nos acompanhou nesse inferno de vitimização, para uma vez mais nos abrir uma saída do vicioso círculo de alegar que estamos certos e que exigimos reparação, então, podemos experimentar a graça radical do perdão face a face. Por esse motivo, é muito improvável que alguém seja capaz de inibir esse perdão e insistir convincentemente em seus direitos de retribuição.

O fato de esse confronto ser "doloroso" – "através do fogo" – é obviamente à luz de nossa experiência. Todavia, isso não altera de nenhuma forma nossa esperança de que o dia da ira será transformado em dia do perdão, da graça e da misericórdia.

capítulo 3
Carl Schmitt e sua resistência "apocalíptica" contra uma guerra civil planetária

Wolfgang Palaver

Em homenagem a Paul Piccone (1940-2004)[1]

A profunda crise política que nosso mundo enfrenta tornou-se bem mais visível com a disseminação do terrorismo e diante da tentativa um tanto ou quanto fútil de mover uma guerra contra ele. Como parte desse contexto, é possível perceber um abismo crescente gerado pela Europa e sua esperança de uma solução kantiana para a crise – a constitucionalização do direito internacional por intermédio das Nações Unidas e uma compreensão mais hobbesiana de seu papel como polícia do mundo, responsável por implantar uma *pax americana*. O debate internacional sobre esses problemas também gerou uma discussão

---

[1] Dedico este capítulo a Paul Piccone, o editor fundador da revista *Telos*, que me encorajou, mais de uma década atrás, a publicar vários artigos sobre Schmitt. Ele faleceu em julho de 2004, em sua cidade natal, New York, num momento em que um pequeno grupo de acadêmicos reunidos por Robert Hamerton-Kelly se encontrou em Stanford para discutir o trabalho de Carl Schmitt, Leo Strauss e Eric Voegelin à luz do pensamento de René Girard. Sobre Piccone, ver Russell Berman, "Introduction". *Telos*, vol. 128, 2004, p. 3-7; e Gary Ulmen, "Paul Piccone and Telos". *Telos*, vol. 131, 2005, p. 4-12.

crescente sobre o trabalho do acadêmico alemão, especialista em direito e filosofia política, Carl Schmitt, sobretudo seus escritos sobre direito internacional.[2] São muitos os motivos que explicam esse interesse renovado em Schmitt. Um se associa a uma disseminada teoria da conspiração segundo a qual a política externa da administração Bush é nada mais que a continuidade e aplicação da ênfase de Schmitt sobre a distinção amigo/inimigo, uma posição aparentemente ligada ao apoio que Schmitt deu aos nazistas. De acordo com essa teoria da conspiração, Leo Strauss, que esteve em contato com Schmitt antes de ser obrigado a deixar a Alemanha, espalhou a mensagem de Schmitt durante o período em que era um influente professor de filosofia política na Universidade de Chicago. Muitas dessas acusações superficiais não precisam ser debatidas, mas relacionar o trabalho de Schmitt à guerra de Bush contra o terror pode nos mostrar que seu trabalho poderia ser de alguma forma útil para se fazer uma crítica às políticas de Bush.[3] Do ponto de vista de Schmitt, todavia, a política de Bush parece ser um exemplo perfeito dos perigos de se adotar um universalismo moralizante. Certamente, Schmitt criticaria de forma ainda mais veemente esses terroristas globalizados, que representam um universalismo violento em sua necessidade de uma inimizade absoluta. A maior parte dos terroristas de hoje não deve ser confundida com partidários que permanecem conectados à sua terra natal lutando contra um inimigo real.[4]

---

[2] A tradução para o inglês do mais importante livro de Schmitt sobre direito internacional, *The Nomos of the Earth* – escrito durante a fase final da Segunda Guerra Mundial e originalmente publicado na Alemanha em 1950 –, apareceu em 2003. Em 2004, diferentes traduções para o inglês do livro de 1963 de Schmitt, *The Theory of the Partisan*, foram publicadas. Recentemente, vários periódicos publicaram artigos especiais tratando desses dois livros ou relacionando a obra de Schmitt aos problemas políticos atuais. Ver *Telos*, vol. 127, 2004; vol. 132, 2005; *CR: The New Centennial Review*, vol 4, n. 3, 2004; *Constellations*, vol. 11, n. 4, 2004; *South Atlantic Quarterly*, vol. 104, n. 2, 2005; e *Leiden Journal of International Law*, vol. 19, n. 1, 2006.
[3] Ver, de Chantal Mouffe, "Schmitt's Vision of a Multipolar World Order". *South Atlantic Quarterly*, vol. 104, n. 2, 2005, p. 245-51; e *On the Political*. London, Routledge, 2005, p. 76-83.
[4] Carl Schmitt, *The Theory of the Partisan: A Commentary/Remark on the Concept of the Political*. Trad. A. C. Goodson. East Lansing, Michigan State University Press, 2004, p. 76.

Todavia, este capítulo não entrará no debate um tanto superficial e frequentemente apenas acusatório sobre a política externa norte-americana. Em vez disso, estará focado nas implicações mais amplas do trabalho de Schmitt sobre geopolítica, levando-nos à questão sobre a situação apocalíptica de nosso mundo contemporâneo. Num primeiro momento, apresentarei a tese central de Schmitt sobre o perigo de uma guerra civil global em decorrência do colapso do direito internacional europeu depois da Primeira Guerra Mundial. Essa parte do capítulo mostrará quão intensamente o trabalho de Schmitt visa à prevenção de uma guerra civil. Em um segundo momento, analisarei a tese de Schmitt à luz da teoria mimética de René Girard para concluir que o perigo de uma guerra civil global se associa à realidade mimética de um mundo em que as rivalidades não mais se confinam aos limites das fronteiras locais ou regionais. Nosso mundo globalizante nos coloca diante de uma tremenda crise mimética planetária, e isso ocorre em razão do apagamento das diferenças culturais.
A terceira seção do capítulo trata da teologia política que caracteriza o pensamento de Schmitt. Contrário às alegações amplamente sustentadas de que Schmitt representaria um pensamento religioso fundamentalista ligado à revelação bíblica, mostrarei em contraste a essas posições superficiais o quão agudamente Schmitt ansiava por uma versão pagã de cristianismo, uma visão que pretendia proteger a descendência política do antigo sagrado de sua completa dissolução. Essa tentativa fútil relaciona-se ao aval que ele concede ao *katechon*, um conceito bíblico que Schmitt interpreta como um grande freio que impede a morte das culturas, mantendo vivos os antigos padrões políticos no estabelecimento da distinção amigo/inimigo. Sociedades fechadas e moribundas deveriam ser substituídas por novas estruturas políticas, as quais ainda pudessem realizar a convergência das rivalidades internas para fora da sociedade. Essa última seção nos ajudará compreender quão intimamente o trabalho de Schmitt está ligado à crise apocalíptica de nosso mundo, que sofre o impacto histórico da revelação bíblica. Focarmos a aprovação antiapocalíptica que Schmitt faz do *katechon* nos permitirá compreender seu trabalho

como um grande esforço contrário ao cenário apocalíptico de nosso mundo contemporâneo, uma realidade percebida por um número cada vez maior de pensadores. O filósofo judeu Jacob Taubes, que esteve pessoalmente em contato com Schmitt, via a si mesmo, por exemplo, como uma alternativa apocalíptica ao professor alemão de direito: "Carl Schmitt pensa em termos apocalípticos, mas de cima para baixo, dos poderes impostos [...]; eu penso de baixo para cima".[5] Mesmo o famoso teórico de mídia Marshall McLuhan, geralmente reconhecido como profeta panglossiano da "aldeia global", esteve bem ciente dos perigos apocalípticos embutidos na globalização eletrônica. Ele chamava a si mesmo de pensador apocalíptico, sublinhando a importância de se distinguir o Cristo do Anticristo, algo que se tornou cada vez mais difícil de fazer.[6] Ao se falar tão abertamente sobre o Anticristo, corre-se o risco de cair em fundamentalismo apocalíptico; mas, caso seja verdade que hoje estamos em meio a uma crise apocalíptica, não podemos mais evitar esses temas e essas questões. As recentemente publicadas entrevistas de Ivan Illich podem servir como modelo exemplar de como temos que superar nossas hesitações em relação a esse assunto. Depois de superar atribulações que o acompanharam por trinta anos, Illich afirmou claramente que nossa época é apocalíptica, e não pós-cristã – uma era na qual a corrupção dos melhores conduz aos piores.[7] Minha leitura mimética sobre a compreensão que Carl Schmitt tinha do *katechon* contribui de certa forma a essa tarefa tão exigente que temos hoje a realizar.

---

[5] Ver, de Jacob Taubes, *Ad Carl Schmitt: Gegenstrebige Fügung*. Berlin, Merve Verlag, 1987. A tradução para o inglês foi retirada de Joshua Robert Gold, "Jacob Taubes: 'Apocalipse from Below'". *Telos*, vol. 134, 2006, p. 141. Ver, também de Hamerton-Kelly, "Die Paulinische Theologie als Politische Theologie: Ethnizität, Ideologie und der Messias". In: Jozef Niewiadomski e Wolfgang Palaver (orgs.), *Vom Fluch und Segen der Sündenböcke: Raymund Schwager zum 60. Geburtstag*. Münster, LIT, 1997, p. 41-160.
[6] Ver, de Marshall McLuhan, *The Medium and the Light: Reflections on Religion*. Ed. Eric McLuhan e Jacek Szlarek. Toronto, Stoddard, 1999, especialmente p. 57-65. Ver também, de Erik Davis, *TechGnosis: Myth, Magic and Mysticism in the Age of Information*. London, Serpent's Tail, 2004, p. 299-304.
[7] Ivan Illich, *The Rivers North of the Future: The Testament of Ivan Illich as Told by David Cayley*. Prefácio de Charles Taylor. Toronto, Anansi, 2005, p. 59-63, 169-70 e 177-80.

Guerra civil global *versus* o choque de civilizações

A fim de compreender o quadro político-cultural do mundo atual, podemos nos valer, *grosso modo* de dois paradigmas opostos.
O primeiro é o de choque de civilizações de Samuel P. Huntington, formulado depois do término da Guerra Fria e que atraiu expressiva atenção desde os ataques terroristas de 11 de setembro. Segundo Huntington, as diferenças culturais representam um papel importante nos conflitos recentes. "Cultura e identidades culturais, que em sentido mais amplo indicam identidades civilizacionais, estão moldando os padrões de coesão, desintegração e conflito no mundo pós-Guerra Fria".[8] A antiga rivalidade entre as duas superpotências "é substituída pelo choque de civilizações".[9] Na visão de Huntington, além da linguagem, a religião é o elemento mais importante na distinção entre diferentes civilizações.[10] A religião constitui a "principal característica de definição das civilizações".[11] Se sintetizarmos esse paradigma, perceberemos que se baseia na suposição de que as diferenças, especialmente as diferenças culturais e religiosas, são as fontes centrais dos conflitos humanos. Mas será que esse primeiro paradigma realmente nos ajuda a explicar nossa situação atual?

A teoria mimética oferece um paradigma alternativo. Ela presume que os conflitos humanos têm maior probabilidade de surgir quando as diferenças desaparecem e a igualdade começa a caracterizar os relacionamentos humanos. Irmãos, e não estranhos, têm mais probabilidade de se tornar inimigos. Segundo a teoria mimética, é justamente o desaparecimento das diferenças em nosso mundo globalizante que o torna mais ameaçador. Quanto mais os

---

[8] Samuel P. Huntington, *The Clash of Civilizations and the Remaking of World Order*. New York, Simon and Schuster, 1996, p. 20.
[9] Ibidem, p. 28.
[10] Ibidem, p. 47, 59 e 66.
[11] Ibidem, p. 253.

seres humanos se tornam iguais e quanto mais todos podem se comparar a si mesmos com todos os outros, mais próximos ficamos de um mundo que se torna crescentemente ameaçado por uma guerra civil em escala global. Aquilo que, em 1943, Simone Weil observou sobre o mundo moderno se tornou ainda mais verdadeiro hoje: "Existem mais conflitos do que há diferenças. Em geral, os embates mais violentos dividem as pessoas que pensam exatamente ou quase exatamente a mesma coisa. Nossa época é muito fértil em paradoxos desse tipo".[12]

O terrorismo fundamentalista não se encontra enraizado, em primeiro lugar, em diferenças culturais, na pobreza ou no subdesenvolvimento econômico, pelo contrário, baseia-se num mundo em que as pessoas se tornam paradoxalmente mais e mais ressentidas à medida que se aproximam daqueles que têm condições melhores.[13] A universalidade da mídia moderna promove essa escalada de ressentimento ao abrir os canais para que um número crescente de pessoas se compare a outras, ao tornar qualquer e toda desigualdade dolorosamente óbvia.[14] Nesse sentido, o terrorismo contemporâneo está profundamente enraizado no desaparecimento global das diferenças entre culturas e nações, transformando nosso mundo numa arena global competitiva e crescentemente explosiva, aumentando ao mesmo tempo as invejas e os ressentimentos. René Girard está certo quando se refere à rivalidade mimética planetária como causa central a contribuir para os ataques terroristas de 11 de setembro de 2001.[15]

---

[12] Simone Weil, *Oppression and Liberty*. Trad. Arthur Wills e John Petrie. London, Routledge, 2002, p. 171.
[13] Ver, de Alan B. Krueger e Jitka Malečková, "Does Poverty Cause Terrorism? The Economics and the Education of the Suicide Bombers". *New Republic*, 24 de junho 2002, p. 27-33; e de Jean Bethke Elshtain, *Just War Against Terror: The Burden of America Power in a Violent World*. New York, Basic Books, 2003, p. 118-20.
[14] Ver, de Bernard Lewis, *The Crisis of Islam: Holy War and Unholy Terror*. London, Phoenix, 2004, p. 50, 62, 101-02, 111-13, 125 e 132.
[15] Ver, de René Girard, *Aquele por Quem o Escândalo Vem*. São Paulo, É Realizações Editora, 2011, p. 23, 32-35 e "Ce qui se Joue Aujourd'Hui est une Rivalité Mimétique à l'Echelle Planétaire: Propos Recueillis par Henri Tincq". *Le Monde*, 6 de novembro 2001.

Em contraposição ao cenário descrito por esses dois paradigmas divergentes, é interessante perceber que a teoria política de Carl Schmitt possui afinidades estreitas com ambos. O livro mais famoso de Schmitt, publicado pela primeira vez como artigo em 1927, foi *O Conceito do Político*. Nesse livro, ele acentua as raízes mais profundas de inimizade em meio às diferenças entre culturas estranhas entre si, de forma próxima ao que décadas mais tarde se tornou conhecido como o paradigma de Huntington no conceito de choque de civilizações. Segundo Schmitt, o "inimigo político" é o "outro, o estranho; e é suficiente para sua natureza que ele seja, de forma especialmente intensa, existencialmente diferente e estranho, para que em casos extremos o conflito seja possível".[16] Podemos traçar vários paralelos entre a tese de Huntington e a posição de Schmitt ao longo de todo *O Conceito do Político*. Por exemplo, Schmitt refere-se à antiga inimizade entre cristianismo e islamismo para provar que a injunção bíblica para se amar os inimigos não interfere, de nenhuma forma, na insistência que ele faz sobre a necessidade de se ter inimigos políticos:

> Nunca na luta milenar entre cristãos e muçulmanos ocorreu a um cristão que, por amor aos sarracenos ou turcos, ele se renderia em vez de defender a Europa. O inimigo, no sentido político, não precisa ser pessoalmente odiado, somente na esfera privada faz sentido amar o inimigo, isto é, o adversário.[17]

De forma semelhante, Huntington refere-se às diferentes regras que as "nações da cristandade" usavam tanto em suas relações

---

Ver, também, de Jean-Pierre Dupuy, *Avions-Nous Oublié de Mal? Penser la Politique Après le 11 Septembre*. Paris, Bayard, 2002, p. 43-67.
[16] Carl Schmitt, *The Concept of the Political*. Tradução, introdução e notas de George D. Schwab. Notas de Leo Strauss sobre o ensaio de Schmitt. Chicago, University of Chicago Press, 1996, p. 27.
[17] Carl Schmitt, *Concept of the Political*, op cit., p. 29.

mútuas como para "lidar com os turcos e outros 'pagãos'", a fim de provar que a "identidade em qualquer nível – pessoal, tribal, racial, civilizacional – só pode ser definida em relação a um 'outro', uma pessoa, tribo, raça ou civilização diferente".[18] Assim como faz Schmitt, Huntington não vê contradição entre uma compreensão de política que se baseia em distinções entre amigo/inimigo e a mensagem bíblica. Segundo ele, todas as religiões – desconsiderando suas alegações universais – diferenciam pessoas e grupos em crentes e não crentes, ou seja, entre um grupo superior que é membro e um grupo inferior que se encontra alijado.[19]

Todavia, durante a Segunda Guerra Mundial, e posteriormente, a posição de Schmitt começou a se aproximar de um paradigma semelhante à teoria mimética. Em seu diário apologético do pós-guerra, *Ex Captivitate Salus*, o inimigo não é mais o estranho, mas o irmão:

> Quem, afinal de contas, posso reconhecer como meu inimigo? Obviamente, apenas aquele que pode me colocar em questão. E quem pode realmente me colocar em questão? Apenas eu mesmo, ou meu irmão. É isso mesmo. O outro é o meu irmão. O outro vem a ser o meu irmão, e esse irmão vem a ser o meu inimigo. Adão e Eva tiveram dois filhos, Caim e Abel. Assim começa a história da humanidade. Assim se apresenta o pai de todas as coisas. É a tensão dialética que mantém a história do mundo em movimento e a história do mundo ainda não chegou a um final [...] O inimigo é a expressão de nossa própria questão.[20]

---

[18] Samuel P. Huntington, *Clash of Civilizations*, op. cit., p. 129.
[19] Ibidem, p. 97.
[20] Carl Schmitt, *Ex Captivitate Salus: Erfahrungen der Zeit 1945/47*. Colônia, Greven Verlag, 1950, p. 89-90. Citado em Jan-Werner Müller, *A Dangerous Mind: Carl Schmitt in Post-War European Thought*. New Haven, Yale University Press, 2003, p. 55.

Passar a compreender que é o irmão – e não o estranho – quem mais se inclina a se tornar nosso inimigo significa, sistematicamente, priorizar as guerras civis sobre as guerras entre nações. É exatamente o perigo latente das guerras civis, dentro de uma sociedade qualquer, que nos faz ansiar pela distinção política entre amigos e inimigos.

Leo Strauss foi um dos primeiros leitores dessa distinção – feita por Schmitt – a indicar que os conflitos internos de uma sociedade necessitam de uma válvula de escape que aponte para um inimigo político fora dela.[21] Em carta a Schmitt, assinada em 4 de setembro de 1932, Strauss escrevia sobre a necessidade humana de forjar unidade grupal com base na união contra um terceiro:

> A fundação suprema da Direita vem do princípio da maldade natural do homem; e uma vez que o homem é por natureza maligno, ele precisa de *domínio*. Todavia, esse domínio pode

---

[21] No trabalho posterior de Strauss, *Natural Right and History* (1953), ele enfatiza novamente a distinção amigo/inimigo como um elemento essencial da sociedade civil, em sua descrição do direito natural clássico. Valendo-se da distinção de Bergson entre sociedade fechada e aberta, ele afirma que "se a sociedade na qual o homem pode alcançar a perfeição de sua natureza é necessariamente uma sociedade fechada, a distinção da raça humana em uma quantidade de grupos independentes está de acordo com a natureza" (Leo Strauss, *Natural Right and History*, Chicago, University of Chicago Press, 1971, p. 132). Contudo, a lei natural, que age como "dinamite para a sociedade civil" (Ibidem, p. 153), revela a "autocontradição inevitável" da "moralidade do cidadão" (Ibidem, p. 149): "A sociedade civil como sociedade fechada implica necessariamente que existe mais de uma sociedade civil e, com isso, a guerra é possível. A sociedade civil deve, portanto, promover hábitos guerreiros. Todavia, esses hábitos divergem das solicitações da justiça [...] A sociedade civil é [...] forçada a fazer uma distinção: o homem justo é aquele que não traz danos, mas ama seu amigo e seu próximo, isto é, seus cocidadãos, mas que causa danos ou mesmo odeia seus inimigos, os inimigos de sua cidade". Essa autocontradição só pode ser resolvida ao se transformar a cidade em "Estado mundial". Mas tal solução, obviamente, "transcende os limites da vida política" (Ibidem, p. 151), porque "nenhum ser humano e nenhum grupo de seres humanos pode governar toda a raça humana de forma justa. Portanto, aquilo que é previsto ao se falar em 'Estado mundial' como uma sociedade humana universal sujeita a um governo humano se trata na verdade do cosmos governado por Deus, o qual se torna a única cidade verdadeira, ou a cidade que está simplesmente de acordo com a natureza, porque é a única cidade que é simplesmente justa" (Ibidem, p. 159-60).

> ser socialmente implantado, ou seja, os homens podem ser unificados, mas isso ocorre apenas em formação *contrária* – contra outros homens. A tendência de separar (daí o agrupamento da humanidade em amigos e inimigos) já está dada na natureza humana; e é nesse sentido um destino humano, assunto encerrado.[22]

Com frequência, o conceito que Schmitt elabora do político é interpretado como uma exigência beligerante por guerra. A principal razão para essa alegação é a ênfase de Schmitt na relação entre o político e a intensidade da distinção entre amigo e inimigo, incluindo claramente a possibilidade de combate e guerra.[23] Quão mais intensa se tornar a distinção entre amigo e inimigo, mais o político se manifesta:

> A distinção entre amigo e inimigo denota o grau máximo de intensidade em uma união ou separação, associação ou dissociação [...]. O político é a esfera de atuação em que o antagonismo se torna mais extremo e intenso, e todo antagonismo concreto se torna mais político na medida em que se aproxima desse ponto mais extremo, aquele do agrupamento amigo/inimigo.[24]

Ao prosseguir nessa linha de raciocínio, Schmitt chama o momento mais intenso de inimizade de "ponto alto da política".[25] Como exemplo, ele se refere à inimizade religiosamente embasada entre Oliver Cromwell e a Espanha "papista", no século XVII.

---

[22] Leo Strauss é citado por Heinrich Meier, *Carl Schmitt and Leo Strauss: The Hidden Dialogue*, incluindo as notas de Strauss sobre o *Concept of the Political* de Schmitt e três cartas de Strauss para Schmitt. Trad. J. Harvey Lomax. Prefácio de Joseph Cropsey. Chicago, University of Chicago Press, 1995, p. 125.
[23] Ver, de Carl Schmitt, *Concept of the Political*, p. 32-33.
[24] Ibidem, p. 26 e 29.
[25] Ibidem, p. 67.

O entendimento que Schmitt faz do político como esfera que se baseia no grau de hostilidade forjada não se funda, todavia, em nenhuma filosofia belicista. O objetivo central de Schmitt é impedir a deflagração de guerras civis. Em um artigo escrito em 1930, é claramente evidente como sua ênfase no grau se relaciona à superação da guerra civil:

> Corretamente compreendido, o político é apenas o grau de intensidade de uma unidade. A unidade política pode conter e compreender diferentes conteúdos. Mas ela sempre designa o grau mais intenso de uma unidade, da qual, consequentemente, a mais intensa distinção é determinada – o agrupamento amigo ou inimigo. A unidade política é a unidade mais alta – não por ser um ditador onipotente, ou porque nivela todas as outras unidades, mas porque decide, e tem o poder de prevenir que outros grupos opositores se dissociem em estado de extrema inimizade – ou seja, em guerra civil.[26]

O livro de Schmitt sobre Hobbes (1938) destaca essa interpretação de *O Conceito do Político*. Segundo Schmitt, o Estado de Hobbes é definido pela superação da guerra civil. O Estado "poderoso sempre impediu a deflagração da guerra civil", superando a "força revolucionária e anárquica do estado de natureza [...] Um dos monstros, Leviatã (o Estado), mantém o outro monstro continuamente imobilizado, Behemoth (a revolução)".[27] A fim de superar o estado de natureza, a condição belicosa e caótica tem de ser transferida do interior do Estado para o seu exterior, para suas

---

[26] Carl Schmitt, "Ethic of State and Pluralistic State". Trad. D. Dyzenhaus. In: C. Mouffe (org.), *The Challenge of Carl Schmitt*. London, Verso, 1999, p. 195-208.
[27] Carl Schmitt, *The Leviathan in the State Theory of Thomas Hobbes: Meaning and Failure of a Political Symbol*. Prefácio e introdução de George Schwab. Trad. George Schwab e Erna Hilfstein. Westport, Greenwood Press, 1996, p. 21.

relações com outros Estados. À medida que o Estado se torna mais intensamente capaz de prevenir a deflagração de uma guerra civil, maior é o grau de sua inimizade em relação ao estrangeiro:

> A segurança existe somente no Estado. *Extra civitatem nulla securitas*. O Estado absorve toda racionalidade e toda legalidade. Tudo que está fora do Estado se encontra, portanto, em "estado de natureza". Os mecanismos de comando minuciosamente racionalizados dos Estados se confrontam "irracionalmente". O quão mais completa for a organização interna de um Estado, menos praticável será seu engajamento em relações mútuas em pé de igualdade. À medida que um Estado se desenvolve mais intensamente, menos será capaz de manter o seu caráter pacificador de Estado em relação a outros Estados. Não há um Estado entre Estados, e, por essa razão, não pode haver qualquer guerra legal ou qualquer paz legal, mas apenas o pré e extralegal estado de natureza, em que as tensões entre os vários Leviatãs são governadas por alianças instáveis.[28]

Leo Strauss estava certo ao afirmar que a distinção que Schmitt faz entre amigo e inimigo tinha uma base moral.[29] Schmitt afirma o estado de natureza entre os Estados, a fim de prevenir a eclosão do estado de natureza – a guerra civil – dentro do Estado. Para ele, a guerra externa é um instrumento para se conter uma forma mais primordial de violência entre os seres humanos: a guerra civil. Portanto, ele vê as guerras entre Estados, incrustadas no tradicional direito internacional

---

[28] Ibidem, p. 48-49.
[29] Ver Leo Strauss, "Notes on Carl Schmitt, The Concept of the Political". In: Carl Schmitt, *Concept of the Political*, p. 81-107. Ver, especialmente, p. 101-04.

europeu, como o "oposto da desordem".³⁰ Essas guerras são "a forma mais alta de ordem dentro do escopo do poder humano".

Considerando-se essa visão sobre as guerras entre Estados como forma de superar a guerra civil, Schmitt ficou alarmado com o colapso do direito internacional europeu depois da Primeira Guerra Mundial. Ele criticava especialmente a Grã-Bretanha e os Estados Unidos por promoverem um universalismo que danificava o direito internacional tradicional. Universalismo e o conceito de guerra justa conduziam o mundo para uma condição que apontava para uma escalada planetária de guerra civil. Foi em 1938 que Schmitt começou a criticar o emergente conceito discriminatório de guerra – um conceito que mais uma vez distinguia entre guerras justas e injustas – porque isso "transforma a guerra entre Estados em guerra civil internacional".³¹ Mais tarde, ele cunhou o termo "guerra civil global" [*Weltbürgerkrieg*].³² Ele usou o termo pela primeira vez num artigo publicado em 1942, no qual criticava os Estados Unidos por se encontrarem divididos entre isolacionismo e intervencionismo, um fato que levaria o mundo a uma "guerra civil planetária", caso os Estados Unidos se tornassem pedra angular da nova ordem mundial.

Em uma nota em seu diário, de outubro de 1947, ele criticava asperamente o humanismo integral de Jacques Maritain, em razão do apoio que este dava ao conceito de guerra justa. Nessa nota, encontramos um pequeno resumo de sua tese sobre a guerra civil planetária:

> A guerra justa se traduz como privação dos direitos do oponente, e a autocapacitação

---

³⁰ Carl Schmitt, *The Nomos of the Earth in the International Law of the Jus Publicum Europaeum*. Trad. G. L. Ulmen. New York, Telos Press, 2003, p. 187. Ver, também, p. 150-51.
³¹ Carl Schmitt, *Leviathan*, p. 48. Ver, também de Carl Schmitt, *Die Wendung zum Diskriminierenden Kriegsbegriff*. Berlin, Duncker e Humblot, 1938, p. 1-2.
³² Carl Schmitt, *Staat, Grobraum, Nomos: Arbeiten aus den Jahren 1916 bis 1969*. Ed. Günter Maschke. Berlin, Duncker e Humblot, 1995, p. 435.

> do lado justo, ou seja, a transformação
> do estado de guerra (a guerra segundo o
> direito internacional), em uma guerra que é
> simultaneamente uma guerra colonial e civil,
> e isso conduz lógica e irresistivelmente [...] a
> uma guerra civil planetária, e a guerra entre
> Estados deixa de existir.[33]

Posteriormente, sobretudo em seu livro *Teoria da Guerrilha* (1963), Schmitt enfatizava ainda mais os perigos embutidos na disseminação de uma guerra civil planetária, que poderia levar a uma escalada irrefreável das hostilidades, alcançando um nível de absoluta e total inimizade que clamaria por aniquilamento. As frases finais desse livro documentam muito bem a posição de Schmitt a respeito do assunto, e ajudam-nos a compreender por que tantos acadêmicos discutem ardentemente seu trabalho nos dias de hoje.

> Negar a hostilidade real dá vazão ao trabalho
> muito mais destrutivo da hostilidade

---

[33] Carl Schmitt, *Glossarium: Aufzeichnungen der Jahre 1947-1951*. Ed. E. Freiherr von Medem. Berlin, Dunkler e Humblot, 1991, p. 2; citado por Gary Ulmen em "Carl Schmitt and Donoso Cortés", *Telos*, vol. 125, n. 29, 2002, p. 76. Ver, também, de Jacques Maritain, "Integral Humanism: Freedom in the Modern World; And a Letter on Independence". In: Otto Bird (org.), *The Collected Works of Jacques Maritain*. Trad. Otto Bird, Joseph Evans e Richard O'Sullivan. Notre Dame, University of Notre Dame Press, 1996, vol. 11, p. 307: "Em relação à moralidade dos meios, fica claro que a força e, genericamente, aquilo que chamei de meios carnais da guerra, não são intrinsecamente maus, pois podem ser justos. Teólogos e moralistas nos explicam em que condições essas coisas são justas e, dessa forma, fazem um trabalho de misericórdia, permitindo-nos viver neste mundo. Eles não lideram a condução do estado de coisas, não é função deles abrir novas portas de violência; mas, uma vez que essas portas se encontrem abertas, eles justificam aquilo que pode ser feito, e nos iluminam para que possamos avançar pelos desfiladeiros escuros da história. Força também implica violência e terror e o uso de todos os meios de destruição. Essas coisas podem ser justas em certas condições definidas. [...] A pior angústia para o cristão é exatamente saber que pode haver justiça no emprego de meios terríveis". Durante a Segunda Guerra Mundial, Maritain criticava a compreensão de Schmitt sobre a realidade política como a revelação da "essência da política *pagã* e as fundações do Império Pagão". Ver, de Jacques Maritain, *The Twilight of Civilization*. 2. ed. Trad. L. Landry. New York, Sheed & Ward, 1945, p. 37.

absoluta: em 1914, as nações e os governos da Europa tropeçaram na Primeira Guerra Mundial sem qualquer hostilidade real. A inimizade real surgiu apenas com a guerra, que começou como uma guerra convencional entre Estados com base no direito internacional europeu e terminou como guerra civil em escala planetária, tomada pelo ódio de classe revolucionário. Quem será capaz de prevenir o inesperado surgimento de novos tipos de hostilidade, num processo análogo, mas em escala muito maior, cuja ocorrência produzirá novas e inesperadas formas de guerrilha? O teórico não pode fazer nada mais que reter conceitos e dar nomes às coisas. A teoria da guerrilha flui para o conceito do político, para a questão sobre quem é o inimigo real, apontando um novo *nomos* da terra.[34]

A fim de evitar uma guerra civil em escala planetária, Schmitt recomendava a formação de uma nova ordem mundial – um novo *nomos* da terra – predicada em uma divisão do mundo organizada em grandes e distintos espaços independentes. Ele favorecia o pluralismo dos *Großräume*, a formação de grandes blocos. Segundo Schmitt, desde o início do século XX o mundo enfrentara "uma enorme alternativa entre a pluralidade dos *Großräume* e uma reivindicação por poder global, pluralismo e monismo, polipólios e monopólios".[35] Cabe ao mundo ocidental ou "fazer uma transição

---

[34] Carl Schmitt, "The Theory of the Partisan: Immediate Commentary on the Concept of the Political". *Telos*, vol. 127, 2004. Ver também, de Teodoro de la Grange, "The Theory of the Partisan Today". *Telos*, vol. 127, 2004, p. 169-75; Chantal Mouffe, *On the Poltical*; e de William E. Scheuerman, "Carl Schmitt and the Road to Abu Ghraib". *Constellations*, vol. 13, n. 1, 2006, p. 108-24.
[35] Carl Schmitt, *The Nomos*, p. 296.

para o seu *Großräume* e encontrar um lugar de convivência com outros e reconhecidos *Großraum*, ou transformar o conceito de guerra contido no direito internacional tradicional em conceito de guerra global planetária".

O diagnóstico de Schmitt ao expor como nosso mundo moderno se moveu vagarosamente em direção a uma guerra civil global explica nossa condição, de forma mais convincente, do que o choque de civilizações de Huntington. O paradigma de Huntington pode ser interpretado até mesmo como uma tentativa fútil de recriar um mundo politicamente dividido que previne a deflagração de uma guerra civil em escala planetária. É uma posição próxima ao novo *nomos* global de Schmitt sem, contudo, mostrar-nos as raízes mais profundas – internas e antropológicas – a exigir essa solução política para o problema da violência humana.

Guerra civil planetária como crise mimética planetária

A teoria mimética nos permite compreender a teoria política de Schmitt de um ponto de vista antropológico. Seu conceito de político é compreendido como produto de rituais enraizados no mecanismo do bode expiatório. Tal compreensão é, no mínimo, tão antiga quanto *As Eumênides*, de Ésquilo. Nessa tragédia, Ésquilo descreve a superação da guerra civil e o estabelecimento da ordem política. As violentas e vingativas Erínias são transformadas nas gentis e frutíferas Eumênides. Parece que a violência desapareceu por completo da cidade. Todavia, isso é apenas superficialmente verdadeiro. A violência aberta, no sentido da vingança, foi transformada em violência estrutural que ajuda a gerar a paz dentro da cidade, mas que pode ser usada, a qualquer momento, contra inimigos estrangeiros e causadores de problemas. As Eumênides prometem que o amor comum *e* o ódio unânime superarão a guerra civil:

> Rezo para que a discórdia e a ganância pelo mal nunca exerçam poder sobre esta cidade, e que a poeira não beba o sangue escuro de seu povo quando tomado pelas paixões, evitando as ruinosas vinganças que dilaceram o Estado. Mas que possam pagar a alegria com a alegria em espírito de amor comum, e que possam odiar com uma só mente; pois essa é a cura para muito do mal no mundo.[36]

A guerra civil deve ser superada na hostilidade ao estrangeiro. Guerras movidas contra inimigos estrangeiros deveriam ensejar a paz dentro da cidade. Atenas recomenda relações políticas de amigo/inimigo como antídoto contra o derramamento de sangue interno. Segundo Girard, *As Eumênides*, de Ésquilo, representa o político como desdobramento do mecanismo do bode expiatório.[37] Aquilo que era originalmente colocado sobre o bode expiatório é agora canalizado para fora da cidade. Nos rituais, podemos encontrar a ligação necessária entre o político e o mecanismo do bode expiatório. O político é estruturado com base na canalização ritual da violência internamente estocada, que é direcionada para fora daquela sociedade, em direção ao mundo externo, ao passo que no mecanismo do bode expiatório um membro do próprio grupo é assassinado. Os rituais já tendiam a sacrificar os estrangeiros. O político prolonga o foco ritual no estrangeiro e adota uma relação amigo/inimigo entre dois grupos distintos como ponto de partida. O político de Ésquilo não é o resultado de um artifício puramente racional, mas está fundado na religião pagã e representa um tipo arcaico de teologia política.

---

[36] Aeschylus, *Aeschylus: Agamemnon, Libation-Beares, Eumenides, Fragments.* Tradução para o inglês de H. Weir Smyth. Edição de H. Lloyd-Jones. Cambridge, Harvard University Press, 1983, linhas 977-87.
[37] Ver, de René Girard, *Job: The Victim of His People.* Trad. Yvonne Freccero. Stanford, Stanford University Press, 1987, p. 146-53; ver também, de Wolfgang Palaver, *Die Mysthischen Quellen des Politischen: Carl Schmitts Freund-Feind-Theorie.* Stuttgart, Verlag W. Kohlhammer, 1998, p. 38-45.

A teoria mimética não apenas permite compreender a origem
ritual das tradicionais formas políticas, mas também nos ajuda
compreender a situação de nosso mundo atual. Aquilo que Schmitt
chama de guerra civil planetária aproxima-se da interpretação que
Girard faz de nosso mundo moderno, no qual ele vê a escalada
de uma crise mimética planetária gerada a partir da revelação
bíblica, uma crise que solapa as culturas sacrificiais. O cristianismo
histórico é, parcialmente, uma continuação da cultura pagã, já
nele incluída; todavia, no longo prazo, esses elementos acabarão
se exaurindo. Ele conteve, desde o início, "os germes da sociedade
planetária", resultando na inédita "morte de todas as culturas",
ou seja, a típica situação de nosso mundo moderno.[38] Essa crise
universal de nosso mundo atual tem uma dimensão apocalíptica,
forçando-nos mais e mais a escolher entre a autoaniquilação da
humanidade ou a adoção dos parâmetros do Reino de Deus.

Hostilidade e religião

Ao associar a teoria política de Schmitt a Ésquilo, podemos
reconhecer a religião e a teologia política como dimensões
de conceitos políticos focados na questão da hostilidade.
Apresenta-se como um dos sinais predominantes de nosso tempo
acusar a religião, em geral, como responsável pelo aumento
da violência, ódio e hostilidade no mundo. Nesse sentido, Carl
Schmitt é um exemplo frequentemente mencionado. O filósofo
alemão Heinrich Meier, que reconstruiu o diálogo oculto entre
Carl Schmitt e Leo Strauss, afirma que Schmitt é essencialmente
um teólogo político que acredita na verdade da Bíblia. É a
crença na verdade expressa em Gênesis 3,15 que lançaria a

---

[38] René Girard, *Things Hidden since the Foundation of the World*. Trad. Stephen Bann e Michael Metteer. Stanford, Stanford University Press, 1987, p. 249 e 441. [Em português: *Coisas Ocultas desde a Fundação do Mundo*. Trad. Martha Gambini. São Paulo, Paz e Terra, 2009.]

fundação da teologia política de Schmitt.[39] Portanto, Schmitt é um exemplo perfeito de fundamentalista religioso cuja crença na verdade da revelação bíblica o torna automaticamente um teólogo inclinado à hostilidade e à guerra.

Schmitt refere-se indiretamente ao Gênesis 3,15 em seu *Conceito do Político*, em que cita um discurso de Oliver Cromwell contra a Espanha, um discurso que ele considera exemplar de como certa hostilidade constitui o "ponto alto da política":

> "O espanhol é o seu inimigo", essa "hostilidade foi assim designada por Deus". Ele é "o inimigo natural, o inimigo providencial", e aquele que o considera um "inimigo acidental" não está "bem familiarizado com a Escritura e com as coisas de Deus", onde lemos: "Porei hostilidade entre ti e a mulher, entre a tua linhagem e a linhagem dela" (Gênesis 3,15). Com a França, pode-se fazer paz, mas não com a Espanha, pois é um Estado papista, e o Papa controla a paz de acordo com seus interesses.[40]

À primeira vista, essa citação parece provar a tese de Meier. Mas será que é apropriada a interpretação que Meier faz dessa passagem de *Conceito do Político*, de Schmitt? A afirmação de Schmitt em relação à distinção entre amigo/inimigo estaria realmente fundada em sua crença na revelação bíblica? Creio que a tese de Meier é equivocada ou, no mínimo, muito superficial. Um olhar mais atento sobre o discurso de Cromwell revela óbvias dificuldades e problemas se for interpretado de forma assim simples. Num primeiro momento, o discurso de Cromwell parece indicar que a distinção amigo/inimigo de Schmitt favorece

---

[39] Gênesis 3,15: "Porei hostilidade entre ti e a mulher, entre tua linhagem e a linhagem dela. Ela te esmagará a cabeça e tu lhe ferirás o calcanhar".
[40] Citado em Carl Schmitt, *Concept of the Political*, p. 68.

fundamentalmente uma forma de hostilidade hereditária e teologicamente motivada; mas como alinhar isso com a alegação de Schmitt, no mesmo livro, de que "o critério de distinção amigo/inimigo não implica de nenhuma forma que uma nação em particular deva ser sempre amiga ou inimiga de outra nação específica?".[41] E por que um pensador católico como Schmitt deveria usar a voz do calvinista Oliver Cromwell – com sua "fúria demoníaca" a expressar seu temperamento antirromano[42] – como exemplo de sua alegação teológica central?

A contribuição duradoura de Meier à interpretação do trabalho de Schmitt se faz por conta da alegação de que o pensamento de Schmitt se baseia em uma teologia política. Segundo Martti Koskenniemi, a tese de Meier também se aplica ao trabalho de Schmitt em direito internacional. É verdade que Schmitt é um teólogo político. No entanto, seria o caso de também ser verdade alegar, como faz Koskenniemi – seguindo Meier –, que o *nomos* de Schmitt "emerge de uma teologia política que é estruturalmente homóloga ao monoteísmo cristão, historicamente contínua ao ensinamento religioso e, acima de tudo, equipada com um suplemento de fé que decide quem é o inimigo [...] em uma situação concreta?".[43] Tal tese é excessivamente estreita para se compreender o trabalho de Schmitt e não explica como as religiões e as teologias políticas podem se diferenciar substancialmente umas das outras. Nesse sentido, tanto Meier quanto Koskenniemi são enganosos.

Posso facilmente provar minha objeção mostrando quão próximo Schmitt chegou, por diversas vezes, de formular um tipo pagão de teologia política. Tomando um exemplo, podemos observar seu artigo de 1930, "Ética do Estado e Estado Pluralístico", que usamos

---

[41] Ibidem, p. 34.
[42] Carl Schmitt, *Roman Catholicism and Political Form*. Tradução e comentários de G. L. Ulmen. Westport, Greenwood Press, 1996, p. 3.
[43] Martti Koskenniemi, "International Law as Political Theology: How to Read *Nomos der Erde?*". *Constellations*, vol. 11, n. 4, 2004, p. 499.

para esclarecer sua compreensão da relação entre o político e o grau de hostilidade. Esse artigo é também importante para compreender como ele tentou reconciliar o monoteísmo cristão com sua ênfase sobre a necessidade de um pluralismo de blocos políticos. Nessa época, ele tentou se distanciar de teologias políticas mais antigas, que se aproximavam do monoteísmo e da monarquia, que tendiam, portanto, a solapar o pluralismo, e esforçou-se por encontrar uma teologia política mais alinhada com a democracia.

> No sistema de "teologia política" o pluralismo [...] corresponde à era dos democráticos estados nacionais contemporâneos [...] de acordo com a tendência de suas ideias e lógica, a monarquia é a mais universal porque precisa derivar de Deus quando não se justifica democraticamente por meio da vontade do povo. Por outro lado, a democracia sustenta o reconhecimento de cada um dos muitos povos como unidades políticas.[44]

A defesa do pluralismo das unidades políticas segundo a teologia política pluralista de Schmitt precisava de um Deus que permanecesse tão alto nos céus que não mais pudesse interferir nos assuntos do mundo.

> Conceitos monistas universais como Deus, mundo e humanidade são os conceitos mais altos, e estão entronizados acima – muito acima – de qualquer pluralidade da realidade concreta. Eles mantêm sua dignidade como conceitos superiores apenas à medida que permaneçam nessa posição. Eles mudam sua natureza, e confundem seu significado e seu

---

[44] Carl Schmitt, "Ethic of State", p. 204.

propósito, quando se misturam aos embates da vida política, e se tornam recipientes de um falso poder e de uma falsa proximidade.[45]

Em *Constitutional Theory*, de Schmitt (1928), podemos ver que esse tipo de teologia política conduz – politicamente – à divinização do povo. A voz do povo torna-se a voz de Deus porque "no campo do político, Deus só pode aparecer como o Deus de um povo concreto".[46] Schmitt acaba se tornando um profeta dos heróis nacionais, ou seja, das nações, e essa é uma realidade típica do antigo paganismo. Nada relacionado ao Deus transcendente deve perturbar o Deus do povo:

> Rejeição de toda e qualquer autoridade diferente e estrangeira, que em nome de Deus queira impor a sua vontade sobre o povo, portanto, a rejeição de todas as influências e interferências políticas que não surjam a partir da homogeneidade substancial do próprio povo em questão.[47]

Foi preciso que Erik Peterson entrasse em cena – um excelente teólogo e antigo amigo de Schmitt – para perceber essa mudança em direção ao paganismo. E essa ênfase de Schmitt, segundo a qual Deus deveria permanecer bem alto no céu sem qualquer interferência nos assuntos do mundo, que, por sua vez, seriam completamente cedidos ao povo divinizado, é uma posição que possui estreitas afinidades tanto com o deísmo moderno quanto com o antigo paganismo. O deísmo aplica o antigo ditado francês a Deus: "*le roi règne, mais il ne gouverne pas*" – o rei reina, mas não governa. Foi Donoso Cortés – um pensador católico reacionário e estadista espanhol com quem Schmitt se identifica profundamente em seu *Political Theology*

---

[45] Carl Schmitt, "Ethic of State", p. 204-05.
[46] Carl Schmitt, *Verfassungslehre*. Reimpressão baseada na primeira edição de 1928. Berlin, Duncker & Humblot, 1993, p. 238.
[47] Ibidem, p. 238.

(1922) – que mostrou como o deísmo conduz, em última instância, ao ateísmo.[48] No final da década de 1920, Schmitt parece ter se tornado alguém que "excluiu Deus do mundo, mas ainda nele se segura".[49] Ao aplicar o ditado francês às antigas tentativas de reconciliar um Deus universal com as muitas e distintas deidades locais, Erik Peterson mostrou em seu livro *Monotheism as a Political Problem* (1935) como esse tipo de deísmo encontra uma analogia no paganismo.[50] Ele se refere especificamente à teologia política de Celso, um pagão do século II que criticava duramente o monoteísmo cristão como causador da guerra civil [*stásis*] ao tentar colocar o mundo inteiro sob a regra de um *nomos*.[51] Segundo Celso, os cristãos não deveriam destruir os cultos locais e nacionais, pois esses cultos estão ligados a demônios ou anjos particulares, os quais representam o povo. São cultos cujo poder lhes foi conferido pelo Deus mais alto.[52] Peterson reconheceu claramente que a alegação de Celso de que "o Deus mais alto reina, mas são as deidades nacionais que governam" nada mais é que pura "teologia política pagã".[53] Seu alerta para que os intelectuais repensassem essa conexão de forma "precisa" foi um claro aviso para pessoas como Schmitt, quando em 1935 o nacional-socialismo também estava tentando estabelecer seu próprio culto nacional. Em seu último livro, *Politische Theologie II* (1970), Schmitt reconhece o aviso de Peterson sem, contudo, dar uma resposta ao problema.[54]

---

[48] Ver, de Juan Donoso Cortés, *Selected Works of Juan Donoso Cortés*. Tradução, edição e introdução de Jeffrey P. Johnson. Westport, Greenwood Press, 2000, p. 81-82 e 100.
[49] Carl Schmitt, *Political Theology: Four Chapters on the Concept of Sovereignty*. Trad. George Schwab. 2. ed. Cambridge, MIT Press, 1988, p. 59.
[50] Ver Erik Peterson, "Der Monotheismus als Politisches Problem: Ein Beitrag zur Geschichte der Politischen Theologie im Imperium Romanum". In: *Theologische Traktate*. Würzburg, Echter Verlag, 1994, p. 23-81. Ver p. 27, 39, 44, 66 e 72.
[51] Erik Peterson, "Der Monotheismus", p. 43; Ver também, de Orígenes, "Against Celsus". In: Alexander Roberts (org.), *The Ante-Nicene Fathers: Translations of the Writings of the Fathers down to A.D 325*. Reimpressão da edição de 1885. Peabody, Hendricks, vol. 4, 1995, Ver também, de Carl Andresen, *Logos und Nomos: Die Polemik des Kelsos wider das Christentum*. Berlin, Walter de Gruyter & Co., 1995, p. 189-238.
[52] Ver Orígenes, "Against Celsus", 7.69.
[53] Erik Peterson, "Der Monotheismus", p. 58 e 72.
[54] Carl Schmitt, *Politische Theologie II: Die Legende von der Erledigung jeder politischen Theologie*. Berlin, Duncker & Humblot, 1970, p. 55.

Agora, Schmitt contenta-se em mostrar que o uso direcionado que Peterson fez da fórmula francesa *le roi règne, mais il ne gouverne pas* prova sua própria compreensão pura e acadêmica de teologia política, segundo a qual "todos os conceitos significativos da teoria moderna de Estado são conceitos teológicos secularizados".[55]

A teologia política de Schmitt aproxima-se muito mais da teologia pagã de *As Eumênides*, de Ésquilo, do que do núcleo da revelação bíblica. Uma harmonia desarmônica, como aquela que caracteriza a teologia política de Ésquilo, é visível ao longo de todo o trabalho de Schmitt. Em seu primeiro livro, *Roman Catholicism and Political Form* (1923), no qual se refere indiretamente à obra *Le Salut par les Juifs* [A Salvação pelos Judeus], de Léon Bloy, endossando a observação de Bloy de que existe uma oposição dentro da própria Trindade, como também em seu último livro *Political Theology II* (1970), em que ele fala sobre *stásis* – guerra civil –, ele afirma que na Trindade podemos descobrir uma imagem ambivalente de Deus típica do sagrado pagão.[56] Contudo, também seria uma simplificação excessiva compreender Schmitt como um pensador puramente pagão. Sua teologia política é uma versão pagã e sacrificial do cristianismo.

A fim de se compreender o significado mais profundo dessa caracterização, temos de focar mais atentamente na complexa relação entre religião e hostilidade. A hostilidade pagã não visa somente à destruição do adversário, mas é, sobretudo, uma forma de moderação dos conflitos humanos. Devido à sua origem no mecanismo do bode expiatório, ela participa da "dupla transferência, a transferência hostil seguida de uma transferência reconciliadora",

---

[55] Carl Schmitt, *Political Theology*, op.cit., p. 36. Ver também, de Schmitt, *Politische Theologie II*, p. 51-56, e *Verfassungslehre*, p. 290.
[56] Carl Schmitt, *Roman Catholicism*, p. 33. Ver também, de Schmitt, *Politische Theologie II*, p. 116-20; de Léon Bloy, *Le Salut par les Juifs*, 2. ed. Paris, G. Crès, 1924, p. 88-90; Palaver, *Quellen*, p. 59-65; Jacques Derrida, *Politics of Friendship*. Trad. George Collins. New York, Verso, 1997, p. 108-09; e Müller, *A Dangerous Mind*, p. 157-59.

o que significa a demonização seguida pela divinização da vítima, a qual é acusada como causadora da crise e abençoada como pacificadora dela.[57] No mundo pagão, da mesma forma que o bode expiatório original, o inimigo é sagrado. Ele é visto como um mal e como uma pessoa a ser respeitada – uma maldição e uma bênção – ao mesmo tempo. Tanto Simone Weil quanto Hannah Arendt reconheceram, por exemplo, uma forma moderada de hostilidade na *Ilíada*, de Homero.[58] O sagrado pagão protege os seres humanos de sua própria violência. Vingar-se, geralmente, é algo deixado aos deuses e não é considerada uma atividade puramente humana. René Girard descreve claramente como a hostilidade mudou seu caráter com a emergência de nosso mundo moderno:

> A forma socialmente mais "eficiente" de sacrifício de um bode expiatório é aquela forma mais capaz de gerar uma transfiguração positiva do bode expiatório, assim como a transfiguração negativa de medo e hostilidade. A transfiguração positiva está ainda presente nas tradições feudais e até mesmo nas tradições nacionais dos confrontos militares. O inimigo é respeitado, assim como intensamente antipatizado. Esse aspecto positivo se debilita progressivamente no mundo moderno, onde conflitos civis e ideológicos tendem a predominar. O inimigo de classe do revolucionário moderno nunca se torna ritualizado como bom, ou mesmo como inimigo sagrado.[59]

---

[57] René Girard, *Things Hidden*, p. 37.
[58] Simone Weil e Rachel Bespaloff, "The Iliad, or the Poem of Force". In: *War and the Iliad*. Com ensaio de Hermann Broch. Trad. M. McCarthy. Introdução de C. Benfey. New York, New York Review Books, 2005, p. 37. Ver também, de Hannah Arendt, *Between Past and Future: Eight Exercises in Political Thought*. Harmondsworth, Penguin Books, 1993, p. 262-63.
[59] René Girard, "Generative Scapegoating". In: Robert G. Hamerton-Kelly (org.), *Violent Origins: Walter Burket, René Girard and Jonathan Z. Smith on Ritual Killing and Cultural Formation*. Stanford, Stanford University Press, 1987, p. 94.

É essa diferença entre o inimigo sagrado do mundo antigo e o inimigo que não está mais protegido pelo sagrado pagão em nosso mundo moderno e que, portanto, enfrenta a aniquilação, que desempenha um papel central na teoria política de Schmitt.

O solapamento bíblico da cultura sacrificial privou o inimigo da proteção dada pelo sagrado primitivo. Ele agora é ameaçado pelas perigosas demonizações causadas pelas derivações heréticas da revelação bíblica. Essas heresias são resultado, por um lado, da revelação bíblica sobre a atuação do mecanismo do bode expiatório e, por outro, da rejeição à exigência bíblica para se amar até os inimigos. Os vitimizadores modernos buscam aniquilar o inimigo porque não são mais capazes de divinizar suas vítimas. Mas, apesar de seu destacamento da religião pagã, podemos observar uma tentação religiosa no mundo moderno que aumenta a violência humana. Schmitt fala a respeito de uma "era de massas com seus mitos de hostilidade pseudoteológicos" e sobre o terror da "pseudorreligião de uma humanidade absoluta".[60] Cada vez menos protegido pelo sagrado pagão teologicamente motivado, um ódio também teologicamente motivado se torna ainda mais agressivo do que jamais foi. As guerras de religião no despertar de nosso mundo moderno são um primeiro exemplo dessa tentação. A lei internacional tradicional distanciou-se da religião a fim de superar essa ameaça religiosa. Em seu *Nomos of the Earth*, Schmitt chama esse distanciamento em relação à religião de "desteologização".[61] O próprio Schmitt faz parte dessa diferenciação. Em suas anotações do pós-guerra ele destaca sua própria desteologização, uma realidade que é sistematicamente ignorada por pessoas como Heinrich Meier: "Os teólogos tendem a definir o inimigo como alguém que precisa ser aniquilado. Mas eu sou um jurista e não um teólogo".[62] Na mesma época, todavia, ele percebe que abrir mão de

---

[60] Carl Schmitt, *Ex Captivitate Salus*, p. 89; Carl Schmitt, "A Pan-European Interpretation of Donoso Cortés". *Telos*, vol. 125, 2002, p. 113.
[61] Ver Carl Schmitt, *The Nomos*, p. 128, 140-41 e 159.
[62] Carl Schmitt, *Ex Captivitate*, p. 89.

todas as conexões com a religião tradicional levará a um mundo ainda mais perigoso, destituído de todas as proteções fornecidas pelo sagrado primitivo do universo pagão.

É por causa desse *insight* que ele distingue as guerras sagradas das guerras modernas, porque as guerras sagradas ainda "conservam algo do caráter primordial de uma provação", uma forma de ansiar pelo arbítrio do sagrado, ao passo que as guerras modernas se baseiam exclusivamente no julgamento humano.[63] A lei internacional tradicional permaneceu, segundo Schmitt, ligada ao legado das guerras sagradas, apesar de seu distanciamento da teologia. A autoridade da jurisprudência "se tornou secularizada, mas ainda não profanizada".[64] A fim de manter a hostilidade em níveis moderados e controláveis, Schmitt tentou distinguir política e religião, sem perder de vista a proteção conferida pelo sagrado. Uma nota em seu diário ilustra essa posição complexa:

> Humanização da guerra significa, acima de tudo, uma desdivinização, uma redução para uma mera relação humana que descarta todos os equilíbrios

---

[63] Ibidem, p. 58; Ver também Carl Schmitt, *Die Wendung*, p. 2; Carl Schmitt, *Glossarium*, p. 293-96; Carl Schmitt, *The Nomos*, p. 58; e René Girard, *Violence and the Sacred*. Trad. P. Gregory. Baltimore, The Johns Hopkins University Press, 1977, p. 299 e 314-15 [Em português: *A Violência e o Sagrado*. Trad. Martha Gambini. São Paulo, Paz e Terra, 2008]. De forma surpreendentemente próxima a Schmitt, Dietrich Bonhoeffer também sublinhou o fato de que tão logo as guerras não sejam mais vistas como uma provação, elas se tornam guerras totais, transformando inimigos em criminosos: "A Guerra [...] sempre permaneceu como uma espécie de apelo ao arbítrio de Deus, que ambos os lados estavam dispostos a aceitar. Somente quando se perde a fé cristã é que o homem deve por si mesmo lançar mão de todos os meios, até mesmo meios criminosos, a fim de assegurar pela força a vitória de sua causa. E, dessa forma, no lugar de uma guerra cavalheiresca entre povos cristãos, em razão de um acordo mútuo diante do arbítrio de Deus, acontece a guerra total, uma guerra de destruição plena, na qual todas as coisas, inclusive o crime, são justificadas caso sirva à causa das partes, e na qual o inimigo, esteja ele armado ou indefeso, é tratado como um criminoso" (Dietrich Bonhoeffer, *Ethics*. Ed. E. Bethge. Trad. Neville Horton Smith. New York, Touchstone, 1995, p. 94). Todavia, é possível questionar aqui se o uso que Bonhoeffer faz do termo "fé cristã" é, de fato, apropriado. Em vez disso, parece que Bonhoeffer está na verdade se referindo ao escudo protetor do sagrado pagão.
[64] Carl Schmitt, *Ex Captivitate*, p. 72.

> e válvulas de escape, os quais resultam de forças
> e poderes transcendentes [...] Ao se basear numa
> humanidade pura, num puro *homo homini homo*,
> a humanização da guerra não durará muito
> tempo. O homem se torna o ser de todos os seres;
> ao mesmo tempo Deus e animal, e o inimigo tem
> de ser tratado simplesmente como um animal,
> porque ele não pode ser divinizado.[65]

A referência crítica de Schmitt à fórmula *homo homini homo* é mais do que reveladora. Refere-se ao repúdio de Francisco de Vitoria diante da conquista e opressão cristãs sobre os indígenas da América Latina. Schmitt acusou Vitoria de ter dissolvido todas as diferenças sagradas entre os seres humanos, desembocando no universalismo e sua liberação humanista da guerra. Todavia, Francisco de Vitoria não foi um belicista humanitário, mas pertencia a uma tradição cristã de dessacralização da guerra que remete a Agostinho.[66] Sua posição culminou na afirmação na qual lemos que "a diferença de religião não é causa para a guerra justa". Portanto, ele se opunha à guerra santa, "a doutrina segundo a qual a religião correta pode sancionar a guerra contra infiéis e permitir o confisco de suas propriedades".[67] Francisco de Vitoria representa a tradição bíblica que dissolveu o amálgama arcaico entre religião e guerra e criticava acertadamente seus adversários que se inclinavam ao paganismo. A rejeição de Schmitt à posição de Francisco de Vitoria sublinha uma vez mais o quanto sua teologia política não representa verdadeiramente a revelação bíblica, mas forja uma versão pagã dela. Ao se valer fortemente das antigas proteções do sagrado violento, Schmitt tentou manter viva a maior quantidade possível de paganismo, em uma era fortemente influenciada pelo cristianismo.

---

[65] Carl Schmitt, *Glossarium*, p. 270.
[66] Ver, de Roger Ruston, "The War of Religions and the Religion of War". In: Brian Wicker (org.), *Studying War – No More? From Just War to Just Peace*. Kampen, Kok Pharos Publishing House, 1993, p. 129-41. Ver, especialmente, p. 134-37.
[67] Roger Ruston, "The War", p. 136.

O endosso antiapocalíptico de Schmitt sobre o katechon

Embora Schmitt se considerasse um cristão católico,[68] viu-se obrigado a se opor à revelação bíblica enquanto esta solapava e dissolvia a cultura pagã. A tragédia pessoal de Schmitt advém desse estranho posicionamento sobre o qual ele se encontrava apenas parcialmente ciente. Existem algumas poucas observações em seu diário que nos mostram sua percepção sobre a dissolução bíblica da cultura sacrificial.[69] Em agosto de 1948, ele escreveu uma nota em que discutia e criticava uma leitura positivista da Bíblia. Schmitt sublinha acertadamente que o paralelo entre a salvação de Moisés – escapando de ser assassinado no Egito quando ainda criança (Exôdo 2,1-10) – e a salvação de Jesus durante o massacre dos inocentes (Mateus 2,13-23) é um sinal de veracidade, e não de falsificação; mas quando se volta ao paralelo entre os gerasenos que pedem que Jesus vá embora (Mateus 8,34; Marcos 5,17) e o argumento do grande inquisidor para que Jesus saia e nunca mais retorne, Schmitt fica indeciso: "Essa semelhança é um sinal de verdade ou de falsificação?".[70] Embora Schmitt tenha ficado do lado do grande inquisidor por toda sua vida, essa pequena pergunta que faz nos mostra o quanto estava ciente da existência de uma afinidade de seu modelo com o paganismo. Em outra nota de diário

---

[68] Ver as duas seguintes anotações no diário de Schmitt de 1948: "Para mim, a fé católica é a religião de meus ancestrais. Sou católico não apenas por confissão, mas também por origem histórica, e se eu puder dizer, por raça"; e "Essa é a palavra-chave secreta para toda minha vida intelectual e como escritor: a luta pela intensificação autêntica da tradição católica" (Carl Schmitt, *Glossarium*, p. 131 e 165). Essas passagens são citadas por Michael Hollerich, "Carl Schmitt". In: Peter Scott e William T. Cavanaugh (orgs.), *The Blackwell Companion to Political Theology*. Malden, Blackwell Publishing, 2004, p. 110.
[69] Outro exemplo seria o tipo específico de antissemitismo de Schmitt. Ele não criticava o judaísmo em geral, mas distinguia claramente entre o judaísmo pré-exílio e pós-exílio. Segundo ele, apenas o último promoveu a típica desterritorialização de nosso mundo moderno. Um olhar mais atento a essa questão mostraria que, em última instância, a crítica de Schmitt se direciona contra o impulso central da própria revelação bíblica (ver, de Wolfgang Palaver, p. 112-25, "Carl Schmitt on Nomos and Space". *Telos*, vol. 106, 1996, p. 105-27).
[70] Carl Schmitt, *Glossarium*, p. 192.

absolutamente reveladora, escrita um ano mais tarde, ele se coloca do lado do grande inquisidor de uma forma que mais uma vez torna explícita a força subversiva da revelação bíblica:

> A frase mais importante de Thomas Hobbes permanece: Jesus é o Cristo. O poder de uma frase como essa continua a valer mesmo se jogada para as margens do sistema conceitual, mesmo se aparentemente deslocada e jogada à margem do corpo conceitual. Essa deportação é análoga à domesticação de Cristo realizada pelo *Grande Inquisidor* de Dostoiévski. Hobbes articulou e forneceu razão científica para aquilo que fez o *Grande Inquisidor*: neutralizar o efeito de Cristo na esfera social e política; desanarquizar o cristianismo, mas conservando nele, ao mesmo tempo, algum tipo de efeito legitimizador de fundo e, de qualquer forma, não dispensá-lo completamente. Um estrategista astuto não abre mão de nada, ao menos não antes de a coisa revelar-se como completamente inútil. Assim, o cristianismo não fora ainda gasto. Portanto, podemos nos perguntar: quem mais se aproxima do *Grande Inquisidor* de Dostoiévski: a Igreja Romana ou a soberania de Thomas Hobbes? A reforma e a contrarreforma apontam para a mesma direção. Diga-me quem é vosso inimigo e vos digo quem sois. Hobbes e a Igreja Romana: o inimigo é a expressão de nossa própria questão.[71]

Como Leo Strauss e Eric Voegelin, Schmitt temia a força anárquica e subversiva conectada ao cristianismo.[72] É essa subversão que

---

[71] Ibidem, p. 243.
[72] Segundo Leo Strauss, a Bíblia tornou possível a visão global da humanidade ao solapar lentamente as tradicionais sociedades fechadas, baseadas na distinção amigo/inimigo, e que ele,

torna a ameaça apocalíptica de uma guerra civil global uma realidade possível.

A teoria mimética consegue explicar essa inter-relação. É a revelação do mecanismo do bode expiatório que desarticula a cultura sacrificial no longo prazo, gerando, indiretamente, a possibilidade de uma guerra civil em escala planetária. Segundo

como seguidor de Platão, preferia: "A filosofia política clássica opõe ao Estado universal e homogêneo um princípio substantivo. Ela assevera que a sociedade natural ao homem é a cidade, ou seja, uma sociedade fechada" (Leo Strauss, *Liberalism Ancient and Modern*. Chicago, University of Chicago Press, 1995, p. x); ver também, de Leo Strauss, *Natural Right*, p. 130-64; Leo Strauss, *The City and Man*. Chicago, University of Chicago Press, 1978, p. 73; John Ranieri, "The Bible and Modernity: Reflections on Leo Strauss". *Contagion: Journal of Violence, Mimesis and Culture*, vol. 11, 2004, p. 55-87. Em suas anotações particulares de seus comentários sobre o *Concept of the Political* de Schmitt, Strauss faz referência à "origem *religiosa*" da ideia de uma unidade política de todos os homens. Seguindo Celso, ele se refere à humanidade como a origem de um *nomos* global: "Celso: o monoteísmo dos cristãos é *stasis*", significando sedição ou guerra civil, usando a tradução de Carl Schmitt. Leo Strauss, *Hobbes's Politische Wissenschaft und Zugehörige Schriften – Briefe (Geammelte Schriften 3)*. Ed. W. Meier. Stuttgart, Verlag J. B. Meltzer, 2001, p. 239-41; Carl Schmitt, *Concept of the Political*, p. 29. Da mesma forma, Eric Voegelin afirma em seu *A Nova Ciência da Política* (1952) o *insight* de Celso sobre o caráter revolucionário do cristianismo (ver, de John Ranieri, "What Voegelin Missed in the Gospel". *Contagion: Journal of Violence, Mimesis and Culture*, vol. 7, 2000, p. 125-59): "Os cristãos foram perseguidos por uma boa razão; havia uma substância revolucionária no cristianismo que o tornava incompatível com o paganismo [...] O que tornava o cristianismo tão perigoso era sua intransigente e radical dessacralização do mundo" (Eric Voegelin, *The New Science of Politics: An Introduction*. Novo prefácio de D. Germino. Chicago, University of Chicago Press, 1987, p. 100). Segundo Voegelin, Celso não acreditava na possibilidade de diferentes culturas nacionais "concordarem com um *nomos*". Celso "compreendia o problema existencial do politeísmo; e ele sabia que a dessacralização cristã do mundo anunciava o fim de toda uma época civilizacional e que isso transformaria radicalmente as culturas étnicas da época" (Eric Voegelin, *New Science*, p. 101). Embora Voegelin relacione a revelação bíblica à distinção de Bergson entre sociedade fechada e sociedade aberta – a "ideia de um Deus universal" tem como seu "correlato lógico a ideia de uma comunidade humana universal" (Eric Voegelin, *New Science*, p. 156) – ele permanece altamente crítico a todos aqueles que pensam que a revelação resultaria na "substituição da sociedade fechada por uma sociedade aberta" (Eric Voegelin, *New Science*, p. 158). Ele afirma que uma tensão entre esses dois tipos de verdade "será uma estrutura permanente da civilização". Nesse sentido, ele se coloca ao lado de Platão e critica os Padres da Igreja como Ambrósio e Santo Agostinho porque eles "não compreenderam que o cristianismo poderia sobrepujar o politeísmo, mas não abolir a necessidade de uma teologia civil". Tanto Strauss quanto Voegelin seguem a interpretação que Erik Peterson faz de Celso em seu livro de 1935, *Monotheism as a Political Problem*, o qual criticava indiretamente seu antigo amigo Schmitt por suas inclinações em direção ao paganismo.

Girard, a revelação bíblica transformou, de forma gradativa, todas as sociedades que emergem do mecanismo do bode expiatório, gerando o mundo globalizante dos dias de hoje:

> O afrouxamento gradual de vários centros de isolamento cultural começou durante a Idade Média e gerou o que hoje chamamos de "globalização", a qual segundo meu ponto de vista é apenas secundariamente um fenômeno econômico. O verdadeiro motor do progresso é a lenta decomposição dos mundos fechados e enraizados em mecanismos vitimários. Essa é a força que destruiu as sociedades arcaicas e que doravante também começa a desmantelar as sociedades que as substituíram, as nações que chamamos de "modernas".[73]

Todavia, a globalização é um estado de coisas perigoso. Sem a proteção das divisões políticas fornecidas pelo sagrado pagão, os seres humanos precisam seguir as regras do Reino de Deus a fim de evitar a liberação de uma violência em escala planetária. É por essa razão que Girard afirma que "uma apropriação radicalmente cristã da história só poderia ser apocalíptica".[74]

Schmitt, por outro lado, é um pensador antiapocalíptico.[75] Isso pode ser mais bem ilustrado em sua compreensão da história cristã. Em suas anotações privadas de 19 de dezembro de 1947, ele escreveu o seguinte: "Eu acredito no *katechon*; ele é para mim a única possibilidade de se entender a história e compreender seu sentido como

---

[73] René Girard, *I See Satan Fall Like Lightning*. Tradução e prefácio de James G. Williams. New York, Orbis Books, 2001, p. 165-66; ver também, de Girard, *Things Hidden*, p. 194; e *Oedipus Unbound: Selected Writings on Rivalry and Desire*. Edição e introdução de Mark R. Anspach. Stanford, Stanford University Press, 2004, p. 89-90.
[74] René Girard, *Things Hidden*, p. 250.
[75] Ver de Jacob Taubes, *Ad Carl Schmitt: Gegenstrebige Fügung*. Berlin, Merve Verlag, 1987, p. 16, 21-22 e 72-73.

um cristão".[76] Uma observação semelhante pode ser encontrada em seu *Nomos of the Earth* (1950): "Eu não acredito que qualquer conceito histórico outro que o *katechon* poderia ter sido possível para a fé cristã original".[77] Ao usar o termo *katechon*, Schmitt está se referindo a 2 Tessalonicenses 2,6-7[78] e a uma interpretação política particular dessa passagem, a qual identifica o império romano com o *katechon*, uma estrutura que impede a chegada do anticristo. A aprovação de Schmitt dessa interpretação do *katechon* mostra sua atitude antiapocalíptica. Sua principal preocupação é com o confinamento do anticristo, o qual Schmitt identifica com o caos e com a anarquia.

Foi especialmente sua preocupação com a deflagração de uma guerra civil global que o levou ao conceito de *katechon*. Ele se referiu a esse conceito pela primeira vez em um artigo de 1942, no qual lançou o termo guerra civil em escala planetária. Por toda a vida, ele passou a identificar o mundo unificado com o reino do anticristo, um Reino de Satanás, ou a tentativa de construção da Torre de Babel.[79] O reino do anticristo seria um mundo unificado sem guerra, política, Estados ou *Großräume*. Esse mundo criaria "paz e segurança" no sentido de 1 Tessalonicenses 5,3, o que seria, segundo o cristianismo medieval, o sinal do reino do anticristo, e que resultaria em destruição total.[80] Balizando-se no cristianismo medieval, Schmitt esperava por um *katechon* a fim de prevenir uma unificação satânica do mundo. Esse novo *nomos* da terra, uma pluralidade de *Großräume*, torna-se o *katechon* que impede a consolidação do mundo unificado do anticristo. Em certa medida, um mundo pluralístico assemelha-se a um caos anárquico. Nesse sentido específico, todavia, a anarquia

---

[76] Carl Schmitt, *Glossarium*, p. 63. Ver também, de Gopal Balakrishnan, *The Enemy: An Intellectual Portrait of Carl Schmitt*. London, Verso, 2000, p. 224-25.
[77] Carl Schmitt, *The Nomos*, p. 60.
[78] 2 Tessalonicenses 2,6-7: "Agora também sabeis que é que ainda o retém, para aparecer só a seu tempo. Pois o mistério da impiedade já está agindo, só é necessário que seja afastado aquele que ainda o retém!".
[79] Wolfgang Palaver, "Carl Schmitt", p. 117-19.
[80] 1 Tessalonicenses 5,3: "Quando as pessoas disserem: paz e segurança!, então, lhes sobrevirá repentina destruição, como as dores sobre a mulher grávida; e não poderão escapar".

não é ameaça, mas remédio. Ela tem de cumprir o papel do *katechon*. É o niilismo em vez da anarquia que precisa ser contido. "O caos anárquico é melhor que a centralização niilista. Pode-se reconhecer o *katechon* pelo fato de não lutar pela unificação mundial".[81]

Todavia, teologicamente, o *katechon* é um conceito ambíguo. O *katechon* é tanto o veneno quanto o remédio. Como um limitador, é um meio de se prevenir a destruição. Ao mesmo tempo, todavia, ele também usa a anarquia ou a violência para prevenir a irrupção total de anarquia ou violência. Do ponto de vista teológico, ele não apenas adia o reino do anticristo, mas também impede, sobretudo, o segundo advento de Cristo. O *katechon* contém a violência em ambos os sentidos do verbo "conter". Mais uma vez, o uso particular de Schmitt desse conceito revela quão intensamente sua teologia política é caracterizada por uma versão pagã de cristianismo.[82]

Todavia, o conceito de *katechon* permite um uso um tanto diferente daquele que Schmitt utiliza. Ele pode até mesmo nos ajudar encontrar soluções políticas, eclesiásticas e espirituais apropriadas em um mundo ameaçado por uma guerra civil global. O teólogo alemão e protestante Dietrich Bonhoeffer usou o termo *katechon* em *Ethics*, a fim de explicar o papel do Estado e de outras forças de ordem que – além da Igreja – têm de prevenir a destruição do mundo:

> O "limitador" é a força que atua dentro da história por meio do governo de Deus e que estabelece os devidos limites contra o mal. O "limitador", em si mesmo, não é Deus; ele não está desprovido de culpa; mas Deus faz uso dele a fim de preservar o mundo da destruição.[83]

---

[81] Carl Schmitt, *Glossarium*, p. 165. Ver também, de Carl Schmitt, *The Nomos*, p. 187.
[82] Ver de Wolfgang Palaver, "Hobbes and the *Katechon*: The Secularization of Sacrificial Christianity". *Contagion: Journal of Violence, Mimesis and Culture*, vol. 2, 1995, p. 57-74; e de René Girard, *I See Satan Fall*, p. 185-86.
[83] Dietrich Bonhoeffer, *Ethics*, p. 108. Em relação à compreensão teológica de Bonhoeffer sobre o *katechon*, podemos encontrar um conceito um tanto semelhante na visão de Paulo

Como a Igreja deve lidar com o *katechon*? Segundo Bonhoeffer, em primeiro lugar, a Igreja deveria estar ciente de que tem uma tarefa completamente diferente. Deve provar ao mundo que Deus é o Senhor vivo. "O quão mais central for a mensagem da Igreja, maior será o seu efeito. Seu sofrimento apresenta um perigo infinitamente maior ao espírito da destruição do que qualquer outro poder político que ainda possa subsistir".[84] Contudo, essa diferença radical entre a Igreja e as forças de ordem não anulam a possibilidade de uma aliança estreita entre elas diante de um caos iminente. Ao pregar o Jesus Cristo ressuscitado, a Igreja compele "as forças de ordem a escutar e a retroceder",[85] sem, contudo, rejeitá-las arrogantemente alegando superioridade moral. Segundo Bonhoeffer, a Igreja preserva "a distinção essencial entre si mesma e essas forças, mesmo quando ela se alia sem reservas a elas".

O estado apocalíptico de nosso mundo anuncia um momento de decisão, retornando a um importante tópico sempre próximo ao coração do pensamento de Carl Schmitt.[86] Contrário aos argumentos de Schmitt, contudo, não é importante apenas tomar uma decisão, mas também escolher o lado certo. Fundamentalmente, significa ficar do lado de Cristo e seguir adotando seriamente as regras do Reino de Deus. Isso não é apenas uma tarefa espiritual, mas, também, algo que reflete na condução política. As reflexões de João Paulo II sobre as

---

sobre a Lei como um "guarda" que nos protege de nossa própria violência em Gálatas 3,19-24. "Faz todo o sentido afirmar que a Lei, como instrumento da violência sagrada, foi dada em vista das transgressões não diretamente por Deus, mas pelos anjos na medida em que Deus não é um Deus de violência. No entanto, ela serviu o propósito de controlar a violência maléfica por meio de uma violência considerada benéfica, assegurando a coesão da sociedade até que a verdade pudesse ser conhecida. Como um produto da vítima substituta e da dupla transferência, a Lei já representava um avanço diante do caos primordial resultante de processos de rivalidade mimética fora de controle". (Robert G. Hamerton-Kelly, *Violência Sagrada: Paulo e a Hermenêutica da Cruz*. São Paulo, É Realizações Editora, 2012, p. 146.)
[84] Dietrich Bonhoeffer, *Ethics*, p. 109.
[85] Ibidem, p. 110.
[86] Ver de Oliver O'Donovan, *The Desire of the Nations: Rediscovering the Roots of Political Theology*. Cambridge, Cambridge University Press, 1996, p. 156-57 e 284. Ver também, de Schmitt, *Political Theology*; e de Wolfgang Palaver, "A Guardian Reading of Schmitt's Political Theology". *Telos*, vol. 93, 1992, p. 43-68.

revoluções de veludo de 1989 enfatizam a importância do exemplo de Cristo àquelas pessoas que mudaram com êxito o cenário político sem incorrer em meios violentos. Referindo-se ao "caminho estreito" que se coloca entre a covardia e a violência, ele desafia tanto a perspectiva dos europeus quanto a dos norte-americanos de hoje, sobre a crise atual na política internacional:

> Os eventos de 1989 são um exemplo de sucesso da disposição para se negociar e do espírito dos Evangelhos diante de um adversário determinado a não se curvar por princípios morais. Esses eventos são um aviso àqueles que, em nome do realismo político, desejam banir a lei e a moralidade da arena política. Sem dúvida, a luta que levou às mudanças de 1989 clamava por claridade, moderação, sofrimento e sacrifício. Em certo sentido, foi uma luta nascida da oração, e teria sido inimaginável sem a imensa confiança em Deus, o Senhor da história, que carrega o coração humano em suas mãos. É ao unir seus próprios sofrimentos pelo bem da verdade e da liberdade, diante dos sofrimentos do Cristo na Cruz, que as pessoas são capazes de realizar o milagre da paz, conquistando uma posição em que podem discernir o frequentemente estreito caminho entre a covardia que se entrega ao mal e a violência, que, sob a ilusão de combater o mal, apenas o torna mais grave.[87]

---

[87] John Paul, *Centesimus Annus: On the Hundredth Anniversary of Rerum Novarum*. Washington, United States Catholic Conference, n. 25, 1991.

capítulo 4
filosofia, história e apocalipse em Voegelin, Strauss e Girard

Fred Lawrence

Quadro geral

Visando à ordenação das reflexões que seguem, estruturarei minha interpretação das concepções políticas e apocalípticas em Voegelin, Strauss e Girard durante a transposição de uma ideia fundamental da teologia católica para o contexto histórico contemporâneo. Esse quadro pode ser formulado como uma proporção: o natural se relaciona com o sobrenatural da mesma forma que a história se relaciona com a escatologia. No âmago da primeira parte da proporção há uma ideia metodicamente controlada referente à estrutura básica do universo, que se baseia no isomorfismo entre a estrutura do conhecer humano e a estrutura do universo do ser.[1]

Natureza e sobrenatureza

Comecemos pelo saber humano. Sempre que conhecemos algo, a informação apresentada por nossos sentidos e representada por nossa imaginação faz surgir espontaneamente questões para que

---

[1] Isomorfismo refere-se à correspondência entre dois conjuntos de termos sem pressupor, todavia, qualquer similaridade entre outros termos paralelos.

possamos compreender: O quê? Por quê? Como? Quando começamos a inquirir sobre as informações apresentadas e representadas, então, podemos vivenciar um ato de *insight* ou de compreensão, o qual, perscrutando as representações imaginativas, apreende uma inteligibilidade *possivelmente* relevante que indica uma resposta correta à nossa questão; essa compreensão nos permite expressar, em suposições e hipóteses, o que apreendemos. A fim de se certificar se a inteligibilidade apreendida e formulada é *realmente* relevante, outro tipo de questão emerge, exigindo que constatemos ou verifiquemos a inteligibilidade apreendida em relação aos dados. Ao juntar e examinar as evidências, podemos atestar a suficiência de nossa compreensão ao avaliar (julgar): sim, não, provavelmente, possivelmente, conforme o caso. Então, vamos falar da estrutura tripla do saber humano em termos de experiência, compreensão e avaliação. Por meio dessas atividades ficamos sabendo o que é verdadeiro sobre a realidade. O que é o aquecimento global? É um perigo real e próximo, ou não? A fim de responder essas questões de forma correta e verdadeira, temos que desempenhar essas operações repetidamente, até o esgotamento das questões relevantes.

Aquilo que é conhecido por meio da experiência, compreensão e avaliação é uma combinação de dados intrínseca ou extrinsecamente condicionados pelo tempo e espaço (potência, matéria), pela inteligibilidade (forma) e pela ocorrência real ou existência (ato). Logo, a proporção:

experiência/dados:	compreensão/hipótese:	avaliação/verificação
potência:	forma:	ato

Tomás de Aquino fez uma importante observação ao nosso tema: o objeto proporcional à capacidade propriamente humana ao conhecimento é sempre uma "quididade [inteligibilidade, forma] existindo [ato] em matéria [potência]". Contudo, os seres humanos anseiam saber o que transcende sua capacidade para conhecer o que lhes é próprio. Por exemplo, Tomás de Aquino disse que ao aprender o significado primitivo da palavra Deus, as pessoas têm um desejo natural por saber *quid sit Deus*? Essa questão se refere ao fato de, em geral, desejarmos saber mais do que somos capazes de compreender e julgar adequadamente – queremos saber tudo a respeito de tudo. Assim, como Tomás afirmou, repetidamente, podemos saber *que* Deus é, muito embora na atual condição de nossa jornada não possamos jamais saber *o que* Deus é, valendo-nos somente dos meios de nossa capacidade natural para conhecer. O que podemos conhecer, na forma que nos é própria, está intrínseca ou ao menos extrinsecamente condicionado pelo tempo e espaço, e porque Deus não se encontra de forma alguma condicionado pelo tempo e espaço, Deus permanece sempre misterioso para nós.

Logo, em nossa proporção – natureza: sobrenatureza: história: escatologia –, o termo "natureza" refere-se a todo o campo daquilo que os seres humanos podem compreender e avaliar (julgar) apropriada ou adequadamente. "Sobrenatureza" refere-se ao campo daquilo que podemos conhecer à luz da graça absolutamente sobrenatural, ou seja, daquilo que podemos conhecer somente ou à luz da graça ou da fé, ou à luz da glória depois que morremos. Uma vez que Deus revela graciosamente seu mistério a nós, uma verdade estritamente sobrenatural a ser revelada só pode ser corretamente compreendida e verdadeiramente julgada pelos seres humanos em termos analógicos. A compreensão analógica pode ser tanto descritiva e expressa em metáforas, mitos e símbolos, como pode ser explicativa, e, dessa forma, expressa em termos cientificamente controlados e em relações técnicas.

Isso pode ser exemplificado pelo próprio termo "sobrenatural". Antes de 1230, esse termo era usado em linguagem comum e teológica como uma forma de epíteto enfático. Essa forma ainda é usada atualmente em frases como "contos sobrenaturais". O conceito de natureza de Aristóteles tornou possível *tout court* dar ao termo um significado teórico preciso, na distinção teológica entre natureza e sobrenatureza. Acima, delineei tanto natureza quanto sobrenatureza em termos dos limites para o que é próprio ao conhecimento humano. Agora, se foi possível receber aquilo que Bernard Lonergan chamou de teorema do sobrenatural, com a chegada da filosofia aristotélica ao Ocidente latino, foi com o propósito de fazer justiça ao caráter agraciador da autocomunicação de Deus para os finitos e pecadores seres humanos. Durante a Idade Média, *fides quaerens intellectum* enunciava "a teoria das duas ordens, entitativamente desproporcional: não existe apenas a série familiar compreendendo graça, fé, caridade e mérito, mas também natureza, razão e o amor natural de Deus".[2]

História e escatologia

Nossa ideia-mestra nos diz que a escatologia está para a história na mesma proporção que o sobrenatural está para o natural. E, aqui, temos uma analogia ampliada. A primeira parte da analogia entre natureza e sobrenatureza refere-se à capacidade e ao desejo humanos para a felicidade *vis-à-vis* à solução de Deus ao problema humanamente intratável do mal, juntamente com a realização agraciadora de Deus da capacidade e desejo humanos nos dons da Encarnação, do favor imerecido que é agraciado por Deus (graça), e da visão do abençoado. A segunda parte da analogia relacionando história à escatologia implica uma mudança da natureza para a

---

[2] Ver *Grace and Freedom: Operative Grace in the Thought of St. Thomas Aquinas*. In: Frederick E. Crowe e Robert M. Doran (orgs.), *Collected Works of Bernard Lonergan*. Toronto, University of Toronto Press, 2000, vol. 1, p. 15-16. Lonergan fala sobre:
"[...] apreender a ideia do sobrenatural como teorema não acrescenta mais informações ao problema, assim como o teorema da transformação de Lorentz não acrescenta uma nova constelação ao céu. Aquilo que Philip the Chancellor propôs sistematicamente não foi o caráter sobrenatural da graça, pois isso já era conhecido e reconhecido, mas a validade de uma linha de referência designada como natureza. Tanto no longo prazo quanto no plano concreto as alternativas reais permanecem sendo caridade e cupidez, o eleito e a *massa damnata*. Mas no pensamento humano todo problema permanece no terreno do abstrato: a falácia do pensamento inicial foi a confusão inconsciente entre abstração metafísica, natureza e os dados concretos não correspondentes; a realização de Phillip foi a criação de uma perspectiva mental, a introdução de um conjunto de coordenadas, que eliminaram a falácia fundamental e as anomalias que a acompanhavam".
Eric Voegelin estava provavelmente certo ao defender que a decadente ou desviada tradição escolástica tornara a distinção entre natureza e sobrenatureza uma separação; mas, como veremos, em vez de recuperar o significado apropriado da distinção, ele achou preferível abandoná-la como um todo.

história. Lonergan gostava de citar a afirmação de Robert O. Johann: "O homem ao emergir da natureza, desprende o mundo".[3] As primeiras manifestações de consciências simbólicas e descritivas da história (aquilo que Voegelin chama de simbolismos "cosmológicos") pensaram nisso à luz dos ciclos naturais e suas regularidades – a parte do mundo que não se "desprende". A emergência da história como um problema filosófico no século XVIII e como consciência histórica no século XIX clama por uma apreensão explicativa da história que leva em consideração as mudanças únicas da transformação do mundo em razão dos atos humanos de apreensão e decisão. Com relação aos eventos históricos não é suficiente dizer *"plus ça change, plus c'est la même chose"*.

Assim, passamos a compreender a história como o campo geral do processo humano. Dentro do campo total de probabilidade emergente, ela inclui todo o espectro de *possibilidades* históricas, todo o campo de probabilidades históricas, e todos os desdobramentos de ocorrências históricas *reais*.[4] Estou distinguindo história de natureza da mesma forma que a natureza subumana se distingue da natureza humana. Temos a entrada de partículas subatômicas nos elementos da tabela periódica, a entrada de elementos químicos nos compostos, dos compostos nas células, e das células em uma miríade de combinações e configurações, e dessas combinações e configurações percebemos a constituição da impressionante variedade de vida vegetal e animal que ocorre no tempo, mas essas coisas não são o que estritamente chamamos de histórico.[5] Então, da mesma forma, a evolução de espécies

---

[3] Robert O. Johann, *Building the Human*. New York, Herder and Herder, 1968, p. 68.
[4] Ver, de Bernard Lonergan, *Insight: Um Estudo do Conhecimento Humano*. Trad. Mendo Castro Henriques e Artur Morão. São Paulo, É Realizações Editora, 2010, p. 221-23, sobre probabilidade emergente e história; e p. 240-42, sobre uma teoria prática da história; e, de Eric Voegelin, "Ser Eterno no Tempo" e "O Que é Realidade Política?". In: *Anamnese: Da Teoria da História e da Política*. Trad. Elpídio Mário Dantas Fonseca. São Paulo, É Realizações Editora, 2009, p. 391-421 e 425-513.
[5] Ver, de Bernard Lonergan, "Mission and Spirit". In: Frederick E. Crowe (org.), *Third Collection: Papers by Bernard J. F. Lonergan*. New York, Paulist Press, 1985, p. 23-34; "Finality,

inferiores em espécies superiores envolve processos temporais, no entanto, em si mesmos, não são processos históricos. Contudo, o desenvolvimento humano individual e coletivo é histórico.

O chamado pensamento pós-moderno colocou em destaque a ideia de que a história é uma projeção da autoconstrução humana. Seguindo Rousseau e Nietzsche, os pensadores pós-modernos extrapolaram o caráter aleatório do desenvolvimento humano, passando ao culto da originalidade, criatividade e singularidade humanas – em resumo, ao culto da autorrealização.[6] Ao fazerem isso, não apenas de forma completa e enganosa separaram da natureza a autoconstrução humana na história, como também a colocaram em oposição à natureza subumana, concebida apenas como um amontoado de recursos a serem domesticados, transformados e explorados. De forma mais apropriada, em primeiro lugar, o ser humano é um *synholon* (como Aristóteles propôs) – uma síntese de elementos inanimados, vegetativos, animais e racionais.[7] Isso significa que a autoconstrução humana é a integração superior da natureza, usada para um fim maior.[8] Em segundo lugar, e de maneira mais crucial, história é aquilo que nós humanos temos feito e que estamos fazendo com nossa capacidade de sermos inteligentes, racionais e responsáveis dentro de uma ecologia natural feita de muitos esquemas recorrentes, tais como o sistema solar e os ciclos de nitrogênio e hidrogênio. Além do mais, longe de ser redutível aos elementos e impulsos subumanos e inconscientes, como acreditam behavioristas e positivistas, a inteligência,

---

Love, Marriage". In: *Collection: Papers by Bernard Lonergan, S. J.* New York, Herder and Herder, 1964, p. 16-53.

[6] Fred Lawrence, "The Fragility of Consciousness: Lonergan and the Postmodern Concern for the Other". *Theological Studies*, vol. 54, n. 1, 1993, p. 55-94.

[7] Aristóteles, *De Anima (on the Soul)*. Trad. J. A. Smith. In: Richard McKeon (org.), *The Basic Works of Aristotle*. New York, Random House, 1941, p. 535-603; e Eric Voegelin, "Man in Society and History". In: *Collected Works of Eric Voegelin. Published Essays 1953-1965*. Edição e introdução de Ellis Sandoz. Columbia, University of Missouri Press, vol. 11, 2000, p. 191-92.

[8] Ver, de Lonergan, *Insight*, p. 428-52, sobre método genético e desenvolvimento humano.

sensatez e responsabilidade humanas surgem espontaneamente como exigências espirituais e conscientes dentro de nós. Essas exigências conscientes nos revelam que a autoconstrução humana na história pode ser tanto natural quanto antinatural.[9] É natural uma vez que agimos com inteligência, de maneira sensata e com responsabilidade, respeitando a integridade de nosso meio ambiente natural propiciador; é antinatural à medida que não nos conduzimos dessa forma. Portanto, a história eleva a natureza, no sentido de pressupô-la, levando-a para frente. No movimento da simples inteligibilidade da natureza para a inteligibilidade inteligente do ser humano, a história aperfeiçoa a natureza, em vez de a dominar, suprimir ou eliminar.

Dessa forma, a história é o desafio que recebemos durante o exercício de nossa inteligência e liberdade humanas. As pessoas não têm apenas que fazer suas histórias, mas também têm que dar sentido a elas. A forma comum de dar sentido à história é por meio dos grandes mitos ou narrativas e rituais.[10] Como diz Voegelin, "a sociedade humana [...] é um todo, um pequeno mundo, um *cósmion* iluminado de significado, a partir de dentro, por seres humanos que o criam e o sustentam continuamente como o modo e a condição de sua autorrealização".[11]

Se uma teologia católica tem de lidar com a possibilidade em sua totalidade, integrando tanto a história quanto a natureza não humana, ainda assim seu foco permanente precisa ser o abrangente drama da humanidade diante de Deus como criador e redentor. Isso abarca a universal narrativa humana por completo, desde a criação

---

[9] Sobre o significado como elemento constitutivo, ver, de Bernard Lonergan, *Method in Theology*. New York, Herder and Herder, 1973, p. 78, 178, 180, 306, 356 e 362. [Em português: *Método em Teologia*. Trad. Hugo Langone. São Paulo, É Realizações Editora, 2012.]
[10] Ver, de Bernard Lonergan, "Reality, Myth, Symbol". In: Alan M. Olson (org.), *Myth, Symbol and Reality*. Notre Dame, University of Notre Dame Press, 1980, p. 31-37.
[11] Eric Voegelin, *The New Science of Politics: An Introduction in Modernity without Restraint*. Edição e introdução de Manfred Henningsen. Columbia, University of Missouri Press, 1952, p. 112.

à queda e redenção divina, e, dessa forma, envolve não somente a história, mas a escatologia, no sentido de uma alegação teológica que afirma, paradoxalmente, que a salvação é futura, embora também presente em relação à história. Além do mais, como o sobrenatural transcende o natural, da mesma forma os eventos escatológicos – tais como a morte e ressurreição de Cristo – transcendem a história. A escatologia irrompe no contínuo tempo/espaço e interrompe a força gravitacional do pecado na historicidade humana.

Escatologia e apocalíptico

Há uma tendência entre os teólogos de perder o equilíbrio sempre que se trata de pensar a escatologia. Esse desequilíbrio se expressa ou ao se manter a história e rejeitar a escatologia (como talvez Oscar Cullmann e Wolfhart Pannenberg fizeram) ou ao se manter a escatologia em detrimento da história (na forma de Albert Schweitzer e Rudolf Bultmann). Seja lá como for, uma das formas principais de a tradição religiosa expressar a distinção – especialmente o judaísmo durante o período do Segundo Templo – e descontinuidade da escatologia em relação à história é na forma literária e no simbolismo apocalíptico, cujo significado comum tem a ver com a expectativa de um fim iminente do mundo. Para o universo acadêmico mais recente, o propósito mais amplo do sentido apocalíptico seria de investir os eventos históricos e políticos de um significado teológico, isto é, escatológico, mas isso não implica necessariamente a visão unívoca de que a história chegará a um final via uma catástrofe cósmica que inaugura uma nova era.[12] Então, como aproximação descritiva, a escatologia refere-se ao conceito de T. S. Eliot, em que ocorre "a intersecção do intemporal com o tempo". Nos termos do Novo Testamento, segundo N. T. Wright, "Jesus e alguns de seus contemporâneos esperavam o final da *ordem mundial* presente, isto

---

[12] N. T. Wright, *The New Testament and the People of God*. Mineápolis, Fortress Press, 1992, p. 280-99.

é, o fim do período em que os gentios se faziam senhores do povo do deus verdadeiro, e a inauguração do tempo no qual esse deus tomaria seu poder e seu reino e, no processo, restauraria o destino glorioso de seu povo sofredor".[13] De um ponto de vista católico, a futura dimensão da escatologia é aproximadamente análoga ao ensino tradicional, segundo o qual a graça inicia nossa peregrinação à glória; e a dimensão presente da escatologia é de alguma forma análoga ao ensinamento segundo o qual a morte e ressurreição de Cristo, embora passados, ainda nos alcançam no presente e se manifestam nos sacramentos do batismo e da eucaristia.

Se no contexto medieval a resposta aos problemas induzidos a partir de fora, com a entrada do pensamento de Aristóteles no Ocidente latino, e a partir de dentro, com a necessidade de uma concepção adequada na relação entre a graça divina e a liberdade humana, foi alcançada na distinção (não separação) entre sobrenatureza e natureza, a preocupação moderna na articulação de história e escatologia pede por uma integração das duas, de tal maneira que nenhuma dimensão seja eliminada ou misturada com a outra. Sobre esse assunto, os trabalhos de Voegelin, Strauss e Girard são sintomáticos e esclarecedores em relação às soluções buscadas pela teologia contemporânea.

Voegelin, Strauss e Girard

O que esses autores têm em comum

Tanto Eric Voegelin quanto Leo Strauss são filósofos de formação, e ambos se preocupam com a teologia no sentido de reconhecer o quanto a filosofia política, motivada como resistência à corrupção humana, se principia na questão sobre a maneira correta de viver e,

---

[13] N. T. Wright, *Jesus and the Victory of God.* Mineápolis, Fortress Press, 1996, p. 95.

assim, participa fundamentalmente daquilo que Espinosa chamou de problema político-teológico. Em relação a René Girard, não é claro se alguma vez ele se viu como filósofo, em lugar de um acadêmico de estudos literários, antropológicos e psicológicos. Mas, se definirmos a filosofia, genericamente, como uma reflexão abrangente sobre a condição humana, então ele, também, deve ser considerado um filósofo.

Esses três pensadores trabalharam como acadêmicos no sentido moderno de interpretar e avaliar o significado dos dados históricos *sine ira et studio*, ou seja, fora da influência de qualquer tradição autoritária. Cada um deles baseia seus argumentos segundo a capacidade que têm de expressar o relato mais satisfatório dos assuntos com os quais lidam, sejam mitos fundadores ou textos compostos, tais como os trabalhos de Platão e de Aristóteles, ou dos chamados livros das escrituras hebraicas e cristãs. Cada um deles está disposto a buscar auxílio tanto dos textos antigos quanto dos modernos. Em certo sentido, todos os três usaram a interpretação histórica dos escritos antigos como modo preferido de propedêutica para ensinamentos diretamente relacionados à questão sobre a correta maneira de viver.

Uma distinção inicial entre Voegelin e Strauss, de um lado, e de Girard, de outro, é que Voegelin e Strauss são filósofos políticos, ao passo que Girard lida com a política apenas de maneira indireta, somente à medida que o político se encontra implícito em sua abordagem mais diretamente social e cultural em literatura comparada. Girard diria que aquilo que responde pela ordem política no sentido clássico da questão sobre os regimes é, de fato, uma realidade gerada pelos e imbuída nos processos miméticos e sacrificiais sobre os quais foca sua investigação, de maneira que concede primazia ao religioso e ao cultural sobre o político. Voegelin e Strauss diriam, pelo contrário, que a reflexão sobre o ser humano, em relação com outros seres humanos dentro do ambiente da natureza e enquanto relacionados ao campo da existência, é manipulada arquitetonicamente ao se estabelecer um regime que para o bem ou para o mal implementa os significados e valores normativos da sociedade ou da cultura. Portanto, ambos buscam discernir uma ordem humana que seja, na frase de Aristóteles, "certa por natureza" [phusei dikaion];[14] e seus esforços como filósofos têm sido, em grande medida, recuperar uma noção de natureza não como um conjunto dogmático de preceitos, mas como arcabouço heurístico para se perguntar e responder questões sobre a ordem humana.

Apesar dessa diferença crucial que separa Voegelin e Strauss de Girard, cada um dos três pensadores pretende explicitamente oferecer aos seus leitores um relato verdadeiro da condição humana que leve em séria consideração tanto o acesso histórico aos dados básicos sobre o homem quanto o caráter histórico do ser humano em si. Nenhum deles ignoraria as diferenças relativas que emergem segundo as épocas, mas nenhum deles concordaria que tais diferenças previnem o pensador de chegar a absolutos transculturais que são invariantes no tempo e no desenvolvimento histórico. Nenhum deles teria paciência com relativismos e historicismos, para não falar do que Allan Bloom caracterizou como niilismo "relaxado", que domina o mundo acadêmico ocidental de nossa época, frequentemente sob as vestes do pós-modernismo.

Resumindo, na busca por um relato verdadeiro dos determinantes fundamentais do ser humano, cada um desses pensadores visa a uma perspectiva abrangente, que se encontra plenamente aberta à contemplação da dimensão religiosa ou teológica do ser humano. Girard acredita que a esfera cultural e religiosa seja mais importante do que a política, ao passo que Voegelin e Strauss sustentam que o fator determinante da ordem humana é o político, não importando o quão condicionado esteja pela religião e pela cultura. Assim sendo, enquanto Girard buscou descobrir as estruturas mais fundamentais que afetam a existência humana, Voegelin e Strauss buscaram um

---

[14] Ver, de Aristóteles: *The Nicomachean Ethics of Aristotle*, 1134b 18-1135a 25. Trad. David Ross. Londron, Oxford University Press, 1963, p. 123.

ponto de vista teórico que forneça a análise de todas as formações
e deformações humanas de base, permitindo um diagnóstico e uma
solução para a crise contemporânea.

Sobre a orientação geral de Voegelin

O projeto de Eric Voegelin é talvez o mais extenso e abrangente dos
três pensadores. Para Voegelin, a filosofia emergiu quando Sócrates,
Platão e Aristóteles resistiram à desordem da sociedade grega do
século IV. C. O exemplo de Max Weber como um explorador das
estruturas da realidade, no período entre o final do século XIX e o
começo de uma nova era, por meio de uma investigação acadêmica
crítica e científica, estabeleceu o tom da abordagem de Voegelin
para sua filosofia da ordem.[15] A resposta filosófica de Voegelin
à desordem de nossa época visava ao restabelecimento teórico
da ciência da ordem social e histórica. Inspirado por um *insight*
teórico e metodológico sobre as equivalências de experiência e
simbolização dos significados, ele abandonou a execução de uma
(ainda extraordinária) história da filosofia política – no gênero
convencional de história das ideias políticas – em favor de uma
reflexão abrangente sobre a história da ordem, traçada por meio da
história das simbolizações de ordem.[16] A fim de refundar as ciências
humanas, presas em contraposições marxistas ou positivistas,
seria necessário estabelecer uma perspectiva capaz de responder às
questões básicas sobre ordem e desordem, verdade e inverdade.
E isso seria altamente importante em nosso tempo.

Em sua tentativa de desnudar o autoconhecimento experimental
do ser humano e do lugar da humanidade no cosmos, Voegelin

---

[15] Ver, de Henningsen, "Introduction" (seções 3 e 4). In: Eric Voegelin: *The New Science of Politics*, p. 98-108; e "A Grandeza de Max Weber". In: *Hitler e os Alemães*. Trad. Elpídio Mário Dantas Fonseca. São Paulo, É Realizações Editora, 2008, p. 334-54.

[16] Ver, de Eric Voegelin, "Das Ideias Políticas aos Símbolos da Experiência". In: *Reflexões Autobiográficas*. Trad. Maria Inês de Carvalho. São Paulo, É Realizações Editora, 2008, p. 11-117.

compartilhava a noção aristotélica do homem como *synholon* (anteriormente mencionado), cujas dimensões físicas, vegetativas, animais e psíquicas precisam ser integradas pela capacidade racional do espírito para *phronesis*. "O homem, quando se experimenta como existente, discerne sua humanidade específica como aquela do questionador que pergunta sobre a origem e o destino das coisas, a partir do campo e do sentido de sua própria existência".[17] Começando pela sociedade como um "*cósmion* de significado", Voegelin percebe que as respostas humanas a essas questões são inicialmente autocompreensões de ordem sociocultural, expressas nos múltiplos mitos, religiões, ideologias, arte, literatura e reflexão filosófica e política: "Os princípios precisam ser recuperados por um trabalho de tematização que começa a partir da situação histórica concreta de uma época, levando em consideração toda a amplitude de nosso conhecimento empírico".[18]

Segundo a hipótese de Voegelin, referente às equivalências de experiência e simbolização, uma consciência menos diferenciada também pode simbolizar o significado e o campo humanos, mesmo que somente em termos gerais e compactos.[19] Voegelin buscou aferir um núcleo comum, manifestado na multiplicidade de simbolismos existentes, por meio de uma reflexão filosófica sobre os complexos de experiência das sociedades e suas distintas ordens sociais e históricas. Ele direcionou sua atenção à consciência humana como um sensório que se constitui como origem de toda a experiência de ordem humana, à medida que as pessoas se abram para o poder

---

[17] Eric Voegelin, *Order and History*, vol. 4, *The Ecumenic Age*. Baton Rouge, Louisiana Sate University Press, 1974, p. 268-69. [Em português: *Ordem e História*, vol. IV, *A Era Ecumênica*. São Paulo, Loyola, 2010.]

[18] Idem, "The New Science of Politics". In: Manfred Henningsen (org.), *Collected Works of Eric Voegelin*. Columbia, University of Missouri Press, 2000, vol. 5, p. 89.

[19] Ver, de Eric Voegelin, "Equivalences of Experience and Symbolization in History". In: Ellis Sandoz (org.), *Collected Works of Eric Voegelin: Published Essays 1966-1985*. Baton Rouge, Louisiana State University Press, 1990, vol. 12, p. 115-33. [Em português: "Equivalências de Experiência e Simbolização na História". In: *Ensaios Publicados 1966-1985*. Trad. Elpídio Mário Dantas Fonseca. São Paulo, É Realizações Editora, 2019.]

formador de uma realidade transcendente, sem forma de objeto e pré-pessoal, que se manifesta como o campo da existência. Este é o princípio antropológico de suas investigações. Temos aqui uma afirmação dramática de como Voegelin concebe o propósito filosófico de seu trabalho histórico:

> A primeira tarefa é penetrar o Gestalt intelectual-histórico de outros até o ponto da transcendência e, através de tal penetração, ensinar e esclarecer a própria incorporação da experiência da transcendência. A compreensão espiritual histórica é uma catarse, uma *purificatio* no sentido místico que tem como objetivo pessoal a *illuminatio* e a *unio mystica*; esta compreensão pode, na verdade, levar, se perseguida sistematicamente, em grandes elos materiais, à elaboração de uma série de ordens na revelação histórica do espírito. Finalmente, ela pode, deste modo, dar ensejo a uma filosofia da história.[20]

Em *The New Science of Politics* (o primeiro grande trabalho depois de sua "virada conceitual") Voegelin fala dos filósofos Platão e Aristóteles como filósofos "místicos", os quais alcançaram uma diferenciação máxima de consciência. Em seu *Order and History* [Ordem e História], volume 3, *Plato and Aristotle* [Platão e Aristóteles], Voegelin retrata a filosofia nos termos de um "salto de existência", que permite a mudança de simbolizações de ordem cosmológica para simbolizações antropológicas.[21] Esse salto denota a descoberta histórica e vivencial da transcendência divina. Suas conotações kierkegaardianas indicam as duas dimensões de (1) uma

---

[20] Eric Voegelin, *Anamnese*, p. 72-73, retirado de uma carta de 17 de setembro de 1943 para seu amigo e colega Alfred Schutz.
[21] Eric Voegelin, *Order and History*, vol. 2, *The World of the Polis*. Baton Rouge, Louisiana State University Press, 1957, p. 1, 22, 24 e passim. [Em português: *Ordem e História*, vol. II, *O Mundo da Pólis*. São Paulo, Loyola, 2009.]

conversão ou ajustamento como algo sofrido em vez de realmente conquistado por mérito próprio; e (2) uma diferenciação que marca tanto a consciência daqueles que simbolizam quanto os complexos simbólicos expressivos das experiências conscientes diferenciadas. Os elementos de conversão, ajuste e diferenciação precisam ser elaborados em formas proveitosas depois que a expressão "salto existencial" cai em desuso. A diferenciação em contraste com simbolizações mais genéricas e compactas se torna chave para todas as investigações de Voegelin. Por exemplo, em *The New Science*, simbolizações cosmológicas mais compactas dão lugar para diferenciações antropológicas e soteriológicas, que sofrem, no entanto, desvios "gnósticos", que Voegelin diz ser a base das ideologias modernas.

Qualquer simbolismo é correlativo à experiência que o gerou. Da perspectiva da experiência, existe a espontânea e existencial[22] busca por significado ou direção no movimento da experiência – um significado ou direção que pode ser omitido ou perdido por negligência. Logo, também, qualquer simbolismo pode indicar

---

[22] Voegelin apresenta a mais clara explanação que conheço sobre o uso que ele mesmo faz do termo 'existencial' em *Faith and Political Philosophy: The Correspondence between Leo Strauss and Eric Voegelin, 1934-1964*. Tradução e edição de Peter Emberley e Barry Cooper. University Park, Penn State University Press, 1993. A correspondência compreende as páginas 1-106; é seguida pela segunda parte, a qual compreende ensaios centrais dos dois filósofos (dois de cada um) sobre o tema anunciado no título, e a terceira parte compreende comentários elaborados por sete autores. A carta relevante aqui é de Voegelin para Strauss (carta 27, de 2 de janeiro de 1950), na qual ele diz: "O conhecimento ontológico emerge no processo da história e biograficamente durante o processo da vida pessoal do indivíduo sob certas influências advindas da educação, contexto social, inclinação pessoal e condicionamento espiritual. *Episteme* não é apenas uma função do entendimento, mas é também, no sentido aristotélico, *aretê* dianoética. Para esse aspecto não cognitivo de *episteme* eu uso o termo 'existencial'. A resposta de Strauss (carta 28, de 14 de março de 1950) alerta Voegelin que tal uso ameaça reduzir a *vita contemplativa* e seu conhecimento e busca pela verdade em função de seus condicionamentos acessórios, mas, talvez, não necessários. Ver p. 63-66. Strauss evocou a explicação do termo "existencial" de Voegelin ao traçar sua genealogia como significado "oposto ao 'objetivo' ou ao 'teórico'" na rejeição de Platão e Sócrates por Heidegger e Kierkegaard. Ver p. 63. [Em português: *Fé e Filosofia Política: A Correspondência entre Leo Strauss e Eric Voegelin, 1934-1964*. Trad. Pedro Sette-Câmara. São Paulo, É Realizações Editora, 2017.]

existência em verdade ou pode expressar um descarrilamento, caso seja expressivo de uma experiência rebaixada. De qualquer forma, os simbolismos não se encontram completamente sob o controle dos fazedores de símbolo, muito embora eles de fato surjam a partir de experiências poderosas da alma humana.[23] Em *Anamnese*, Voegelin recuperou o relato de Plotino sobre a experiência originária do simbolizador que precisa ser reencenada pelo filósofo-intérprete:

> O recordar é a atividade de consciência pela qual o esquecido, i.e., o conhecimento latente na consciência é elevado da inconsciência até a presença da consciência. Nas *Enéadas* (4.3, 30), Plotino descreveu esta ação como a transição de um pensamento não articulado para um pensamento articulado que a percebe. Através de um ato de atenção que percebe (*antilepsis*), o conhecimento não articulado (*noema*) é transformado no conhecimento consciente; e este conhecimento antiléptico se torna, então, fixo através da linguagem (*logos*). A recordação, então, é o processo pelo qual o conhecimento não articulado (*ameres*) pode ser elevado até o reino das imagens da linguagem (*to phantistikon*) de tal modo, através da expressão no sentido preciso de tornar-se uma coisa no mundo externo (*eis to exo*), que se torne uma presença linguisticamente articulada na consciência.[24]

---

[23] Um texto importante neste caso é o capítulo intitulado "Schelling", na seção "Last Orientation". In: Jürgen Gebhardt e Thomas A. Hollweck (orgs.), *History of Political Ideas*. Columbia, University of Missouri Press, 1999, p. 193-242. (*The Collected Works of Eric Voegelin*, vol. 25). [Em português: "Schelling". In: *História das Ideias Políticas*, vol. 7, *A Nova Ordem e a Última Orientação*. Trad. Elpídio Mário Dantas Fonseca. São Paulo, É Realizações Editora, 2017.]

[24] Ver, de Eric Voegelin, *Anamnese*. Trad. Elpídio Mário Dantas Fonseca. São Paulo, É Realizações Editora, 2008, p. 48.

A correlação entre experiência e simbolização se coloca no coração do método interpretativo de Voegelin de exegese meditativa, um movimento anamnésico da parte do intérprete por meio do símbolo ou complexo de símbolos em relação à experiência originária geradora. Sem essa reencenação, os símbolos não obtêm seu significado legítimo.

Ainda assim, tal movimento interpretativo corre grandes perigos. Pode ser que a experiência de uma pessoa esteja de tal forma descarrilada, ou que a pessoa esteja em tal grau de aculturação (no sentido de sua formação cultural acumular uma deformação ou uma aproximação à diferenciação) que o símbolo não mais fornece, necessariamente, acesso à experiência geradora. Pode faltar à pessoa a conversão necessária, ou pode ser o caso de ela não estar aberta à diferenciação de consciência necessária.

De qualquer forma, para melhor ou pior, qualquer indivíduo humano se encontra assustadoramente condicionado por sua cultura ambiente. Usando a parábola platônica da caverna como paradigma, a possibilidade de conversão deve ser levada em consideração como algo que, como Aristóteles cita sobre a emergência da consciência em *Geração dos Animais*, "chega de fora". A conversão não é algo que está sob o controle de um indivíduo humano, mas possui o caráter gratuito (em graça) de um "evento teofânico", que atrai o ser humano para um "avanço paradigmático" em diferenciação. O controle pessoal torna-se uma questão apenas em relação à resposta dada, que pode acolher ou repudiar.

Tanto Voegelin quanto Leo Strauss buscavam recuperar a experiência clássica da razão. Nos termos da teoria de Voegelin de equivalências, essa experiência tem de ser concebida, de uma forma mais ampla do que Strauss a concebeu, como um ato de anamnese: recordação que desdobra a dialética entre o símbolo e a experiência formadora. Tal recordação filosófica é uma manifestação da razão, em que a compreensão que Voegelin tem da razão contrasta agudamente com a de Strauss. Strauss aceita dos árabes e judeus medievais

– como também da tradição católica sobre a razão *vis-à-vis* com a revelação[25] – a distinção dogmática entre fé e razão e entre filosofia e teologia. Para Voegelin, a filosofia como uma forma de exegese essencialmente meditativa em modo anamnésico não pode deixar de ser um caso de "*fides quaerens intellectum*" [a fé buscando o entendimento], na frase agostiniana de Anselmo de Canterbury. Para Voegelin, diferentemente de Strauss, a maneira filosoficamente reflexiva de perguntar e responder questões mais cedo ou mais tarde reduz a tensão entre o apelo divino e a busca ou resposta humana.[26] Em razão de sua total indisposição a fundir fé e razão, Strauss jamais conseguiria desafiar a interpretação de Voegelin do relato aristotélico sobre a experiência noética, mesmo que (para o meu conhecimento) ele permanecesse em silêncio sobre a questão:

> A agitação no psiquismo de um homem pode ser esclarecedora o bastante para compreender a si mesma como causada pela própria ignorância, referente ao campo e significado de sua existência, de forma que o homem sentirá um desejo ativo de escapar desse estado de ignorância (*pheugein ten agnoian*. *Metafísica 982b18*). A análise, portanto, requer outros símbolos linguísticos: "ignorância" – *agnoia, agnoiein, amathia*; "fugir da ignorância" – *pheugein ten agnoian*; "virar-se" – *periagoge*; "conhecimento" – *episteme, eidenai*.[27]

---

[25] Ver Strauss, na correspondência entre Strauss e Voegelin, *Faith and Political Philosophy*, p. 89.
[26] Ver, de Eric Voegelin, "Response to Professor Altizer's 'A New History and a New but Ancient God'". In: *Collected Works of Eric Voegelin*, vol. 12, p. 292-303 [Em português: "Resposta ao Artigo 'Uma Nova História e um Deus Novo, mas Antigo', do Professor Altizer". In: *Ensaios Publicados 1966-1985*. Trad. Elpídio Mário Dantas Fonseca. São Paulo, É Realizações Editora, 2019.]; e "The Beginning and the Beyond". In: Thomas A. Hollweck e Paul Caringella (orgs.), *What Is History? And Other Late Unpublished Writings*. Baton Rouge, Louisiana State University Press, 1990, p. 173-232. (*The Collected Works of Eric Voegelin*, vol. 28)
[27] Eric Voegelin, "Reason: The Classic Experience". In: *Published Essays 1966-1985*; ver p. 265-91. [Em português: "Razão: A Experiência Clássica". In: *Ensaios Publicados 1966-1985*. Trad. Elpídio Mário Dantas Fonseca. São Paulo, É Realizações Editora, 2019.]

Talvez Strauss não esteja disposto a concordar com Voegelin que Aristóteles, como *philomytos*, era igualmente um amante da sabedoria, ao passo que Voegelin insiste que, como tal, ele também estava participando dessa "visualização" [*thaumazein*] por meio da qual "todos os humanos naturalmente desejam conhecer".[28] Strauss concebia a filosofia como o substituto das opiniões sobre o que é mais alto e melhor com base num conhecimento correto e verdadeiro, ou seja, o que significaria *episteme* no ideal lógico de conhecimento que Aristóteles apresentou em *Analítica* – um rigor-padrão do qual nem Aristóteles muito menos Voegelin se valem quando demonstram ser inadequado às exigências do assunto em questão.

Voegelin, história e apocalipse

Podemos apreender o significado de história para Voegelin em seu ensaio sobre Schelling, em "Last Orientation". Voegelin descreve a distinção de Schelling entre dois sentidos de história: "Primeiro, o curso real dos eventos naturais e humanos no universo, e esse curso de eventos se torna história no segundo sentido caso seja compreendido pelo homem como um desdobramento significativo do universo". Ele propõe explicar que esse segundo sentido de história envolve uma "internalização do curso dos acontecimentos" ou uma "imersão do processo externo em um movimento da alma", o qual "em si faz parte da corrente". Logo, "uma vez que a alma confere significado para a corrente, ela descobre a corrente, e seu sentido, em si mesma. Dessa forma, a alma é conhecimento, e a história é a ciência da alma".[29] Essa distinção permanece operativa, acredito, por todo o trabalho de Voegelin posterior a 1952. *A Nova*

---

[28] Eric Voegelin comentando sobre a confissão de Aristóteles de se tornar um *philomythoteros* em sua velhice, e citando *Metaphysics* 982b 18 e 107b 25 em *Anamnese*, p. 443-45.
[29] Voegelin, "Schelling", em "Last Orientation". In: *Collected Works of Eric Voegelin*, vol. 25, p. 211. [Em português: "Schelling". In: *História das Ideias Políticas*, vol. 7, *A Nova Ordem e a Última Orientação*. Trad. Elpídio Mário Dantas Fonseca. São Paulo, É Realizações Editora, 2017.]

Ciência da Política e os quatro dos cinco volumes de *Ordem e História* (de 1956 a 1974) pretendem ser uma exploração filosófica da ordem da humanidade, da sociedade e da história, em relação ao campo divino da existência, dentro dos limites estabelecidos pelos padrões acadêmicos empíricos.

Voegelin lida principalmente com a história no segundo sentido, em sua investigação do mundo autointerpretativo da experiência humana encapsulado em universos simbólicos por toda a história. Logo, suas categorias interpretativas relacionam-se com a distinção e análise dos vários simbolismos no tempo, de forma que os seres humanos possam apreender significados, para suas vidas na história, no primeiro sentido.

Nessa análise, o assunto central é a ruptura humana com a ordem das experiências cosmológicas e sua consciência compacta, consubstancial e mitológica. Não mais fascinados pela divina ordem cósmica das grandes civilizações da Antiguidade, tanto a Grécia quanto Israel respondem à crise das sociedades cosmológicas percorrendo atos supremos de diferenciação de suas experiências e simbolizações. Em Israel se observa o surgimento de uma verdadeira *existência histórica*, em virtude da interpretação da Palavra de um Deus transcendente, vivenciado como o campo fundador da comunidade, o qual exorta os israelitas a serem representantes da verdade para toda a humanidade. O desenvolvimento do antigo Israel como uma ordem universal da humanidade sob Deus fez emergir um tipo de compreensão humana na qual os seres humanos são os sujeitos da história.[30] De forma análoga, surge, no contexto das cidades-estado gregas (o universo da *pólis*), a descoberta da alma humana corretamente ordenada como "medida invisível" ou padrão de ordem humana para o cosmos e para a pólis. Nas palavras de Voegelin, "sem a descoberta do Logos no psiquismo e no mundo,

---

[30] Ver, de Eric Voegelin, *Order and History*, vol. 1, *Israel and Revelation*. Baton Rouge, Louisiana State University Press, 1956. [Em português: *Ordem e História*, vol. I, *Israel e a Revelação*. São Paulo, Loyola, 2009.]

sem a criação da existência filosófica, o problema da história não teria se tornado um problema da filosofia".[31]

O quarto volume de *Ordem e História, A Era Ecumênica*,[32] marcou uma segunda grande transformação na carreira intelectual de Voegelin. Suas investigações empíricas compeliram-no a desistir da visão articuladora dos três primeiros volumes. Ele, então, orientou sua análise para a emergência – na filosofia grega e na experiência judaico-cristã – da consciência da humanidade sobre si mesma como *o* sujeito da história. A forma simbólica ocidental de história universal, que segue uma evolução linear de ordens sociais e simbólicas, teve de ser renunciada. Em uma investigação partindo de 800 anos antes de Cristo até 800 anos depois, Voegelin descreveu os elementos constitutivos que surgiram durante a Era Ecumênica e que são próprios a uma consciência precisamente universal de humanidade. Esses elementos incluem surtos espirituais em experiências de diferenciação, e (concomitantemente às formas que moldam os impérios do mundo) o descerramento da historicidade humana articulada pela forma simbólica da historiografia. Campos paralelos de desenvolvimento, próprios a uma humanidade *global*, não mais se encaixariam na visão de uma humanidade como o sujeito da história de uma *única* civilização. Dessa forma, Voegelin percebeu que o assunto em questão era "um aberto campo histórico de encontros divino-humanos maiores e menores, amplamente distribuídos no tempo e no espaço pelas sociedades, as quais juntas compreendem a humanidade em sua história".[33]

Em *A Era Ecumênica*, Voegelin torna completamente explícito o que estivera implícito nos volumes anteriores de *Ordem e História*,

---

[31] Ver, de Eric Voegelin, *Order and History*, vol. 2, *The World of the Polis*. Baton Rouge, Louisiana State University Press, 1957, p. 7; e vol. 3, *Plato and Aristotle*. Baton Rouge, Louisiana State University Press, 1957. [Em português: *Ordem e História*, vol.2, *O Mundo da Pólis*. São Paulo, Loyola, 2009; vol.3, *Platão e Aristóteles*. São Paulo, Loyola, 2009.]
[32] Ver, de Eric Voegelin, *Order and History*, vol. 4, *The Ecumenic Age*. Baton Rouge, Louisiana State University Press, 1974. [Em português: *Ordem e História*, vol.4, *A Era Ecumênica*. São Paulo, Loyola, 2010.]
[33] Eric Voegelin, "The Beginning and the Beyond", p. 182.

isto é, a historiografia. É uma diferenciação antropológica que simboliza uma irrupção espiritual que dissolve a experiência primária própria às simbolizações cosmológicas, ao atravessar o campo-padrão comum a fim de encontrar outro campo de existência, para além dos seres intracósmicos. Isso possibilita o surgimento da clara distinção entre imanência e transcendência. Voegelin descreve o significado de tal rompimento no documento essênio anônimo conhecido como *Apocalipse de Abraão*:

> Quando a alma se abre [...] em ato de transcendência, o que existe além do mundo não é vivenciado como um objeto além do mundo. O texto deixa claro, de forma admirável, a tensão da busca – de Deus buscando o homem, e o homem buscando Deus – a condição mútua de buscar e encontrar um ao outro. Não é o caso de um espaço para além do espaço, mas a busca é o campo de encontro entre o homem e aquilo que ultrapassa o seu coração; e Deus está presente mesmo na confusão do coração que precede a busca, por meio dos reinos da existência.
> O Além divino é, portanto, ao mesmo tempo um divino Dentro do mundo. Sutilmente, o autor desconhecido traça o movimento, desde a busca do desconhecido que se faz presente na busca, durante a confusão, até o chamado do além – até o momento em que a perturbação daquela parte do ser chamada de coração se dissocia no "Aqui Estou" e "Sou Ele".[34]

Essa é a típica experiência de transcendência que desarticula o entendimento compacto e primário do cosmos. Em Israel, na Grécia e na China a experiência da transcendência, expressa em simbolismo

---

[34] Eric Voegelin, "What is History?". In: *Collected Works of Eric Voegelin*, vol. 28, p. 5.

historiográfico, é uma resposta às experiências dos impérios, cuja única racionalidade é a expansão sem sentido do poder por si mesmo. Lembremos que Voegelin especifica dois significados de história: o curso dos eventos históricos acessíveis à verificação empírica; e a narrativa de uma determinada sociedade sobre essa história, por meio da qual ela confere sentido ao campo factual. A historiografia é uma forma de mitoespeculação da qual as pessoas – sob a pressão imperial – se valem a fim de comunicar em forma narrativa o significado da vida diante da presença tensora do campo transcendente. Para Voegelin, a outra forma de simbolismo mitoespeculativo chamada de historiogênese mescla simbolismos teogônicos, antropogônicos e cosmogônicos na historiografia.[35] "Na confecção da historiogênese, o mito e a especulação cooperam com a intenção historiográfica".[36] Tal narrativa está correlacionada aos rituais por meio dos quais as pessoas reencenam uma renovadora e terapêutica cosmogonia. Como Voegelin, ao introduzir a noção de apocalipse, explica:

> O diagnóstico de Eliade, em que vê o ritual como uma tentativa de "anular a irreversibilidade do tempo" lembra o "congelamento" do porvir tentado pela especulação apocalíptica. Os apocalipses da antiguidade judaica metamorfoseiam o correlativo, mas separam os simbolismos historiogênicos e da renovação rítmica, aplicando-os no processo singular da história que conduzirá ao reino perfeito. Para o crente do deus-criador, o cosmos se dissociou entre "este mundo" de imperfeição e o perfeito campo divino de existência; logo, ele não acredita na concórdia dessa sociedade com a ordem cósmica, tampouco acredita na possibilidade de reparar a desordem real por

---

[35] Ver, de Eric Voegelin, "Anxiety and Reason". In: *Collected Works of Eric Voegelin*, vol. 28, p. 52-110, especialmente p. 53-56.
[36] Ver, de Eric Voegelin, "What is History?". In: *Collected Works of Eric Voegelin*, vol. 28, p. 55.

> repetições do ato cosmogônico. No entanto, mesmo que o cosmos abarcador tenha partido, a tensão é ainda vivenciada, e se o desbaratamento da ordem não pode mais ser superado pelos rituais, a tensão pode agora ser dissolvida por uma metástase que colocará um fim à imperfeição da existência para sempre.[37]

Em *A Era Ecumênica*, Voegelin coloca o simbolismo apocalíptico no contexto de contraste entre dois êxodos radicalmente diferentes dentro da realidade, exemplificados historicamente pela

> [...] sequência dos simbolismos estruturalmente equivalentes do êxodo deutero-isaiânico de Israel de si mesmo para um gênero humano ecumênico sob Iavé com Ciro, seu Messias, o êxodo estoico a partir da pólis para o ecúmeno imperial do cosmos, o êxodo cristão para um ecúmeno metastático preparado providencialmente pelo ecúmeno imperial, a reconciliação ecumênica hegeliana e a revolução ecumênica marxista.

Em primeiro lugar, temos o êxodo como concupiscente (isto é, uma função do desejo distorcido), o qual Voegelin relaciona a Heródoto, e isso em seu comentário sobre a afirmação de Jacob Burckhardt sobre "eras, povos e indivíduos que destroem o velho e abrem espaço para aquilo que é novo sem serem capazes de alcançar por si próprios a felicidade": "Seu poder renovador tem sua origem num descontentamento permanente que é despertado por toda realização e impulsiona para novas formas".[38] Isso aponta para o *insight* de que embora "o traço mais óbvio na expansão de conquista seja a

---

[37] Ibidem, p. 66.
[38] Eric Voegelin, *Ecumenic Age*, p. 195.

'violência' e o 'egoísmo', os quais Burckhardt salienta, há também nela o traço de 'tédio' e 'descontentamento' com toda realização e de iniciativa imaginativa que amenizará a inquietude".[39] O êxodo concupiscente é fundamentalmente uma fuga da *conditio humana*. Em segundo lugar, existe o êxodo espiritual que transcende a realidade enquanto permanece dentro da realidade como etiológica e direcionalmente estruturada.

Voegelin observa que a narrativa apocalíptica emerge da compreensão de que a sucessão de impérios na história pragmática e na sequência de dominações imperiais não criou

> [...] o campo no qual a verdadeira ordem da existência pessoal poderia expandir na ordem da sociedade [...] Como os apocalipses judaicos desde Daniel viram, a percepção da verdadeira ordem humana sob Deus na sociedade necessitaria da transfiguração apocalíptica da realidade "histórica" na qual a verdade da ordem emergira como *insight*.[40]

Portanto, o apocalíptico representa uma deformação de êxodo espiritual:

> Na consciência apocalíptica, a experiência de movimento dentro da realidade para além de sua própria estrutura se dividiu na convicção de que a história é um campo de desordem que ultrapassa qualquer forma de reparação por meio da ação humana e numa fé metastática em uma

---

[39] Ibidem, p. 197: O êxodo concupiscente do conquistador é uma deformação da humanidade, mas tem a marca da tensão existencial humana tanto quanto o êxodo do Filósofo ou do profeta, ou do Santo. A estrutura da metaxia alcança, além da consciência noética, o interior das raízes concupiscentes da ação. [A Era Ecumênica, p. 263]
[40] Ibidem, p. 301-02.

> intervenção divina que estabelecerá a ordem
> perfeita do reino que virá. A tensão entre ordem
> e desordem nessa mesma realidade se dissocia na
> fantasia de duas realidades que seguem no tempo.

Em *Israel e a Revelação*, Voegelin já tinha observado aquilo que considera o caráter inerentemente não autêntico da fé "metastática" por conta de sua total desconsideração diante das exigências da história pragmática.[41] Todavia, aquilo que a terapêutica consciência apocalíptica está ciente de precisar é esclarecido não na "diferenciação noética" da consciência exemplificada por Platão e Aristóteles, mas na "diferenciação pneumática", o análogo número um do qual temos "a visão paulina do Ressuscitado".[42] A diferenciação pneumática envolve tanto um alto senso de atração do coração humano para si quanto um sentido de transfiguração, devido à representação pleromática do divino no Cristo ressuscitado. Assim, "o significado em história é constituído por meio da resposta do homem ao movimento imortal do pneuma divino em sua alma". Aqueles que passam pela diferenciação pneumática são tipicamente incapazes de dar uma análise adequada sobre ela, e dessa forma a "história efetiva" (para usar a expressão de Gadamer)[43] dessa diferenciação fica confundida por erros de interpretação.[44]

Embora a diferenciação noética seja o resultado de uma "teofania noética", para Voegelin ela apresenta limitações claras:

> De fato, ela procedeu da ordem pessoal da
> reação imortalizadora para o paradigma da

---

[41] Os textos centrais sobre esse assunto encontram-se em *Israel and Revelation*, p. 452-58, no comentário sobre o profeta Isaías, p. 450-53.
[42] Ver o capítulo com este nome em Eric Voegelin, *Ecumenic Age*, p. 239-60.
[43] Ver a seção intitulada "The Principle of History of Effect" [*Wirkungsgeschichte*]. In: Georg Gadamer, *Truth and Method*. Tradução revisada por Joel Weinsheimer e Donald G. Marshall. 2. ed. New York, Crossroad, 1991, p. 300-07.
[44] Ver a parte final do capítulo 5 de Eric Voegelin, *Ecumenic Age*, p. 260-71, sobre a deformação egofânica.

> ordem imortalizadora na existência social e, finalmente, para o simbolismo histórico do Nous como o Terceiro Deus; as três dimensões de ordem – pessoal, social, histórica – foram completamente diferenciadas. Mas conduziram sua análise dentro dos limites estabelecidos pelo caráter fundamentalmente intracósmico da teofania a que reagiram [...] A análise clássica alcançou a divina *aition* como a fonte de ordem na realidade; diferenciou a estrutura da existência na Metaxia, mas não se estendeu à estrutura da realidade divina em sua profundidade pneumática de criação e salvação. Somente pela reação de Paulo à sua visão o *athanatizein* dos filósofos expandiu-se para a *aphtharsia* espiritual (pneumática), a pólis paradigmática para a organização da ordem espiritual do ser humano enquanto distinta de sua ordem temporal, e a Terceira Era do Nous para a estrutura escatológica da história sob o Deus único de todas as eras.[45]

Uma correta compreensão da diferenciação espiritual (pneumática) permite a Voegelin distinguir o significado *escatológico* da transfiguração, corretamente concebido como um efeito teofânico na história, que impele continuamente as pessoas para além da história, à medida que prosseguem na luta dentro da história em "medo e tremor": na vida de caminhante ou peregrino como membro da humanidade universal. Mas o apocalipsismo imagina incorretamente a transfiguração como algo que metamorfoseia a pessoa ou a comunidade para além da história, no sentido de ir para fora da história, encerrando-a. Este é o resultado de uma reação incompleta e, assim, distorcida diante da realidade profundamente sentida do êxodo concupiscente por meio da conquista.

---

[45] Eric Voegelin, *Ecumenic Age*, p. 303-04.

Para Voegelin, o termo escatologia não pode ser separado da humanidade universal, a qual

> [...] não é uma sociedade existindo no mundo, mas um símbolo que indica a consciência do homem de participar, em sua existência terrena, do mistério da realidade que se move em direção à sua própria transfiguração. A humanidade universal é um índice escatológico.[46]

Voegelin prossegue a fim de descrever as opções básicas da Era Ecumênica:

> Quando a experiência primária da existência do ser humano no cosmos se dissolveu na opacidade da expansão concupiscente e na luminosidade da consciência espiritual, o laço que impede que as duas porções de realidade se dissociem nas duas realidades dos pensadores apocalípticos e gnósticos é encontrado na história. No nível da verdade da existência, o processo de transfiguração toma o lugar do *okeanos* como o horizonte do mistério universalmente divino para um gênero humano que se tornou ecumênico pelo êxodo concupiscente. Logo, somente a tríade do império ecumênico, erupção espiritual e historiografia expressa, de forma equivalente, a estrutura na realidade que fora compactamente expressa pelo simbolismo do *oikoumene-okeanos*.[47]

Assim sendo, o simbolismo apocalíptico é ambíguo. Um dos textos que Voegelin cita favoravelmente com mais frequência como

---

[46] Ibidem, p. 305.
[47] Ibidem, p. 309.

um exemplo de encontro divino/humano é o documento essênio do século I a.C. chamado *Apocalipse de Abraão*, anteriormente mencionado. Esse documento foi escrito no contexto de brutalidade gerada pela conquista imperial. Ele também ostenta a expressão de deformação de consciência de toda uma época de "brutalidade apocalíptica", que também se encontra presente "no sanguinolento Cristo vingador do Apocalipse de João" (19,11-16). Infelizmente, esse é um problema perene:

> A deformação apocalíptica da consciência epocal observada por Paulo permaneceu uma constante na civilização ocidental. No século XVIII, Kant a reconheceu nos intelectuais progressistas que acreditavam que o significado da história seria realizado em suas próprias existências e rebaixavam toda a humanidade à condição de "contribuidores" à glória do presente. No século XX, estamos ainda contaminados com a mesma deformação na seita dos sociólogos apocalípticos que inventaram a dicotomia das sociedades "tradicionais" e "modernas" e ainda adotam a política de Condorcet de destruir as sociedades "tradicionais" ao "modernizá-las". E encontramos a deformação apocalíptica na tese de Bultmann, segundo a qual o Antigo Testamento não tem função para o teólogo cristão. A admoestação paulina, "Lembrai, é a raiz que vos sustenta", nunca é demasiadamente repetida.[48]

Antes de *A Era Ecumênica*, o relato histórico de Voegelin, alcançara seu ponto máximo de significado nas diferenciações

---

[48] Ibidem, p. 326.

noéticas e pneumáticas da consciência. Na época, ele tinha alcançado uma visão equilibrada da complementaridade entre as duas diferenciações, especialmente quando se tratava de lidar com conquistas ecumênicas, erupções espirituais e historiografia. O símbolo da humanidade universal como sujeito de um êxodo escatológico por meio do qual a estrutura da realidade se move para além de si mesma foi um produto tanto da irrupção noética quanto pneumática.

Por fim, para Voegelin, o pensamento apocalíptico tem uma valência negativa, mas essa negatividade não é moralista, porque no sentido originário do pensamento apocalíptico judaico o fracasso da imaginação apocalíptica tem mais a ver com seu contexto vivencial do que com uma necessidade excessiva por certeza, que leva geralmente a uma fuga da história.

Strauss, política, história e apocalipse

Assim como Voegelin, Leo Strauss emigrou para os Estados Unidos, fugindo do nazismo de Hitler. Contudo, diferentemente de Voegelin, ele era judeu; mas, como Voegelin, ele podia dizer que a preocupação central de sua vida se resumia a duas questões: Deus e política. Em sua juventude, Voegelin flertara com o comunismo; Strauss escreveu para Karl Löwith que, quando jovem, ficara fascinado com os escritos de Nietzsche.[49] A juventude de Voegelin em Viena o expôs a um repertório cultural e histórico mais amplo do que provavelmente se encontrava disponível na educação de Strauss em Kirchhain, Marburgo, Friburgo e Hamburgo. O vivo perfil investigativo de Strauss levou-o, desde cedo, a estabelecer contato com o sionismo e suas formas religiosas, políticas e culturais; e, ao considerar seu

---

[49] Leo Strauss, "Correspondence Concerning Modernity", troca de cartas com Karl Löwith, que teve início em 1º de outubro de 1946, *Independent Journal of Philosophy/Revue Indépendente de Philosophie*, vol. 4, 1983, p. 105-19.

próprio caminho diante dessas alternativas, ele foi preparando seu envolvimento com a filosofia política em suas relações com questões religiosas, e isso tomou toda a sua vida.[50]

O título de um ensaio importante, "Progresso ou Retorno?", expressa o tema central de toda a obra de Strauss.[51] Ele nos conta que a questão emergiu-lhe em razão de seus confrontos intelectuais com dois dos mais proeminentes e influentes pensadores da Alemanha pós-Primeira Guerra Mundial: Carl Schmitt, o principal professor alemão de direito constitucional, colaborador na formulação da constituição alemã do regime racista do nacional-socialismo; e Martin Heidegger, geralmente aclamado como o maior filósofo do século XX, apesar de seu envolvimento com o nazismo.

A teoria de Schmitt de amigo/inimigo foi sem dúvida uma teologia política secularizada.[52] Strauss percebeu que a crítica que Schmitt fazia ao liberalismo permanecia dentro do quadro de referências de um dos grandes fundadores do liberalismo, Thomas Hobbes. De fato, Schmitt estava apenas seguindo os princípios de Hobbes ao argumentar que somente o Estado poderia garantir a justiça social, já que só este poderia proteger seus cidadãos contra inimigos internos e externos, que somente a atuação do Estado seria suficiente para garantir a lei e a ordem na comunidade, pois somente ele seria guiado pelos princípios de liderança e lealdade.

---

[50] Ver também, de Leo Strauss, *Leo Strauss: The Early Writings (1921-1932)*. Tradução e edição de Michael Zank. Albany, State University of New York Press, 2002.

[51] Leo Strauss: "Progress or Return? The Contemporary Crisis of Western Civilization". In: *An Introduction to Political Philosophy: Ten Essays by Leo Strauss*. 2. ed. Edição e introdução de Hilail Gildin. Detroit, Wayne State University Press, 1989, p. 249-302. [Em português: *Uma Introdução à Filosofia Política*. Trad. Élcio Verçosa de Gusmão. São Paulo, É Realizações Editora, 2016.]

[52] Ver, de Heinrich Meier, *Carl Schmitt and Leo Strauss: The Hidden Dialogue*. Trad. J. Harvey Lomax. Chicago, University of Chicago Press, 1995; Meier, *The Lesson of Carl Schmitt: Four Chapters on the Distinction Between Political Theology and Political Theology*. Trad. Marcus Brainerd. Chicago, University of Chicago Press, 1988. Ver também, de John P. McCornick, *Carl Scchmitt's Critique of Liberalism: Against Politics as Technology*. Cambridge, Cambridge University Press, 1997.

Como Strauss coloca: "A crítica ao liberalismo que Schmitt iniciou pode, portanto, ser completada apenas quando conseguirmos alcançar um horizonte para além do liberalismo".[53]

A importância de Heidegger para Strauss fica evidente pela maneira na qual o filósofo o ajudou a "conquistar um horizonte para além do liberalismo". Qualquer pessoa interessada em filosofia, no começo da década de 1920, já ouvira rumores de que Heidegger era "o rei oculto do pensamento". Ele radicalizara a ruptura de Husserl com a então dominância neokantiana do universo acadêmico da filosofia alemã. Antes de seu encontro com Heidegger, enquanto jovem, Strauss, como Voegelin, tinha a maior estima por Max Weber como acadêmico.[54] Porém, como Strauss contou a Franz Rosenzweig em seu caminho de volta para casa, depois de ouvir uma palestra proferida por Heidegger pela primeira vez em Friburgo, ele fizera Weber parecer, em comparação, "um menino órfão".[55] Strauss observou que Heidegger compreendera o ditado fenomenológico – Retornar às próprias coisas! – ao interpretar a expressão *Suchen* (aqui traduzida como coisas, mas que também denota assuntos, questões, negócios) não nos termos do objeto preferido de Husserl da pura percepção dos sentidos, mas em termos de *pragmata*, questões de preocupação prática (Aristóteles, *Ética*), e de *pathemata*, assuntos pelos quais alguém é apaixonado (Aristóteles, *Retórica*). Além do mais, a radicalização que Heidegger fez da fenomenologia ancorava-se num retorno à leitura das grandes obras dos antigos, independentemente de estes terem ficado "presos" a tradições

---

[53] Leo Strauss, "Comments on *Der Begriff des Politischen*". In: Carl Schmitt, *The Concept of the Political*. Tradução, notas e introdução de George Schwab. New Brunswick, Rutgers University Press, 1976, p. 105; ver p. 81-105.

[54] Ver a seção sobre Weber em Leo Strauss, "Natural Right and the Distinction between Facts and Values" In: *Natural Right and History*. Chicago, University of Chicago Press, 1953, p. 35-80.

[55] Leo Strauss, "A Giving of Accounts: Jacob and Leo Strauss (1970)". In: *Jewish Philosophy and the Crisis of Modernity: Essays and Lectures in Modern Jewish Thought*. Edição e introdução de Kenneth Hart Green. Albany, State University of New York Press, 1997, p. 461; ver p. 457-66. Sobre Strauss e Weber, ver, de Nasser Behnegar, *Leo Strauss, Max Weber and the Scientific Study of Politics*. Chicago, University of Chicago Press, 2003.

tais como a escolástica. Sem o filtro de uma tradição de respeito, Heidegger lia os autores com a convicção de que são capazes de nos ensinar verdades sobre hoje. Tal abordagem se tornou uma marca para o projeto de "retorno" de Strauss.[56]

É igualmente significativo saber que as conotações radicais de retorno [*teshuvah*] dos profetas hebreus são tão importantes para o empreendimento de Strauss quanto são as conotações religiosas de conversão e harmonização para o empreendimento de Voegelin. Reconhecendo as fraquezas da filosofia de Schmitt, Strauss releu cuidadosamente o Tratado Teológico-político [*Theological-Political Treatise*] de Baruch de Espinosa.[57] Assim, chegou à conclusão que Hermann Cohen, o líder do neokantianismo de Marburgo como também do moderno pensamento germano-judaico, não entendera bem aquele filósofo judaico protomoderno por conta de sua fidelidade ao judaísmo e por estar excessivamente preso ao horizonte da modernidade. Ele foi por isso impedido de perceber que Espinosa se encontrava em processo de criar esse horizonte. Isso levou Strauss a reexaminar a relação de Espinosa com o maior pensador judaico pré-moderno: Moisés Maimônides. Aqui – e não sem o auxílio de outro pensador judaico moderno, Gotthold Lessing – ele redescobriu a arte da escrita esotérica[58] como, também, a chave para a crítica esclarecida da crença religiosa, que ele

---

[56] Leo Strauss, "An Introduction to Heideggerian Existentialism". In: *The Rebirth of Classical Political Rationalism: An Introduction to the Thought of Leo Strauss: Essays and Lectures by Leo Strauss*. Seleção e introdução de Thomas L. Pangle. Chicago, University of Chicago Press, 1989, p. 27-46; sobre o contraste entre Heidegger e Husserl a favor do último, ver, de Leo Strauss, "Philosophy as a Rigorous Science and Political Philosophy". In: *Studies in Platonic Political Philosophy*. Edição e introdução de Thomas L. Pangle. Chicago, University of Chicago Press, 1983, p. 29-37.

[57] Ver, de Leo Strauss, *Spinoza's Critique of Religion*. Trad. E. M. Sinclair. New York, Schocken Books, 1965, a republicação em língua inglesa de um livro escrito originalmente entre 1925-1928 e publicado na Alemanha com o título bem mais sugestivo *Die Religionskritik Spinozas als Grundlage seiner Bibelwissenschaft. Untersuchungen zu Spinozas Theologische-Politischen Traktat*. Berlin, Akademie-Verlag, 1930. O autobiográfico "Preface to the English Translation", p. 1-32, é a fonte mais informativa a respeito da evolução do pensamento de Strauss até 1962.

[58] Leo Strauss, "Esoteric Teaching". In: *Rebirth of Classical Political Rationalism*, p. 63-71.

percebeu que estava, de certa forma, num plano mais raso do que a própria falsa crença.

Strauss ficou convencido de que seria possível compreender o que tanto Espinosa quanto Maimônides disseram apenas se fosse levada expressamente em consideração a arte da escrita esotérica, à qual tanto os filósofos antigos quanto os modernos recorreram no intuito de evitar o perigo de perseguição.[59] A fuga moderna da caverna de Platão, ele vira, envolvia a descoberta da escrita filosófica especificamente pré-moderna e pré-iluminista, por meio do estudo cuidadoso dos antigos autores: judeus, árabes e gregos. Isso permitiu a Strauss – a quem Voegelin defendeu regularmente como um escrupuloso filólogo e acadêmico[60] – explicar que a opção fundamental para o pensamento filosófico seria, no momento, decidir o seguinte: ou retornar ao estudo dos antigos ou permanecer comprometido implícita ou explicitamente com o horizonte do progresso inaugurado pela modernidade.

A redescoberta do pensamento pré-moderno, que Strauss e seus seguidores passaram a chamar de Grande Tradição, também solicitava uma reapropriação das questões a partir das quais as obras dessa tradição se originavam: Qual seria o modo apropriado de viver? Em que nos modelamos? A que nos curvamos? Qual é o melhor regime? Voegelin repensou a filosofia política por meio de uma exegese mediadora, envolvida pela dialética entre o símbolo e a experiência originária. Strauss reinaugurou a filosofia política ao tornar suas as posturas de Platão e Aristóteles,[61] os quais começaram seus questionamentos a partir das preocupações políticas e morais da pessoa comum, em qualquer tempo e lugar,

---

[59] Ver, de Leo Strauss, "Persecution and the Art of Writing". In: *Persecution and the Art of Writing*. Reimpressão da edição de 1952. Chicago, University of Chicago Press, 1988, p. 22-37.
[60] Ver, de Barry Cooper, *Eric Voegelin and the Foundations of Modern Political Science*. Columbia, University of Missouri Press, 1999, p. 129-30; ver, especialmente, p. 129, n. 18.
[61] Leo Strauss, "Introduction". In: *The City and Man*. Chicago, University of Chicago Press, 1978, p. 1-12.

e ascenderam às perguntas e respostas de questões teóricas fundamentais, primeiramente esclarecidas de forma abrangente e decisiva por Sócrates em razão dos grandes embates entre a filosofia e a cidade, ou entre a filosofia e a poesia.[62]

O comprometimento da filosofia com o questionamento ameaça a cidade porque revela o caráter problemático das crenças básicas das pessoas, como expresso pelos poetas, cuja inspiração fora aparentemente recebida dos deuses. Como o domínio público dos assuntos humanos, a cidade é uma caverna permanente, fundamentalmente incompatível com o conhecimento filosófico.[63] A busca da filosofia para substituir a opinião pelo conhecimento certo e verdadeiro das coisas por meio de suas causas universais e necessárias permanece sendo *o* padrão da verdadeira cognição para Strauss. Ele o pressupôs em sua formulação da tensão entre Atenas e Jerusalém, que ele insistiu ser constitutiva da vitalidade da Grande Tradição, assim como em sua formulação das questões fundamentais *mais básicas*: Por que a filosofia?[64] Como ele escreveu a Voegelin, em 1951:

> Acredito, ainda hoje em dia [ou seja, quinze anos depois de escrever *Philosophy and Law*], que o *theioi nomoi* é o campo comum da Bíblia e da filosofia – falando humanamente. Mas, eu especificaria isso, de qualquer modo, dizendo que é o problema da multiplicidade de *theioi nomoi*

---

[62] Leo Strauss, "The Problem of Socrates: Five Lectures". In: *Rebirth of Classical Political Rationalism*, p. 103-83.

[63] Leo Strauss, "Political Philosophy and History". In: *What is Political Philosophy? And Other Studies*. Chicago, University of Chicago Press, 1988; publicado originalmente em 1959, p. 56-77.

[64] Leo Strauss, "Jerusalem and Athens (1970)". In: *Jewish Philosophy and the Crisis of Modernity*, p. 377-405. Sobre a relação em Strauss entre filosofia como filosofia política e filosofia pura, ver de Heinrich Meier, *Die Denkbewegung von Leo Strauss: Die Geschichte der Philosophie und die Intention des Philosophen*. Stuttgart/Weimar, J. B. Metzler Verlag, 1996; e sobre o papel da religião, Deus e fé na filosofia política e a escolha da filosofia como forma de vida, ver, de Meier, *Das Theologisch-Politisches Problem: Zum Thema von Leo Strauss*. Stuttgart/Weimer, J. B. Metzler Verlag, 1996.

que conduz às soluções diametralmente opostas
da Bíblia, de um lado, e da filosofia, de outro.[65]

Jerusalém representa o mundo da crença – na criação do mundo, nos milagres e na necessidade de uma revelação divina como guia para a vida. Robert Sokolowski percebeu corretamente que como judeu, Strauss sempre articulou uma concepção voluntarista de Deus baseada na primazia de uma vontade insondável, em contraste com a tradição intelectualista do cristão Tomás de Aquino, o qual confere primazia à sabedoria divina.[66] No *scriptum*[67] que forma a peça central da interpretação de Meier do problema político-teológico, a versão da fé cristã tratada é também a questão voluntarista de Lutero e Calvino,[68] fundada em uma visão da transcendência divina para a qual tudo parece possível, porque ela simplesmente desconhece o impossível.[69] Correlativamente, Strauss retratou a crença ortodoxa como uma decisão em consentir verdades reveladas por outros. Sem o proveito da luz sobrenatural da fé, a qual Strauss rejeita, a crença se torna algo praticamente arbitrário e se iguala a uma espécie de obediência cega. Contudo, segundo a analogia tomista da luz, os mistérios da fé são considerados inteligíveis, mas como inteligibilidade que não se mostra imediatamente acessível à luz da razão humana. Tomás de Aquino comparou o poder intelectual do ser humano diante da inteligibilidade divina à visão de uma coruja

---

[65] Correspondência entre Strauss e Voegelin, *Das Theologisch-Politische Problem*, p. 78.
[66] Robert Sokolowiski, apêndice ao capítulo 11, em *The God of Faith and Reason: Foundations of Christian Theology*. Notre Dame, University of Notre Dame Press, 1982, p. 157-64.
[67] Ver as referências de H. Meier em *Das Theologisch-Politisch Problem: Zum Thema von Leo Strauss*, um texto usado como base para palestra de Strauss em janeiro de 1948 para o Hartford Theological Seminary, Hartford, Connecticut, intitulado "Reason and Revelation (1947-1948)", em *Leo Strauss Papers*, Caixa 11, pasta 13. Ver p.16, n.3.
[68] As notas de Meier em *Das Theologisch-Politisch Problem*, p. 46, dizendo que o tema que Strauss escolheu para o seu *Socrates and Aristophanes* fora retirado da *Institutio Christianae Religiones* de João Calvino, a cuja interdição ao anunciar *quid sit deus?* ele se referira três décadas antes em seu Die Religionskritik Spinozas. Meier também se refere (p. 47) à denúncia semelhante feita por Lutero.
[69] Parafraseando Meier, em sua interpretação da expressão de Tertuliano, *credo quia absurdum* ("De carne Christi V". In: *Opera omnia*, Migne, PL, II 805B-807B. Paris, 1866).

em plena luz do dia, para a qual a luz do sol é excessivamente brilhante – Deus não se associa com a irracionalidade ou arbitrariedade. De modo semelhante, como Ernest Fortin frequentemente destacava, no início da *Suma Teológica*, Tomás de Aquino propõe algo inaudito tanto para a comunidade judaica quanto para a islâmica, ou mesmo para um mundo protestante pós-luterano, isto é, ele pergunta se existe uma necessidade de qualquer outra forma de sabedoria além da filosofia, colocando, dessa forma, a sabedoria teológica na defensiva.[70]

Para Strauss, Atenas representa o racionalismo pré-moderno, que se encontra mais perfeitamente incorporado nos grandes filósofos árabes, como Alfarabi, Avicena e Averrois, e nos grandes filósofos judeus, como Halevi e Maimônides.[71] O racionalismo pré-moderno restringe a verdade àquilo que pode ser estabelecido segundo as solicitações do ideal de conhecimento aristotélico. Ele se distingue do racionalismo moderno tanto (1) em relação a uma inequívoca e até mesmo hiperbólica adoção do ideal lógico de Aristóteles em Descartes, Hobbes, e assim por diante, quanto (2) em relação ao abandono dos ensinamentos religiosos – baseados na crença em uma revelação divina – ao reino da imaginação, em sentido pejorativo, como as "vãs imaginações" em Hobbes ou a avaliação do estado cognitivo, em Espinosa, dos autores das narrativas bíblicas.

Em *Philosophy and Law*, Strauss mostrou que, levada às consequências mais radicais, as alternativas básicas para o

---

[70] Ver, de Ernest L. Fortin, "St. Thomas Aquinas, 1225-1274". In: Leo Strauss e Joseph Corpsey (orgs.), *History of Political Philosophy*. 3. ed. Chicago, University of Chicago Press, 1987, p. 250-51; ver p. 248-75.

[71] Ver, de Leo Strauss, "How Farabi Read Plato's Laws" e "Maimonide's Statement on Political Philosophy". In: *What Is Political Philosophy*, p. 95-169; "The Literary Character of the Guide for the Perplexed", e "The Law of Reason in the Kuzari". In: *Persecution and the Art of Writing*, p. 38-141; ver também, de Meier, *Das Theologisch-Politische Problem*, especialmente p. 25-27. Ver, em particular, n. 32, p. 41-42, em que Meier cita duas cartas, uma para seu amigo Jacob Klein e a outra para (um interlocutor central em *Philosophy and Law*) Julius Guttmann, na qual Strauss fala de sua descoberta segundo a qual Moses Maimônides era realmente "ein Philosoph".

racionalismo moderno não são entre ortodoxia e esclarecimento, mas entre ortodoxia e ateísmo.[72] O racionalismo pré-moderno, motivado pela consciência aguda da necessidade humana por crenças religiosas, devido aos muitos que são incapazes de ascender à filosofia, e por dogmas, pelo bem da moralidade, chegou a uma reconciliação com a crença ortodoxa; o racionalismo pré-moderno também compreendeu os perigos políticos de um ateísmo disseminado. Um racionalista pré-moderno como Maimônides não tinha problema em reconciliar a lei judaica com a lei natural pela simples razão que a encontra em sua base em Deuteronômio 4,6: "Portanto, cuidai de pô-los em prática, pois isto vos tornará sábios e inteligentes aos olhos do povo.
Ao ouvir todos esses estatutos, eles vão dizer: 'Só existe um povo sábio e inteligente: é esta grande nação!'".[73] Consciente de que as crenças religiosas não podem ser racionalmente refutadas pela *apodeixis* aristotélica, ele buscou proteger a fidelidade dos crentes, incorporando-as às verossimilhanças salutares ou às "mentiras nobres". Segundo a linha de seu racionalismo pré-moderno, Strauss foi o crítico da suposição irrefletida dos racionalistas modernos, quando afirmam que a crença não difere do preconceito, no

---

[72] Leo Strauss, *Philosophy and Law: Contributions to the Understanding of Maimonides and His Predecessors*. Tradução e introdução de Eve Adler. Albany, State University of New York Press, 1995, p. 38.
Assim, a última "verdade" diante da alternativa entre Ortodoxia ou Iluminismo é revelada como alternativa entre "ortodoxia ou ateísmo". Ortodoxia, com seu olhar hostil, reconheceu desde o começo que se tratava dessa questão. Agora, ela não é mais contestada nem pelos inimigos da ortodoxia. A situação então formada, a situação atual, parece ser insolúvel para o judeu que não pode ser ortodoxo e que deve considerar o sionismo ateu puramente político a "única solução para o problema judeu", uma resolução que é de fato altamente louvável, mas que não é adequada no longo prazo. Tal situação não apenas parece ser insolúvel, mas é insolúvel de fato, desde que se permaneça ancorado nas premissas modernas. Se, finalmente, existe no mundo moderno apenas a alternativa entre "ortodoxia e ateísmo" e se, por outro lado, a necessidade de um judaísmo esclarecido se faz urgente, então é o caso de perguntar se esse iluminismo é, necessariamente, um iluminismo moderno, considerando-se que desde o princípio apenas pensamentos inauditos e ultramodernos podem auxiliar na compreensão do Iluminismo medieval, o Iluminismo de Maimônides.
[73] Ver a referência a essa passagem em Strauss, *Natural Right and History*.

sentido pejorativo de esta se basear em paixões ou superstições que precisam ser eliminadas.

Strauss concordava com o comentário de Rousseau sobre o Iluminismo ter preconceito contra o preconceito. Ele sublinhou a admissão intelectualmente honesta de Espinosa ao dizer que embora os milagres – os quais justificam a crença religiosa – não possam ser provados apodicticamente, eles também não o podem ser reprovados, e ele concordava com a afirmação de Lessing sobre a crítica suprema contra uma religião ser a zombaria.[74] O jovem Strauss sustentava corajosamente: "A tradição judaica possui uma resposta mais apropriada à questão do ideal original do Iluminismo do que o faz a filosofia cultural".[75]

Em vez de juntar forças com o político em oposição ao sionismo cultural e religioso, Strauss dedicou-se à renovação da filosofia política. Ele alegava que não era "uma disciplina histórica", embora ele fosse altamente capacitado para trabalhos históricos. Ele, como Voegelin, reconhecia que "a filosofia política é algo fundamentalmente diferente da história da própria filosofia política".[76] A leitura não convencional que Strauss fazia da história da filosofia moderna contrasta radicalmente com as típicas histórias da filosofia política, cujas abordagens sociocientíficas ou histórico-culturais nivelam diferenças cruciais ao fracassarem em apreciar o significado da "discussão do século XVIII entre os antigos e os modernos"; além disso, para Strauss, a questão *quid sit Deus?* seria contemporânea à filosofia.

Strauss explica esse fracasso por meio de uma extensão que faz da metáfora da caverna, retirada de *A República* de Platão. As *doxai* retratadas na caverna de Platão não possuíam o *status* cognitivo do verdadeiro conhecimento (*episteme*), mas se formavam segundo as

---

[74] Leo Strauss, *Philosophy and Law*, p. 45-47.
[75] Ibidem, p. 35.
[76] Leo Strauss, "Political Philosophy and History", p. 56-57.

crenças naturais, sem as quais a cidade não poderia funcionar ou existir. Os erros cumulativos da modernidade geraram uma caverna artificial, diferente daquela caverna natural retratada por Platão. Logo, antes de começar a ascensão da caverna para o sol, o filósofo tem, primeiro, de lidar com as pessoas da "segunda 'caverna' não natural",[77] elevando-as de volta para a caverna mais natural das crenças pré-modernas.

> Para esse fim, e apenas para esse fim, pode se justificar a "historização" da filosofia, em que ela passa a ser necessária: apenas a história da filosofia torna possível a ascensão da segunda caverna "não natural", na qual todos caímos menos por causa da própria tradição do que em razão da tradição em torno de polêmicas contra a tradição, em direção à primeira caverna "natural", ilustrada por Platão, de onde se pode emergir em direção à luz para se realizar o significado original do filosofar.[78]

Além da tensão entre Atenas e Jerusalém, a tentativa de Strauss de reabilitar a filosofia política clássica sempre inclui o contraste entre formas antigas e modernas de racionalismo. Assim, a análise de nossa situação contemporânea em termos do contraste duplo entre Atenas e Jerusalém e entre a antiga teoria política como um ponto de vista superior e a moderna teoria política como um ponto de vista decididamente inferior (mesmo que não seja para simplesmente descartá-la por essa razão) assume uma relevância um tanto prática. De fato, a democracia liberal torna o mundo mais seguro para a filosofia, e se alguém pode apresentar argumentos antigos em vez de modernos para defendê-la, talvez ela possa ser salva das destruições geradas pelas crises de nossa época. A estratégia hermenêutica torna-se, então, clara:

---

[77] Leo Strauss, *Philosophy and Law*, p. 136.
[78] Ibidem.

> É mais seguro tentar compreender o inferior à luz do superior do que o contrário. Ao começar pelo inferior, necessariamente se distorce o superior, ao passo que ao se começar pelo superior não se priva o inferior da liberdade de se revelar completamente pelo que é.[79]

O horizonte analisado por Strauss nas "três ondas da modernidade"[80] é significativo para a nossa discussão, implicando uma situação em que Atenas e Jerusalém têm uma base comum muito mais relevante do que aquilo que cada uma delas compartilha com a modernidade. Essa é uma descoberta surpreendente, já que, como Hegel, muitos dão por certo que os princípios modernos de igualdade e liberdade simplesmente implementam aquilo que são essencialmente princípios cristãos por meio de uma estratégia que Hegel chamava de "a descida do céu".

E como fica a hipótese de Strauss sobre as "três ondas da modernidade?". Pode-se, certamente, lê-la como um relato detalhado daquilo que Voegelin chamou de processo de desculturação ou a substituição da realidade por "Segundas Realidades".[81] Essa hipótese também parece completamente compatível com as declarações de Voegelin sobre esse assunto em seu ensaio sobre o liberalismo.[82] Em seu incansável retorno às

---

[79] Leo Strauss, "Preface to Spinoza's Critique of Religion". In: *Liberalism Ancient and Modern*. New York, Basic Books, 1968, p. 225.
[80] Leo Strauss, "The Three Waves of Modernity". In: *An Introduction to Political Philosophy*, p. 81-98.
[81] Ver, de Voegelin, "O Que É Realidade Política?". In: *Anamnese*, p. 465-74, sobre "fenômeno pneumopatológico da perda da realidade" e a formação das "Segundas Realidades", tomando emprestado um termo de Robert Musil. Ver também "The Eclipse of Reality". In: *Collected Works of Eric Voegelin*, vol. 28, p. 111-62; "Reason: The Classic Experience". In: *Collected Works of Eric Voegelin*, vol. 12, p. 265-91. [Em português: "Razão: A Experiência Clássica". In: *Ensaios Publicados 1966-1985*. Trad. Elpídio Mário Dantas Fonseca. São Paulo, É Realizações Editora, 2019.]
[82] Ver, de Eric Voegelin, "Liberalism and Its History (1960)". In: *Collected Works of Eric Voegelin*, vol. 11, p. 83-99.

origens do pensamento político moderno, inserido em um horizonte para além da modernidade, Strauss revelou como tanto Hobbes quanto seu principal modificador, Locke, tornaram-se discípulos de Maquiavel, o iniciador da primeira onda da modernidade.[83] Strauss descobriu que Maquiavel inaugurara a revolução contra a síntese medieval, iniciando uma série de sínteses menores características do declínio sociocultural descrito por Voegelin em razão do eclipse da realidade. No capítulo quinze de seu pequeno e estranho livro, *O Príncipe*, Maquiavel escreveu as frases fatais:

> Muitos imaginaram repúblicas e principados que jamais foram vistos ou reconhecidos como reais. Tamanha diferença se encontra entre o modo como se vive e o modo como se deveria viver, que aquele que trocar o que se faz por aquilo que se deveria fazer inevitavelmente aprenderá que provocou sua própria ruína em vez de sua preservação. Um homem que deseje fazer em todas as coisas profissão de bondade se arruinará entre tantos que não são bons. Portanto, é necessário que um príncipe aprenda a poder não ser bom, e que se sirva ou não disso de acordo com a necessidade de cada caso.[84]

Na frase de Lonergan, Maquiavel optou por "desenvolver visões 'realistas' nas quais a teoria está ajustada à prática e a prática significa tudo aquilo que é feito".[85] Essa opção se torna a matriz das três trajetórias ou ondas do pensamento político moderno, estendendo-se em uma única onda que sai de Maquiavel, passando

---

[83] Nunca encontrei um trabalho que conseguisse refutar com êxito o livro de Leo Strauss, *Thoughts on Machiavelli*. Seattle, University of Washington Press, 1958. [Em português: *Reflexões sobre Maquiavel*. Trad. Élcio Verçosa Filho .São Paulo, É Realizações Editora, 2015.]
[84] Niccolò Macchiavelli, *The Prince*. Trad. Harvey C. Mansfield Jr. Chicago, University of Chicago Press, 1996, cap. 15.
[85] Ver, de Bernard Lonergan, "Finality, Love, Marriage". In: Frederick E. Crowe (org.), *Collection: Papers by Bernard Lonergan*. New York, Herder and Herder, 1967, p. 116.

por Hobbes, Locke, Smith e Montesquieu; uma segunda onda desde Rousseau, passando por Kant, Hegel e Marx; e uma terceira, de Nietzsche até o presente.[86]

Historiadores seculares das ideias concordariam em geral com Herbert Butterfield,[87] ao atribuir maior importância à revolução científica dos séculos XVI e XVII diante da Reforma e do Renascimento. Para Strauss, o fator inquestionavelmente crucial nessa revolução é seu desdobramento especificamente maquiavélico dado na obsessão da "nova" ciência pela utilidade. Logo, essa nova ciência começou a exigir autonomia em relação à hegemonia teológica ou filosófica e passou a excluir e eliminar todas as questões irresolúveis, apelando à observação ou experimentação. Desse modo, a propaganda da ciência de Condorcet, Diderot, D'Alembert e Comte deve sua plausibilidade ao argumento maquiavélico de que as repostas verdadeiras à questão de como devemos viver estão tão distantes de como de fato realmente vivemos que se tornam prática ou politicamente irrelevantes. Uma ciência política governada pela *verità effettuale* implica a separação entre política e moralidade e convida o consequente aparecimento de especialistas e gerenciadores para que tomem controle de nossas vidas.

Strauss defendia que a reorientação radicalmente maquiavélica em direção à natureza como *fortuna* inspirou o desvio cientificista ou cartesiano (manipulador) da ciência moderna. Bacon admitiu ter sido "muito influenciado por Maquiavel e outros, os quais escrevem o que os homens fazem e não o que devem fazer",[88] e proclamava que o único propósito da ciência seria "o alívio da condição

---

[86] Ver também Leo Strauss, "What is Political Philosophy", na seção intitulada "The Modern Solutions". In: *What is Political Philosophy?*, p. 40-55.
[87] Ver, de Herbert Butterfield, *The Origins of Modern Science, 1300-1800*. New York, Free Press, 1966.
[88] Leo Strauss, *The Political Philosophy of Hobbes: Its Basis and Its Genesis*. Trad. Elsa M. Sinclair. Chicago, University of Chicago Press, 1952, p. 88. [Em português: *A Filosofia Política de Hobbes : Suas bases e sua gênese*. Trad. e Apresentação Élcio Verçosa Filho. São Paulo, É Realizações Editora, 2016.]

humana". Nesse sentido, a diferença específica do conhecimento científico se torna o poder. Assim, também, o ditado baconiano do *parendo vincere* se encontra no coração do *Discurso sobre o Método* de Descartes, especialmente em sua própria expressão de intento na parte seis: "tornar os homens os senhores e possuidores da natureza"[89] – um objetivo para o qual o pretensioso *Cogito* e a dúvida hiperbólica estão subordinados.

A dissociação original de Maquiavel entre ética e política também preparou o caminho para a privatização dos fins humanos e o desmoronamento do bem comum ou público como *raison d'être* da ordem política. Doravante, aquilo que Aristóteles (*Política*, III, v, 1280a25 – 1281a91) defendia ser precondição apolítica da política é postulado no *Leviatã* de Hobbes como o único motivo razoável para o exercício da política:

> As paixões que fazem os homens tender à paz são o medo da morte, o desejo de coisas que são necessárias para uma vida cômoda e a esperança de as conseguir por meio do trabalho. E a razão sugere adequadas normas de paz, em torno das quais os homens podem chegar a um acordo. Essas normas são aquelas que em outras situações são chamadas de leis da natureza (capítulo 13).[90]

E, enquanto John Locke, o suposto avô da democracia liberal nos Estados Unidos, citava "o judicioso Hooker", Strauss demonstrou que na verdade Locke seguia o ensinamento de Hobbes, de acordo com o qual o propósito da organização política não é nem a "vida eterna" nem a "vida em virtude", mas uma confortável autopreservação. A redução que Locke faz da preocupação política a uma mera proteção

---

[89] Ver René Descartes, parte IV, em *Discourse on Method and Meditations*. Trad. Laurence J. Lafleur. Indianápolis, Bobbs-Merrill, 1980.
[90] Ver Thomas Hobbes, *Leviathan*. Ed. Michael Oakeshott. New York, Collier-Macmillan, 1962.

e segurança do sujeito privado encontra-se precisamente expressa em seu *Letter Concerning Toleration* [Carta Acerca da Tolerância]:

> O Commonwealth me parece uma sociedade constituída somente para conquista, preservação e avanço dos próprios interesses civis dos homens.
> Por interesses civis quero dizer vida, liberdade, saúde, conforto do corpo e a possessão de coisas concretas, tais como dinheiro, terras, casas, mobília, e outros.

A tendência de considerar a atividade humana essencialmente uma questão de maximizar o prazer privadamente definido ou, seu inverso idêntico, minimizar a dor privadamente definida, é o tema central à tradição liberal, de forma que a preocupação com o bem comum da ordem e das virtudes é subvertida e rebaixada aos interesses e vantagens privados, seja de indivíduos ou de grupos. Como Strauss escreveu:

> O ensinamento de Locke sobre a propriedade e, a partir disso, toda sua filosofia política tem um tom revolucionário [...] Através da mudança de ênfase dos deveres ou obrigações naturais para os direitos naturais, o indivíduo e o ego tornaram-se o centro e a origem do mundo moral [...] o homem deve quase tudo que tem valor aos seus próprios esforços.[91]

Para Strauss, Rousseau foi o iniciador da segunda onda da modernidade e o primeiro a ver a política burguesa pelo que ela é. A notória afirmação aparece em *Discurso sobre o Desenvolvimento das Ciências e das Artes*: "Os políticos antigos falavam

---

[91] Leo Strauss, *Natural Right and History*, p. 248.

incessantemente sobre moral e virtude, e os políticos de nosso tempo falam apenas sobre negócio e dinheiro".[92] Contudo, havia um desequilíbrio entre seu desejo de restaurar a virtude não utilitarista das repúblicas clássicas, por um lado, e sua questão tipicamente moderna sobre a reconciliação das necessidades e desejos do indivíduo diante da autoridade e das restrições da sociedade como um todo, por outro lado: "O homem nasce livre, e em todo lugar ele se encontra acorrentado [...] Como tal coisa aconteceu? Eu não sei. O que a torna legítima? Creio que posso resolver essa questão".[93]

Em um contexto no qual é tido como certo que os seres humanos vivendo em sociedade nada têm em comum exceto a mesma busca por objetivos individualmente determinados, Rousseau desloca a política tradicional colocada em termos do bem comum para a questão da legitimidade política. A aprovação de Kant da primazia da razão prática baseava-se na vontade geral de Rousseau reforçada pela religião civil. A democracia de Kant da "vontade geral" não supõe, nem sequer por um momento, que a maioria dos homens e das mulheres é capaz de muito mais do que "uma ampla gama de respostas automáticas à lógica da cenoura e da vara".[94] Como fez Rousseau, Kant isolou a solução política ao problema entre a reconciliação da autonomia universal e a anarquia do interesse próprio na criação de instituições apropriadas e leis "com dentes afiados". Reconhecendo essa divisão entre a moralidade pessoal e um eficiente planejamento constitucional, Kant chegou mesmo a vislumbrar uma sociedade civil perfeitamente justa composta de demônios, com base em um interesse próprio esclarecido.[95]

---

[92] Jean-Jacques Rousseau, *The First and the Second Discourses*. Ed. Roger D. Masters. Trad. Roger D. Masters e Judith R. Masters. New York, St. Martin's, 1964, p. 51. Sobre a centralidade de Rousseau para Strauss, ver Meier, *Die Denkbewegung von Leo Strauss*, p. 34-41.
[93] Jean-Jacques Rousseau, *On the Social Contract*. Ed. Roger D. Masters. Trad. Judith R. Masters. New York, St. Martin's, 1978, p. 46.
[94] Willmoore Kendall, *Willmoore Kendall Contra Mundum*. Ed. Nellie D. Kendall. New Rochelle, Arlington House, 1971, p. 456.
[95] Ver, de Immanuel Kant, "Perpetual Peace: First Supplement". In: Lewis White Beck (org.), *Kant on History*. Indianápolis, Library of Liberal Arts/Bobbs-Merrill, 1977, p. 112; ver p. 106-14.

Depois da tentativa abortada de Hegel de remendar o buraco entre as instituições políticas e a moralidade, foi Karl Marx que prosseguiu na mesma linha, mas agora ao criticar a política econômica do capitalismo liberal em nome de uma completa liberação da servidão ilegítima. Só que ele nunca sugeriu de forma inequívoca uma motivação para a revolução que não fosse a maximização das satisfações. Mesmo o famoso *slogan* "de cada qual segundo suas capacidades; a cada qual segundo suas necessidades"[96] pode ser interpretado dessa forma – e Alexandre Kojève fez isso de forma notória.[97] A utópica sociedade comunista que "torna possível que eu faça uma coisa hoje e outra amanhã, caçar de manhã, pescar à tarde, criar animais ao anoitecer, criticar após o jantar, da maneira que eu quiser"[98] rejeita de forma decisiva a divisão do trabalho, mas não a primazia do homem econômico de Locke ou de Smith. Tanto no pensamento político liberal capitalista quanto no pensamento político comunista, a tradicional orientação política, que sempre julgou o desejo de riqueza, glória e liberdade de um sujeito qualquer que quer fazer o que lhe agrada como algo fundamentalmente subordinado às solicitações da vida em virtude, foi virada de ponta cabeça. Dessa forma, a ordem política passou a ser estritamente governada à luz dos padrões de segurança, conforto e liberdade. Qual é a utilidade da virtude se você não está vivo? E que proveito tira um homem do bem viver se ele não é rico?

---

[96] Karl Marx, "Critique of the Gotha Program". In: Lewis S. Feuer (org.), *Basic Writtings on Politics and Philosophy: Karl Marx and Friedrich Engels*. New York, Doubleday Anchor, 1959, p. 119; ver p. 112-32.

[97] Ver a importante crítica de Kòjeve sobre o *On Tyranny: An Interpretation of Xenophon's Hiero* de Strauss. New York, Political Science Classics, 1948, "L'action Politique des Philosophes", em *Critique*, outubro de 1950, p. 46-55. Esse texto foi traduzido do francês e publicado na edição ampliada e revisada em *On Tyranny*. Glencoe, Free Press, 1963, com prefácio de Allan Bloom, intitulado "Tyranny and Wisdom", p. 143-88. A resposta de Strauss (incluindo uma resposta à resenha crítica de Eric Voegelin sobre *On Tyranny*, de Leo Strauss, *Review of Politics*, vol. 11, 1949, p. 241-44), que apareceu primeiramente em francês, junto com o ensaio crítico de Kòjeve, em 1954, foi publicada na íntegra em *On Tyranny: Including Strauss-Kòjeve Correspondence*. Ed. Victor Gourevitch e Michael S. Roth. New York, Free Press, 1991. [Em português: *Da Tirania*: Incluindo a correspondência Strauss-Kòjeve. Trad. André Abranches. São Paulo, É Realizações Editora, 2017.]

[98] Karl Marx, "Excerpts from 'The German Ideology'". In: *Basic Writings*, p. 254; ver p. 246-66.

Strauss creditou Nietzsche, na crítica devastadora do "Último Homem" no prólogo de *Assim Falou Zaratustra*, por ter iniciado a terceira onda da modernidade, na qual ainda vivemos. Não é somente a questão da morte de Deus, mas da degeneração do ser humano tanto sob o comunismo quanto sob a democracia liberal, os quais Nietzsche considerava versões secularizadas de piedade cristã, baseadas no *ressentimento*. O desejo de Nietzsche por um ser humano mais integral era, para Strauss, a apoteose do historicismo, abrindo caminho para as duas implicações catastróficas da última fase do modernismo: o relativismo e o niilismo. Strauss estava disposto a conceder que as intimações de Nietzsche se propunham a superar o niilismo pelo confronto, sem sucumbir ao *ressentimento*, mas eu não acredito que ele estivesse convencido de que Nietzsche fosse completamente capaz de elucidar adequadamente ou convidar as pessoas "para uma conversão genuína de uma preocupação pré-moral ou mesmo imoral em relação aos bens terrenos para uma preocupação com o bem da alma", em vez de meramente revolver "a transição calculada de um interesse próprio não esclarecido para um esclarecido".[99]

Strauss desenvolve essa hipótese das três ondas, em profundidade, em seu trabalho mais conhecido e influente: *Natural Right and History* [Direito Natural e História]. Esse desenvolvimento é realizado nos termos da transformação da categoria central de natureza. "A natureza é mais antiga que qualquer tradição, logo, é mais venerável que qualquer tradição [...] Ao remover a autoridade do ancestral, a filosofia reconhece a natureza como uma autoridade".[100] Para Strauss, a oposição da filosofia grega entre *physis* ou natureza e *nomos* ou crença convencional é um critério trans-histórico. Sua compreensão do que é "justo por natureza" [*physei dikaion*] é tão matizada e flexível quanto a compreensão de Voegelin em seu ensaio sobre o assunto em *Anamnese*.[101] Mesmo assim, ao fixar esse padrão, Strauss quer liberar o relato filosófico das diferenças entre o certo e o

---

[99] Leo Strauss, *Liberalism Ancient and Modern*, p. 21.
[100] Leo Strauss, *Natural Right and History*, p. 92.
[101] Eric Voegelin, "Justo por Natureza" e "O que é Natureza?". In: *Anamnese*, p. 177-218.

errado das relatividades do espaço e do tempo histórico, das opiniões e dos acordos humanos. Para Strauss, esse padrão de moralidade e de política fora articulado por homens de virtude na *Ética* e na *Política* de Aristóteles. Diante desse padrão máximo, cada nova onda da modernidade gera crescentes retrocessos num radicalismo crescente. A antiga filosofia política fazia da virtude o grande tema. A política moderna substituiu esse tema pelo poder. A antiga justiça natural enfatiza o dever ou a obrigação, ao passo que o direito natural moderno sublinha reivindicações autocentradas. Esse conjunto de oposições pode ser, na prática, estendido indefinidamente.

A natureza é o elemento-chave para Strauss. Ela marca a antítese dos desvios socialmente aceitos, os quais se distanciaram da natureza, tanto em direção ao historicismo quanto em direção ao relativismo ou ao niilismo. Da perspectiva do racionalismo pré-moderno, esse conceito de natureza exclui a escatologia sobrenatural apenas na medida em que é "irracional". A noção que Strauss tem de natureza não supõe uma natureza sem inteligência, mas, embora ele permaneça aberto à contemplação de uma natureza inteligente, geralmente deixa de considerar as soluções de Deus para as crises humanas. Portanto, Strauss permanece dentro daquilo que Voegelin chamaria de diferenciação noética da consciência. Para ele, "*necesse et philosophari*". Talvez, isso explique sua predileção anti-historicista, que conduz a uma comparativa indisposição para lidar com os detalhes e o escopo da história do mundo.

Voegelin diria que as filosofias de Platão e Aristóteles são incapazes de lidar adequadamente com o problema da realidade apocalíptica, porque este está condicionado às circunstâncias que não são dadas pelo meio histórico. Porém, Strauss diria que só elas fornecem acesso àquilo que Allan Bloom chamou de "uma rica e concreta consciência natural do fenômeno político";[102] e só elas refletem

---

[102] Allan Bloom, "Leo Strauss: September 20, 1899 – October 18, 1973". In: *Giants and Dwarfs: Essays 1960-1990*. New York, Simon and Schuster, 1990, p. 238; ver p. 235-55.

sobre as realidades políticas, ao inseri-las dentro de um contexto integral ou dentro daquilo que é superior e melhor, não tanto como respostas, mas nos mostrando quais são os problemas políticos fundamentais em todos os tempos.

> O historicismo sanciona a perda, ou o esquecimento, do horizonte natural do pensamento humano ao negar a permanência de problemas fundamentais. É a existência desse horizonte natural que torna possível a "objetividade" e, portanto, em particular, a "objetividade histórica".[103]

O filósofo político é aquele que demonstra a relevância política de se refletir sobre a situação política em andamento em qualquer época à luz desses problemas fundamentais.

Portanto, natureza significa a experiência direta das coisas políticas juntamente com o relevantamento dos problemas políticos fundamentais ao longo do tempo.

> O reconhecimento da filosofia [originalmente por Sócrates] de que a raça humana vale alguma seriedade é a origem da filosofia política ou da ciência política. Seu reconhecimento tem de ser filosófico, todavia, isso deve significar que as coisas políticas, as coisas meramente humanas, têm importância decisiva para se compreender a natureza como um todo.[104]

A história só tem relevância conforme a leitura dos antigos autores torna acessível aquela experiência natural da política e das questões fundamentais.

---

[103] Leo Strauss, "Collingwood's Philosophy of History". *Review of Metaphysics*, vol. 5, 1952, p. 584; ver p. 559-86.
[104] Leo Strauss, "The Problem of Socrates", p. 126.

> A história, ou seja, a preocupação com o
> passado como pensamento do passado, só
> assume significado filosófico caso existam
> boas razões para se acreditar que podemos
> aprender algo da mais alta importância com
> o pensamento do passado, algo que não
> podemos aprender de nossos contemporâneos.
> A história se apoia no significado filosófico
> para os homens que vivem em uma época de
> declínio intelectual. Estudar os pensadores do
> passado se torna essencial para os homens que
> vivem em uma época de declínio intelectual,
> porque é o único meio prático por meio do
> qual podem recuperar uma compreensão
> apropriada de problemas fundamentais.
> Tendo-se isso em vista, a história assume
> a tarefa adicional de explicar por que a
> compreensão apropriada de problemas
> fundamentais foi perdida de tal forma que a
> própria perda se apresenta como progresso.[105]

O elemento apocalíptico, como uma função da revelação divina, tem de ser tratado da forma como fariam aqueles que concebem suas religiões como lei – tipicamente, o islã e o judaísmo, em suas versões não místicas, *sharia/hallacha*. Strauss estava convencido pela opinião medieval árabe de Alfarabi que o tratamento fundamental do problema da revelação ou da profecia pode ser encontrado nas *Leis,* de Platão. Na opinião de Strauss, as *Leis* é o complemento fundamental de *A República*, em que se discute a concepção do melhor regime, apresentado idealmente. À medida que se move de um regime "ideal" em direção à implementação na realidade prática, dogmas indispensáveis por meio dos quais muitos podem viver a vida

---

[105] Leo Strauss, "Collingwood's Philosophy of History", p. 583.

como bons cidadãos se fazem necessários. As pessoas comuns precisam, em geral, se certificar se aqueles que modelam o *nomoi*, na frase de Rousseau, "atribuem sua própria sabedoria aos deuses".[106] Não apenas não existe espaço na concepção de Strauss para o apocalíptico em seu sentido usual, mas ele também rejeita explicitamente a eventualidade de que os problemas básicos da experiência histórica possam ser alguma vez decisivamente resolvidos. A possibilidade de uma resolução – a instituição do melhor regime de Platão e Aristóteles – nunca é de fato apodicticamente excluída, mas Strauss acredita que um regime como esse seria, infelizmente, impossível de se sustentar.

Concluindo, creio que Strauss pensou sua filosofia política no sentido que ele mesmo atribui, de "um tratamento político ou popular da filosofia, ou a introdução política à filosofia – a tentativa de conduzir os cidadãos qualificados, ou ainda seus filhos qualificados, da vida política para a vida filosófica".[107] Seja lá qual for sua verdadeira orientação, creio que ele não é nem um cripto nietzschiano, nem um conservador elitista, como esses rótulos são vulgarmente concebidos. Como Carnes Lord coloca, ele acreditava que "as elites impunham o tom para a sociedade como um todo, exemplificando um modo de vida e nutrindo ideias e valores – o significado mais profundo da noção de 'regime' que Strauss encontrou em Platão e Aristóteles".[108] Acredito que sua estima por Churchill não era externa, que ele realmente tomou Churchill de forma genuína em sua posição à *Ética,* de Aristóteles, como a expressão adequada de moralidade por meio da qual vivia, e que ele está longe de ser antidemocrático, como fica evidente na afirmação de sua "Eulogia para Churchill", citada por Harry V. Jaffa:

---

[106] *On the Social Contract.* Ed. Roger D. Masters. Trad. Judith R. Masters. New York, St. Martin's Press, 1978, Livro II, cap. VII, p. 69.
[107] Leo Strauss, "On Classical Political Philosophy", p. 93-94.
[108] Ver, de Carnes Lord, "Thoughts on Strauss and Our Present Discontents". In: Kenneth L. Deutsch e John A. Murley (orgs.), *Leo Strauss, the Straussians, and the American Regime.* Lanham, Rowman and Littlefield, 1999, p. 415; ver p. 413-17.

O tirano se firmava no pináculo do poder. O contraste entre o indomável e magnânimo estadista e o tirano insano – esse espetáculo em sua clara simplicidade foi uma das lições mais grandiosas que alguém pode aprender em qualquer época.[109]

Strauss concordava com Churchill que a democracia com sua "baixa", mas "sólida" base, é o pior regime, exceto quando consideramos todos os outros. A afirmação de Strauss "a democracia em uma palavra está destinada a ser uma aristocracia que se ampliou para se tornar em aristocracia universal" formula de modo adequado o projeto educacional para o qual todo professor universitário que tem sangue correndo nas veias se dedica; e a observação de Voegelin de que uma massa crítica de cidadãos virtuosos é a condição para a possibilidade da democracia em oposição às tiranias apoiadas por maiorias plebiscitárias nos fornece um objetivo razoável para almejarmos.

Girard e sua explícita solução cristã: a inesperada realização do Apocalipse

Embora eu esteja menos familiarizado com a obra de René Girard do que estou com a obra dos outros dois autores,[110] Girard é de muitas formas o mais radical dos três pensadores, e o mais solidário para um teólogo. Prescindindo dos detalhes da teoria mimética de Girard e de seu papel gigantesco nas origens arcaicas da cultura, mito e religião,[111] quero aqui enfatizar seu julgamento inequívoco, segundo o qual

---

[109] Harry V. Jaffa, "Strauss at One Hundred". In: *Leo Strauss, the Straussians and the American Regime*, p. 44; ver p. 41-48.
[110] Para uma pesquisa confiável e abrangente sobre o pensamento de Girard, ver, de Wolfgang Palaver, *René Girard mimetische Theorie: Im Kontext kulturtheoretischer und gesellschaftspolitischer Fragen*. Münster, LIT Verlag, 2003.
[111] Ver, de René Girard, *Violence and the Sacred*. Trad. Patrick Gregory. Baltimore, The Johns Hopkins University Press, 1977; *The Scapegoat*. Trad. Yvonne Freccero. Baltimore, The Johns Hopkins University Press, 1986.

a humanidade universal confronta um problema que não pode ser resolvido em bases puramente humanas, de acordo com a doutrina cristã da impotência moral. Girard revela sua ousadia ao afirmar que a solução vem de Deus, ou seja, uma solução sobrenatural que segue a linha do ensinamento cristão de que a salvação chega a nós somente pela graça. Ele está totalmente convencido de que a decisiva revelação e ocorrência histórica da solução se encontra na vida, morte e ressurreição de Jesus de Nazaré, especificamente ao emergir da tradição judaica que já começara a expor a natureza não sacrificial e amorosa de Deus pelos seres humanos.[112] Isso vai ao encontro do ensinamento que diz que o perdão de Deus e o envio do Espírito Santo ocorrem para todos os seres humanos *propter Christum.*

Relevante para nossa discussão, Girard usa sem hesitar o termo apocalíptico em seu sentido convencionalmente bíblico e cristão.[113] Para Girard, somente o apocalipse possui a aguçada torção escatológica a envolver a escalada do mal até o clímax da crise, um evento transformador que constitui a *metabasis eis allo genus*, expressa pela frase de Paulo, "uma nova criação" (2 Coríntios 5,17). A possibilidade de existência num plano completamente liberado da mímesis violenta e do mecanismo vitimário e sacrificial surge e é realizada na vida, morte e ressurreição de Jesus.[114] Dessa forma, para Girard, tanto a escatologia quanto o apocalipse convergem e, em certo sentido, expandem-se a partir da morte e ressurreição de Jesus, que, em suas palavras e ações, revela a maneira de Deus lidar com a violência de uma forma tal que apenas uma pessoa divina,

---

[112] Tudo isso é afirmado de forma muito clara no Livro 2: "The Judeo-Christian Scriptures". In: *Things Hidden Since the Foundation of the World*. Trad. Stephen Bann (Livros 1 e 3) e Michae Metteer (Livro 2). Stanford, Stanford University Press, 1987, p. 141-280. Além das histórias de Abel, José e do Julgamento de Salomão sobre a criança disputada pelas duas prostitutas enfatizadas em *Things Hidden*, a prefiguração judaica também aparece no livro de Girard *Job: The Victim of his People*. Trad. Yvonne Freccero. Stanford, Stanford University Press, 1987.
[113] *Things Hidden Since the Foundation of the World*, p. 184-90, 195, 250 e 259-60.
[114] Ver, de René Girard, *I See Satan Fall like Lightning*. Tradução e prefácio de James G. Williams. Maryknoll, Orbis Books, 2001.

mas completamente humana, poderia fazer. Isso exprime em termos de causalidade histórica a doutrina calcedônica de que a única pessoa da Palavra é verdadeiramente divina e humana. O que mais poderia pedir um teólogo católico romano e ortodoxo?

Girard conhece a história contada pelo imigrante, psiquiatra e convertido ao cristianismo Karl Stern, sobre o rabino hassídico que olhou pela janela e disse: "Então, o que mudou?".[115] Em *Coisas Ocultas desde a Fundação do Mundo*, Girard reconhece como a lenta absorção do Evangelho na história é acompanhada pela construção de um panorama de deslocamento, distorção e maldade, que parece estar escalando para um momento-limite, uma crise. Girard descreve essa situação como apocalíptica. Ele insiste que as expectativas apocalípticas judaicas do Segundo Templo na Palestina do século I foram realizadas, mas não da forma catastrófica e mimeticamente violenta de um acerto de contas violento. A ação de Jesus de sofrer os efeitos das maldades humanas na história, oferecendo perdão incondicional aos perpetradores, apresenta-se como o oposto total às formas-padrão de se confrontar o mal.

O uso que Girard faz do apocalíptico integra os escândalos centrais da fé Cristã – que a graça recebida não é merecida e que Deus se torna humano em Jesus. Ele as afirma descaradamente depois de ter chegado a elas principalmente por meio de sua própria idoneidade intelectual, e ao seguir o hábito de questionar sua própria pesquisa Girard pôde abrir o entendimento apocalíptico – da mímesis passando pelo mecanismo do bode expiatório e sacrifícios e chegando à redenção cristã. Além do mais, essa viagem de descoberta ocorreu a um acadêmico que foi conduzido

---

[115] Em *The Pillar of Fire*, Garden City, Doubleday Image Books, 1959, Stern redige uma "Carta Aberta a Meu Irmão" na qual se recorda da "história que contei [anteriormente, no texto] do rabino que olha pela janela durante o anúncio do Messias, e diz: 'Não vejo qualquer mudança' (p. 253). Na versão anterior, o rabino, olhando pela janela, diz, 'Cidades e vilarejos bombardeados, com milhões de inocentes tragados pelos maquinários de aniquilação, simplesmente não pode ser que aqui, nesta terra, houve um Messias'" (p. 174).

pelas exigências de seu *insight*, além de mostrar uma preocupação admirável em relação à verdade e à beleza.[116] Durante o processo de aquisição de uma rara especialidade acadêmica interdisciplinar, Girard passou de um professor acadêmico generalista em humanidades na Universidade de Indiana para os campos da literatura e da crítica literária[117] em Johns Hopkins, e daí para antropologia comparativa, psicologia e interpretação bíblica durante sua estadia em Stanford.[118] Isso não o diferencia de Voegelin, cuja amplitude de conhecimentos históricos e culturais o levou a uma apreensão cada vez mais ampla e profunda sobre as exigências impostas ao cientista político de nossos dias. Tampouco é totalmente diferente de Strauss, cujo pensamento a explorar as questões culturais e religiosas, para além do sionismo político, o levaram de um engajamento com a tradição judaica pós e pré-iluminista para o estudo da tradição ocidental da filosofia política e prática, desde Platão e Xenofonte até Nietzsche, Weber e Heidegger.

Caso eu tenha qualquer hesitação em relação à análise de Girard, devo situá-la na evidente naturalização do pecado que a teoria mimética promove. Não sendo estritamente um teólogo por profissão, Girard corre o risco de não distinguir sua teoria das análises modernas radicais da doutrina cristã do pecado original.[119] Todavia, o ensinamento da Bíblia difere significativamente dos

---

[116] Ver, de René Girard, "The Anthropology of the Cross: A Conversation with René Girard". In: James G. Williams (org.), *The Girard Reader*. New York, Crossroad, 1996, p. 262-88.

[117] Ver as obras mais enfaticamente orientadas à crítica literária de René Girard: *Deceit, Desire, and the Novel: Self and Other in Literary Structure*. Trad. Yvonne Freccero. Baltimore, The Johns Hopkins University Press 1965; *"To Double Business Bound": Essays on Literature, Mimesis and Anthropology*. Baltimore, The Johns Hopkins University Press, 1978; *A Theatre of Envy: William Shakespeare*. New York, Oxford University Press, 1991; *Resurrection from the Underground: Feodor Dostoevsky*. Tradução e prefácio de James G. Williams. New York, Crossroad, 1997.

[118] René Girard, "The Anthropology of the Cross", p. 283-87.

[119] Perguntei a Girard (durante uma conversa informal que tivemos quando ele havia sido convidado para as palestras McCarthy no Boston College) se as descrições do estado de natureza em Hobbes e Rousseau não eram exemplos do processo mimético por ele exposto, e ele concordou sem hesitar que, de fato, eram.

ensinamentos de Hobbes, Locke e Rousseau, porque no Gênesis a mímesis é uma *deformação* do ser humano, em vez de ser uma expressão da natureza humana dada por Deus.

O que está em jogo aqui? Se o Gênesis está correto, então os relatos de estado de natureza de Hobbes, Locke e Rousseau são, no máximo, descrições de seres humanos como criaturas caídas, não de seres humanos como tanto em estado natural ou elevados a uma fraternidade mútua com as pessoas da Trindade. Hobbes, Locke e Rousseau eliminaram falaciosamente a luz da fé e truncaram a luz da razão a uma mera faculdade de cálculo a fim de estabelecer as fundações da sociedade civil na "baixa, mas sólida base" do controle de danos: as pessoas podem perseguir seus desejos miméticos sem se matar umas às outras. A concomitante secularização da sociedade civil e privatização dos verdadeiros valores do Evangelho levam ao que Strauss, falando sobre Locke, chamou de "a triste busca pela alegria". É uma triste busca pela alegria porque a violência física e psicológica na sociedade civil se encontra frequentemente disfarçada. Somente Girard, dentre os três pensadores, enxerga as consequências apocalípticas de fazer as pessoas pensarem que o desejo concupiscente é o mesmo que caridade, na formulação de Pascal.[120]

De forma breve, Girard poderia usar a construção teórica de natureza para fornecer um relato mais adequado tanto da formação humana quanto de sua deformação pela mímesis, a fim de comunicar de forma mais eficiente a transformação humana moldada por Deus em Cristo Jesus. Esse seria o contexto teórico para se lidar adequadamente com o apocalíptico e a política. E eu acredito que isso foi muito bem iniciado por seu discípulo, Raymund Schwager.[121]

---

[120] Blaise Pascal, *Pensées*. Trad. A. J. Krailsheimer. London, Penguin Books, 1966, n. 118, p. 60.
[121] Ver, de Raymond Schwager, *Brauchen wir einen Sündenbock? Gewalt und Erlösung in den biblischen Schriften*. Munique, Kösel Verlag, 1978; *Der wunderbare Tausch: Zur Geschichte und Deutung der Erlösungslehre*. Munique, Kösel Verlag, 1986; *Jesu im Heilsdrama. Entwurf einer biblischen Erlösunglehre*, Innsbruckcer theologische Studien 29. Innsbruck, Tyrolia Verlaganstalt, 1990.

Jerusalém e Atenas em Girard, Strauss e Voegelin

As diferenças entre os três tornam-se mais claras quando examinamos suas respectivas posturas diante de Jerusalém e Atenas. Strauss descobriu que o racionalismo pré-moderno mantinha as duas sob tensão, embora muitos de seus mais notórios seguidores tenham aberto mão da tensão em favor de Atenas. Talvez, como um ateu motivado pela idoneidade intelectual, Strauss favorecesse Atenas com base em uma consciência fundamentada em Jerusalém. Portanto, o eixo de seu pensamento gira em torno daquilo que pode ser obtido pela razão sem o auxílio da crença ou da revelação, embora ele tenha estudado a Bíblia com grande cuidado. Strauss notou que a Bíblia não apresenta um termo para natureza, e uma apreensão filosófica da natureza foi o foco de seu esforço intelectual.

Voegelin, ao fazer algo que Strauss não pôde fazer tanto como filósofo quanto como judeu, junta-se a Paulo ao creditar Jesus como presença pleromática da divindade na história. Ainda assim, como Strauss, ele percebe grandes perigos do possível desequilíbrio que a diferenciação pneumática pode incorrer, devido à intensa experiência do objetivo personalizado e amoroso em direção ao qual a tensão atrai o convertido. Ao mesmo tempo, ele aprecia as contribuições morais à sociedade advindas de sinceros cristãos fiéis. Voegelin não se distingue de Strauss uma vez que sua *bête noire* é qualquer tipo de fé metastática, da qual o apocalipsismo é a espécie dominante. Pode-se perguntar se Voegelin foi excessivamente influenciado pelo Schelling inspirado em Bruno, de forma que se inclinou mais para Atenas do que para Jerusalém; ainda assim, ele pediu para que os Salmos fossem lidos em seu leito de morte e solicitou um enterro cristão, caso isso fosse possível.[122]

---

[122] Paul Caringella e Robert Hamerton-Kelly revelaram essa informação durante o último dia de nosso colóquio em Stanford.

O critério de Girard para o julgamento histórico vem direto do Evangelho de Mateus 25: a medida pela qual uma pessoa vive segundo o Evangelho e se modela em Jesus, que se identifica com as vítimas. Para Girard, então, Jesus é a única pessoa absolutamente livre de mímesis negativa; ele concede livremente sua vida para toda a humanidade, cujos membros estão sujeitos a mímesis, violência, expedientes vitimários e seus sacrifícios, no sentido pejorativo. Dessa forma, Girard coloca-se firmemente do lado de Jerusalém.

É importante notar que aquilo que é significativo para Girard não é a lealdade para com um dos lados (uma vez que isso implicaria uma motivação mimética), mas a verdade. Assim, se Strauss como um ateu tinha uma consciência judaica, podemos também dizer que Girard tem uma predileção católica para usar a razão a fim de esclarecer o que está além dela,[123] seja para perceber o processo mimético em um dos lados da divisão apocalíptica ou perceber a resposta de Deus em Cristo Jesus, do outro lado. Aquilo que toca Girard não é nem o individualismo possessivo da primeira onda da modernidade nem o individualismo expressivo da segunda onda, mas, em comum com Nietzsche, o que o toca é a busca por um tipo mais integral de humanidade do que as duas primeiras ondas podiam reunir; e diferentemente de Nietzsche, o comprometimento de Girard é somente com Jesus, não com Dionísio, não com um "César com o coração do Cristo" (que o teólogo católico Hans Urs von Balthasar interpretou como moralidade bíblica sem cristianismo).[124]

Minha impressão é que Girard transcende o ponto de vista da terceira onda de Nietzsche e de Strauss, porque ele descerrou a

---

[123] René Girard, "The Anthropology of the Cross", p. 268.
[124] Tanto para Strauss quanto para Girard, Nietzsche é considerado um escritor da mais alta importância. Ver, de Girard, "Strategies of Madness – Nietzsche, Wagner e Dostoevsky" em *To Double Business Bound*, p. 61-83; "The Founding Murder in the Philosophy of Nietzsche". In: P. Dumouchel (org.), *Violence and Truth: On the Work of René Girard*. Stanford, Stanford University Press, 1988, p. 227-46. "The Twofold Nietzchean Heritage". In: *I See Satan Fall like Lightning*, p. 170-92; "Nietzsche versus the Crucified". In: *The Girard Reader*, p. 243-61.

raiz mimética que está por baixo das análises sobre o estado de natureza em Hobbes e Rousseau, na fonte das duas primeiras ondas. Os relatos de Hobbes e Rousseau do estado de natureza estão engrenados aos seus respectivos projetos modernos de separar a opinião religiosa tradicional do poder político. Eles tinham dois propósitos: primeiro, substituir o relato bíblico da Queda; e, segundo, revisar ou superar o relato pré-moderno da natureza.

Hobbes concentrou-se no poder do mais fraco para matar o mais forte em um estado de natureza antissocial e tomado pela escassez em sua base, exacerbado ao extremo pela vaidade de alguns poucos. Em seu *Segundo Discurso sobre as Origens da Desigualdade*, Rousseau transpôs a problemática hobbesiana para o âmbito da psicologia social. Ele focou o despertar da percepção alienante de que a estima de alguém por si mesmo depende da estima que os outros fazem dessa pessoa. Isso leva a um deslocamento do espontâneo amor por si mesmo da afável fera primal [*amour de soi*] como também atrofia a compaixão humana original, por causa da vaidade [*amour propre*] do ser humano racional. A capacidade do ser em comparar conduz à inveja e ao ciúme. A teoria mimética de Girard desnuda a força geradora que produz os efeitos da violência física e psicológica (a qual associamos tanto aos seres humanos arcaicos quanto aos chamados civilizados) em Hobbes e Rousseau.

A análise de Girard da mímesis, do mecanismo do bode expiatório e do sacrifício permite a ele declarar aquilo que Strauss parece perceber, mas que nunca chega a expressar, e aquilo que Voegelin tende a articular bem genericamente nos termos da oposição agostiniana entre a alma concupiscente (ou pneumopatológica) e a alma aberta. Segundo Girard, a condição humana, dominada pelo desejo mimético, não pode ser controlada por um contrato racional (o *Leviatã* de Hobbes) ou remediada, seja pela fé emocional do vicário de Savoyard ou pela sublimação do Eros na modéstia feminina quando o contrato de casamento se torna a base do contrato social (como em *Émile, ou Sobre a Educação*), ou mesmo pela vontade geral sustentada pela religião civil ou pelo imperativo categórico sustentado pela "religião somente dentro dos limites da razão". A análise de Girard do romance burguês mostrou a futilidade de todas essas soluções.[125] Valendo-se da antropologia arcaica – um estado de natureza baseado em fatos verificáveis, incidentalmente –, Girard demonstrou que não somente a mímesis, mas que também o mecanismo do bode expiatório e o sacrifício são as matrizes tanto para a cultura quanto para a religião, e até mesmo para as chamadas instituições da sociedade civil.[126] Assim, da forma mais radical dentre todos, Girard nos ensinou a ver como a antropologia dos Evangelhos e de Jesus de Nazaré não apenas diagnosticaram completamente o problema central da violência mimética, seja física ou psicologicamente, mas também manifestaram o remédio de Deus para esse problema humano, o qual se apresenta como único remédio: perdão incondicional aos inimigos e perseguidores, comprometimento para ajudar as vítimas do mundo e amar sem esperar retribuição.

---

[125] Ver, de Girard, *Mentira Romântica e Verdade Romanesca*.
[126] Ver Ludwig Ecker, *Zwischen Recht und Vergebung: Der Beitrag der Theorie René Girards zur Beschreibung christlicher Existenz*. Linz, Verlagsatelier Wagner, 1999, especialmente "I. Prologomena: Heuristischer Rahmen einer Theorie", p. 19-91.

capítulo 5
a modernidade e a questão judaica: o que Leo Strauss aprendeu com Nietzsche

John Ranieri

Com exceção de Platão, nenhum pensador exerceu mais influência sobre Leo Strauss do que Nietzsche. O próprio Strauss admitia ao dizer: "Nietzsche me influenciou e fascinou de tal forma que, entre meus vinte e dois e trinta anos, eu literalmente acreditei em tudo o que pude compreender dele".[1] E essa influência não diminuiu com o tempo. Em seu último livro, *Studies in Platonic Political Philosophy*, o ensaio de Strauss sobre *Além do Bem e do Mal*, de Nietzsche, ocupa um lugar central. Referências a Nietzsche ocorrem com bastante frequência por toda a obra de Strauss, e, frequentemente, em pontos cruciais.[2] Em geral, Strauss fala em tom de aprovação sobre Nietzsche, embora possa ser, por vezes, agudo em suas críticas. Segundo Strauss, "nunca houve alguém que falasse de forma tão grandiosa e

---

[1] Karl Lowith e Leo Strauss, "Correspondence". *Independent Journal of Philosophy*, vol. 5, n. 6, 1988, p. 183.
[2] Seria quase impossível defender que o envolvimento de Strauss com o pensamento de Nietzsche tenha sido apenas uma simples paixão juvenil que se dissipou com o tempo. Além das constantes referências a Nietzsche em toda a sua obra, Strauss ministrou cursos sobre Nietzsche na Universidade de Chicago em 1952, 1956, 1959, 1962 e 1967. Strauss também ofereceu um curso sobre Nietzsche durante o período em que esteve no St. John's College (1971-1973). Certamente, Nietzsche permaneceu sendo um aspecto central de suas preocupações durante toda a sua carreira.

nobre sobre o que é um filósofo", e é Nietzsche quem "transformou a verdade mortal do relativismo na mais exuberante verdade".[3] Ao mesmo tempo, Strauss acusa Nietzsche de pregar "o direito sagrado da 'extinção sem misericórdia' de grandes massas humanas com tão pouco constrangimento quanto seu grande antagonista [Marx] fizera", e de ter usado seu "poder retórico insuperável e inexaurível" para preparar o caminho "para um regime que, durante o tempo que durou, fez a desacreditada democracia parecer uma época dourada".[4] No entanto, Strauss acredita que embora "exista uma filiação indiscutível entre o pensamento de Nietzsche e o fascismo", Nietzsche, diferentemente de Heidegger, não teria apostado no Nacional Socialismo. No final, Strauss vê o relacionamento de Nietzsche com o nazismo como análogo ao de Rousseau perante a Revolução Francesa; "ao interpretar Nietzsche à luz da revolução alemã, é possível ser muito injusto com Nietzsche, mas não *absolutamente* injusto".[5] Mesmo quando não é mencionado explicitamente, o espírito de Nietzsche paira sobre as investigações de Strauss.

Em nenhum outro lugar isso se torna mais evidente do que no tratamento que Strauss confere à "questão judaica" e sua conexão com o tema da relação entre Atenas e Jerusalém. Isso não é simplesmente uma questão de similaridades entre Nietzsche e Strauss, uma mera influência. Certamente, essas similaridades estão presentes, mas a evidência da confiança de Strauss em Nietzsche é mais forte do que isso. Em primeiro lugar, temos a reconhecida dívida de Strauss para com Nietzsche. Além disso, temos o fato a indicar que, em pontos críticos dos trabalhos de Strauss, a autoridade e os *insights* de Nietzsche são explicitamente invocados. No início da carreira acadêmica de Strauss, Nietzsche o ajuda a articular aquilo que está

---

[3] Leo Strauss, "Relativism" e "Introduction to Heideggerian Existentialism". In: *The Rebirth of Classical Political Rationalism: Essays and Lectures by Leo Strauss*. Seleção e apresentação de Thomas Pangle. Chicago, University of Chicago Press, 1989, p. 40 e 26.
[4] Leo Strauss, "What is Political Philosophy?". In: *What is Political Philosophy?* Chicago, University of Chicago Press, 1959, p. 54-55.
[5] Leo Strauss, "Introduction to Heideggerian Existentialism", p. 31; e "German Nihilism". *Interpretation: A Journal of Political Philosophy*, vol. 26, n. 3, 1999, p. 372.

em jogo na questão judaica, e, durante o último trabalho de Strauss, é com Nietzsche que ele precisa se ajustar à medida que considera a incompatibilidade entre Atenas e Jerusalém.

Introduzir o pensamento de René Girard nessa discussão é convidar uma análise crítica segundo a qual chegamos a essas questões a partir de uma perspectiva que tem pouco ou nada a ver tanto com a perspectiva de Strauss quanto com a de Nietzsche. No entanto, ao colocar os *insights* de Girard em contraponto com Strauss e Nietzsche, não estaríamos buscando impor uma moldura que é estranha às preocupações dominantes desses dois filósofos? Estaríamos, então, engajados em reducionismo do pior tipo? Responder na afirmativa seria ignorar em grande parte as conexões relevantes entre esses pensadores. Em primeiro lugar, temos o fato de que tanto Strauss quanto Girard reconhecem a importância de Nietzsche para o pensamento contemporâneo. Ambos escreveram sobre Nietzsche e ambos tomam a problemática religiosa como central de seus trabalhos. Talvez, de forma ainda mais significativa, o que liga os pensamentos de Girard, Nietzsche e Strauss seja o profundo esforço, em todos eles, por compreender o significado da Bíblia. Para Strauss, a questão judaica é inseparável de uma consideração sobre as alegações bíblicas; logo, a maneira na qual o texto é interpretado tem implicações profundas sobre como a questão é respondida. Acredito que a influência de Nietzsche se torna, então, evidente, tanto no tratamento que Strauss dá à questão judaica quanto em sua interpretação da Bíblia. O encontro entre Strauss, Nietzsche e Girard refere-se ao significado da tradição bíblica e seu papel na civilização. Todos os três concordam que não existe questão mais importante.

"Creio que posso afirmar, sem qualquer exagero, que desde muito cedo o tema principal de minhas reflexões tem sido aquilo que recebe o nome de 'questão judaica'".[6] Para aqueles que

---

[6] Leo Strauss: "Why We Remain Jews". In: Kenneth Hart Green (org.), Leo Strauss, *Jewish Philosophy and the Crisis of Modernity: Essays and Lectures in Modern Jewish Thought*. Albany, State University of New York Press, 1997, p. 312.

conhecem Strauss fundamentalmente como um filósofo político, essa afirmação pode parecer surpreendente. A partir dessa sua perspectiva, é certo dizer que não é apenas o caso de não haver qualquer conflito entre seus trabalhos como filósofo político e seu engajamento com a questão judaica, mas de perceber que as duas áreas estão, de fato, diretamente interligadas. Ele escreve no prefácio de seu livro, *Spinoza's Critique of Religion*, que "de todos os pontos de vista, parece que o povo judeu é o povo escolhido, ao menos no sentido de que o problema judaico é o símbolo mais manifesto do problema humano, quando se apresenta como problema social ou político".[7] Para Strauss, a "*questão* judaica" é inseparável daquilo que ele descreve como "*problema* judaico". E, em posse de uma franqueza incomum, ele informa seus leitores que "não existe solução para o problema judaico".[8] O que seria, então, essa questão/problema, e por que não há solução?

O problema judaico surge porque durante toda a história existem aqueles que odeiam os judeus simplesmente porque são judeus. Confrontados com esses ódios e as frequentes perseguições e violências que os acompanham, alguns judeus revidam, esperando triunfar sobre seus inimigos ou pelo menos alcançar uma morte corajosa. Outra possibilidade é o exílio perpétuo, no qual, privados de uma terra natal judaica, vivem como um povo separado dentro das nações em que se encontram, aderindo fielmente às suas tradições ancestrais. Sob as condições do exílio, o sofrimento judaico pode se fundir com a identidade judaica e vir a ser interpretado teologicamente, encontrando seu significado máximo no divino plano final de redenção. Finalmente, os judeus podem submergir ou abandonar sua identidade, integrando-se à cultura do entorno. Esse é o caminho da assimilação. Na Alemanha dos dias de Strauss, muitos judeus tinham esperança de que os garantidos direitos e proteções legais contra a discriminação oferecidos pela

---

[7] Leo Strauss, "Preface to Spinoza's Critique of Religion". In: Leo Strauss, *Jewish Philosophy and the Crisis of Modernity*, p. 143.
[8] Leo Strauss, "Why We Remain Jews", p. 317.

democracia liberal poderiam oferecer uma solução permanente ao problema judaico. Na visão de Strauss, tais esperanças se encontravam tristemente deslocadas. A democracia liberal até pode proibir a discriminação pública, legal e governamental contra judeus e outras minorias, mas um Estado liberal não pode evitar a discriminação privada e social sem, antes, se intrometer nas vidas de seus cidadãos, o que entraria em contradição com seu próprio comprometimento com a liberdade.[9] A fim de abolir todas as formas de discriminação, seria necessário viver sem a distinção entre as esferas pública e privada, e a correspondente intrusão do Estado em todas as áreas da vida humana seria uma cura muito pior do que a doença que procuraria aliviar.

Qual é, então, a resposta sionista ao problema judaico? Durante as décadas de 1920 e 1930, Strauss foi um sionista politicamente engajado, mas, embora fosse solidário aos objetivos do movimento, depois de alguns anos sua honestidade intelectual o levou a julgar tanto o sionismo político quanto cultural como formas inadequadas para resolver as dificuldades de seu povo. Mais especificamente, ele culpava a ideologia sionista de evitar um tema central à tradição judaica: a crença em um Deus onipotente, "a crença na criação do mundo, na realidade dos milagres bíblicos e na absoluta obrigação e imutabilidade essencial da Lei, baseada na revelação do Sinai".[10] Considerando essa perspectiva, o alegado agnosticismo ou ateísmo do sionismo político torna-o incapaz de resolver a questão *judaica*. Além disso, as respostas oferecidas pelo sionismo político permanecem dentro do horizonte do pensamento político moderno e, dessa forma, representam um desvio para fora da tradição judaica, uma tradição sólida em sua crença de que a solução para a miséria dos judeus não se encontra na esfera da ação humana, mas na vontade divina. Em meio aos debates no quais se encontrava ativamente envolvido, Strauss escreve:

---

[9] Leo Strauss, "Preface to Spinoza's Critique of Religion", p. 144.
[10] Leo Strauss, *Philosophy and Law*. Trad. Eve Adler. Albany, State University of New York Press, 1995, p. 23.

> A tradição, de acordo com seu significado,
> exclui a política, ou seja, exclui a "política"
> compreendida como deliberação segundo a
> consciência de responsabilidade para a existência
> e dignidade de um povo, em que tal existência é
> vista como puramente dependente de condições
> "naturais", sejam humanas ou extra-humanas
> [...] "Apolítico" pode significar: estar colocado
> num plano diferente do político, e também pode
> significar: excluir o político. Certamente, eu tinha
> apenas o segundo significado em mente quando
> falava do caráter apolítico da tradição judaica.[11]

A tensão entre Atenas e Jerusalém começava a emergir no pensamento de Strauss.

Strauss respeita o ateísmo honesto do sionismo político, no entanto, ele crê que essa tentativa, por parte do sionismo cultural, de mediar o sionismo político e a ortodoxia, é uma empreitada profundamente insatisfatória. Em oposição ao sionismo político, o sionismo cultural aprecia o valor da religião judaica na formação da identidade judaica; mas na visão de Strauss, o sionismo cultural reduz a religião bíblica a uma mera expressão do espírito do povo judeu. Ao fazer isso, o sionismo cultural adultera inteiramente a compreensão da tradição judaica sobre si mesma, na qual os fiéis têm a si mesmos como orientados por Deus; pois eles certamente nunca viram sua fé como uma expressão de seu próprio gênio. Strauss defende o direito do ateu de considerar a religião de Israel como uma criação humana (de fato, como um ateu meticuloso ele se inclinava a fazer exatamente isso), mas o que ele discute sobre o sionismo cultural é sua superficialidade, pois este compreende a fé judaica como mera expressão do gênio

---

[11] Leo Strauss, "Comment on Weinberg's Critique". In: *Leo Strauss: The Early Writings (1921-1932)*. Tradução e edição de Michael Zank. Albany, State University of New York Press, 2002, p. 119.

de um povo, o que implica uma negação de Deus, e tal negação se encontra em franca oposição com a tradição.[12] Diferente do sionismo político, o sionismo cultural é um ateísmo disfarçado.

Somos deixados, então, diante de um dilema:

> A fundação – a esfera de autoridade – da herança judaica se apresenta não como um produto da mente humana, mas como presente divino, como revelação divina [...] Quando o sionismo cultural compreende a si mesmo, ele se torna sionismo religioso. Mas, quando o sionismo religioso compreende a si mesmo, ele se manifesta, sobretudo, como fé judaica e apenas secundariamente como sionismo, considerando blasfema a noção de uma solução humana ao problema judaico.[13]

Portanto, nem o sionismo cultural nem o político podem resolver o problema judaico. Segundo Strauss, ambos ficaram severamente comprometidos por sua aceitação de muitas das premissas do pensamento moderno, seja na forma de ideologia ou nas pressuposições de uma moderna ciência bíblica cuja crítica esvazia a tradição da realidade de Deus, solapando a crença em seu aspecto milagroso. Um dos resultados dessa crítica moderna foi tornar o retorno à ortodoxia muito mais difícil para muitos judeus, os quais assimilaram o espírito da cultura moderna. Contudo, mesmo se esse não fosse o caso, a aceitação da ortodoxia representa, para Strauss, uma decisão que rejeita o político como instrumento de normalização da vida judaica. Mas, se em vez disso, os judeus recorrerem às bases da política moderna para tentar resolver o problema judaico, eles

---

[12] Leo Strauss, "Sigmund Freud, *The Future of an Illusion*". In: *Leo Strauss: The Early Writings*, p. 203.
[13] Leo Strauss, "Cohen's Analysis of Spinoza's Bible Science". In: *Leo Strauss: The Early Writings*, p. 143.

ameaçam sua própria identidade como povo, já que aceitariam os termos dados pelas nações modernas. Isso pode ser visto claramente nos efeitos da assimilação. Então, o que os judeus teriam de fazer diante da seguinte escolha: preservar sua identidade sob condições permanentes de exílio e perseguição ou normalizar a existência judaica em detrimento de sua diferença como povo?

O problema se complica ainda mais pelo fato de a questão ser formulada dentro de um contexto que, na visão de Strauss, já se encontra distorcido pela influência da modernidade. A crítica do Iluminismo contra a religião "danificou as fundações da tradição judaica".[14] Reagindo a essa crítica, alguns pensadores judaicos modernos (como Moses Mendelssohn, por exemplo) tentam compor "a ortodoxia com o Iluminismo radical", e quando isso prova não ter qualquer êxito a geração seguinte (Cohen, Rosenzweig, Buber) tenta se mover para além do nível em que a batalha fora previamente travada, a fim de alcançar uma síntese superior de Iluminismo e ortodoxia.[15] Em ambos os casos, Strauss detecta uma capitulação ao pensamento moderno e, no último caso em particular, uma "internalização" de referências fundamentalmente "externas" diante da criação e dos milagres, indicando, na realidade, uma desqualificação da tradição judaica. Para começar a se mover seriamente em direção a uma compreensão apropriada dessa tradição, a modernidade teria que ser transcendida. Isso não será tarefa fácil, já que, sob a situação contemporânea, aqueles que buscam compreender a tradição devem ascender não de uma, mas de duas cavernas. O horizonte moderno constitui uma segunda e "antinatural" caverna, da qual precisamos ser liberados antes de alcançarmos o nível da caverna "natural" descrita por Platão:

> Ao usar a apresentação clássica das dificuldades
> naturais de filosofar, isto é, ao usar a parábola da

---

[14] Leo Strauss, *Philosophy and Law*, p. 23.
[15] Ibidem, p. 23-24.

caverna de Platão, pode-se dizer que hoje em dia nos encontramos em uma segunda e muito mais profunda caverna em comparação com aqueles felizes ignorantes aos quais Sócrates se dirigiu.[16]

Como nos encontramos em uma segunda caverna? Strauss observa: "A dificuldade em se fazer filosofia foi fundamentalmente aumentada, e a *liberdade* para se fazer filosofia foi fundamentalmente reduzida, pelo fato de uma tradição baseada em uma revelação ter entrado no mundo da filosofia".[17] Num primeiro momento, pode parecer que o próprio judaísmo, como uma "tradição baseada na revelação", esteja incluído nessa acusação. Caso fosse isso mesmo, faria pouco sentido para Strauss tentar retornar a uma tradição judaica que, em si, compreenderia uma segunda caverna, da qual a humanidade moderna precisaria, segundo Strauss, desprender-se. Mas, a fim de compreender o ponto de vista de Strauss, precisamos notar qual é a sua referência de tradição baseada na revelação que "entrou no mundo da filosofia". Para Strauss, essa tradição é o cristianismo, não o judaísmo. Historicamente, no judaísmo o *status* da filosofia sempre foi mais precário porque sempre esteve em permanente tensão com a Lei, mas o cristianismo, ao integrar a filosofia aos estudos de teologia, obstruiu a liberdade da filosofia.[18] Ao sujeitar a filosofia a um controle superior, o cristianismo teria criado uma artificial e "antinatural" condição de pensamento. Quando os pensadores modernos reagem contra esse controle, eles o fazem em um contexto que é diferente daquele de seus antepassados gregos:

---

[16] *Leo Strauss: The Early Writings*, p. 30; Leo Strauss, *Philosophy and Law*, p. 136.
[17] *Leo Strauss: The Early Writings*, p. 31.
[18] "A precária situação da filosofia no judaísmo, assim como no islamismo, não foi de todo má à filosofia. O reconhecimento oficial da filosofia pelo mundo cristão tornou-a sujeita à supervisão eclesiástica. Assim, a precária condição da filosofia no mundo islâmico-judaico preservou seu caráter próprio e, com isso, sua liberdade interna de qualquer supervisão. A situação da filosofia no mundo islâmico-judaico se assemelhou, nesse sentido, à situação na Grécia Clássica" (Leo Strauss, *Persecution and the Art of Writing*. Chicago, University of Chicago Press, 1952, p. 21). Em Português: *Perseguição e a Arte de Escrever – E outros Ensaios de Filosofia Política*. (São Paulo, É Realizações Editora, 2015.)

> A fim de tornar possível o filosofar, em seu estado naturalmente difícil, a complicação artificial do filosofar precisa ser removida; deve-se lutar contra os preconceitos. Aqui surge uma diferença fundamental entre a filosofia moderna e a filosofia grega: enquanto a última luta apenas contra a aparência e a opinião, a primeira começa sua luta contra os preconceitos. Logo, nesse sentido, o Iluminismo busca restaurar a liberdade grega.[19]

Na narrativa de Strauss, a filosofia moderna, ao tentar derrubar o preconceito, tem um êxito apenas parcial. Ao longo de sua luta, ela se torna mais enredada na tradição que busca superar.[20] Esse enredamento não causa surpresa, uma vez que para Strauss a modernidade é, de muitas maneiras, um produto do cristianismo e do judaísmo messiânico e profético.[21] Apesar de toda a dureza de suas críticas contra o cristianismo, Strauss crê que muitos pensadores modernos (incluindo Nietzsche) permanecem influenciados pela exata tradição que atacavam. Dessa forma, a crítica moderna de "preconceito", embora amplamente dirigida contra as doutrinas das igrejas cristãs, também afetou o judaísmo:

> Que essa crítica tenha tido um impacto no contexto judaico fica ilustrado historicamente pelo fato de a tradição judaica, na medida em que não foi capaz de reconstruir a si mesma em relação a essa crítica, ter sucumbido ao ataque da Europa. Aqui se encontra a causa decisiva

---

[19] *Leo Strauss: The Early Writings*, p. 31.
[20] Ibidem, p. 31.
[21] Ver, de Clark A. Merrill, "Leo Strauss' Indictment of Christian Philosophy". *Review of Politcs*, vol. 62, n. 1, 2000, p. 77-105; e, de John Ranieri, "The Bible and Modernity: Girardian Reflections on Leo Strauss". *Contagion: Journal of Violence, Mimesis and Culture*, vol. 11, 2004).

daquilo que é conhecido como assimilação, que
é, portanto, judaicamente legitimada a partir
dessa perspectiva [...] [O] resultado da crítica
em questão é a limitação que ela coloca sobre a
validade da tradição.²²

Ao sucumbir ao "ataque europeu" e ao se deixar afetar pelas polêmicas do Iluminismo, os pensadores judeus acabaram, involuntariamente, ficando enrolados com questões que são, em certo sentido, problemas internos à discussão cristã.

De fato, o problema judaico é uma questão séria, e isso faz com que Strauss levante a questão de "como as pessoas vão viver daqui para a frente".²³ Aqui, obtemos um vislumbre sobre a direção que o pensamento de Strauss tomará, à medida que a questão de como *esse* povo tem de viver se abre à questão mais geral sobre a melhor forma de viver, a questão *política*. Também se torna crescentemente mais claro o motivo pelo qual, para Strauss, "o problema judaico é o símbolo mais manifesto do problema humano na medida em que é um problema social ou político". A luta do povo judeu para preservar sua identidade em meio ao massacre da modernidade é paradigmática para todos os povos modernos. Negar a identidade de alguém, como o preço a se pagar pela aceitação política e social, é dar consentimento à perda de identidade de um povo, o que levanta a questão do próprio propósito do político. A experiência dos judeus modernos ilustra esse dilema profundamente. Em um momento em que a descrença permeou o próprio tecido da civilização ocidental, incluindo a vida judaica, o que significaria falar de identidade judaica, uma identidade tradicionalmente compreendida como constituída pela crença? Em relação a essa questão, ao menos uma coisa fica clara para Strauss: "É impossível não permanecer judeu. É impossível fugir de suas próprias origens [...] é impossível se livrar

---

²² Leo Strauss, "On the Argument with European Science". In: *Leo Strauss: The Early Writings*, p. 108.
²³ Leo Strauss, "Sigmund Freud, *The Future of an Illusion*", p. 202.

do próprio passado".²⁴ Porém, o que isso significa, num contexto dentro do qual as únicas alternativas parecem ser "ortodoxia ou Iluminismo?". Talvez Strauss estivesse pensando em si mesmo quando escreveu:

> A situação atual parece ser insolúvel para o judeu, que não pode ser ortodoxo e que deve considerar o sionismo puramente político a "única alternativa ao problema judaico" possível com base no ateísmo, como uma resolução que é, de fato, altamente louvável, mas que não se mostra, no longo prazo, adequada. Essa situação não apenas parece ser insolúvel, mas, como de fato é, desde que se esteja preso às premissas modernas.²⁵

A tarefa de Strauss é transcender as "premissas modernas" que distorcem a tradição judaica e começar a emergir da segunda caverna, onde os homens e mulheres modernos se encontram aprisionados. Para fazer isso, é preciso adotar uma abordagem mais radical do que aquela que foi previamente realizada, a fim de remover as influências que aprisionam a vida intelectual judaica e diluem sua identidade:

> Simplesmente, ao se absorver elementos alemães mais profundos é impossível não assimilar, juntamente com eles, dentre outras coisas, uma dose de espírito especificamente cristão. Além disso, deve ser lembrado que a interna reação judaica ao liberalismo se serviu, completamente, das armas que a Europa cristã forjara, durante o período da restauração e até mesmo antes disso, contra

---

[24] Leo Strauss, "Why We Remain Jews", p. 317 e 320.
[25] Leo Strauss, *Philosophy and Law*, p. 38.

> o espírito do Iluminismo. Assim, nós nos encontramos amarrados por todos os lados no mundo germano-judaico no qual crescemos espiritualmente [...] é imperativo sair desse mundo, de "alguma forma".[26]

Essa é uma empreitada e tanto para um "jovem judeu nascido e criado na Alemanha que se encontrava preso à condição político-teológica", uma empreitada que poderia ser menos temerosa se houvesse alguém para liderar o caminho. Strauss encontra esse guia em Nietzsche:

> Por meio de Nietzsche, a tradição foi abalada em suas raízes. Ela perdeu por completo sua verdade autoevidente. Somos deixados num mundo desprovido de qualquer autoridade, qualquer direção. Apenas agora a questão *pous bioteon* [como vamos viver?] recebeu seu sentido total. Podemos perguntá-la novamente. Temos a possibilidade de perguntá-la com toda a seriedade [...] Mas não podemos respondê-la imediatamente por nós mesmos, pois sabemos que estamos profundamente envolvidos em uma tradição: estamos ainda muito abaixo dos habitantes da caverna de Platão. Precisamos emergir para a origem da tradição, no nível de ignorância natural.[27]

É com Nietzsche, "um homem que se colocava no polo oposto de todo obscurantismo e fundamentalismo",[28] que Strauss aprende como "sondar as profundezas 'pré-cristãs' dos judeus,

---

[26] Leo Strauss, "Response to Frankfurt's 'Word Principle'". In: *Leo Strauss: The Early Writings*, p. 69.
[27] Ibidem, p. 32-33.
[28] Leo Strauss, "The Problem of Socrates". *Interpretation: A Journal of Political Philosophy*, vol. 22, n. 3, 1995, p. 324.

assim como do espírito helênico-europeu".²⁹ No pensamento de Nietzsche, Strauss encontra possibilidades extraordinárias para se ganhar acesso às origens da cultura, livre das influências da modernidade e do cristianismo.

Essa investigação das origens deve um bocado ao *insight* de Nietzsche sobre os efeitos do historicismo:

> Segundo Nietzsche, a análise teórica da vida humana que percebe a relatividade de todas as visões abrangentes e, portanto, as deprecia tornaria a própria vida humana impossível, pois destruiria a atmosfera protetora somente dentro da qual a vida, a cultura e a ação humana são possíveis. Além do mais, uma vez que a análise teórica tem sua base fora da vida, ela nunca será capaz de compreender a vida. A análise teórica da vida não tem comprometimento algum e lhe é hostil, mas vida significa comprometimento.³⁰

Nietzsche escreve sobre a "lei universal" segundo a qual "uma coisa viva pode ser saudável, forte e profícua apenas quando presa a um horizonte".³¹ Strauss ecoa o mesmo *insight*:

> [Ninguém] pode contemplar ou verdadeiramente compreender qualquer cultura sem que essa pessoa esteja firmemente

---

[29] Leo Strauss, "The Holy". In: *Leo Strauss: The Early Writings*, p. 76.
[30] Leo Strauss, *Natural Right and History*. Chicago, University of Chicago Press, 1950, p. 26. Ver também, de Leo Strauss, "Relativism". In: Leo Strauss, *The Rebirth of Classical Political Rationalism*, p. 24-26. Esse livro e o ensaio foram escritos em 1950 e 1961, respectivamente. Menciono-os a fim de defender minha alegação de que a influência de Nietzsche sobre o pensamento de Strauss não diminuiu ao longo de sua carreira.
[31] Friedrich Nietzsche, *Untimely Meditations*. Trad. R. J. Hollingdale. Cambridge, Cambridge University Press, 1997, p. 63.

> enraizada nela, ou sem que participe em sua capacidade como contempladora de alguma cultura.[32]

Para Strauss, as observações de Nietzsche têm um efeito direto sobre a questão judaica, uma vez que levantam, da forma mais fundamental possível, a questão sobre o que significa ser um povo. Nietzsche

> [...] nos mostra que a cultura só é possível se os homens forem totalmente dedicados a princípios de ação e pensamento que eles não questionam nem podem questionar, os quais limitam seu horizonte e, assim, permitem que tenham um caráter e um estilo.[33]

Certamente, Nietzsche está bem ciente de que esse tipo de dedicação cega aos valores da cultura de alguém é problemático para os "homens de probidade intelectual", os quais compreendem as consequências relativistas do pensamento histórico e não podem, como resultado disso, ignorar deliberadamente suas lições. É menos relevante saber, agora, se Nietzsche supera ou não essa tensão, pois Strauss acredita que mais ninguém (exceto, talvez, ele próprio) articula melhor a direção na qual uma solução será encontrada:

> Os diferentes valores, respeitados em épocas distintas, não tinham um apoio objetivo, ou seja, eram criações humanas; deviam sua existência a um livre projeto humano que formou o horizonte dentro do qual uma cultura foi possível. Aquilo que o homem

---

[32] Leo Strauss, "Jerusalem and Athens: Some Preliminary Reflections". In: *Studies in Platonic Political Philosophy*. Chicago, University of Chicago Press, 1983, p. 147-48.
[33] Leo Strauss, "Relativism", p. 25.

> fez no passado de forma inconsciente e
> sob a ilusão de se submeter a algo que se
> apresentava independentemente da ação
> criadora do homem, agora ele deve fazer
> de forma consciente [...] É nesse sentido
> que Nietzsche deve ser reconhecido como
> aquele que transformou a verdade mortal do
> relativismo na grande verdade promotora
> da vida [...] Podemos fazer mais que aludir
> aqui às dificuldades nas quais Nietzsche se
> viu envolvido ao tentar superar os problemas
> que afligem sua solução [...] Limitamo-nos,
> aqui, a dizer que o movimento do pensamento
> de Nietzsche pode ser compreendido como
> um movimento da supremacia da história
> em direção à supremacia da natureza, um
> movimento que contorna por completo a
> supremacia da razão ou tenta substituir
> a oposição entre o subjetivo e o objetivo
> (ou entre o convencional e o natural) pela
> oposição entre o superficial e o profundo.[34]

Aqueles familiarizados com a obra de Strauss hão de reconhecer o quanto "o movimento do pensamento de Nietzsche" se assemelha ao movimento do pensamento do próprio Strauss. Nenhum assunto é mais importante para Strauss do que a recuperação da "natureza" em face do historicismo. Um fato igualmente significativo é aquele que aponta para o papel central de uma oposição entre superficial e profundo, na filosofia de Strauss. Mesmo onde ele e Nietzsche parecem divergir, ou seja, em relação à "supremacia da razão", devemos nos lembrar como a palavra final de Strauss sobre Nietzsche pode muito bem ser vista como uma tentativa de colocar o aparentemente "irracional" Nietzsche mais perto do

---

[34] Leo Strauss, "Relativism", p. 25-26.

racionalismo de Platão.³⁵ Finalmente, Strauss divide com Nietzsche a visão segundo a qual a história, em excesso, não é uma coisa boa, e que, a fim de se fazer forte e saudável, um povo deve confiar na correção dos princípios que constituem seu horizonte e que conferem o formato de seu "regime".³⁶

Resumindo, Strauss encontra em Nietzsche alguém que reverencia o gênio do particular, ao passo que, de forma simultânea, anseia por uma cultura mais ampla na busca por excelência, uma que esteja livre dos defeitos modernos de nivelamento e homogeneidade. Nietzsche mostra a saída da segunda e mais profunda caverna, assim como antecipa uma cultura para além da primeira caverna. Para Strauss, Nietzsche é um "apreciador" das culturas que levanta a questão sobre o que uma multiplicidade de culturas poderia significar à luz de uma humanidade como algo cujo objetivo ainda não foi percebido. Strauss cita os "Mil e Um Objetivos" de *Zaratustra* e observa como "Nietzsche tem uma reverência mais profunda do que qualquer outro apreciador pelas tábuas sagradas dos hebreus, assim como de outras nações em questão".³⁷ É praticamente impossível separar a forma como Strauss lida com a questão judaica da influência de Nietzsche; especialmente considerando os anos em que essas questões foram formuladas no trabalho de Strauss, e que coincidem sobremaneira com o período durante o qual ele admite ter acreditado em tudo que lera do filósofo alemão. Não é o caso de Strauss ter uma concepção claramente formulada da questão judaica e, então, encontra Nietzsche. Este está presente na própria formulação da questão.³⁸

---

[35] Leo Strauss, "Note on the Plan of Nietzsche's Beyond Good and Evil". In: *Studies in Platonic Political Philosophy*, p. 174-91.
[36] Leo Strauss, "The Crisis of Our Time" e "The Crisis of Political Philosophy". In: Harold J. Spaeth (org.), *The Predicament of Modern Politics*. Detroit, University of Detroit Press, 1964, p. 41-54 e 91-103.
[37] Leo Strauss, "Jerusalem and Athens", p. 148.
[38] Quase a mesma coisa pode ser dita sobre a influência de Nietzsche em relação à recuperação dos gregos promovida por Strauss. Strauss mergulha nos estudos em filosofia política clássica depois de seu encontro com Nietzsche, e, embora restem poucas dúvidas

Existe um sentido em que todos os temas importantes dos trabalhos posteriores de Strauss emergem de sua associação com Nietzsche. Por meio de sua crítica à tradição ocidental, Nietzsche limpa o caminho para a sua reconstrução. Ao fazer isso, ele procura dissolver os acréscimos acumulados da modernidade. Como parte desse projeto ele propõe um ataque mordaz contra o cristianismo, o qual acredita ter desempenhado um papel crucial na formação do horizonte cultural, político, social e moral da modernidade. Considerando-se a preocupação do próprio Strauss sobre o fato de que ao se deixar influenciar pelas "coisas alemãs" os judeus absorveram "um espírito especificamente cristão", qual outra pessoa se inspiraria mais do que um pensador cuja aversão pelas coisas germânicas e cristãs não poderia ser mais enfática? Além disso, ao reconhecer e desafiar o domínio do historicismo, Nietzsche abre a possibilidade de uma recuperação da "natureza". Esse movimento do pensamento de Nietzsche da "supremacia da história" para a "supremacia da natureza" inspirará a própria consideração de Strauss sobre a "natureza" na filosofia clássica. Talvez, da forma mais paradoxal, Nietzsche ofereça aquilo a que Strauss se referirá como "uma vindicação ateísta de Deus". Para aqueles, como Strauss, que acham difícil acreditar, mas os quais, assim mesmo, permanecem convencidos sobre o papel central da questão religiosa para a tradição judaica, a realização de Nietzsche tem uma importância crucial. Finalmente, tem-se o fato de que enquanto Nietzsche despreza o cristianismo e aqueles aspectos do judaísmo que conduzem a uma moralidade servil, ele tem grande admiração pelo Antigo Testamento e um profundo respeito pelo povo judeu.

Para melhor apreciar a influência de Nietzsche sobre Strauss, uma breve sinopse da atitude de Nietzsche em relação à Bíblia pode ser útil. Para Nietzsche, "Deus" pode ser visto frequentemente como a mais alta e exaltada criação de um povo. Diferentes concepções

---

sobre o quanto esses estudos o influenciaram profundamente, permitindo que ele, em certo sentido, criticasse o próprio Nietzsche, este continuou sendo, em geral, o condutor não reconhecido da reapropriação que Strauss realiza do pensamento clássico.

de Deus refletem a força e a fraqueza de seus criadores. Um povo forte e vibrante possui um deus correspondentemente temeroso e poderoso; por sua vez, um povo escravizado adora uma deidade misericordiosa (que pode ser qualquer coisa, exceto misericordiosa com os inimigos do povo). No caso do Antigo Testamento, Nietzsche elogia Iavé como reflexo da vitalidade dos hebreus e de seu espírito guerreiro.[39] Quando Israel sucumbe à dissensão interna e diante de inimigos externos, seu Deus triunfante deve também desaparecer; em vez disso, sob a infeliz influência de sacerdotes e profetas, o passado glorioso de Israel é reinterpretado como um desvio pecaminoso da vontade divina, merecendo ser punido por um Deus cuja honra foi ofendida. Uma nova dimensão preocupada com o pecado, a culpa, o arrependimento e a salvação passa a dominar a imaginação do povo judeu.[40] O cristianismo leva essas tendências judaicas à sua conclusão lógica. O movimento do Deus original dos hebreus para o Deus cristão seria, então, um movimento de triste declínio. Consequentemente, o maior pecado já cometido pela Europa letrada foi ter ignorado essa diferença e ter acrescentado o Novo Testamento às escrituras hebraicas durante a confecção da Bíblia.[41] Todavia, deve ser enfatizado que a história que Nietzsche conta a respeito da Bíblia e de seus protagonistas não é uma simples dicotomia entre o Antigo e o Novo Testamentos. De fato, existem duas trajetórias. Uma é promotora de uma vida exuberante, capturada nos contos inspiradores das vitórias de Israel e sobre o Deus que as tornou possíveis. A outra também começa no Antigo Testamento, mas essa é uma história em que a exuberância da vida está em declínio, refletida, sobretudo, nas tradições proféticas

---

[39] Friedrich Nietzsche, *The Antichrist*. In. *The Portable Nietzsche*. Edição e tradução de Walter Kaufmann. New York, Penguin Books, 1959, seções 16, 17, 25 e 26; *Daybreak*. Trad. R. J. Hollingdale. Ed. Maudmarie Clark e Brian Leiter. Cambridge, Cambridge University Press, 1997, seção 475; *Beyond Good and Evil*. In: *Basic Writings of Nietzsche*. Trad. Walter Kaufmann. New York, The Modern Library, 1967, seções 52 e 250; *The Gay Science*. Trad. Walter Kaufmann. New York, Vintage Books, 1974, seção 136.
[40] Friedrich Nietzsche, *The Antichrist*, p. 24-27; *Beyond Good and Evil*, p. 195; *Daybreak*, p. 38 e 68; *The Gay Science*, p. 135 e 137.
[41] Friedrich Nietzsche, *The Antichrist*, p. 17 e 24-27; *Beyond Good and Evil*, p. 52.

e sacerdotais de Israel, e que alcança seu nadir no Evangelho cristão. Como sempre, para Nietzsche, a linha divisória se baseia na separação entre aquilo que promove ou estimula a vida e aquilo que a enfraquece. Esse esquema também governa a atitude de Nietzsche em relação à história do povo judeu. Ele complementa sua bem conhecida análise dos judeus como os responsáveis pela revolta de uma moralidade escrava, reconhecendo o valor de sua tenacidade, criatividade e habilidade para suportar o sofrimento. Na Europa do futuro, Nietzsche acha difícil superestimar a contribuição a ser dada por esse povo, o qual foi fortalecido e preparado por séculos de perseguição.[42] E, apesar de ter dado nascimento ao cristianismo, os judeus também são responsáveis por manter vivo o espírito do Iluminismo e da independência intelectual, especialmente durante a Idade Média, quando a cultura filosófica do mundo clássico sofreu o perigo de ser completamente cristianizada.[43]

O impacto dessa narrativa de Nietzsche torna-se evidente por toda a interpretação que Strauss faz da tradição judaica. Como Nietzsche, ele adota a posição de que os deuses ou o deus de um povo diz muito sobre o caráter e as capacidades desse povo:

> Uma nação se faz nação em virtude de algo em que se modela. Na Antiguidade, uma nação se configurava ao se modelar em seus deuses. Na época, eles não tinham ideologias; e não tinham nem mesmo ideias. No topo, havia os deuses. E agora, nossos ancestrais asseveram *a priori* – isto é, sem olhar para qualquer um desses deuses – que esses deuses não eram nada além de abominações.[44]

---

[42] Friedrich Nietzsche, *Human, All Too Human*. Trad. Marion Faber e Stephen Lehmann. Lincoln, University of Nebraska Press, 1984, seção 475; *The Antichrist*, p. 24; *Beyond Good and Evil*, p. 251; *Daybreak*, p. 205.
[43] Friedrich Nietzsche, *Human, All Too Human*, p. 475.
[44] Leo Strauss, "Why We Remain Jews", p. 321.

Aqui, a atitude de Strauss espelha a alegação de Nietzsche de que – real ou não – "Deus" é "o mais sagrado e poderoso de tudo o que o mundo já possuiu".[45] Em uma resenha de 1925, *Judische Rundschtau* em *World History*, de Simon Dubnow, Strauss comenta:

> Por exemplo, ter "zelo por Deus" é, objetivamente falando, um fator essencial no moral de um exército e, portanto, de sua força, desconsiderando-se a existência ou não de Deus [...] As próprias fontes bíblicas nos dão a possibilidade de chegar a uma concepção de início – talvez, não profunda, embora acurada – de nosso povo.[46]

De fato, Strauss caracteriza o judaísmo como uma "ilusão heroica", enquanto expressa simultaneamente uma tremenda reverência pela crença em seu Deus, este se apresenta como seu mais alto ideal e sua maior inspiração.[47] Apesar de sua inclinação racionalista, Strauss

---

[45] Friedrich Nietzsche, *The Gay Science*, seção 125.
[46] Leo Strauss, "Biblical History and Science". In: *Leo Strauss: The Early Writings*, p. 135.
[47] Contrariamente aos sionistas culturais, Strauss rejeita a identificação de Deus como "o gênio criativo do povo judeu". De fato, Deus pode ser a mais alta criação do espírito humano, mas tal coisa não sugere de maneira nenhuma que os criadores humanos dessa ideia a entenderam dessa forma. O sionismo cultural é uma forma de reducionismo que simplesmente ignora tal distinção. Strauss, como Nietzsche, está interessado no papel que "Deus" exerce sobre a vida humana, desconsiderando se "Ele" existe ou não. Os dois procuram avaliar os efeitos culturais determinados pelo esvaziamento da crença, e ambos também se interessam bastante pelo fator "religioso" em sua relação com a filosofia. Isso pode explicar, em parte, a observação de Strauss ao dizer que, mesmo para o indivíduo que acha a crença religiosa impossível, seria aconselhável "penetrar na crença", a fim de apreciar parte daquilo que os crentes estão falando – mesmo que um tal encontro deixe intacta a descrença daquele que observa. No mínimo, tal encontro ampliará a compreensão do sujeito sobre uma dimensão fundamental da vida humana, mas da qual não participa. É por isso que Strauss diz: "Acredito que simplesmente ao substituir Deus pelo gênio criativo do povo judeu, o sujeito acaba abrindo mão de certa compreensão e se priva de algo importante – mesmo que ele não acredite –, privando-se de uma fonte de compreensão *humana*" ("Why We Remais Jews", p. 345). Tal visão é inteiramente consistente com os reiterados avisos de Strauss a respeito de se tentar compreender os autores melhor do que eles compreendiam a si mesmos. Nesse caso, o sionismo cultural tropeça

está, como Nietzsche, muito mais preocupado com o significado religioso de "Deus" do que com provas filosóficas de sua existência. Para ambos, a questão divina atua em um nível mais profundo do que a filosofia pode alcançar. Tanto quanto Nietzsche, Strauss – o racional e platônico filósofo político – também não pode deixar de lado a questão religiosa. Para eles, "Deus", seja lá como foi concebido, impulsionou um dos comportamentos mais heroicos e de autoentrega da história humana. Strauss considera isso extremamente importante na constituição da identidade judaica:

> Aquele sofrimento verdadeiro, o sofrimento heroico, que brota do ato heroico de autodedicação de toda uma nação para algo que essa nação considerava infinitamente superior a si mesma – de fato, aquilo que ela considerava infinitamente superior. Hoje em dia, nenhum judeu pode fazer nada melhor a si mesmo do que viver a lembrança desse passado.[48]

O passado judaico evocado por Strauss é um passado valorizado, remanescente do povo voluntarioso do Antigo Testamento, tão admirado por Nietzsche. É uma história de sofrimento, mas não é uma história de sofrimento *redentor*. Em vez disso, Strauss enfatiza consistentemente a virtude heroica dos judeus quando estes se opuseram aos seus perseguidores, mesmo quando essa resistência resultou na derrota.[49] Strauss aprova o *insight* de Theodor Herzl de que "somos uma nação – o inimigo nos torna uma nação, gostemos disso ou não", e "o inimigo é necessário para o mais alto esforço da personalidade".[50] Em outro momento, Strauss explica:

---

nesse equívoco ao embaralhar a distinção entre compreensões teológicas específicas e o alegado reflexo do gênio de um povo. Assim, perde-se a autocompreensão do judaísmo bíblico com sua crença de que a linguagem teológica, embora inadequada para Strauss, tem como referente um Deus vivo.
[48] Leo Strauss, "Why We Remain Jews", p. 323.
[49] Ibidem, p. 322-23.
[50] Leo Strauss, "Preface to *Spinoza's Critique of Religion*", p. 142.

> Sob a premissa da assimilação, o sofrimento judaico – sofrer pelo judaísmo – perde todo o sentido. Esse sofrimento é meramente o resíduo de um passado obscurecido, um resíduo que cessará à medida que a humanidade progredir [...] Nossos ancestrais foram imunes ao ódio e ao desprezo porque essas coisas apenas lhes provavam a eleição de Israel. O judeu desenraizado e assimilado nada tinha para fazer ante o ódio e o desprezo, exceto proteger sua própria pessoa. A completa igualdade social promoveu o completo desaparecimento do judeu como judeu – uma proposição que é impraticável, se não por outro motivo, então, ao menos pelo motivo perfeitamente suficiente de simples respeito próprio.[51]

Em uma resenha crítica à obra *Contemporary History of the Jewish People*, de Simon Dubnow, Strauss faz as seguintes observações:

> Existe, todavia, um ponto de vista que justifica a estrutura do trabalho de Dubnow, uma enumeração linear de, na maior parte das vezes, tristes encontros do povo judaico. O retrato detalhado, inspirado por fortes emoções, do sofrimento dos judeus russos, poloneses e romenos, tem um valor intrínseco: como martiriologia. Ninguém deve contestar sua importância. Isso se dá porque, em primeiro lugar, tem a função vital de manter vivo em nós o ódio profundo que facilita nossa existência neste mundo de ódio, e que assume

---

[51] Leo Strauss, "Progress or Return?". In: Kenneth Hart Green (org.), *Jewish Philosophy and the Crisis of Modernity: Essays and Lectures in Modern Jewish Thought*. Albany, State University of New York Press, 1997, p. 91-92.

para nós o lugar de um exército e de uma
fortaleza; e, segundo, é a preservação cognitiva
de uma forma essencial da vida de nosso povo,
isto é, o próprio sofrimento.[52]

Nessa passagem, Strauss aproxima-se de forma notável de Nietzsche, em seu entendimento sobre o papel do ódio na preservação e até mesmo na elevação do nível de existência de um povo.[53] Na passagem a seguir, de *Daybreak* [Aurora], que Strauss conhece bem (e que, como veremos adiante, cita de forma aprovadora), Nietzsche diz o seguinte do povo judeu:

Na história de seus pais e avós, cada judeu
tem uma mina de exemplos da mais fria
ponderação e firmeza em situações terríveis, de
sutil superação e aproveitamento da desventura
e do acaso; sua valentia, sob o disfarce
de miserável submissão, seu heroísmo no
spernere se sperni [desprezar ser desprezado],
ultrapassam as virtudes de todos os santos.
Pretendeu-se torná-los desprezíveis,
tratando-os desprezivelmente por dois mil
anos e recusando-lhes o acesso a todas as
honras, tudo o que é honrado, e empurrando-os
mais fundo nas mais sujas ocupações – e, de
fato, este procedimento não os tornou mais

---

[52] Leo Strauss, "Sociological Historiography?". In: *Leo Strauss: The Early Writings*, p. 104.
[53] Talvez, a passagem mais conhecida a respeito desse efeito se encontre na seção 8 do primeiro ensaio em *Genealogia da Moral*: "Do tronco dessa árvore de vingança e ódio, o ódio judaico – o mais profundo e sublime tipo de ódio, capaz de criar ideais e reverter valores [...] daí cresceu algo igualmente incomparável, um *novo amor*" (*Basic Writings of Nietzsche*, p. 470). Considere também a seguinte passagem em *O Anticristo*: "O povo judeu é dotado da mais vigorosa energia vital, que usada em circunstâncias impossíveis, voluntariamente e a partir da mais profunda prudência de autopreservação, simpatiza com todos os instintos de decadência – não dominada por estes, mas porque sabe adivinhar um poder nesses instintos, em posse dos quais poder-se prevalecer contra 'o mundo'" (*The Portable Nietzsche*, p. 593).

> limpos [...] Eles mesmos nunca cessaram de
> acreditar-se destinados às coisas mais altas,
> e as virtudes de todos os que sofrem nunca
> deixaram de adorná-los. A maneira como
> honram seus pais e seus filhos, a racionalidade
> de seus matrimônios e costumes matrimoniais
> os distinguem entre todos os europeus. Além
> de tudo souberam tirar um sentimento de poder
> e de perene vingança precisamente dos ofícios
> que lhes deixaram (ou a que foram deixados)
> [...] Pois o apreço por nós mesmos depende
> de nossa capacidade de retribuição, em coisas
> boas ou ruins. Mas nisto a sua vingança
> dificilmente os leva muito longe, pois eles
> têm todos a liberalidade de espírito, e também
> da alma, que produz nos homens a frequente
> mudança de local, de clima, de costumes
> dos vizinhos e opressores; eles desfrutam,
> sobejamente, da maior experiência em todas
> as relações humanas, e mesmo na paixão
> exercitam a cautela vinda da experiência.[54]

A atitude de Nietzsche em relação aos judeus é um tópico controverso que não pode ser discutido aqui de forma adequada. Embora muitos o absolvam de qualquer traço de antissemitismo, creio que a atitude de Nietzsche em relação ao povo judeu é mais ambivalente. Embora ele se destaque positivamente quando comparado com os antissemitas mais virulentos de seu tempo, ainda assim lança mão de estereótipos ofensivos sobre os judeus, mesmo quando os está elogiando. Outras muitas passagens poderiam ser citadas (incluindo a passagem que acabei de citar) para dar apoio à minha visão. Todavia, meu ponto não é determinar se Nietzsche era ou não antissemita, mas sublinhar as semelhanças entre ele

---

[54] Friedrich Nietzsche, *Daybreak*, aforismo 205.

e Strauss nessa questão. Isso certamente diz algo a respeito da profundidade da influência de Nietzsche sobre Strauss, no momento em que Strauss se mostra capaz de concordar amplamente com a descrição de Nietzsche sobre os judeus, sem oferecer a menor indicação ou suspeita de que Nietzsche possa estar ecoando estereótipos antijudaicos. Ao menos no início de sua carreira, Strauss parece estar completamente sob o feitiço de Nietzsche.

O efeito de Nietzsche sobre Strauss também fica evidente de outras formas. Ao falar diretamente ou não sobre o sofrimento dos judeus, o tom discursivo de Strauss sobre a história judaica retoma com muita frequência os exemplos das exatas virtudes que Nietzsche glorifica: luta e autossuperação. Dirigindo-se a um público predominantemente judaico, Strauss pergunta:

> Por que deveríamos nós, que temos um passado heroico, que não fica atrás de qualquer outro grupo da história humana, negar ou esquecer esse passado? Esse passado é muito mais heroico, pode-se dizer, uma vez que seus personagens principais não se apresentam com os enfeites e as vestimentas da glória marcial e do esplendor cultural, embora não nos faltem mesmo essas coisas. A assimilação provou exigir uma escravidão interior como o preço para a liberdade externa. Ou, colocando a coisa de forma diferente, a assimilação pareceu ter colocado os judeus no brejo do filistinismo, uma satisfação rasa com um presente altamente insatisfatório – o fim mais inglório para um povo que fora libertado da servidão para o deserto, evitando cuidadosamente as terras dos filisteus.[55]

---

[55] Leo Strauss, "Progress or Return?", p. 92.

A principal ameaça à existência judaica seria a capitulação diante da superficialidade de seu entorno; uma tentação à qual os judeus não sucumbiram em suas horas mais memoráveis. Strauss ecoa a denúncia de Nietzsche contra o mundo moderno por sua superficialidade, sua flacidez e sua falta de aspiração. Em vez de interpretar o não envolvimento com os filisteus como uma tomada de posição contrária à idolatria e violência de seu sistema sacrificial, Strauss faz uso desse incidente para expressar a aversão do pensamento de Nietzsche à mediocridade.

Em alguns casos, a conexão com Nietzsche é muito explícita. Isso se torna especialmente evidente nos comentários de Strauss sobre a já citada passagem de *Daybreak* [Aurora], em que Nietzsche fala do papel que os judeus poderão um dia desempenhar na Europa.[56] Strauss fica tremendamente impressionado com a análise de Nietzsche:

---

[56] Friedrich Nietzsche, *Daybreak*, seção 205. Entre os espetáculos aos quais o século nos convida se acha a decisão quanto ao destino dos judeus na Europa. O fato de que eles lançaram seus dados, de que cruzaram o Rubicão, é agora evidente: resta-lhes, apenas, ou tornar-se os senhores da Europa ou perdê-la, como muito tempo atrás perderam o Egito [...] Na Europa, no entanto, eles passaram por uma escola de dezoito séculos, algo que nenhum outro povo pode aqui apresentar, e de uma forma que não tanto a comunidade, mas sobretudo os indivíduos lucraram com esse terrível aprendizado. Em consequência disso, os recursos mentais e espirituais dos judeus de hoje são extraordinários [...] Na história de seus pais e avós, cada judeu tem uma mina de exemplos da mais fria ponderação e firmeza em situações terríveis, de sutil superação e aproveitamento da desventura e do acaso; sua valentia, sob o disfarce de miserável submissão, seu heroísmo no *spernere se sperni* [desprezar ser desprezado], ultrapassam as virtudes de todos os santos. Pretendeu-se torná-los desprezíveis [...] Eles nunca cessaram de acreditar-se destinados às coisas mais altas, e as virtudes de todos os que sofrem nunca deixaram de adorná-los. A maneira como honram seus pais e seus filhos, a racionalidade de seus matrimônios e costumes matrimoniais os distinguem entre todos os europeus. Além de tudo, souberam tirar um sentimento de poder e de perene vingança precisamente dos ofícios que lhes deixaram (ou a que foram deixados). Pois o apreço por nós mesmos depende de nossa capacidade de retribuição, em coisas boas ou ruins. Mas nisto a sua vingança dificilmente os leva muito longe, pois eles têm todos a liberalidade de espírito, e também da alma, que produz nos homens a frequente mudança de local, de clima, de costumes dos vizinhos e opressores; eles desfrutam, sobejamente, da maior experiência em todas as relações humanas, e mesmo na paixão exercitam a cautela vinda dessa experiência [...] Eles próprios sabem muito bem que uma conquista da Europa ou algum ato violento é impensável para eles:

> Essa é a mais radical e profunda afirmação sobre a assimilação que já li. Não perde nada de seu significado pelo fato de Nietzsche tê-la escrito com certa ironia. Em outras palavras, ele não esperava que isso de fato acontecesse; ele apenas refletiu sobre algo. Assimilação não precisa significar o abandono da herança, mas pode indicar outra direção transformadora. A assimilação não pode ser um final, mas pode indicar um caminho em direção a ele. A assimilação é um estágio intermediário em que é preciso se notabilizar em buscas que não são judaicas, mas, como diria Nietzsche, europeias, ou como diríamos, ocidentais.[57]

A assimilação é aceitável para Strauss, desde que se apresente como uma questão em que os judeus possam se orientar com base em sua própria e distinta experiência e herança, estabelecendo um exemplo de excelência para a civilização ocidental. A luta, resistência e superação judaicas formaram um povo capaz de empregar sua própria força a serviço da elevação geral da cultura – uma elevação certamente necessária em um mundo moderno que era compreendido por Nietzsche e Strauss como radicalmente medíocre.

---

mas também que um dia ela poderá lhes cair nas mãos como um fruto maduro, se apenas as estenderem. Para isto necessitam, nesse meio-tempo, distinguir-se em todas as áreas da distinção europeia e colocar-se entre os primeiros: até que cheguem ao ponto de determinar eles próprios aquilo que distingue. Então serão os inventores e sinalizadores dos europeus e não mais ofenderão seu pudor. E para onde afluirá toda essa abundância de impressões acumuladas que constitui a história judaica para cada família judia, essa pletora de paixões, virtudes, decisões, renúncias, lutas, vitórias de toda espécie – para onde, afinal, senão para grandes homens e obras do espírito? Então, quando os judeus mostrarem essas joias e vasos dourados como sua obra, tal como os povos europeus de experiência mais breve e menos profunda não podem e não puderam exibir, quando Israel tiver transformado sua eterna vingança numa eterna bênção da Europa: então haverá novamente aquele sétimo dia em que o velho Deus hebraico poderá *jubilar-se* consigo, com sua criação e seu povo eleito – e nós, todos nós, nos jubilaremos com ele!
[57] Leo Strauss, "Why We Remain Jews", p. 325.

A recuperação da particularidade judaica seria um primeiro passo em um longo processo de renovação civilizacional para a qual os judeus, fazendo uso da energia e paixão que acumularam ao longo dos séculos, poderiam dar uma contribuição significativa. Como Strauss salienta, todavia, essa assimilação dos judeus à civilização ocidental não é o objetivo final. A permanência da distinção judaica é essencial, caso a civilização ocidental se proponha a preservar a tensão fecunda entre Atenas e Jerusalém. Mais uma vez, Strauss sublinha a inseparabilidade do particular – a questão judaica – da questão política mais ampla de como devemos viver. Pois, segundo Nietzsche, é no antigo Deus judaico que todos que valorizam a realização humana se regozijarão.

Ao mesmo tempo, os comentários de Strauss apontam para uma possível fonte de tensão em seu pensamento, uma tensão que pode ser consequência de sua dívida para com Nietzsche. Ao exaltar as virtudes do povo judaico, Strauss parece seguir a interpretação agnóstica de Nietzsche sobre a experiência judaica com sua ênfase no sofrimento, luta e triunfo sobre os perseguidores, sem levar em consideração como essa experiência foi espiritualmente concebida. Strauss é um pensador muito cuidadoso para que tenha escolhido ingenuamente a palavra "heroico", a fim de descrever o passado judaico. Como Nietzsche, ele salienta os aspectos da experiência judaica em que os judeus são colocados o mais perto possível dos gregos. Em outro momento, ele acusa Freud de um "supremo ato de assimilação" ao retratar a relação de Moisés com os judeus como análoga à de Jesus com os gentios;[58] mas, não seria o caso de o próprio relato de Strauss, mediado em Nietzsche, assimilar a experiência judaica dentro dos moldes gregos?

Assimilação no sentido mais alto como articulada por Nietzsche não deve ser confundida com a real assimilação dos judeus no mundo

---

[58] Leo Strauss, "Freud on Moses and Monotheism". In: Leo Strauss, *Jewish Philosophy and the Crisis of Modernity*, p. 295-96.

moderno. Enfurecido com a mediocridade em torno de si, Strauss coloca de lado sua polidez usual e lança mão de uma arenga que deixaria Nietzsche orgulhoso:

> Existe uma espécie de glorificação judaica para cada mediocridade judaica astuta ou brilhante, o que acaba sendo uma cena desprezível e ridícula. Isso lembra aqueles habitantes de uma aldeia que conseguiram produzir seu primeiro físico, e o saúdam por essa façanha como se fosse o maior físico que já existiu [...] [Essa] inclinação à autoglorificação, em coisas que não há qualquer motivo para se autoglorificar, é uma desgraça. Que tenhamos hoje tantos judeus excepcionais se deve (não nos deixemos enganar a respeito disso) ao declínio geral da cultura, a uma vitória geral da mediocridade. Hoje em dia é muito fácil ser um grande homem.[59]

Em um mundo pós-holocausto, a assimilação representa a maior ameaça à identidade judaica, e Strauss busca fortalecer o senso de diferença de seu povo e sua excelência. Seguindo Nietzsche, ele insiste sobre a necessidade de um sério horizonte dentro do qual um povo pode testar sua fibra. Para que a comunidade judaica consiga evitar ser dissolvida pela modernidade liberal, os judeus devem recuperar um profundo sentido de si mesmos como povo.

Com isso em mente, Strauss minimiza consistentemente as tendências universalizantes dentro da tradição judaica. O antigo mundo judaico é um mundo fechado, que foi destruído pelo advento da modernidade.[60] Considerando Nietzsche "o admirador mais reverente das tábuas dos hebreus", Strauss concorda com ele

---

[59] Leo Strauss, "Why We Remain Jews", p. 326.
[60] Leo Strauss, "Response to Frankfurt's *'Word of Principle'*", p. 69.

em ver parte essencial do gênio especificamente hebraico como veneração pelo ancestral, e a ênfase na lei dos ancestrais como expressão da vontade divina.[61] Rejeitando aquilo que considera como "abrandamento" do judaísmo na nova ortodoxia, Strauss defende que a grandeza da tradição consiste em sua "rigidez".[62] Os gregos, quando confrontados com a multiplicidade de códigos divinos e suas contradições manifestas, perseguiram o caminho da investigação filosófica em busca dos princípios fundamentais da realidade e transcenderam a dificuldade ao abandonar uma noção particularizada de lei divina. De modo diferente, a resposta dada pela Bíblia é de que existe apenas um código divino verdadeiro, dado pelo Deus de Israel. Tal afirmação, Strauss acredita, implica um correspondente tipo de Deus – um criador que é onipotente, incontrolável e misterioso.[63] Strauss não nega o importante papel desempenhado por noções como justiça de Deus, misericórdia e amor na tradição bíblica, mas ele coloca um peso muito maior em Deus como vontade e poder inescrutáveis. A divindade bíblica como retratada por Strauss ilustra bem a afirmação de Nietzsche de que "não há qualquer alternativa para os deuses: ou são a vontade de poder, e permanecem como deuses de um povo, *ou* a são a inaptidão para o poder, e se tornam necessariamente *bons*".[64] Discutindo Nietzsche em carta para Karl Lowith, Strauss observa como o filósofo "teve que nos desacostumar de um mimo milenar (abrandamento)

---

[61] *The Portable Nietzsche*, p. 171.
[62] Leo Strauss, "Comment on Weinberg's Critique", p. 121.
[63] "Apenas os autores bíblicos compreendem o verdadeiro significado de onipotência, porque apenas se Deus for onipotente pode um código em particular ser o código absoluto. Mas, se um Deus onipotente fosse em princípio perfeitamente cognoscível ao homem, Ele estaria, de certo modo, sujeito ao homem, uma vez que o conhecimento é, em certo sentido, poder. Portanto, um Deus verdadeiramente onipotente precisa ser um Deus misterioso" (Strauss, "Progress or Return?", p. 119). Ver também, de John Ranieri, "Leo Strauss on Jerusalem and Athens: A Girardian Analysis". *Shofar: An Interdisciplinary Journal of Jewish Studies*, vol. 22, n. 2, 2004, p. 85-104; e, de John Ranieri, "Athens, Jerusalem and the Good Society: Girardian Thoughts on Leo Strauss". *Budhi: A Journal of Ideas and Culture*, vol. 7, n. 3, 2004, p. 1-34.
[64] Friedrich Nietzsche, *The Antichrist*, seção 16.

devido à crença na criação e na providência".[65] Sabendo-se que Strauss reconhece a centralidade das doutrinas da criação e da providência dentro do judaísmo, podemos apenas imaginar como se pareceria um judaísmo que mantivesse essas crenças ao mesmo tempo que resistisse aos seus efeitos de "abrandamento". Strauss fornece aos seus leitores mais do que uma dica. Poder, vontade, luta heroica e o comprometimento com valores que contribuem para uma autossuperação – essencialmente nos moldes das ideias de Nietzsche – são as palavras que recorrem com mais frequência na apresentação que faz Strauss do povo judaico e de seu Deus. Temos tanto uma nobreza nietzcheniana quanto uma dureza em seu relato da história judaica. Essa história coloca o povo judaico diante do maior desafio – assimilação ou adoção de sua identidade única. Strauss sente orgulho da realização de seu povo no estabelecimento de uma pátria judaica, um lugar onde a vida judaica pode ser vivida em plenitude, em "austeridade heroica apoiada pela proximidade com a antiguidade bíblica".[66]

Um povo heroico e longamente sofredor a servir um Deus majestoso e inescrutável em obediência à Lei – essas são as características salientes no relato de Strauss do judaísmo bíblico. Existe também uma negligência notável em relação ao aspecto profético-messiânico da Bíblia. Isso parece que se deve, em parte, à associação dessas tendências com as noções modernas de universalismo e progresso. Em "Discussão com a Ciência Europeia", escrito no ápice de sua fase sionista, Strauss pergunta:

> Que direito temos de ameaçar nossa frágil coesão judaica, ainda mais ao perturbar o público judeu com comentários sobre trabalhos que pertencem inteiramente a um contexto europeu (mesmo que alguns de seus autores possam ser

---

[65] Karl Lowith e Leo Strauss, "Correspondence", p. 183 e 190.
[66] Leo Strauss, "Letter to the Editor: The State of Israel". In: *Jewish Philosophy and the Crisis of Modernity*, p. 413.

acidentalmente judeus)? [...] Além do mais, se
um fato europeu tem uma significância europeia,
isso não acarreta que esse fato nos diga respeito
como judeus, a menos que, certamente, alguém
adote a visão do "universalismo judaico"
proposta por certo liberalismo.[67]

Em todos os momentos, Strauss critica Albert Levkowitz por manter que o envolvimento judaico na cultura moderna "deriva do universalismo clássico do judaísmo".[68] Strauss também rejeita a alegação de Hermann Cohen de que o patriotismo dos profetas é, no fundo, nada mais que universalismo.[69] Na perspectiva de Strauss, Cohen mistura ingenuamente a profecia israelita com o humanitarismo moderno.[70] Strauss compreende a situação dos judeus contemporâneos como tomada por "certo liberalismo" em conjunção com um humanitarismo vago que infectou a compreensão judaica sobre sua própria cultura, o que levou a uma interpretação equivocada da tradição judaica. Strauss não percebe que Cohen possa estar, de fato, mais próximo do âmago da tradição judaica do que ele, à medida que Cohen apreende a importância da mensagem antissacrificial e antimitológica dos profetas e sua relação com os esforços modernos em benefício das vítimas.

Strauss é igualmente crítico para com as tentativas de ligar o judaísmo às modernas noções de progresso. Em resposta à questão sobre se a esperança messiânica por redenção indica uma

---

[67] "On the Argument with European Science," p. 107-08.
[68] "Review of Albert Levkowitz, *Contemporary Religious Thinkers*". In: *Leo Strauss: The Early Writings*, p. 107.
[69] Leo Strauss, "Introductory Essay to Hermann Cohen, Religion of Reason Out of the Sources of Judaism". In: *Jewish Philosophy and the Crisis of Modernity*, p. 277. Ver também *Leo Strauss: The Early Writings*, p. 112-13 e 156-57.
[70] Ao comentar a crítica de Cohen a Espinosa, Strauss observa o quanto a ideia de que o Judaísmo tem como objetivo o estabelecimento de um Estado judeu é considerada por Cohen uma noção Satânica. Strauss, então, prossegue dizendo: ele [Cohen] certamente não teria considerado isso satânico, mas divino, se alguém dissesse que o único fim da religião judaica é o estabelecimento e a preservação do Estado socialista" (*Leo Strauss: The Early Writings*, p. 144).

consideração superior pelo futuro do que em relação ao passado, pouco importando o quanto isso possa ser louvável, Strauss diz que "segundo a visão mais aceita, o Messias é inferior a Moisés".[71] O futuro messiânico será, de fato, um retorno ao passado, a uma vida completamente orientada para a Torá. Em "Progresso ou Retorno?" Strauss dá maiores detalhes sobre o que quer dizer com: "O judaísmo é uma preocupação com o retorno: não é uma preocupação com o progresso. O 'retorno' pode ser facilmente expresso no hebreu bíblico; ao passo que 'progresso' não pode".[72] Para Strauss, a noção de retorno pressupõe a afirmação da Bíblia de um início perfeito a partir do qual a humanidade declina, enquanto a ideia de progresso olha em retrospectiva para um início de barbárie, o qual a humanidade vai superar por meio de seus próprios esforços. Nesse caso, as omissões de Strauss são tão significativas como seus exemplos. Para alguém preocupado em compreender as raízes da tradição, é um tanto notável o fato de ele focar sua análise apenas nos primeiros capítulos do Gênesis. Se o objetivo é retroceder aos níveis mais primordiais da compreensão judaica, por que não começar com os eventos libertadores do Êxodo, eventos considerados constitutivos da existência de Israel como um povo? Ao estabelecer o contraste como ele faz entre um ensinamento bíblico de um início perfeito (com o "retorno" como a resposta autêntica) e uma visão moderna e progressista do passado como desordem e imperfeição, Strauss desvia nossa atenção para o fato de a posição que rotula como progressista ter uma relevância igual, ou até mesmo superior, na tradição bíblica. Tomando-se o Êxodo como paradigma, descobrimos que no início havia a casa da servidão, o lugar de opressão, e essa história, uma vez que foi redimida por Deus, é um movimento para fora dessa condição e em direção a um futuro de paz e bem-estar.[73] Certamente,

---

[71] Leo Strauss "Progress or Return?", p. 88. A nota de rodapé que acompanha essa afirmação alega sustentar "a visão mais aceita", na opinião de Strauss, ser aquela de Maimônides.
[72] Ibidem, p. 88.
[73] Ver, de Michael Waltzer, *Exodus and Revelation*. New York, Basic Books, 1985. A seguinte descrição feita por Waltzer sobre a influência do Êxodo identifica exatamente os mesmos elementos que Strauss associa às noções modernas de progresso: "O Êxodo é um

a obra de Girard nos faz suspeitar de "inícios perfeitos" e nos lembra de como a Bíblia ilumina a conexão entre vitimização e origens. A linha direta a partir da libertação paradigmática retratada no Êxodo até a preocupação moderna pelas vítimas que sustenta boa parte da política "progressista" é uma dimensão da narrativa bíblica que Strauss, em sua grande parte, simplesmente desconsidera.

A relação entre a tradição judaica e a modernidade apresenta um problema para Strauss. A base de sua crítica sobre outros pensadores judaicos é o rompimento insuficiente que fazem com as pressuposições do pensamento moderno, ao se apropriarem da tradição. Ao mesmo tempo, Strauss compreende a modernidade como sendo, em certo sentido, um triunfo da orientação bíblica, embora ela desvalorize esses elementos.[74] Os modernos pensadores judaicos interpretam o judaísmo por meio de uma lente forjada pela modernidade, mas uma modernidade que também é filha, em certo grau, da tradição que é interpretada. Strauss busca uma forma de escapar desse círculo interpretativo e ele encontra um aliado em Nietzsche. Nesse ponto, pode ser útil relembrar a interpretação de Nietzsche sobre a história judaica e sua identificação das duas trajetórias – uma representando a vida ascensional, por exemplo, a nação triunfante e autoconfiante que era o antigo Israel, o povo perseguido e tenaz cuja força testada a ferro e fogo é a esperança para a civilização ocidental; e a outra a manifestar os efeitos destrutivos de uma moral de escravos na forma do judaísmo sacerdotal e do cristianismo. Strauss desenvolve uma narrativa semelhante: uma que distingue entre uma tradição judaica mais

---

modelo para o pensamento messiânico e milenarista, assim como é uma alternativa a ele – um relato secular e histórico de 'redenção', um relato que não requer a transformação miraculosa do mundo material, mas coloca o povo de Deus em marcha pelo mundo em direção a um lugar melhor dentro dele" (p. 17).

[74] Ver, de Leo Strauss, *On Tyranny: Including the Strauss-Kojève Correspondence*. Ed. Victor Gourevitch e Michael S. Roth. New York, Free Press, 1991, p. 177-78; Karl Lowith e Leo Strauss, "Correspondence Concerning Modernity". *Independent Journal of Philosophy*, vol. 4, 1983, p. 111. [Em português: *Da Tirania:* Incluindo a correspondência Strauss--Kojève. Trad. André Abranches. São Paulo, É Realizações Editora, 2017.]

antiga, distorcida pelos intérpretes modernos, e o surgimento posterior de movimentos profético-messiânicos. Nesse sentido, ele pode afirmar que está engajado em um esforço para recuperar as origens da tradição, enquanto relega a uma posição secundária aquelas partes da herança que vê como tendo contribuído para o desenvolvimento da modernidade. Portanto, permanece a questão sobre se Strauss realmente alcança uma tradição judaica primordial ou se ele está, de fato, reconstruindo uma tradição com a ajuda de ferramentas e modelos fornecidos por Nietzsche.

Através de Nietzsche, "a tradição foi abalada em suas raízes", "ela perdeu sua verdade autoevidente", e "somos deixados neste mundo sem nenhuma autoridade, sem qualquer direção". Essa condição abre as possibilidades mais extraordinárias:

> Não podemos mais ler os diálogos de Platão superficialmente apenas como uma forma de indagarmos o quanto o velho Platão sabia a respeito das coisas; não podemos mais polemizar superficialmente contra ele. Algo semelhante acontece com a Bíblia: não mais concordamos de forma autoevidente com os profetas; perguntamos a nós mesmos com toda a seriedade se não seriam os reis que estavam certos. Devemos realmente começar pelo começo [...] a tradição é fundamentalmente estranha a nós, fundamentalmente questionável.[75]

Qualquer dúvida em relação à seriedade com a qual Strauss aceita o desafio de Nietzsche é dissipada por essa passagem. Sugerir a possibilidade de que os reis bíblicos estavam certos e os profetas, enganados, é mover-se para além da questão sobre a importância da Lei e dos profetas; é, em vez disso, uma tentativa de colocar em

---

[75] *Leo Strauss: The Early Writings*, p. 32-33.

dúvida a centralidade do impulso profético no judaísmo, um impulso que, em quase qualquer medida, é um dos elementos constitutivos da tradição bíblica. Alegar que a tradição é "fundamentalmente estranha a nós, fundamentalmente questionável" e dizer que a tradição perdeu sua verdade autoevidente é radicalizar a busca pelas origens. A "recuperação" da tradição em Strauss, de fato, se aproxima de uma recriação da tradição, uma "reavaliação de valores". Ele deve ser lido ao pé da letra quando diz que agora estamos "sem qualquer autoridade, sem qualquer direção". Sob o espírito do método genealógico de Nietzsche, Strauss está essencialmente desconstruindo a tradição a fim de reconstruí-la de uma forma que esteja mais bem ajustada às exigências do político. Assim, a tradição reconstruída será uma que se alinha com a filosofia política de Strauss, uma que é compatível com as exigências da vida política, como ele as entende. Dessa forma, o aspecto distintamente bíblico desaparece, revogado pelos argumentos a serviço de uma "responsabilidade política". Em alguns casos, isso significará esvaziar as posições bíblicas e, em outros, significará um destaque na tensão entre Atenas e Jerusalém, e em certos casos, será, ainda, uma questão de aproximar a tradição bíblica da filosofia clássica. A Bíblia não mais serve para desmascarar o mecanismo do bode expiatório que integra com enorme frequência a vida política; mas, pelo contrário, a perspectiva bíblica passa a ser julgada segundo as exigências da vida política:

> [A] concepção teológica desses inícios pode derivar de uma época em que não mais havia qualquer vida política e, portanto, nenhuma compreensão do político. As consequências mais temáticas dependem disso. Se, por exemplo, o estabelecimento do reino sob Saul foi estilizado como uma apostasia apenas mais tarde, ou seja, durante o período do exílio; se, na medida em que as fontes nos permitem perscrutar, aquilo que originalmente impeliu o estabelecimento do reino foram necessidades

> autoevidentes e elementares, em vez de a
> teatralidade de alguma intoxicação histérica
> com a normalidade; se a estilização posterior
> foi de fato o efeito da profecia, mas o efeito da
> profecia sobre um povo já desacostumado da
> responsabilidade política, então, os opositores
> de nosso sionismo político, que nos combatem
> apelando para a tradição, não mais têm uma
> posição fácil de defender.[76]

Escrito em 1925, muito antes de seus estudos intensivos em filosofia política clássica, essa passagem aponta indiretamente aos temas centrais do trabalho posterior de Strauss. Nos escritos dos pensadores clássicos, Strauss descobre um tipo de moderação bem apropriada às necessidades "autoevidentes e elementares" da existência política, uma moderação que ele sente que falta nos ramos proféticos do pensamento bíblico. Ao se dirigir à questão judaica, a tensão entre Atenas e Jerusalém é focada.

Em última instância, Strauss aborda a questão judaica à luz da apropriação que faz das doutrinas de Nietzsche: desejo de poder e o eterno retorno. A discussão mais significativa dessas doutrinas ocorre em seu último ensaio, "Notas sobre o Plano de Nietzsche em *Além do Bem e do Mal*", e que foi incluído em *Studies in Platonic Philosophy*. Strauss escolheu deliberadamente as seleções e a ordem para o livro, que, da forma como está organizado, compreende quinze capítulos. Ele não viveu para completar um ensaio dedicado a Górgias, de Platão (que seria o capítulo quatro), nem conseguiu escrever a introdução ao trabalho. Uma introdução esclarecedora foi incluída, e o autor dessa introdução, Thomas Pangle, destaca a coerência do trabalho e a importância que Strauss conferiu à sequência dos capítulos.[77] Com isso em mente, é possível sustentar com segurança a

---

[76] Idem, "Biblical History and Science", p. 135.
[77] Idem, *Studies in Platonic Political Philosophy*, p. 1-26.

centralidade de Nietzsche em *Studies in Platonic Philosophy*.
O ensaio em Nietzsche segue o capítulo intitulado "Jerusalém e
Atenas: Algumas Reflexões Preliminares". Tivesse Strauss completado
o ensaio sobre Górgias, o capítulo "Jerusalém e Atenas" e o capítulo
sobre Nietzsche seriam os capítulos 8 e 9, o centro exato do livro.
Em si mesma, essa justaposição seria significativa, mas a relação
entre os dois capítulos é mais complexa que isso. Em "Jerusalém e
Atenas", o primeiro pensador mencionado por Strauss é Nietzsche.
Este é apresentado como uma figura exemplar pela forma como
lida com as implicações do historicismo, visto como inigualável
"admirador das tábuas dos Hebreus". O restante da primeira parte
do ensaio é dominado pela exegese que Strauss faz dos primeiros
capítulos do Gênesis. A segunda parte de "Jerusalém e Atenas", com
o subtítulo "Sócrates e os Profetas", começa com uma avaliação
crítica (até mesmo desdenhosa) da compreensão de Cohen sobre a
relação entre Platão e os profetas, e conclui com uma comparação
entre Sócrates e os profetas que parece sugerir a superioridade da
prudência e moderação socráticas diante do estilo mais combativo
dos profetas, quando lidam com líderes políticos desobedientes.[78]
No ensaio de Nietzsche, Strauss identifica a questão religiosa como
central ao pensamento do filósofo, e no coração de *Além do Bem e
do Mal* detecta o conflito entre Atenas e Jerusalém: "o governo da
filosofia sobre a religião ou o governo da religião sobre a filosofia".[79]
O ensaio alcança sua conclusão com as reflexões de Strauss sobre a
problemática recuperação de Nietzsche da "natureza" e sua relação
com a vontade de poder e o eterno retorno. Caso alinhemos esses
dois capítulos, Nietzsche tem tanto a primeira quanto a última
palavra; ele enquadra e, em certo sentido, resolve a questão de
Atenas e Jerusalém.[80] Em particular, o ensinamento de Nietzsche

---

[78] Idem, "Jerusalem and Athens", p. 167-73.
[79] Idem, "Note on the Plan of Nietzsche's *Beyond Good and Evil*", p. 176. Para uma discussão detalhada do ensaio de Strauss, ver, de Laurence Lampert, *Leo Strauss and Nietzsche*. Chicago, University of Chicago Press, 1996.
[80] Para Strauss, Hermann Cohen é um exemplo (talvez o melhor exemplo) de capitulação do pensamento judaico à ideologia moderna e não é bem avaliado em seu *Studies*. Como já foi apontado, Strauss o critica, em primeiro lugar, em "Jerusalem and Athens" e, então,

permite que Strauss lide com o espinhoso assunto, central à questão judaica, de como alguém pode se tornar uma pessoa intelectualmente idônea, mesmo um ateu, e ainda assim permanecer judeu. Dada sua centralidade na estrutura do livro, a discussão que Strauss faz de Nietzsche em *Studies in Platonic Philosophy* assume um peso particular como um indicador de sua própria mentalidade.

No relato de Strauss, a doutrina da vontade de poder é a vindicação ateísta de Nietzsche de Deus, a verdadeira fundação do "Sim" irrestrito, voltado para uma vida que transcende o niilismo, na direção de uma nova forma de religiosidade. Nas mãos de Nietzsche, "Deus" torna-se a chave para uma afirmação do mundo, em vez de ser uma forma de vida que nega o mundo. O antigo Deus, o Deus da Bíblia, é sacrificado ao Nada, mas "a adoração do Nada prova ser a transição indispensável de todo tipo de negação de mundo para o mais irrestrito Sim: o Sim eterno afirmando tudo que era e tudo que é".[81]

A partir dessa perspectiva:

> A transformação do caminho de negação do mundo em seu oposto ideal se liga à percepção ou divinação que a rocha, a estupidez e o Nada diante do qual Deus está sendo sacrificado, é em seu "caráter inteligível" a vontade de poder.[82]

Strauss, então, conclui que "de certa maneira, a doutrina da vontade de poder é uma vindicação de Deus, uma vindicação de

---

dedica todo o último capítulo do livro para aprofundar sua crítica. Pode-se concordar que os capítulos que seguem o ensaio sobre Nietzsche (capítulos 9-15) têm, da perspectiva da filosofia política de Strauss, o caráter de uma descida. Nós nos movemos de um estimado racionalismo medieval judaico de Maimônides, passando por Maquiavel e outros modernos, e terminamos com Cohen, que expressaria a confusão gerada pela mistura entre pensamento moderno e tradição judaica.
[81] Leo Strauss, "Note on the Plan of Nietzsche's *Beyond Good and Evil*", p. 180.
[82] Ibidem, p. 181.

Deus decididamente não teísta".[83] Na leitura de Strauss, o eterno retorno é inseparável da vontade de poder. A doutrina da vontade de poder reflete uma convergência entre a idoneidade intelectual que percebe que "a vida humana é fundamentalmente sem sentido e que lhe falta sustentação", e o esforço de Nietzsche por recuperar a "natureza". A idoneidade intelectual rejeita a sedativa e progressiva "matéria de capa" da modernidade, ao passo que a recuperação de uma compreensão genuína da "natureza" começa com o reconhecimento de que, como modernos, somos de fato habitantes de uma segunda, mais profunda e artificial "caverna". Poucos são aqueles que têm a coragem ou a condição de enfrentar essa verdade e de se comprometer com a tarefa onerosa do "tornar natural" [*Vernatuerlichung*]. Aqueles que estão à altura da tarefa se colocam no topo da hierarquia natural de uma posição que a modernidade fez tanto por destruir. As diferentes posições entre os seres humanos têm de ser reconhecidas e promovidas. A humanidade precisa ser feita "natural" pela primeira vez.[84] Na compreensão de Strauss, isso implica a aceitação do eterno retorno de todas as coisas:

> Somos seres naturais que bebem e comem sob condições não naturais – devemos nos relembrar de nosso ser natural, a fim de remover as condições não naturais pelo pensamento [...] Ainda assim, com certeza, o eterno retorno, ou mais exatamente a disposição de suportá-lo, é a condição *sine qua non* para uma moralidade natural.[85]

O domínio moderno sobre a natureza contribui para a formação de uma sociedade em que a abolição das diferenças naturais pode ser superada, uma sociedade que promove a igualdade e busca o fim do sofrimento. Esse movimento tem de ser temperado para que a

---

[83] Ibidem, p. 181.
[84] Ibidem, p. 188-90.
[85] Karl Lowith e Leo Strauss, "Correspondence", p. 184-89.

excelência humana (e, consequentemente, o surgimento natural de posições hierárquicas entre os seres humanos) se torne viável. Mas isso significa ter a fortaleza de desejar as condições que permitiriam a adoção dessa realidade:

> Como já observamos, para Nietzsche a natureza se tornou um problema e, ainda assim, não se pode viver sem ela. A natureza se tornou um problema porque o homem a está conquistando e não existem limites claros para essa conquista. Como consequência, as pessoas começaram a pensar em abolir o sofrimento e a desigualdade. No entanto, o sofrimento e a desigualdade são os pré-requisitos da grandeza humana (afor. 239 e 257). Até aqui, o sofrimento e a igualdade foram tidos como elementos dados, como coisas que foram impostas sobre os homens. Daqui para a frente, eles devem ser desejados. Isso quer dizer, a horrível regra da falta de sentido e da sorte – a natureza –, o fato de que quase todos os homens são fragmentos, pedaços e acidentes horríveis, todo o presente e passado é, em si mesmo, um fragmento, uma charada, um acidente horrendo a menos que seja desejado como uma ponte para o futuro (cf. Zaratustra, "Sobre a Redenção"). À medida que se construir o caminho para o homem complementar, tornar-se-á viável dizer um Sim sem restrições aos fragmentos e às deficiências. Natureza, a eternidade da natureza, deve seu ser a uma postulação, a um ato de vontade de poder por parte da natureza superior.[86]

---

[86] Leo Strauss, "Note on the Plan of Nietzsche's *Beyond Good and Evil*", p. 190.

Com esses *insights* em mente, vamos considerar as seguintes
observações feitas por Strauss em relação à miséria do povo judeu:

> O judaísmo não é uma infelicidade, mas,
> devemos dizer, é uma "ilusão heroica". Em que
> consiste essa ilusão? A única coisa necessária
> é a justiça ou a caridade; no judaísmo, essas
> coisas se confundem. A noção não pode ser
> defendida se o mundo não for a criação de
> um Deus justo e amoroso, o Santo Deus [...].
> O povo judeu e seu destino são os testemunhos
> vivos de ausência de redenção. Isso, alguém
> poderia dizer, é o significado do povo
> escolhido; os judeus são escolhidos para provar
> a ausência de redenção [...] O que é uma ilusão?
> Podemos chamar também de um "sonho".
> Nenhum outro sonho mais nobre jamais foi
> sonhado. É certamente mais valioso ser vítima
> do mais nobre sonho do que lucrar em cima de
> uma realidade sórdida e nela chafurdar.[87]

Anteriormente, observamos que Strauss é solidário à visão
segundo a qual Nietzsche "tinha de desacostumar a nós e a si
mesmo de milênios de mimos (amolecimento) devido à crença
na criação e na providência". Se esse for o caso, e se a justiça e
a caridade só forem defensáveis caso o mundo seja "a criação de
um Deus justo e amoroso, o santo Deus", então, parece que para
Strauss um comprometimento com a justiça e com a caridade não
teria base na ordem das coisas. Persistir em tal comprometimento
pode ser completamente nobre, mas revelaria ser também
completamente inútil. No entanto, Strauss parece relutar em
abandonar essa ilusão heroica, e ele se esforça para encontrar um
significado à luz da religiosidade ateísta de Nietzsche:

---

[87] Leo Strauss, "Why We Remain Jews", p. 328.

> [A] peculiaridade da teologia do Antigo Testamento em contraposição especialmente à teologia grega é a concepção, a criação do Santo Deus (cf. *Crepúsculo dos Ídolos*, afo. 68). Para Nietzsche, "o grande estilo" (de certas passagens) do Antigo Testamento mostra a grandeza não de Deus, mas daquilo que o humano já foi: o santo Deus não menos que o santo homem são criaturas da humana vontade de poder. A vindicação de Nietzsche de Deus é, então, ateísta, pelo menos por enquanto [...]. Houve uma época na qual o teísmo foi possível ou necessário. Mas, nesse meio-tempo, "Deus morreu" (*Assim Falou Zaratustra*, Prólogo n. 3). Isso não significa apenas que os homens pararam de acreditar em Deus, pois a descrença não destrói a vida ou o ser de Deus. Significa, todavia, que, mesmo enquanto Deus vivia, ele nunca foi aquilo que os crentes pensavam que fosse, isto é, imortal. O teísmo, da forma como entendia a si mesmo, estava, portanto, sempre equivocado. No entanto, por um tempo foi uma verdadeira e poderosa fonte de vida.[88]

Seria difícil encontrar uma explicação melhor sobre o significado de "ilusão heroica". Um Deus que vive, mas que não tem existência, uma vontade de poder que parece incapaz de atuar sem alguma forma de transcendência – como um judeu que acha difícil acreditar, Strauss se sente atraído pelos paradoxos do ateísmo religioso de Nietzsche. Como Nietzsche, Strauss admira o espírito de seu povo e vê em sua heroica ilusão o testemunho da grandeza daquilo "que o homem já foi". Juntamente com Nietzsche, ele desdenha a mediocridade que atribui à modernidade e lastima os atalhos que o pensamento

---

[88] Leo Strauss, "Note on the Plan of Nietzsche's *Beyond Good and Evil*", p. 179.

moderno estabeleceu com a crença judaica. Mas, não mais que Nietzsche, Strauss afirma a realidade do Deus vivo da Bíblia hebraica. Aquilo que Strauss lamenta é a perda, no mundo moderno, de um tipo de excelência corajosa, fatalista em sua forma, que aceita a ausência de redenção enquanto continua a honrar o sonho poderoso, nobre e repleto de vida a inspirar a *crença* no santo Deus. Strauss compartilha o *amor fati* de Nietzsche, e, com referência à miséria dos judeus por toda a história, ele diz: "Não se deve fugir de seu lugar de origem, de seu destino, mas aceitá-lo, e mesmo amá-lo e elogiá-lo".[89]

Assim como em Nietzsche, existe em Strauss uma profunda ambivalência em sua relação com o Deus bíblico. A possibilidade de uma "religiosidade ateísta" compele ambos a considerar como tal noção poderia fazer sentido, levando-os a refletir sobre o significado do eterno. Para ambos, a noção de um eterno retorno funciona como substituto sagrado do Deus da Bíblia. Giles Fraser faz a seguinte observação sobre Nietzsche, uma observação que pode ser facilmente aplicada a Strauss:

> A doutrina da eterna recorrência é, em certo sentido, a entrega ateísta ao desejo de viver com prazer tudo aquilo que se apresenta no caminho de alguém [...] A eterna recorrência é, principalmente, um teste da capacidade de alguém por *amor fati*. É ao amar quem somos que seremos redimidos [...] Ao passo que antes da morte de Deus o peso do julgamento divino se impunha sobre toda e cada escolha humana, a presença sentida do céu e do inferno dava à tomada de decisão humana um significado fundamental. Ao se libertar do julgamento divino, aquilo que os seres humanos escolhem não comporta

---

[89] Leo Strauss, "Freud on Moses and Monotheism", p. 286.

mais o mesmo peso e significado. O que o pensamento de Nietzsche solicita é outra forma de gerar gravidade, de introduzir julgamento sem retornar ao julgamento ou peso divinos. Esse é o propósito da eterna recorrência. O pensamento da eterna recorrência se estrutura para se tornar uma centrífuga moral, uma forma de o *self* gerar sua própria gravidade.[90]

Como Nietzsche, Strauss deseja colocar a vida humana dentro de um sério horizonte: "gerar gravidade" dentro do contexto moderno, carente de nobreza e heroísmo. A noção de recorrência eterna fornece o campo sobre o qual tal essa tentativa pode ser compreendida como significativa:

> Sempre haverá homens que se revoltarão contra um estado de coisas que é destrutivo para a humanidade, no qual não há mais espaço para a ação nobre e os grandes feitos [...] Alguém pode discordar dizendo que essa revolta contra um estado de coisas universal e homogêneo não pode gerar outro efeito além de repetir um idêntico processo histórico a levar a horda primitiva até seu estado final. Mas tal repetição do processo não seria preferível – uma nova locação de vida para a humanidade do homem – à continuação indefinível de um fim desumano? Não aproveitamos toda a primavera, embora saibamos os ciclos das estações, embora saibamos que o inverno retornará?[91]

---

[90] Giles Anthony Fraser, *Redeeming Nietzsche*. London, Routledge, 2002, p. 110 e 115-16.
[91] Leo Strauss, *On Tyranny: Including the Strauss-Kòjeve Correspondence*. Ed. Gourevitch and Ross, p. 209. [Em português: *Da Tirania:* Incluindo a correspondência Strauss-Kojève. Trad. André Abranches. São Paulo, É Realizações Editora, 2017.]

Em sua correspondência como Karl Lowith, Strauss é explícito sobre a origem e o propósito da doutrina e seu papel como substituta da fé bíblica:

> O eterno retorno é descoberto durante a busca por um mito forte, capaz de promover a coragem [...] Foi convulsivamente afirmado por Nietzsche apenas porque ele teve de nos desacostumar, como a si mesmo, de milênios de mimos por conta da crença na criação e na providência.[92]

Uma disposição para perseverar nos nobres ideais apesar da ausência de sinais que garantiriam esperança em uma redenção fundamental; uma aceitação do próprio destino sem a consolação da crença em uma Providência benigna – a interpretação que Strauss faz da existência judaica ecoa a própria religiosidade perturbada de Nietzsche:

> "O que mais Israel tem a oferecer para o mundo além da eterna paciência?". Essa frase realmente pede um longo comentário. Uma frase, no entanto, deve ser aqui suficiente: aquilo que é chamado de "eterna paciência" é a fortaleza diante do sofrimento, hoje em dia desprezada como "mentalidade de gueto" por pessoas rasas que se renderam absolutamente ao mundo moderno, ou às quais falta inteligência para considerar que uma secessão deste mundo possa novamente se tornar necessária para os judeus e até mesmo para os cristãos.[93]

---

[92] Karl Lowith e Leo Strauss, "Correspondence", p. 183.
[93] Leo Strauss, "Perspectives on the Good Society". In: *Jewish Philosophy and the Crisis of Modernity*, p. 440.

Strauss fala de forma eloquente a respeito de judeus sofredores. Ele também escolhe cuidadosamente seu vocabulário. Seu povo não deve esperar a redenção; em vez disso, deve abraçar o seu destino com eterna paciência. Para Strauss, assim como para Nietzsche, essa é uma escolha que afirma a vida. Equipado com o entendimento que tem sobre a religiosidade ateísta de Nietzsche e sua doutrina do eterno retorno das coisas, Strauss consegue defender de forma significativa o motivo pelo qual os judeus devem permanecer judeus. Ao afirmar suas identidades como judeus, eles se entregam ao mais nobre dos sonhos. Para aqueles cuja idoneidade intelectual impede o caminho à crença tradicional, a doutrina do eterno retorno funciona como um tipo de transcendência sem deus. Comentando sobre o que poderia significar se comprometer a esse nobre sonho, Strauss diz:

> O sonho é semelhante à aspiração, e esta é um tipo de adivinhação de uma visão enigmática. E uma visão enigmática no sentido empático é a percepção do mistério supremo. A verdade sobre o mistério supremo – a verdade de que existe um mistério definitivo, segundo o qual o ser é algo radicalmente misterioso – não pode ser negada mesmo pelo judeu descrente de nossa época.[94]

Vale a pena notar que quando Strauss fala de um mistério supremo, ele não se refere ao Deus revelado e conhecido por meio das tradições de seu povo, mas fala da vivida *permanência dos problemas* contra os quais o intelecto humano inevitavelmente se depara ao tentar compreender o mundo. O "judeu descrente" de Strauss e o filósofo clássico se colocam em uma relação semelhante diante do mistério supremo. Aqueles que desejam reconciliar o que Strauss diz a respeito do mistério supremo com

---

[94] Leo Strauss, "Why We Remain Jews", p. 328.

as tradições que enfatizam a continuidade entre a especulação filosófica e a revelação bíblica precisam se lembrar de que para Strauss *ou* se é filósofo *ou* teólogo.[95] Mesmo quando descreve a filosofia como "busca pela ordem eterna" e supõe que "existe uma ordem eterna e imutável dentro da qual a história acontece, a qual permanece completamente não afetada pela história", ele nunca afirma que a filosofia obtém essa ordem. Strauss é bem mais cético do que qualquer um de seus modelos filosóficos clássicos; nesse sentido, ele se aproxima muito mais de Nietzsche do que de Platão.[96] A profunda e continuada admiração de Strauss por Lucrécio e Tucídides apoia essa visão.[97] Strauss, de fato, hesita em criticar Platão, mesmo diante da perspectiva de Tucídides, comparando a "mensagem reconfortante" do primeiro (isto é, uma nobre mentira) com a "sabedoria sombria" do segundo.[98] Novamente, pode ser pertinente enfatizar que Strauss chega aos clássicos depois de sua apropriação de Nietzsche; se ele é atraído para Tucídides, isso se dá porque o ensinamento do pensador grego se assemelha ao do autor de *O Nascimento da Tragédia*, e não vice-versa. Num mundo pós-holocausto, o ceticismo fatalista de

---

[95] Idem, "Progress or Return?", p. 117.
[96] Ver, de Victor Gourevitch, "Philosophy and Politics II". *Review of Metaphysics*, vol. 22, n. 2, 1968, p. 292-99 e 325.
[97] Leo Strauss, "Notes on Lucretius". In: *Liberalism, Ancient and Modern*. Chicago, University of Chicago Press, 1968, p. 76-135. Aqui também a influência de Nitezsche é muito grande, enquanto Strauss reflete a noção de Lucrécio de que "nada do que pode ser amável é eterno ou sempiterno" e que "o eterno não é amável" (prefácio do *Liberalism: Ancient and Modern*, p. x). Para a análise que Strauss faz de Tucídides, ver, de Leo Strauss, "Thucydides: The Meaning of Political History". In: *The Rebirth of Classical Political Rationalism: Essays and Lectures by Leo Strauss*. Seleção e introdução de Thomas Pangle. Chicago, University of Chicago Press, 1989; Leo Strauss, "Preliminary Observations on the Gods in Thucydides' Work". In: *Studies in Platonic Political Philosophy*, p. 89-104; Leo Strauss, *The City and Man*. Chicago, University of Chicago Press, 1964, p. 139-241. Em outro momento, sugeri que Strauss assimila o Deus bíblico em sua compreensão de mistério; o eterno Deus da Bíblia, como retratado por Strauss, é inescrutável, onipotente e misterioso – a ênfase quase nunca é em Deus como ser especialmente amoroso ou amável. Ver Ranieri, "Leo Strauss on Jerusalem and Athens: A Girardian Analysis", p. 85-104; e "Athens, Jerusalem and the Good Society: Girardian Thoughts on Leo Strauss", p. 1-34.
[98] Leo Strauss, "Thucydides: The Meaning of Political History", p. 101.

Strauss pode ser compreensível, mas a questão permanece sendo se a adoção de um nobre sonho, ou seja, "a divinação de uma visão enigmática", pode tomar o lugar da fé no Deus de Israel.

Contra um cenário de uma realidade profundamente misteriosa e fatalista, a doutrina do eterno retorno, aos olhos de Strauss, pode dar significado à existência judaica. Ao afirmar sua identidade como judeus, eles podem invocar outros sofrimentos nas mãos daqueles que os odeiam, mas, como Nietzsche ensina, o sofrimento é precondição para a grandeza humana. A diferença crucial é que, em meio à modernidade e seus efeitos niveladores, o sofrimento precisa agora ser *desejado*. Para Strauss, assim como para Nietzsche, isso não é masoquismo, mas é uma questão de ser capaz de agir com nobreza e em liberdade. É um reconhecimento da verdade da doutrina da vontade de poder, com sua afirmação de que a vida se desenvolve e se fortalece apenas quando consegue encontrar e superar a resistência. É também uma aceitação do eterno retorno, uma vez que essa vontade em face da resistência e do sofrimento implica uma vontade pelas condições que fornecem resistência, a partir das quais a excelência humana pode emergir. Deixar-se assimilar em troca de conforto e segurança é conformar-se a uma civilização que pouco sabe sobre a excelência humana.

Strauss incomoda-se com o judaísmo da mesma forma que Nietzsche com o cristianismo. O tormento de Nietzsche é muito mais evidente, manifesto nas denúncias crescentemente agudas contra o cristianismo que marcam seu trabalho final. No entanto, a reticência de Strauss não disfarça a problemática relação que ele tem com sua religião de nascença. Em nenhum outro lugar ele é menos convincente do que na tentativa de sustentar a identidade judaica em razão de uma aceitação fatalista do sofrimento no lugar da esperança bíblica na redenção. Existe um *pathos* que pode ser encontrado na filosofia de Strauss e Nietzsche, que, em certo nível, parecem entender que suas exortações sobre a fortaleza e nobreza humana requerem um campo que torne significativos tais esforços. Uma doutrina como a do eterno retorno representa uma tentativa de fornecer esse campo. Entretanto, a falsa transcendência do eterno retorno se volta sobre si mesma, mascarando o problema real. Esse é um problema que a filosofia não consegue olhar, fascinada pela aparente profundidade de sua própria cortina de fumaça. A apropriação filosófica do eterno retorno é, ainda, outra forma de acobertamento jogada sobre o sagrado violento.

A hesitação da filosofia em se referir diretamente à presença do sagrado violento pode explicar o motivo pelo qual a realidade da violência raramente se torna o tema explícito do filosofar de Strauss. O mesmo não pode ser dito de seu tratamento à religião. Strauss divide com Girard uma consciência sobre a importância do papel da religião na cultura, assim como a certeza de que a problemática que anima o pensamento de Nietzsche é essencialmente de ordem religiosa. Para todos os três pensadores, os assuntos centrais giram em torno do papel da Bíblia na civilização ocidental. Todavia, os exatos aspectos da Bíblia defendidos por Strauss e Nietzsche como mensagens inspiradoras e afirmativas da vida são as exatas tendências das quais, na visão de Girard, a Bíblia está se libertando. Segundo Girard, o ensinamento da Bíblia se desdobra de forma a se afastar progressivamente de uma confiança nos mecanismos sacrificiais que sustentam as culturas humanas, e, nesse processo, o papel da vítima se torna crescentemente mais claro. Nietzsche concordaria que a Bíblia tende nessa direção, mas consideraria esse desenvolvimento uma queda em relação à fé robusta do antigo Israel. Da mesma forma, ele reconheceria o fato de que a preocupação moderna pelas vítimas é um subproduto direto da revelação bíblica – e ele condena boa parte da Bíblia por promover exatamente essa preocupação. Por sua vez, Strauss raramente critica de maneira direta a Bíblia e não denuncia a preocupação bíblica pelas vítimas. No entanto, encontramos em Strauss o mesmo foco sobre a luta, superação e poder, a mesma afirmação de um Deus que expressa a força heroica de seu povo.

O Deus onipotente, até mesmo arbitrário, da Bíblia, como descrito por Strauss, ostenta traços do sacrificial. No relato de Strauss da história judaica há uma ampla discussão sobre o sofrimento, mas quase nada sobre a vítima enquanto vítima e as possíveis implicações desse *insight*. Strauss negligencia em muito aqueles textos bíblicos que destacam a compaixão e a preocupação com as vítimas; e, ao considerar suas reações ao pensamento de Cohen, tem-se a impressão de que Strauss acredita que ler a Bíblia dessa forma é fruto das imposições das ideias modernas sobre o texto bíblico. Strauss estima que as "extremas" tendências na Bíblia, por exemplo, sua ênfase na caridade e compaixão, foram, através da mediação do judaísmo profético messiânico e, especialmente, por meio do cristianismo, absorvidas pelo pensamento moderno e foram interpretadas como os fundamentos centrais da tradição bíblica.[99] Devemos lembrar que, para Strauss, a reconstrução da tradição judaica envolve uma séria consideração que deve questionar a posição dos profetas diante dos reis.

À luz de perseguições históricas contra os judeus, o medo do desaparecimento do povo judeu pela assimilação e a grande preocupação diante das tendências niveladoras da modernidade, Strauss tende a se preocupar com o processo de globalização do mundo contemporâneo. Com base em sua experiência pessoal e convicção política, ele teme que o desmoronamento das diferenças antecipe a chegada de "um Estado universal e homogêneo". Em sua opinião, a confirmação de um Estado universal anunciaria o fim não apenas dos judeus como um povo identificável, mas de toda a distinção e excelência humanas, incluindo a prática da filosofia. As sociedades, para que sobrevivam e floresçam, precisam de fronteiras claras, e isso solicita a manutenção das coesões internas, ou seja, a manutenção de algumas crenças inquestionáveis que são compartilhadas. Nesse sentido, toda sociedade saudável é, para Strauss, uma sociedade fechada:

---

[99] Leo Strauss, *Philosophy and Law*, p. 135-36. Esta parece, também, ser a base de boa parte da crítica de Strauss sobre Espinosa, o qual, segundo Strauss acredita, rejeita os traços mais característicos da tradição judaica em favor de uma versão modernizada, isto é, cristianizada do judaísmo.

> A filosofia política clássica opõe ao Estado universal e homogêneo um princípio substantivo. Ela afirma que a sociedade humana natural é a cidade, isto é, uma sociedade fechada [...] ela diz que toda sociedade política que já existiu ou que existirá se apoia em uma fundamental opinião particular, a qual não pode ser substituída pelo conhecimento e, logo, é por necessidade uma sociedade particular ou particularista.[100]

Strauss acredita que o liberalismo moderno seja antagônico à ideia de uma sociedade fechada; no lugar dela, ele visa ao "Estado universal e hegemônico, dentro da maior aproximação possível". Os progressistas podem defender os valores da tradição ocidental, mas "eles não estão suficientemente preocupados com o fato de essa tradição ser cada vez mais erodida pelas próprias mudanças dadas na formação de Um Mundo que exigem e aplaudem".[101] Uma vez que o Estado universal e homogêneo surja, não haverá escapatória. O medo das massas, dos líderes políticos que as manipulam e são por elas manipulados e a preocupação com uma crescente globalização significam a perda de uma forte identidade de comunidade e a perda de possibilidades para a conquista da excelência humana. Esses elementos alimentam a crítica de Strauss contra os progressistas e suas políticas liberais. As próprias questões que motivam sua crítica também o levaram a refletir sobre sua possível relação com a questão judaica:

> Não é preciso ter muita familiaridade com a vida política a fim de perceber que é particularmente difícil para um judeu não ortodoxo adotar uma postura crítica ao

---
[100] Leo Strauss, *Liberalism, Ancient and Modern*, p. x.
[101] Ibidem, p. viii-ix.

> liberalismo [...] Em que sentido e em que medida o judaísmo é uma das raízes do liberalismo? Estão os judeus compelidos, por sua herança ou seus interesses, a ser liberais? O liberalismo é necessariamente amigável aos judeus e ao judaísmo? Pode o Estado liberal alegar ter resolvido o problema judaico? Pode qualquer Estado alegar tê-lo resolvido?[102]

A crítica que Strauss faz ao liberalismo nos ajuda a compreender sua resistência às interpretações universalistas e humanitárias da Bíblia. Ele lê o texto bíblico e aborda a tradição judaica de uma forma que favorece sua preferência pelas sociedades fechadas. Jerusalém, como Strauss a descreve, é uma cidade formada por uma inquestionável obediência à Lei dada por um Deus inescrutável. Em uma carta a Carl Schmitt, Strauss explica como as sociedades fechadas servem o bem-estar humano:

> Se bem compreendi sua opinião [...] ela conduz exatamente à conclusão de que existe uma tendência primária na natureza humana a formar grupos exclusivos [...] Por ser o homem mau por natureza, ele precisa, portanto, de domínio. Mas o domínio pode ser estabelecido, isto é, os homens podem ser unificados apenas como unidade contrária a algo – em contraposição a outros homens. Cada associação de homens é, necessariamente, uma separação de outros homens.[103]

Como acontece com cada grupo humano, a identidade judaica é formada em oposição ao seu meio. Nietzsche ensina os benefícios

---

[102] Ibidem, p. x-xi.
[103] Heinrich Meier, *Carl Schmitt and Leo Strauss: The Hidden Dialogue*. Trad. J. Harvey Lomax. Chicago, University of Chicago Press, 1995, p. 124-25.

dessa luta; por meio de suas provas, os judeus se ajuntaram como um povo. Alguém pode perguntar, então, se o temido "Estado universal e hegemônico" não pode ser o mais salutar para os judeus, uma vez que ele maximizaria a necessidade de uma luta judaica purificadora e, desse modo, faria-os ainda mais fortes como povo. Strauss antecipa essa questão e, como observado anteriormente, ele vê na doutrina do eterno retorno de Nietzsche uma resposta significativa ao advento de "Um Mundo" do último homem. Parece que para Strauss os judeus se dariam melhor em um Estado liberal que mais se aproximasse das melhores características de uma sociedade fechada. Esta seria uma sociedade forte, confiante em seus valores fundamentais e pouco inclinada à dúvida ou à autocrítica. Uma sociedade como esta ofereceria liberdade aos judeus enquanto, ao mesmo tempo, resistiria a escorregar na direção de um Estado universal e homogêneo. Sabendo-se que nenhuma sociedade pode resolver o problema judaico, os judeus continuariam a ter que lutar a fim de manter sua identidade. Mas, como previsto por Strauss, uma sociedade como essa expressaria os princípios de um liberalismo verdadeiro, ou seja, um liberalismo associado ao melhor da tradição clássica em sua filosofia política.[104] Em tal sociedade, a tensão entre Atenas e Jerusalém, a corrente vital para o Ocidente, permaneceria viva. Ao viver a partir dessa tensão, os judeus seriam compelidos a refletir sobre suas identidades e, ao fazer isso, se posicionariam para cumprir seu papel no renascimento da civilização ocidental, prevista para eles por Nietzsche e adotada por Strauss.

---

[104] Prefácio do *Liberalism, Ancient and Modern*, p. vii-xi. Especificamente, Strauss por vezes cita a Inglaterra de Churchill como uma sociedade que foi capaz de adaptar os ideais modernos às circunstâncias contemporâneas de forma prudente, moderada e que nunca se distanciou da tradição política clássica. Durante uma palestra realizada em 1941, ele elogia os ingleses por "defenderem os princípios eternos da civilização" e acrescenta que "são os ingleses, e não os alemães, que *merecem* permanecer como nação imperial [...], pois somente os ingleses, e não os alemães, compreenderam que, a fim de *merecer* exercer o comando imperial, [...] é preciso ter aprendido há muito tempo a poupar os vencidos e esmagar os arrogantes". Ver, de Strauss, "German Nihilism", p. 372.

O medo que tem Strauss do Estado universal e homogêneo faz com que ele não repare nos perigos associados a uma sociedade fechada. O ideal de Strauss se assemelharia a um moderado e robusto regime patriótico, protetor dos benefícios das liberdades liberais, mas sem as tendências que apontam à globalização e ao universalismo. Ele não parece perceber que as tendências que despreza são, na verdade, subprodutos do mesmo processo que responde pelo compromisso moderno pela proteção dos indivíduos e das minorias. Baseando-se em seu *insight* sobre a emergente consciência da centralidade da vítima a se expandir no mundo moderno, Girard adota uma visão um tanto diferente:

> O gradual afrouxamento de vários centros de isolamento cultural começou durante a Idade Média e agora nos conduziu ao que chamamos de "globalização", o que, na minha visão, é apenas de forma secundária um fenômeno econômico. O verdadeiro motor do progresso é a lenta decomposição dos mundos fechados, enraizados no mecanismo vitimário. Essa é a força que destruiu as sociedades arcaicas e doravante desmantela as sociedades que as substituíram, as nações às quais damos o nome de "modernas".[105]

Girard solapa qualquer tentativa de romantizar o mundo das sociedades fechadas ao apontar para o mecanismo oculto que gera suas unidades. Strauss, o filósofo, trabalha a fim de ocultar essa mesma verdade, contrastando a moderação e a prudência da cidade antiga diante dos excessos de uma modernidade biblicamente inspirada. Do ponto de vista de Girard, tal interpretação não faz justiça à tradição judaico-cristã ao permanecer atolada na visão de

---

[105] René Girard, *I See Satan Fall Like Lightning*. Trad. James G. Williams. Maryknoll, Orbis Books, 2001, p. 164-65.

uma solução sacrificial, exatamente o mecanismo de resolução que a Bíblia busca desmantelar. O saneamento filosófico em direção ao ideal clássico de Strauss não rompe suficientemente com a violência fundadora da cultura:

> Seja lá o que for a essência do cristianismo, nenhuma outra interpretação poderia estar mais completamente equivocada do que o equiparar às religiões particularistas. Toda forma de pensamento que acredita ter compreendido o cristianismo é, de fato, sempre compreendida por ele, pois o pensar se localiza dentro da cidade e mal percebe ou mesmo não percebe de forma alguma como o fechamento característico do universo da cidade é gerado por meio de uma constante expulsão do Outro. O cristianismo rompe radicalmente com a cidade antiga cujo fechamento ele rejeita.[106]

O pensamento de Strauss permanece orgulhosamente dentro da cidade, e essa é a fonte de sua cegueira. Assim como em Nietzsche (mas sem sua ferocidade), Strauss resiste aos efeitos culturais da revelação bíblica sobre a centralidade da vítima, porque percebe esses efeitos como forças que contribuem para os horrores modernos dos quais deseja escapar. O que Girard compreende, de uma forma que Nietzsche e Strauss não conseguem, é que apesar de todos os excessos que acompanham o progresso da revelação bíblica, a ameaça mais grave à civilização vem daqueles que sufocariam a voz bíblica. Girard sabe muito bem que:

> O genocídio de Hitler contradiz de forma flagrante a tese [...] de que o mundo ocidental e agora efetivamente todo o planeta está

---

[106] René Girard, *Oedipus Unbound*. Stanford, Stanford University Press, 2004, p. 89-90.

> dominado pela preocupação com as vítimas.
> Essa contradição ou me obrigaria a alterar
> minhas conclusões ou me obrigaria a torná-las a
> base de toda a minha interpretação de genocídio.
> A segunda solução é muito melhor, creio.[107]

Portanto, o mundo moderno se inclina muito mais ao desequilíbrio quando obscurece ou abandona seu legado bíblico. Strauss aceita isso apenas em certa medida; sua recuperação do significado de Jerusalém pretende exercer uma contribuição para o fortalecimento da sociedade ocidental. Sua confiança em Nietzsche, todavia, leva-o a se apropriar da tradição bíblica de uma maneira deformada, que confere apenas uma importância periférica aos aspectos centrais da tradição, os quais respondem pelo aumento da sensibilidade moderna em direção às vítimas e que, por isso, fornecem solos mais firmes contra o tipo de ameaças totalitárias que ele teme. Ao assumir Nietzsche como modelo, Strauss padece de distrações similares.

Strauss é realmente um seguidor de Nietzsche? Correndo o risco de ser evasivo, eu diria que a resposta depende de como se define um seguidor de Nietzsche. É preciso dizer o seguinte:

> Ele foi um nietzscheniano que se alinhou com
> tudo o que pensou entender de Nietzsche. Mas
> o Nietzsche de Strauss não seria reconhecível
> para o Nietzsche apresentado pela maior
> parte do universo acadêmico contemporâneo.
> Para dar somente um exemplo, diante do
> Nietzsche pós-moderno, Strauss não teria se
> importado menos a respeito de quem seria mais
> "metafísico", Nietzsche ou Heidegger [...] Nem
> teria Strauss aceitado a visão de que no coração
> do pensamento de Nietzsche se encontra apenas

---

[107] René Girard, *I See Satan Fall Like Lightning*, p. 170-71.

a vontade de um niilista esotérico. O Nietzsche de Strauss visava a um "retorno" paradoxal da Natureza, não à comumente anunciada emancipação metafísica dela. E, talvez, de forma ainda mais iconoclasta, o Nietzsche de Strauss era um "platonista".[108]

A única parte dessa avaliação à qual eu levantaria uma objeção é a que diz que Strauss se alinhava "*como tudo* que entendeu de Nietzsche". Strauss certamente compreendeu o uso polêmico e retórico da linguagem em Nietzsche, e ele rejeita isso como algo inaceitável e perigoso, embora fosse compreensível, dadas as circunstâncias em que Nietzsche se encontrava.[109] Laurence Lampert toma a crítica de Strauss sobre Nietzsche como "irresponsável e danosa", e ele acredita que ela se destina principalmente à edificação do público de Strauss, uma "descida retórica ao povo", a qual ofereceria "uma denúncia piedosa do ímpio Nietzsche". Lampert também afirma que Strauss é, por fim, muito cuidadoso para seguir sem reservas o ensinamento de Nietzsche; e, no final, Strauss abraça a moderação de Platão.[110]

---

[108] Gregory Bruce Smith, "Athens and Washington: Leo Strauss and the American Regime". In: Kenneth L. Deutsch e John A. Murley (orgs.), *Leo Strauss, the Straussians, and the American Regime*. Lanham, Rowman and Littlefield, 1999, p. 105.

[109] "Ele se opunha à ideia de uma aristocracia planetária diante da alegada necessidade de uma sociedade universal sem classes e sem Estado. Estando certo sobre a domesticação do moderno homem ocidental, ele pregava o direito sagrado de 'extinção sem misericórdia' de grandes contingentes humanos, com tão poucas restrições quanto às usadas por seu grande antagonista. Ele usava irrestritamente o seu insuperável e inexaurível poder retórico e seu discurso fascinante para que seus leitores abominassem não apenas o socialismo e o comunismo, mas, também, o conservadorismo, o nacionalismo e a democracia. Depois de ter assumido essa grande responsabilidade política, ele não conseguia mostrar a seus leitores um caminho em direção à responsabilidade política. Ele os deixou sem alternativa, exceto aquela entre uma indiferença irresponsável à política e opções políticas irresponsáveis. Dessa forma, ele ajudou na preparação do caminho para um regime, que, enquanto permaneceu no poder, fez que os desacreditados regimes democráticos parecessem, mais uma vez, ter sido uma idade de ouro". In: Leo Strauss, "What is Political Philosophy?", p. 54-55. Ver também, de Leo Strauss, "German Nihilism", p. 360-63 e 370-72.

[110] Laurence Lampert, *Leo Strauss and Nietzsche*, 9, p. 184-86. A própria perspectiva de Lampert se encontra totalmente explicitada em sua crítica a Strauss. Depois de citar a

Diferente de Lampert, acredito que a denúncia de Strauss à retórica de Nietzsche é seriamente dirigida, e seu retorno a Platão não indica uma falta de coragem, mas é o resultado de uma profunda compreensão dos perigos potenciais do estilo de Nietzsche, ou mesmo de seu ensinamento. Segundo Strauss:

> As dificuldades essenciais do ensinamento de Nietzsche são criadas pelo seu caráter polêmico, e desaparecem imediatamente quando se distingue entre a abordagem polêmica e o próprio ensinamento [...] Não é suficiente simplesmente parar onde Nietzsche não está mais com razão; em vez disso, deve-se perguntar se Nietzsche foi ou não infiel à sua intenção de repetir a antiguidade, e se o fez como resultado de seu confinamento às pressuposições modernas ou como polêmica contra elas.[111]

Do ponto de vista de Strauss, até mesmo Nietzsche foi incapaz de se libertar completamente da segunda caverna; em determinado grau, ele permaneceu contaminado pelo pensamento moderno que buscava superar. Em seu politicamente irresponsável e polêmico discurso, Nietzsche é, em demasia, um produto da própria modernidade, uma modernidade que herdou da Bíblia um compromisso de perseguir e falar a verdade com audácia. Em relação à sua crítica a Maquiavel, Strauss acha perturbadora a proclamação de Nietzsche da verdade mortal, à medida que danifica as opiniões de que a sociedade tem de se valer e a fim de

---

observação de Strauss segundo a qual Nietzsche "pregava o direito sagrado da 'extinção sem misericórdia' de grandes contingentes humanos, com tão poucas restrições quanto as usadas por seu grande antagonista [Marx]", Lampert observa que "o sagrado nesse caso não pode se referir a Dionísio, a deidade dançarina, à qual Nietzsche se submeteria como discípulo; [...] a característica dureza e crueldade de Dionísio não se confunde com uma pregação que propõe a extinção de populações inteiras, que entrou em nossa história como atos piedosos de seguidores de um Deus ciumento" (p. 9).
[111] Karl Lowith e Leo Strauss, "Correspondence", p. 183-84.

permanecer confiante e coesa. Nietzsche seria verdadeiro demais, em detrimento do bem da sociedade. Para realmente reviver a Antiguidade, devemos recuperar o gênio clássico e compreender a necessidade de moderação que acompanha o discurso político.

Strauss divide com Platão um temor de que existem certas verdades sobre a cidade que precisam permanecer ocultas. Isso explica, em parte, por que Platão se tornou o modelo primário para a filosofia política de Strauss. Todavia, embora a prudência platônica possa ser mais apropriada do que o excesso de Nietzsche, isso não significa que Nietzsche seja deixado para trás. Strauss coloca-se menos como crítico de Nietzsche e mais como corretor e finalizador de seu trabalho. Do ponto de vista de Strauss, Nietzsche não se libertou o suficiente do santo Deus da Bíblia – seu estilo profético de falar solapa a eficiência de seu ensinamento. A guinada de Strauss à filosofia política clássica é uma tentativa de realizar o projeto de Nietzsche de reverter o triunfo moderno da visão bíblica. Strauss, em sua recuperação dos antigos, compreende sua própria tarefa como a de completar o projeto que Nietzsche foi incapaz de finalizar, devido à inabilidade deste de se libertar completamente do horizonte biblicamente influenciado da modernidade. Decerto, há um bocado de evidências que amparam essa alegação. Ao refletir sobre sua obra, Strauss considera se a tentativa de restaurar a ciência social clássica não seria, talvez, utópica, "uma vez que isso implica que a orientação clássica não se tornou obsoleta por causa do triunfo da orientação bíblica".[112] De forma parecida, Strauss faz uma observação para Karl Lowith: "não resta dúvida de que nossa maneira habitual de sentir encontra-se condicionada pela tradição bíblica", mesmo quando ele se recusa a descartar a possibilidade de corrigir esse sentimento.[113] Strauss se assemelha a Nietzsche

---

[112] Leo Strauss, *On Tyranny: Including the Strauss-Kojève Correspondence*. Ed. Gourevitch and Ross, p. 177-78. [Em português: *Da Tirania*: Incluindo a correspondência Strauss-Kojève. Trad. André Abranches. São Paulo, É Realizações Editora, 2017.]
[113] Karl Lowith e Leo Strauss, "Correspondence Concerning Modernity". *Independent Journal of Philosophy*, vol. 4, 1983, p. 111.

em seu desejo de destronar a "orientação bíblica" de seu lugar atual no mundo moderno. Isso explica a distinção que faz entre o ensinamento de Nietzsche (com o qual Strauss frequentemente concorda) e o discurso de Nietzsche (o qual Strauss vê como irresponsável). Por exemplo, ao anunciar a necessidade do sacrifício, Nietzsche pode estar falando a verdade, mas é uma verdade que nunca deveria ser enunciada abertamente. Esse é o motivo pelo qual é tão mais difícil identificar indicações explícitas de pensamento sacrificial em Strauss. No entanto, mesmo uma leitura apressada dos ensaios de Strauss sobre Nietzsche revela repetidas referências a Dioníso, ao sacrifício e à crueldade, todas inseridas no contexto de uma discussão sobre filosofia, vontade de poder e o eterno retorno. Strauss, como Nietzsche, parece ter uma percepção aguda do fato de que o problema da sacralização da ordem não desaparece com o abandono da fé bíblica. Como Girard, Strauss nota a importância do sagrado e sua relação com a cultura no pensamento de Nietzsche. No entanto, Strauss parece ser tão incapaz quanto Nietzsche de se livrar do desafio proposto pelo pensamento bíblico e, de forma muito semelhante a Nietzsche, percebe que a filosofia não pode caminhar sem recorrer a alguma forma de sagrado. Já nos referimos à centralidade dos ensaios sobre Atenas e Jerusalém em *Studies in Platonic Political Philosophy*. Esse livro também contém o ensaio "Observações Preliminares sobre os Deuses no Trabalho de Tucídides", que começa com uma afirmação que refere o leitor a um tratamento prévio sobre Tucídides em *The City and Man*.[114] Nesse escrito anterior, Strauss termina o capítulo sobre Tucídides (e o próprio livro) com uma expressão de gratidão a Fustel de Coulanges por chamar a atenção para uma compreensão profunda da religião dos gregos, o "remoto ou escuro lado da cidade" que foi negligenciado pelos filósofos.[115] Além do mais, o penúltimo

---

[114] Leo Strauss, "Preliminary Observations on the Gods in Thucydides' Work", p. 89-104; *City and Man*, p. 139-241.
[115] "Pois o que vem 'em primeiro para nós' não é a compreensão filosófica da cidade, mas aquela compreensão que é inerente à cidade como tal, na cidade pré-filosófica, segundo a qual a cidade via a si mesma como sujeita e subserviente ao divino, no sentido

trabalho de Strauss, *The Argument and the Action of Plato's Laws*, começa com a observação de Avicena, ao dizer que "o tratamento da profecia e a lei divina se encontra em *Leis*", seguida da própria observação de Strauss, em que afirma que *Leis* é o trabalho mais político e piedoso de Platão.[116]

Que Strauss tenha certa consciência sobre as bases sacrificiais da cultura fica evidente a partir do tratamento que faz da doutrina do eterno retorno. Observando como, para Nietzsche, a decadência da religião institucional coincide com um aumento na religiosidade, Strauss pergunta: "Poderia o ateísmo pertencer à mente liberta como Nietzsche o concebe, ao passo que certo tipo de não ateísmo pertence ao filósofo do futuro, o qual adorará novamente a Dionísio [...]?". A religião do futuro vislumbrada por Nietzsche pode ter alguma semelhança com a filosofia do Vedanta, mas Strauss afirma que Nietzsche antecipa

> [...] uma possibilidade mais ocidental, séria, terrível e pujante: o sacrifício da crueldade, isto é, da vontade de poder que se volta contra si mesma, de Deus que prepara a adoração da pedra, da estupidez, da gravidade, do destino, do Nada. Em outras palavras, antecipa que os melhores, entre os ateus modernos, saberão o que estão fazendo.[117]

O sacrifício de Deus (o antigo Deus da Bíblia) deixa em seu despertar um cenário niilista no qual o impulso religioso se lança agressivamente em sua busca por um novo sagrado (a pedra, a

---

comum do divino, ou ao menos lhe presta reverência. Somente partindo desse ponto, estaremos abertos a todo o impacto da questão mais relevante, a qual é contemporânea à filosofia, embora esta última geralmente não a mencione – a questão *quid sit Deus*" (*City and Man*, p. 241).

[116] Leo Strauss, *The Argument and the Action of Plato's Laws*. Chicago, University of Chicago Press, 1975, p. 1-2.

[117] Leo Strauss, "Note on the Plan of Nietzsche's *Beyond Good and Evil*", p. 179-80.

estupidez, o destino, e assim por diante) culminando na adoração do Nada. Mas Strauss nega que essa seja a palavra final de Nietzsche sobre o problema:

> Nietzsche não pretende sacrificar Deus em nome do Nada, pois, embora reconheça a verdade fatal de que Deus morreu, visa a transformar isso em uma verdade inspiradora da vida ou, em vez disso, descobrir na profundeza da verdade fatal o seu oposto.[118]

O sacrifício do Deus bíblico e o niilismo resultante é nada mais que um estágio no caminho para uma nova forma de sagrado, uma que deve ser desejada para o bem da sociedade: "A adoração do Nada prova ser a transição indispensável de todo tipo de negação do mundo em direção ao mais irrestrito Sim: a eterna afirmação positiva a tudo que foi e é". Strauss diz que o ateísmo de Nietzsche "não é inequívoco, pois ele tinha dúvidas se poderia haver um mundo, qualquer mundo, cujo centro não fosse Deus".[119] A fim de afirmar esse Sim irrestrito é preciso exercer um ato de vontade: logo, a religião vindoura será um reflexo da vontade de poder promotora da vida:

> Nietzsche nos diz que, em certo sentido, a doutrina da vontade de poder é uma vindicação de Deus, mesmo que seja uma vindicação definitivamente não teísta de Deus [...] [A] vindicação de Deus é apenas a inversão do sacrifício de Deus à estupidez, ao Nada, e em qualquer medida pressupõe esse sacrifício. O que significa aquilo que subitamente, depois de uma longa preparação, diviniza o Nada? É

---

[118] Ibidem, p. 180.
[119] Ibidem, p. 180-81.

> o desejo de eternidade que dá ao mundo ou
> nele restaura o seu valor, que as formas de
> negação do mundo lhe haviam negado? Seria
> esse desejo de eternidade que tornaria, então, o
> ateísmo religioso?[120]

A trajetória do pensamento de Nietzsche sobre o religioso e o sagrado, como descrita por Strauss, tem uma semelhança notável com a apresentação que Girard faz da lógica do aforismo 125 em *Gaia Ciência* (embora Girard e Strauss difiram totalmente em suas avaliações conclusivas sobre Nietzsche).[121] Girard destaca que Nietzsche fala claramente do assassinato ritual de Deus, enquanto Strauss usa a linguagem igualmente violenta do sacrifício; nenhum dos dois comentadores é levado pela ideia de que Nietzsche pretendia que a morte de Deus fosse compreendida como um processo natural e pacífico. Na leitura de Girard, a primeira proclamação da morte de Deus precipita a crise sacrificial que segue à medida que a humanidade despenca em busca de conduta sacrificial. Strauss descreve a crise segundo o impulso da humanidade para encontrar algo que possa adorar no lugar do Deus bíblico: seja uma pedra, o destino ou o Nada. "Que cerimônias de expiação, que jogos sagrados teremos que inventar?", pergunta o Louco de Nietzsche, e Girard, como Strauss, acredita que Nietzsche encontrou sua resposta na doutrina do eterno retorno. A apropriação que Nietzsche faz da doutrina serve muito bem à sua filosofia, uma vez que tem raízes profundas na religião sacrificial:

> O sacrifício ocorre quando a violência sagrada
> se apodera da vítima; é a morte que gera a
> vida, da mesma forma que a vida gera a morte,
> conforme o ciclo ininterrupto de recorrência
> eterna comum a todas as visões teológicas

---

[120] Ibidem, p. 181.
[121] René Girard, "The Founding Murder in the Philosophy of Nietzsche". In: *Violence and Truth: On the Work of René Girard*. Stanford, Stanford University Press, 1987, p. 227-46.

> que estão impressas pelas práticas sacrificiais
> – aquelas que não reconhecem o efeito
> desmistificador da tradição judaico-cristã. Não
> é por acaso que a filosofia ocidental começa,
> e até certo ponto termina, na "intuição" da
> Recorrência Eterna que os pré-socráticos e
> Nietzsche têm em comum. Essa é a intuição
> sacrificial por excelência.[122]

A ambiguidade que Girard detecta no aforismo 125 é que, ao se associar o eterno retorno ao assassinato coletivo que é seu motor, a eficiência da doutrina fica danificada. Desde que o assassinato permaneça encoberto, o mecanismo sacrificial pode realizar o seu trabalho com pouca resistência. Uma vez que é exposto, seu funcionamento fica seriamente comprometido. A fim de exorcizar o assassinato, o véu da filosofia precisa ser colocado sobre ele.[123] Girard afirma que é exatamente isso que Heidegger fez com Nietzsche, e eu afirmo que o mesmo pode ser dito de Strauss.[124] Sua sensibilidade ao uso que Nietzsche fazia da linguagem do sacrifício religioso e sua relação com o eterno retorno tem importância especial nesse sentido, embora, como é tão frequente no caso de Strauss, sua própria visão não seja facilmente distinguida daquilo que ele oferece ao leitor em seu papel como comentador.[125] Decerto, a própria direção evasiva do discurso é sintomática do papel ofuscante do discurso filosófico. O discurso de Strauss paira constantemente em torno dos pensamentos mais sombrios

---

[122] René Girard, *Things Hidden Since the Foundation of the World*. Trad. Stephen Bann e Michael Metteer. Stanford, Stanford University Press, 1987, p. 226. [Em português: Coisas Ocultas desde a Fundação do Mundo. Trad. Martha Gambini. São Paulo, Paz e Terra, 2009.]
[123] René Girard, "The Founding Murder in the Philosophy of Nietzsche", p. 239 e 245.
[124] "Heidegger lutou, sem dúvida, do mesmo lado que lutou Nietzsche: o lado do sagrado primitivo, mas em posições menos expostas, menos diretas, menos perigosas e reveladoras do que Nietzsche. Ele obtete êxito, ao menos por um tempo, em 'neutralizar' a imprudência de Nietzsche no âmbito da religião" (René Girard, *The Girard Reader*. New York, Crossroad, 1996, p. 255).
[125] Leo Strauss, "Note on the Plan of Nietzsche's *Beyond Good and Evil*", p. 177-81.

de Nietzsche, permitindo que os *insights* de Nietzsche venham à superfície sem que Strauss, o prudente filósofo político platônico, jamais se identifique explicitamente com eles. Nesse sentido, Nietzsche é simultaneamente mantido à distância e aproximado do pensamento clássico que Strauss tanto admira. Escrito como um comentário sobre Nietzsche, as seguintes observações de Girard são igualmente aplicáveis a Strauss:

> Ao adotar a recorrência eterna como perspectiva filosófica, pode-se enredar o problema ao coração desejoso [...] Pode-se dar a impressão de que profundidades insondáveis se encontram ocultas, infinitamente superiores à visão linear de história ou à "simplicidade" judaico-cristã.[126]

O valor da crítica girardiana é que nos permite superar o acobertamento filosófico da violência. Isso não apenas ajuda na detecção dos traços do sagrado violento nos textos filosóficos, mas nos força a perguntar o quanto esses autores eram conscientes da necessidade de manter esse conhecimento oculto. Girard acredita que Nietzsche compreendia muito bem o quão frequente o mito e o ritual estão dominados pela expulsão ou assassinato de vítimas, e o quanto esse processo é essencial para a preservação da cultura. Na visão de Girard, Nietzsche nunca teme os aspectos violentos do dionisíaco.[127] Mais especificamente, Girard crê que Nietzsche "está muito perto de ver os mecanismos e efeitos da vítima substitutiva, e, acima de tudo, de ver que os Evangelhos os veem e, ao vê-los, os desqualificam e os descarrilam".[128] A questão permanece sendo se Strauss compartilha o mesmo grau de consciência de Nietzsche sobre essas questões. Inspirado pelo exemplo de Platão, Strauss pratica um tipo de filosofia que é muito mais prudente em relação

---

[126] René Girard, "The Founding Murder in the Philosophy of Nietzsche", p. 241.
[127] *The Girard Reader*, p. 247.
[128] René Girard, "The Founding Murder in the Philosophy of Nietzsche", p. 244.

às perturbadoras verdades anunciadas por Nietzsche. Mas, em sua escolha por Platão, Strauss não pode fingir que não encontrou Nietzsche. Nem pode ignorar o ensinamento de Nietzsche sobre a conexão entre a violência e o sagrado. Contrário à impressão que alguns podem ter de seu pensamento, Strauss está muito consciente de que não pode haver qualquer retorno ao horizonte clássico. A sabedoria clássica deve ser usada em função dos problemas *modernos*, e isso significa lidar com as desagradáveis verdades que Nietzsche afirmou de forma tão chocante. Essas verdades, uma vez anunciadas, danificam seriamente o mecanismo no qual as sociedades confiam para a manutenção de sua coesão e estabilidade. Strauss deve confrontar o problema que questiona se a difícil verdade trazida à tona por Nietzsche pode ser, de forma eficaz, enterrada novamente.

Essa tensão resultante revela, no próprio pensamento de Strauss, a forma como seu ensaio sobre *Além do Bem e do Mal* circula em torno da disputa entre Platão e Nietzsche, os dois filósofos que Strauss tem na mais alta estima. Nietzsche destacara enfaticamente a importância do religioso e do sacrificial, e desafiara os filósofos do futuro a entrar em acordo com essas realidades em um mundo liberto do poder do Deus bíblico. Strauss aceitou esse desafio. Se Nietzsche pudesse ser aproximado de Platão, então, suas ideias poderiam ser integradas à moderação platônica e, dessa forma, mediadas para o mundo em uma forma aparentemente menos tóxica. Isso explicaria o que de outra forma pode parecer um posicionamento estranho de Strauss em seu ensaio sobre Nietzsche na parte central do *Studies in Platonic Political Philosophy*. A ultrajante retórica de Nietzsche pode ser sinceramente denunciada, enquanto seus *insights* podem ser modificados (não repudiados) e incorporados à visão prudente dos autores clássicos. No entanto, se Girard estiver correto, qualquer tentativa de se reconstituir o sagrado em um mundo no qual a orientação bíblica já triunfou será extraordinariamente difícil, já que o mecanismo do qual o sagrado depende para seu pleno funcionamento, uma vez exposto pela revelação bíblica, não pode ser facilmente restituído. O esforço de tentar revivê-lo custou muito caro a Nietzsche. O mais prudente Strauss retorna aos seus modelos clássicos a fim de aprender como ocultar a desconcertante verdade da vista das pessoas, pois, para ele, as origens violentas da cultura devem permanecer submersas. Há um sentido no qual isso se torna evidente no pensamento de Strauss.

Escrevendo em honra a seu falecido colega Kurt Riezler, Strauss observa:

> Pois o ser de um homem é revelado pelo caráter amplo de sua vida, seus feitos, suas obras, por aquilo que estima e reverencia não em palavra, mas em ação – pelas estrelas às quais sua alma anseia, caso anseie por qualquer estrela [...] Refletindo sobre a aspiração mais alta de Riezler, fui obrigado a pensar mais de uma vez em Tucídides – sobre a hombridade gentil e calada de Tucídides, que não busca qualquer consolo e que investiga em liberdade, mas não em indiferença, os opostos cuja unidade está oculta; que não busca reduzir um oposto ao outro.[129]

Não posso deixar de pensar que essa descrição revela tanto sobre Strauss quanto revela sobre Tucídides. Ao não buscar nenhum consolo diante da morte, enfrentando uma realidade constituída por uma oposição sem fim e incapaz de penetrar em seu mistério – essa é a voz de Leo Strauss. É também a voz de Nietzsche.[130] Não é alegação de Strauss que a oposição fundamental entre Atenas e

---

[129] Leo Strauss, "Kurt Riezler". In: *What is Political Philosophy?* Chicago, University of Chicago Press, 1959, p. 260.
[130] A referência que Strauss faz ao anseio da alma por uma estrela é quase certamente destinada a evocar o *Zaratustra* de Nietzsche: "Ai de mim! Tarda a hora em que o homem não mais dará luz a uma estrela [...] O que é o amor? O que é a criação? O que é o anseio? O que é uma estrela? Assim questiona o último homem, e ele vacila" (*The Portable Nietzsche*, p. 129).

Jerusalém constitui a vitalidade da civilização ocidental, de fato, um reflexo do eterno retorno, em que a vida é gerada por meio de um conflito sem fim entre opostos? Seria mera coincidência que Strauss comece um ensaio sobre Tucídides enfatizando os "princípios antagônicos" da sabedoria grega e da piedade bíblica e conclua com um lembrete sobre a sabedoria de Tucídides, a qual compreende a adoção do *insight* de Heráclito de que a guerra é o pai de todas as coisas?[131] No pensamento de Strauss, o sagrado violento é mais uma vez reinstalado no coração da cultura, transfigurado no conflito sem fim entre os dois pilares da civilização ocidental. Strauss defende Jerusalém porque pretende manter essa tensão viva. Não mais que Nietzsche, ele deseja o triunfo da "orientação bíblica".

Todavia, o problema levantado pela mensagem bíblica, seja ele articulado como questão judaica, como natureza da modernidade, ou como conflito entre Atenas e Jerusalém, recusa-se a desaparecer. Isso coloca um problema inconveniente para a filosofia, a qual preferiria evitar a verdade desconfortável a respeito da vítima que se encontra no coração da antropologia bíblica. Nesse sentido, temos uma passagem interessante, ou mesmo enigmática, no ensaio de Strauss sobre Nietzsche. Strauss diz o seguinte:

> Existe um ingrediente importante, para não dizer que é o próprio sistema nervoso, na "teologia" de Nietzsche, do qual nada falei e não falarei, uma vez que não tenho acesso a ele. Esse aspecto foi bem tratado por Karl Reinhardt em seu ensaio "Nietzsche's Klage der Ariadne".[132]

O que é peculiar nessa passagem é a identificação que Strauss faz de um "importante ingrediente, para não dizer o sistema nervoso,

---

[131] Leo Strauss, "Thucydides: The Meaning of Political History", p. 72 e 101.
[132] Leo Strauss, "Note on the Plan of Nietzsche's *Beyond Good and Evil*", p. 181.

na 'teologia' de Nietzsche", seguido de sua recusa em falar sobre o assunto por não ter acesso a ele. Se realmente lhe faltasse acesso, como e de que forma ele seria capaz de falar sobre o tal ingrediente? Como poderia, então, avaliar o ingrediente como o "sistema nervoso" da teologia de Nietzsche? E como poderia saber que a questão é bem tratada por Reinhardt? Talvez a observação de Strauss não seja nada mais que um lembrete de sua falta de conhecimentos em teologia. Todavia, isso é muito improvável, uma vez que Reinhardt também não é um teólogo, e isso não o impede de bem tratar a "teologia" de Nietzsche. O que temos aqui é Strauss, o filósofo político, chamando atenção a respeito de um assunto sobre o qual a filosofia não pode ou não vai se pronunciar. Ainda assim, é algo que apresenta tal centralidade ao pensamento de Nietzsche que não pode ser omitido. Poderia esse ingrediente, sobre o qual não se deve falar, ter algo em comum com o sagrado violento? E o que isso teria a ver com a filosofia? Na realidade, Reinhardt defende a centralidade da figura do deus Dionísio em todo o pensamento de Nietzsche, sublinhando a oposição entre Dionísio e o Crucificado.[133] Poderia ser o caso de Strauss passar por cima desse 'importante ingrediente da "teologia" de Nietzsche porque ele a considera irrelevante aos assuntos centrais da filosofia política. O silêncio de Strauss pode indicar, contudo, que, na verdade, ele compreende Nietzsche bem demais.

---

[133] Karl Reinhardt, "Nietzsche's Ariadne's Complaint". *Interpretation*, vol. 6, n. 3, 1977, p. 207-24.

capítulo 6
o momento de Strauss
Peter Thiel

For I dipt into the future, far as human eye could see,
Saw the Vision of the world, and all the wonder that would be;
Saw the heavens fill with commerce, argosies of magic sails,
Pilots of the purple twilight dropping down with costly bales;
Heard the heavens fill with shouting, and there rain'd a ghastly dew
From the nations' airy navies grappling in the central blue;
Far along the world-wide whisper of the south-wind rushing warm,
With the standards of the peoples plunging thro' the thunder-storm;
Till the war-drum throbb'd no longer, and the battle-flags were furl'd
In the Parliament of man, the Federation of the world.
There the common sense of most shall hold a fretful realm of awe,
And the kindly earth shall slumber, lapt in universal law.[1]
    Alfred, Lord Tennyson, "Locksley Hall"

O século XXI começou com os estrondos de 11 de setembro de 2001. Naquelas horas aterrorizantes, o modelo político-militar dos séculos XIX e XX e, de fato, de toda a época moderna, com sua ênfase nos métodos dissuasórios, em Estados-Nação calcados nos princípios da razão, dos debates públicos e da diplomacia internacional,

---

[1] Mergulhei no futuro, o mais distante que os olhos podem ver / Vi a imagem do mundo, e todo assombro que nos aguarda; // Vi os céus repletos de concupiscência, frotas a velejar pelos mares / Navegadores das horas crepusculares a desembarcar seus carregamentos; // Ouvi os céus repletos de berros, e de lá choveu um horripilante orvalho / Das frotas aéreas a se engalfinharem no todo azul; // Ao longe o grande sussurrar do tépido vento sul / Com os estandartes dos povos a se lançar sobre a tempestade raivosa; // Até que os tambores de guerra cessaram, e as bandeiras foram baixadas / Na Assembleia dos homens, a Federação Mundial. // Lá o senso comum contemplará a aflição de um reino pavoroso / E a terra se tornará sonolenta, encarcerada no direito universal. (N. T.)

foi colocado em xeque. Como o mero debate público ou mesmo o uso tradicional da poderosa força militar poderia deter um punhado de loucos suicidas altamente determinados, que operavam aparentemente à margem de quaisquer parâmetros ocidentais? E o que seria preciso fazer diante de tamanha realidade sem precedentes, considerando-se que a tecnologia avançara a níveis nos quais um diminuto grupo humano podia infligir danos terríveis?

A consciência sobre essa vulnerabilidade do Ocidente clamava por um novo consenso, e esse novo consenso exigiria, inexoravelmente, mais segurança à custa de menos liberdade. No sentido mais básico das políticas públicas, isso significaria mais máquinas de raios X nos aeroportos, mais sistemas de segurança nos aviões, um número maior de cartões de identificação e uma enorme invasão de privacidade, além de menos direitos para alguns dos acusados. Do dia para a noite, a mania fundamentalista dos direitos civis da *American Civil Liberties Union* (ACLU), cujo tom fora sobre a inviolabilidade dos direitos do indivíduo, tornou-se um anacronismo inviável.

Mesmo enquanto o debate entre liberdade × segurança ainda era discutido, toda e qualquer força militar à disposição já era utilizada para rastrear os responsáveis pela violência de 11 de setembro. Apesar da rápida mobilização, esses esforços tiveram um êxito limitado. A antiquada organização militar norte-americana mostrou-se inadequada ao tipo de combate que esse novo inimigo exigia, pois ele precisaria ser perseguido não apenas nos Estados Unidos, ou mesmo em alguns refúgios terroristas no Afeganistão, mas nos confins do planeta. De forma ainda mais dramática, como uma Hidra, o inimigo proliferava, e a cada jihadista morto dez outros surgiam em busca do martírio em perversa emulação macabra.

No nível mais amplo da cooperação e da negociação internacional, o 11 de setembro exigiria providências completamente diferentes. A questão sobre o unilateralismo e sobre as instituições concebidas para fornecer cobertura ao unilateralismo pôde ser reivindicada publicamente por pessoas sérias pela primeira vez desde 1945. Muito já se disse sobre os papéis relativos dos Estados Unidos e das Nações Unidas na esfera política, mas existem debates subjacentes, os quais remetem a questões mais fundamentais.

Para os nossos propósitos, vale a pena destacar uma dessas questões fundamentais: o debate sobre a política de contenção da violência no século XX. Após a Segunda Guerra Mundial, o consenso centrista sobre desenvolvimento internacional solicitava enormes transferências de riqueza dos países industrializados para os países em desenvolvimento. Sob a proteção do Banco Mundial, do Fundo Monetário Internacional e de um conjunto de outras organizações, centenas de bilhões de dólares foram despejados (em empréstimos a juros baixos) para os governos do chamado Terceiro Mundo, promovendo, desse modo, certo crescimento econômico e certa prosperidade. Porém, tal consenso estava certo? Os incentivos econômicos são realmente poderosos o bastante para conter a violência?

Ex ante, as transferências de riqueza faziam certo sentido no final da década de 1940. Aqueles que consideravam o movimento de Marx com seriedade e ficavam assombrados diante do espectro da revolução comunista esperavam que o aparato da transferência de riqueza ajudaria a vencer a Guerra Fria e, assim, promoveria a paz mundial. Para que os Rockefellers pudessem assegurar suas fortunas (e suas cabeças), talvez fosse prudente que dessem uma parte do que possuíam para os desafortunados do mundo, tornando-os um pouco menos desafortunados.

Entretanto, *ex post*, pode-se pensar o quanto esses líderes políticos foram ingênuos. Basta lembrar os resultados inconvenientes a nos mostrar que o aparato de transferência de riqueza nunca funcionou como propalado, e de fato a riqueza do Ocidente foi em grande parte dilapidada em projetos faraônicos, em muitos casos nenhum desenvolvimento econômico real ocorreu, e nos melhores casos o dinheiro simplesmente circulou de volta para o

Primeiro Mundo, transferido para as contas de bancos suíços cujos portadores eram os governantes (ditadores) de nações do Terceiro Mundo. Como os acontecimentos recentes ilustraram de forma viva, o problema real com a teoria é bem mais profundo. Quando, finalmente, o esperado golpe foi sentido, ele não veio das favelas do Rio de Janeiro, ou de camponeses famintos de Burkina Faso, ou de pastores tibetanos que ganham menos de um dólar por dia. Pelo contrário, o golpe foi desferido de uma direção que nenhuma das teorias modernas previra: os perpetradores eram sauditas de classe média alta, os quais geralmente tinham formação superior e grandes expectativas. Seu grande mentor, Osama bin Laden, herdara uma fortuna avaliada em torno de 250 milhões de dólares, a maior parte conquistada durante o *boom* do mercado petrolífero na década de 1970. Tivesse nascido nos Estados Unidos, Osama bin Laden poderia ter sido um Rockefeller.

Nesse sentido, o caso particular de Osama bin Laden e de seus seguidores deixa incompleto o pensamento político economicamente motivado, que tem sido guia para o Ocidente moderno. De *A Riqueza das Nações* à direita ao *O Capital* à esquerda, desembocando em Hegel e Kant e seus muitos seguidores em algum lugar no meio deles, os fatos brutais de 11 de setembro exigem um reexame nas fundações da política moderna. A proposta intelectual deste capítulo tem o intuito de sugerir o que implicaria tal reexame.

A questão da natureza humana

A partir do iluminismo, a filosofia política moderna foi caracterizada pelo abandono de um conjunto de questões que a época anterior estimara como central: O que é uma vida vivida em virtude? O que significa se fazer humano? Qual é a natureza da cidade e da humanidade? Como a cultura e a religião se encaixam em tudo isso? Para o mundo moderno, a morte de Deus foi seguida pelo desaparecimento da questão da natureza humana.

Esse desaparecimento teve muitas repercussões. Se os humanos podem ser algo similar a meros atores econômicos e racionais (e, em última instância, Adam Smith e Karl Marx concordam nesse ponto), então, aqueles que buscam a glória em nome de Deus ou de seu país aparecem como entidades estranhas; mas, caso tais seres estranhos se tornem lugar-comum, capazes de se fazer ouvir com força explosiva, então o relato político que finge que não existem precisa ser reexaminado.

Há, certamente, uma tradição ocidental mais antiga, uma tradição que oferecia uma visão da natureza humana menos dogmaticamente econômica. Esse relato mais antigo percebia que nem todas as pessoas são tão modestas em suas ambições a ponto de se contentar, como o *Cândido* de Voltaire, em apenas cultivar os seus jardins. Em vez disso, reconhecia que os seres humanos são potencialmente malignos, ou ao menos seres perigosos; e, embora haja enormes diferenças entre as virtudes cristãs de Agostinho e as virtudes pagãs de Maquiavel, nenhum dos dois pensadores teria ousado perder de vista a natureza problemática da humanidade.[2]

O método mais direto para se compreender um mundo no qual nem todos os seres humanos são *homo economicus* envolveria de alguma forma, portanto, um retorno a essa tradição mais antiga. Todavia, antes de tentarmos embarcar nesse retorno, existe outro mistério que devemos confrontar: Por que a tradição mais antiga fracassou, em primeiro lugar? Afinal de contas, ela parecia levantar algumas questões óbvias e importantes. Como essas questões puderam ser simplesmente abandonadas e esquecidas?

Em seu nível teórico, a tradição mais antiga compreendia duas correntes radicalmente incompatíveis simbolizadas por Atenas e Jerusalém. Um enorme golfo separa Atenas de Jerusalém. Pierre Manent resume essa divisão em *The City of Man*:

---

[2] Leo Strauss, *Thoughts on Machiavelli*. Glencoe, Free Press, 1958, p. 9-10. [Em português: *Reflexões sobre Maquiavel*. Trad. Élcio Verçosa. São Paulo, É Realizações Editora, 2015.]

> Aos olhos do cidadão da pólis, que valor existe na mortificação do cristão, quando o que lhe importa não é cair de joelhos, mas montar no cavalo, e os pecados que se deve expiar ou, em vez disso, corrigir não são os pecados que se comete contra a castidade e a verdade, mas erros políticos e militares? Aos olhos do cristão, qual é o valor dos esforços políticos e militares do cidadão, quando ele acredita que, vitória ou derrota, qualquer que seja o regime, este mundo é um vale de lágrimas devastado pelo pecado, e que os Estados nada mais são que grandes bandos de criminosos? Para cada um desses dois protagonistas, os sacrifícios que o outro clama são vãos.[3]

Por um longo período, da Idade Média em diante, o Ocidente buscou colocar um verniz sobre esse conflito e construir com base nas muitas coisas que essas tradições tinham em comum, mas no longo prazo, como duas grandes moendas que se chocam "a cidade e a igreja [...] desgastaram-se uma à outra enquanto prosseguiam em seus conflitos e conciliações. Ao buscar retornar à sua verdade original cada uma delas forjara estranhamente sua própria derrota".[4] Nenhum dos lados jamais conseguiu uma vitória decisiva, contudo, no longo prazo, cada lado conseguiu, de forma decisiva, desqualificar o seu oponente, o que acabou despertando o "indivíduo" moderno que se define ao rejeitar todas as formas de sacrifício: "Uma vez que a cidade e a igreja repreendem uma à outra segundo os sacrifícios que cada uma valoriza, o indivíduo é o homem que rejeita toda forma de sacrifício e define a si mesmo por essa recusa".[5]

---

[3] Pierre Manent, *The City of Man*. Trad. Mark A. LePain. Princeton, Princeton University Press, 1998, p. 27.
[4] Ibidem, p. 27.
[5] Ibidem, p. 35.

Na prática, essa dialética nunca foi simples ou fundamentalmente intelectual. Quando se considera seriamente essas questões, elas passam a ter repercussões sérias, e o mesmo vale para o moderno e inverso movimento que acarretou o seu abandono.

O início do período moderno no Ocidente – os séculos XVI e XVII – foi caracterizado pela desintegração dessas duas tradições mais antigas e por esforços cada vez mais desesperados para manter o funcionamento das partes conflitantes dentro de um mecanismo totalizador. Sempre que um consenso entre questões sobre as virtudes cívicas e a verdadeira religião se tornava impossível, a resposta imediata envolvia a fabricação de um consenso forçado. Essa prática pela força escalou nos períodos da Reforma e da Contrarreforma, o que culminou no paroxismo da Guerra dos Trinta Anos, um conflito que ainda permanece, talvez, como o período mais mortal da história europeia. Segundo algumas estimativas, na Alemanha, o palco do conflito, mais da metade da população foi erradicada.

No final desse processo, um acordo tornou-se mais distante do que nunca, e as diferenças acirraram-se. Portanto, a violência falhara na criação de uma nova unidade. Esse fracasso foi formalizado no Tratado de Vestfália, de forma que 1648 pode ser fixado como o ano que simboliza o nascimento da era moderna. Questões sobre a virtude cívica e a verdadeira religião seriam, daí em diante, decididas pelos governantes. Os governantes concordariam em discordar. Inexoravelmente, questões de virtude e religião passaram ao âmbito privado; indivíduos educados e respeitáveis aprenderam a evitá-las, pois levariam a nada mais que conflitos improdutivos.

Para o mundo moderno, questões sobre a natureza da humanidade passaram a ser vistas como um embate entre os liliputianos sobre a forma correta de quebrar um ovo. Hobbes, o primeiro filósofo verdadeiramente moderno, gabava-se de ter desertado e fugido de uma guerra religiosa; uma vida covarde se tornara preferível a uma morte heroica e sem sentido.⁶ *Dulce et decorum est pro patria mori* compreendera uma parte importante da antiga tradição, mas daí para a frente, isso seria visto como nada mais que uma velha mentira.

E, assim, o Iluminismo realizou uma grande retirada estratégica. Se a única forma de evitar que as pessoas continuassem se matando, ao divergir sobre a maneira correta de abrir um ovo, envolvia um mundo onde ninguém pensava muito a respeito disso, então o custo intelectual de se interromper tal pensamento pareceu ser um pequeno preço a se pagar. A questão sobre a natureza humana foi abandonada porque é uma questão demasiadamente perigosa para se debater.

John Locke: o comprometimento norte--americano

A nova ciência da economia e a prática capitalista preencheram o vácuo criado pelo abandono da antiga tradição. A nova ciência econômica encontrou seu expositor mais importante em John Locke e seu maior sucesso histórico nos Estados Unidos, uma nação cuja concepção é tributária de Locke, e não seria exagero descrevê-lo como seu definitivo fundador.

Devemos retornar ao século XVIII a fim de apreciar a tremenda mudança que Locke forjou. A chamada Revolução Americana foi assombrada pelo temor de uma guerra religiosa e imposições fanáticas sobre todo o Estado. A evocação que faz a Declaração de Independência ao "direito à vida, à liberdade, e à busca da felicidade" tinha contrapartida na tradição mais antiga, mas na qual os dois primeiros direitos não existiam e a busca pela felicidade teria assumido uma posição inferior (e, certamente, muito mais subjetiva)

---

[6] Leo Strauss, *Natural Right and History*. Chicago, University of Chicago Press, 1953, p. 197.

comparada à orientação para uma vida virtuosa. Quando damos um grande salto e avançamos para os Estados Unidos da década de 1990, o contexto mais amplo da Fundação já foi esquecido: os Estados Unidos tiveram tamanho êxito na modelação do mundo moderno que a maioria dos norte-americanos não conseguiria hoje mais reconhecer a originalidade e estranheza de sua concepção fundadora.

O exemplo pessoal de Locke é instrutivo a respeito do caminho sutil em direção ao liberalismo da Revolução Americana. Toda argumentação de Locke se desenvolve de uma forma contida; ele não deseja inflamar as paixões e evita tomar posições explícitas nos debates contenciosos dos séculos XVI e XVII. Mas, sabendo-se que seria ofensivo sugerir que as coisas que mais importam às pessoas são tolas ou irrelevantes, ele também deve evitar inflamar as paixões que irrompem quando se denigre abertamente todos aqueles que, de fato, tomam partido. Em nenhum outro lugar existe uma necessidade maior por sensibilidade que nas questões sobre religião. As paixões religiosas haviam gerado as guerras religiosas, mas um repúdio apaixonado contra a religião (contra o cristianismo, em particular) tampouco prometeria a paz. Locke não precisou dos exemplos das Revoluções Francesa e Russa para saber disso.

Dessa forma, esse filósofo adota um caminho aparentemente moderado. Em *The Reasonableness of Christianity*, o filósofo se propõe a denunciar aqueles "justamente desprezados" ateus, os quais questionaram abertamente a importância das regras estabelecidas para os mortais pela divindade.[7] Mas, durante o processo dessa denúncia, ficamos sabendo muitas coisas novas sobre essas regras. Locke nos ensina que o comando para que as crianças honrem seus pais não se aplica caso esses pais tenham sido "forçosamente descuidados".[8] O casamento permanece

---

[7] John Locke, "Atheism". In: Mark Goldie (org.), *John Locke: Political Essays*. 2. ed. New York, Cambridge University Press, 1999, p, 245-46.
[8] John Locke, "First Treatise of Government". In: *Two Treatises of Government*. 2. ed. Ed. Peter Laslett. Cambridge, Cambridge University Press, 2003, p. 214.

sendo uma importante instituição, mas "a esposa tem, em muitos casos, liberdade para se separar do [marido]",[9] e "[o] primeiro e mais forte desejo que Deus plantou nos homens" não é o amor a Deus e ao próximo, mas uma preocupação sadia com a autopreservação.[10] Infelizmente, o estado de natureza é um estado "miserável", de forma que aqueles que vivem sob ele são "carentes e necessitados"; a fuga da natureza, todavia, fornece o caminho para a autopreservação e para a felicidade.[11] Disso segue que os seres humanos não são serviçais da natureza (pois Deus forneceu muito pouco, para início de conversa), mas são por si mesmos criadores de riquezas e da propriedade: "O trabalho comporta a maior parte do valor das coisas que aproveitamos neste mundo".[12] A partir desse ponto, o passo para o triunfo do modo capitalista é pequeno. A avareza não é mais um pecado mortal, e não há nada de errado com a infinita acumulação de riqueza.[13] Daí se segue que "a lei de Deus e da natureza" diz que o governo "não deve levantar impostos sobre os bens das pessoas sem o expresso consentimento delas, ou seja, sem a autorização delas ou de seus representantes".[14]

Em relação à pessoa do Cristo, Locke nos informa que as palavras de Jesus não devem ser lidas literalmente. Se Jesus tivesse dito às pessoas exatamente o que de fato planejava, as autoridades judaicas e romanas "o teriam matado; ao menos elas teriam [...] impedido a execução do trabalho que ele executava", pois seus ensinamentos teriam ameaçado a ordem cívica e o funcionamento do governo. Dessa forma, o Cristo ocultou seu significado para poder viver e ensinar.[15] A concepção de Locke sobre Cristo é completamente

---

[9] John Locke, "Second Treatise of Government". In: *Two Treatises of Government*, p. 321.
[10] John Locke, "First Treatise", p. 216.
[11] John Locke, "Second Treatise", p. 294 e 352.
[12] Ibidem, p. 297.
[13] Ibidem, p. 300.
[14] Ibidem, p. 362.
[15] John Locke, *The Reasonableness of Christianity, with A Discourse of Miracles, and part of A Third Letter Concerning Toleration*. Edição abreviada com introdução de I. T. Ramsey. Stanford, Stanford University Press, 2002, p. 38.

distinta da visão medieval, encenada no filme *A Paixão de Cristo*, de Mel Gibson; ainda assim, o caráter que Locke atribui a Cristo compõe muito bem o caráter que se pode atribuir ao próprio Locke e seu mundo desprovido de paixão.

No decorrer do tempo, o país fundado por Locke se livraria da religiosidade cristã, mesmo que continuasse a manter muitas de suas aparências externas. Os Estados Unidos se tornariam, por fim, mais seculares e materialistas, embora a maioria de seus cidadãos continuasse a se denominar "cristã".[16] Não haveria qualquer guerra catastrófica contra a religião da forma como ocorreu na França e na Rússia, tampouco haveria qualquer contrarrevolução. Apenas de forma ocasional moralistas conservadores expressariam sua perplexidade, questionando como uma nação ostensivamente fundada em princípios cristãos pôde ter se desviado de forma tão drástica de sua concepção original; porém, nunca passaria por suas cabeças pensar que esse processo de gradual desvio sempre compreendeu parte da concepção original.

*

Em um mundo capitalista, debates violentos sobre a verdade – sejam questões de religião e virtude cívica, sejam questões sobre a natureza da humanidade – interferem na atividade produtiva do comércio. Portanto, é melhor que tais questões sejam eliminadas ou obscurecidas. Assim, em Hobbes, toda complexidade humana é reduzida ao desejo de poder:

> As paixões mais responsáveis pelas diferenças
> de espírito são, principalmente, um desejo maior
> ou menor de poder, riquezas, conhecimento e

---

[16] Egon Mayer, Barry A. Kosmin e Ariela Keysar, *The City University of New York American Religious Identification Survey*. Disponível em: http://www.gc.cuny.edu/CUNY_GC/media/CUNY-Graduate-Center/PDF/ARIS/ARIS-PDF-version.pdf (observando-se que 76,5% dos norte-americanos se dizem "cristãos").

honra. Todos podem ser reduzidos ao primeiro, ou seja, desejo de poder, uma vez que riquezas, conhecimento e honra nada mais são que modalidades de poder.[17]

Na obra de Locke *Essay Concerning Human Understanding* [Ensaio Acerca do Entendimento Humano], o autor elabora sua concepção de poder, enquanto a despe ainda mais totalmente de qualquer coisa que seja especificamente humana: a vontade se torna, então, o poder de preferir uma ação sobre outra, e a liberdade passa a ser o poder de agir a partir dessa preferência; a compreensão se torna um poder; uma substância é meramente o poder de produzir certos efeitos empíricos, mas esses efeitos não nos dizem nada da natureza da substância subjacente.[18]

Novamente, Locke procede de forma cuidadosa. Ele não nos diz diretamente que a natureza humana não existe ou que a tradição mais antiga de Aristóteles ou de Tomás de Aquino está decididamente equivocada; ele não busca um rompimento aberto com o passado,[19] mas ele sabota incessantemente a tradição mais antiga, pois quando observamos as coisas (e essas coisas incluem outras pessoas), podemos ver apenas seus efeitos secundários enquanto manifestos por seus vários poderes.[20] Nada podemos saber a respeito de suas verdadeiras naturezas ou substâncias. Para ele, apresenta-se como aspecto irredutível da condição humana que os seres humanos estejam dessa forma limitados, de forma que os humanos nunca poderão saber nada a respeito da natureza da humanidade.[21] Assim sendo, levantar uma pergunta a respeito da substância humana, ou sobre a

---

[17] Pierre Manent, *The City*, p. 113 (citação omitida).
[18] John Locke, *Essay Concerning Human Understanding*. Ed. Alexander Campbell Fraser. Cambridge, Cambridge University Press, 1959, p. 313-21.
[19] Pierre Manent, *The City*, p. 123-24.
[20] Ibidem, p. 169-71.
[21] John Locke, *Essay*, p. 391-95.

teleologia do poder humano, gera debates tão sem sentido quanto "se o melhor sabor pode ser encontrado nas maçãs, ameixas ou castanhas".[22]

No lugar da natureza humana, Locke nos deixa um incognoscível "X".[23] Esse consentimento à ignorância sobre o ser fornece o rebaixado, porém, sólido campo sobre o qual se dá a fundação dos Estados Unidos. O "X" humano pode ter certas necessidades e preferências, mas ninguém se encontra numa posição tal de onde possa desafiar com autoridade esses desejos.[24] E, assim, de uma forma um tanto ou quanto paradoxal, a incognoscibilidade de "X" conduz ao liberalismo clássico e à asserção um tanto contundente sobre os diferentes direitos que pertencem a esse "X" incognoscível. Temos, então, os direitos à liberdade religiosa, embora jamais possamos saber o que as pessoas estão verdadeiramente pensando no templo de suas mentes; à liberdade de livre expressão, embora não possamos criticar de forma irrefutável a forma como as pessoas se expressam; e ao direito de propriedade e comércio, já que não podemos adivinhar o que as pessoas farão com as coisas que possuem.[25] "Capitalismo", conclui o ganhador do Nobel Milton Friedman, "é simplesmente o que os seres humanos fazem quando são deixados sozinhos".

Certamente, existem todos os tipos de casos-limite. Pode-se imaginar o que um libertário teria a dizer quando se trata dos direitos das crianças, criminosos ou pessoas insanas, ou os limites de comercialização da vida (juros extorsivos, servidão, prostituição, venda de órgãos, e daí por diante). Mas, para Locke e para os outros fundadores dos Estados Unidos, esses casos excepcionais podiam ser postergados para considerações posteriores; de qualquer forma, o princípio geral

---

[22] Manent, *The City*, p. 130 (citação omitida).
[23] Ibidem, p. 126.
[24] Ibidem, p. 135-36.
[25] Ibidem, p. 126-28.

da incognoscibilidade do "X" humano encorajaria uma gradual expansão, no decorrer do tempo, do campo de liberdade humana.[26]

Há uma categoria especialmente importante de casos-limite, e diz respeito à questão das origens. Retornaremos a essa ampla questão mais tarde, mas agora vale a pena notar uma variação específica: embora não devêssemos interferir em como as pessoas fazem uso de suas propriedades, da forma que lhes pareça apropriada, como podemos saber, em primeiro lugar, que uma propriedade foi adquirida justamente? A grande importância dada aos sólidos direitos de propriedade nos forçaria a levantar algumas questões a respeito da própria origem da propriedade.

Uma vez mais, todavia, Locke nos exorta a não nos preocuparmos muito: há muito pouco valor no estado de natureza, e a maior parte do valor foi adicionada pelo trabalho ou intelecto humano.[27] Como resultado, não devemos refletir sobre o passado e podemos focar o futuro. A maior parte da nova riqueza será criada pela sólida legislação de direitos de propriedade que será lançada e que será desfrutada por aqueles que jogarem segundo as regras do jogo capitalista.[28] Aqueles que adquiriram sua propriedade por meios violentos não serão capazes de aumentar suas riquezas e, no devido tempo, possuirão apenas uma pequena e insignificante parcela da riqueza do mundo. Locke desconsideraria prontamente a subversiva afirmação de efeito de Balzac "por trás de cada grande fortuna se encontra um crime". Não devemos dar ouvidos ao pedido de Brecht por mais inspetores e inquisidores. Nada deveria nos deter em direção ao desfrute da prosperidade tranquila do paraíso capitalista que construímos para nós mesmos.

*

[26] Ibidem, p. 139-40.
[27] Ibidem, p. 148-49.
[28] Ibidem, p. 141.

Desde 11 de setembro de 2001 nossa paz foi, contudo, quebrada. Pois resta outro limite muito importante, cuja existência o povo norte-americano esqueceu. Ele se esqueceu do restante do mundo e sua profunda divisão em relação ao Ocidente. O mundo não ocidental não conheceu o Tratado de Vestfália. O progresso do Iluminismo ocorreu em diferentes proporções em diferentes partes do mundo. E nesse mundo fora do Ocidente, questões religiosas e sobre o propósito da humanidade permaneceram centrais; ainda em 2001, o maior temor – para esse outro mundo – não era o medo de uma morte dolorosa, mas o medo sobre o que aconteceria à vida do sujeito depois dessa morte.

Dessa forma, uma guerra religiosa foi levada a uma terra que não mais se importava com guerras religiosas. Mesmo o presidente Bush, um homem que se vê como conservador religioso, não acredita que é a religião que realmente importa: "Esta grande nação de muitas religiões compreende que nossa guerra não é contra o islamismo ou contra a fé praticada pelos muçulmanos".[29]

Onde Bush minimiza as diferenças, Osama bin Laden as enfatiza, contrastando o mundo do islamismo puro e o do decadente Ocidente da forma mais extrema que se pode imaginar: "O amor a este mundo está errado. Devemos amar o outro mundo [...] morrer pela causa certa e ir para o outro mundo".[30]

Infelizmente, Osama bin Laden não foi simplesmente um lunático irrelevante, do tipo que se pode encontrar berrando diante de espectadores curiosos no Hyde Park. Para Osama bin Laden, diferente de Locke, questões árduas sobre moralidade e conduta não devem ser postergadas; suas respostas são claras, e a resolução não deve tardar. Osama bin Laden é um homem obcecado rico e

---

[29] George W. Bush, "Remarks by the President in Town Hall Meeting with Citzens of Ontario".
[30] Charles Krauthammer, "They Hate Civilization". *New York Post*, 16 de outubro de 2001, citando Osama bin Laden.

poderoso, de forma que seu exemplo pessoal nos lembra os
casos-limite que Locke tão prontamente descartou.

De fato, a indústria do petróleo, fonte da riqueza de Osama bin
Laden e sua família, apresenta um dos exemplos contrários mais
marcantes em relação às generalizações agradáveis de Locke.
A maior parte do valor do petróleo advém simplesmente da natureza,
de forma que o "trabalho" que os humanos adicionam durante a
extração e refinação do petróleo é proporcionalmente pequeno. Ao
mesmo tempo, todavia, economias inteiras enriquecem e quebram de
acordo com o preço do petróleo bruto, e isso representa uma parcela
significativa da riqueza do mundo. De fato, a exploração original
desse petróleo fez surgir pelo menos metade das maiores fortunas
do século XX. Portanto, o desenvolvimento da indústria petrolífera,
dominada por autocratas e déspotas da Ásia, Oriente Médio e África,
teve uma não tão desconhecida história de crimes, em uma escala
tamanha que os rendimentos desses crimes foram suficientes para
comprar respeitabilidade e quase todo o resto. Ao ajudar a desenhar
o consenso de política econômica centrista do mundo pós-Segunda
Guerra Mundial, os Rockfellers haviam se esquecido de sua própria
história familiar.

Decerto, no longo prazo, pode ser que os detentores do poder e
da riqueza sejam aqueles que seguiram as regras capitalistas de
Locke, já que, com o transcorrer do tempo, os fanáticos religiosos
que se interpuseram tão súbita e violentamente carecerão, em
última instância, das riquezas e tecnologias necessárias para
ameaçar o mundo não religioso que o Iluminismo construiu
no Ocidente, mas, obviamente, nada disso importará se todos
estivermos mortos no curto prazo.

Hoje, a mera autopreservação nos força a olhar para o mundo
de outra forma, fazendo-nos ter novas e estranhas ideias, e
consequentemente despertar daquele longo e rentável período de
sonolência e amnésia intelectual, tão equivocadamente chamado
de Iluminismo.

Carl Schmitt: a persistência da esfera política

Mas por que alguém deveria retornar à antiga tradição quando, em cada detalhe, o novo mundo do comércio e do capitalismo parece ser tão mais simples, feliz e pragmático? O jurista acadêmico Carl Schmitt encarna uma alternativa extrema a Locke e a todos os pensadores do Iluminismo. Ele concede, com os signatários de Vestfália, que nunca haverá qualquer acordo sobre as coisas mais importantes nas questões de religião, virtude e natureza da humanidade.[31] Porém, onde Locke diz que faz parte da natureza humana nada saber a respeito de sua própria humanidade, Schmitt responde que é igualmente parte da condição humana ficar dividida por tais questões e ser forçada a tomar partido.[32]

A política é o campo de batalha onde essa divisão ocorre, no qual os humanos são obrigados a escolher entre amigos e inimigos. "Os pontos altos da política", afirma Schmitt, "são os momentos em que o inimigo é com clareza reconhecido como inimigo".[33] O inimigo é aquele cuja própria presença nos força a confrontar e repensar as questões fundadoras sobre a natureza humana; "o inimigo simboliza nossa própria questão".[34] Devido à permanência dessas questões sempre contenciosas, não se pode escapar unilateralmente da realidade política; e aqueles que tentam proceder dessa forma sofrem de suprema ilusão; esses incluem os signatários do Pacto Kellogg de 1928, que anunciou banir toda e qualquer guerra.[35]

---

[31] Heinrich Meier, *The Lesson of Carl Schmitt: Four Chapters on the Distinction Between Political Theology and Political Philosophy*. Trad. Marcus Brainard. Chicago, Chicago University Press, 1998; citações omitidas.
[32] Ibidem, p. 41-42.
[33] Carl Schmitt, *The Concept of the Political*. 2. ed. Tradução e introdução de George Schwab. Chicago, University of Chicago Press, 1996, p. 67.
[34] Heinrich Meier, *The Lesson*, p. 1.
[35] Carl Schmitt, *The Concept*, p. 50.

De fato, o autoengano era ainda mais grave: "Se uma parte da população declara que não mais reconhece a existência de inimigos, então, dependendo das circunstâncias, poderá se juntar a eles e ajudá-los".[36] Não existe qualquer segurança no desarmamento unilateral. Quando se escolhe não decidir, ainda assim se fez uma escolha – invariavelmente, uma escolha equivocada, a qual supõe de modo implícito que a humanidade é fundamentalmente boa ou não problemática.[37] Para Schmitt, isso "é sintoma do fim político":

> Na Rússia, antes da Revolução, as classes condenadas romantizavam o camponês russo como o bom, bravo e cristão mujique [...] A sociedade aristocrática da França antes da Revolução de 1789 sentimentalizava o "homem que é por natureza bom" e a virtude das massas [...] Ninguém sentia o cheiro de sangue da revolução. É incrível observar a falsa segurança e falta de alerta com que esses privilegiados falavam sobre a bondade, docilidade e inocência do povo, mesmo quando 1793 já estava sobre eles – *spectable ridicule et terrible*.[38]

Desconsiderando-se uma invasão de alienígenas, jamais haverá um Estado mundial que unifique politicamente toda a humanidade. E isso é uma impossibilidade lógica:

> A entidade política não pode ser por sua própria natureza universal, no sentido de abarcar toda a humanidade e o mundo inteiro. Se os diferentes Estados, religiões, classes e outros agrupamentos humanos na terra ficassem de tal forma unificados a tornar o

---

[36] Ibidem, p. 51.
[37] Ibidem, p. 50-51.
[38] Ibidem, p. 68.

conflito entre eles impossível e até mesmo inconcebível, e caso a guerra civil fosse para sempre embargada abrangendo toda dimensão global, então a própria distinção entre amigo e inimigo também deixaria de existir.[39]

Contemplando a tradição católico-medieval, Schmitt percebe a permanente divisão política da humanidade como pálido reflexo de um "estado de historicidade escatologicamente concebido", o qual, em última instância, força as pessoas a seguir ou rejeitar Cristo.[40] Ele conecta o político ao religioso ao se declarar contrário aos "neutralizadores e estéticos habitantes de Cockaigne, abortistas, cremacionistas e pacifistas".[41] Assim como os pacifistas acreditam que a decisão política pode ser evitada neste mundo, da mesma forma os cremacionistas rejeitam a ressurreição física e a decisão religiosa que precisa ser tomada em relação ao próximo mundo.

Nesse sentido, a política serve como constante lembrete para uma humanidade caída, advertindo-a sobre a seriedade da vida e que existem coisas que realmente importam. Schmitt cita com grande aprovação o discurso do puritano Oliver Cromwell denunciando a Espanha católica:

> Ora, de fato, vosso verdadeiro inimigo é o espanhol. Ele é o inimigo natural. Naturalmente dessa forma; naturalmente dessa forma em todos os sentidos, em decorrência dessa hostilidade que nele reside contra as coisas de Deus. "Qualquer coisa de Deus" que habite em vós, ou que possa habitar em vós.[42]

---

[39] Ibidem, p. 53.
[40] Heinrich Meier, *The Lesson*, p. 49 (ênfase omitida).
[41] Carl Schmitt, *Glossarium – Aufzeichnungen der Jahre 1947-1951*. Berlin, Duncker and Humblot, 1988, p. 165.
[42] Carl Schmitt, *The Concept*, p. 68. (citação omitida)

Quando Osama bin Laden declara guerra contra "os infiéis, os sionistas e os cruzados", Schmitt não aconselharia meias-medidas. Ele exortaria uma nova cruzada como forma de redescobrir o significado e o propósito de nossas vidas, talvez se valendo da convocação do Papa Urbano II em 1096, durante o Concílio de Clermont, a exortar seus ávidos ouvintes para a Cruzada, a Primeira Cruzada: "Que o exército do Senhor, quando se lançar contra seus inimigos grite apenas '*Dieu le veult! Dieu le veult!*".

*

Apesar de suas deficiências, o relato que Schmitt faz do político consegue apreender a estranheza essencial do confronto que se desdobra entre o Ocidente e o islã. Essa estranheza compreende a diferença radical entre a forma como o próprio confronto é visto pelos dois lados. Talvez nunca antes na história tenha havido uma diferença tão radical. O lado islâmico retém uma forte concepção político-religiosa da realidade; a luta contra o Ocidente é percebida como um assunto mais vital do que a vida e a morte, pois Alá julgará seus seguidores depois da vida terrena segundo a atuação deles nessa luta. Osama bin Laden citaria com aprovação os discursos de Cromwell e Urbano II, fazendo pouquíssimas alterações. A linguagem ainda evoca e motiva o autossacrifício heroico.

De modo contrastante, no lado do Ocidente (caso possa mesmo ser chamado de um lado), existe uma grande confusão sobre qual é o verdadeiro motivo da luta, e mesmo a indagação sobre os motivos de uma guerra civilizacional. Uma declaração de guerra explícita contra o islã seria impensável. Preferimos pensar nossas medidas como ações de policiamento contra alguns poucos e incomuns criminosos sociopatas, os quais costumam explodir prédios. Ficamos nervosos se tivermos de considerar um significado mais amplo para o embate, e mesmo os partidários ocidentalistas mais decididos pela guerra sabem que não mais acreditamos na existência de um *Gott mit uns* no céu.

Então, alguém se depara com o perturbador desafio lançado por Schmitt. Um lado no qual todos – como Hobbes – valorizam esta vida terrena mais do que a morte é o lado onde todos fugirão da luta e do confronto; mas, quando se foge de um inimigo que continua a lutar, esse que foge fatalmente perderá – pouco importando quanto sua superioridade numérica ou tecnológica pareça intimidatória no início do conflito. A solução de Schmitt para a derrota iminente exige uma afirmação do político no Ocidente. Aqui, todavia, deve-se confrontar uma alternativa e, talvez, uma conclusão ainda mais perturbadora.

Vamos, então, supor que seja possível, de alguma forma, voltar o relógio e nos livrar de nossas incertezas; que possamos retornar à fé de Cromwell e Urbano II; e que voltemos a entender o islã como o inimigo providencial do Ocidente; e, assim, passemos a reagir ao islã com a mesma ferocidade com que ele agora ataca o Ocidente. Isso seria uma vitória de Pirro, pois viria com o preço de descartar tudo aquilo que fundamentalmente distingue o Ocidente moderno do islã.

Uma perigosa dinâmica está à espreita na divisão que Schmitt faz do mundo entre amigos e inimigos. É uma dinâmica que, em seu final, destrói qualquer distinção e que acaba escapando dos cálculos de Schmitt: alguém deve escolher bem os seus inimigos, pois em breve acabará se tornando exatamente como eles.

*

Ao se concordar com as suposições de base de Schmitt, restará ao Ocidente ou perder a guerra ou perder sua identidade. De uma forma ou de outra, a persistência do político lança sua condenação ao Ocidente moderno, mas, para o bem de todo o cenário, devemos considerar também a possibilidade inversa, indiretamente sugerida nas margens dos próprios escritos de Schmitt. Embora possa bem ser o caso de o político garantir a seriedade da vida e desde que o político exista, o mundo permanecerá dividido; não existe qualquer garantia de que o próprio político sobreviverá.[43]

Vamos partir do princípio de que o desarmamento unilateral seja impossível, pelo menos àqueles que valorizam a própria sobrevivência, mas não seria possível pensar na possibilidade de todos se desarmarem de uma só vez, e todos rejeitarem a política ao mesmo tempo? Sabemos que não é possível haver uma entidade política mundialmente soberana, mas existe a possibilidade de um abandono mundial do político.

O hegeliano Alexandre Kojève acreditava que o fim da história seria marcado pelo abandono definitivo de todas as questões árduas. A própria humanidade desapareceria, mas não haveria mais qualquer conflito:

> Se o homem se tornar novamente animal, suas ações, amores e diversões devem se tornar puramente "naturais" novamente. Logo, teríamos de admitir que, depois do fim da história, os homens construiriam seus edifícios e obras de arte como os pássaros constroem seus ninhos e as aranhas tecem suas teias [...] "A aniquilação definitiva do homem propriamente entendido como tal" também significa o desaparecimento definitivo do discurso humano (*Logos*), no sentido estrito do termo. Os animais da espécie *homo sapiens* reagiriam por reflexo condicionado aos sinais vocais ou à "linguagem" de sinal, e, assim, os seus chamados "discursos" seriam como a "linguagem" das abelhas. O que desapareceria, então, não seria apenas a filosofia ou a busca

---

[43] Heinrich Meier, *The Lesson*, p. 43-44.

> pela sabedoria discursiva, mas, também, essa própria sabedoria.[44]

Schmitt ecoa esses sentimentos, embora chegando a conclusões um tanto diferentes. Em tal mundo unificado, "aquilo que permanece não é nem o político nem o Estado, mas a cultura, civilização, economia, moralidade, lei, arte, entretenimento, etc.".[45] O mundo do "entretenimento" representa a culminação da mudança para fora do político. Uma representação da realidade parece substituir a realidade: em vez de guerras violentas, haveria *video games* violentos; em vez de feitos heroicos, poderia haver emocionantes diversões em parques temáticos; em vez de pensamento sério, "intrigas de todo o tipo" como ocorre nas telenovelas. É um mundo no qual as pessoas gastam suas vidas se divertindo, até morrer.

Schmitt não rejeita, de antemão, a possibilidade de um mundo como esse, mas acredita que tal coisa não ocorrerá de forma inteiramente autóctone:

> A questão a ser colocada é sobre a quem recairá o assustador poder engendrado por uma economia e organização técnica em dimensão global. Essa questão não pode ser, de modo algum, descartada pela crença de que tudo então funcionaria automaticamente, que as coisas se autoadministrariam e que os governos se tornariam supérfluos porque seriam, então, absolutamente livres. Eles seriam livres para quê? Isso pode ser respondido segundo conjecturas otimistas e pessimistas, todas as quais levam fatalmente a uma profissão de fé antropológica.[46]

---

[44] Alexandre Kojève, *Introduction to the Reading of Hegel*. Edição de Allan Bloom. Trad. James H. Nichols Jr. New York, Basic Books, 1969, p. 159-60.
[45] Carl Schmitt, *The Concept*, p. 53.
[46] Ibidem, p. 57-58.

Um mundo tremendamente artificial como esse necessitaria de uma "religião da técnica" cuja fé se orienta para o "poder e domínio ilimitado sobre a natureza [...] [e] no potencial ilimitado para mudança e felicidade nesta existência terrena e natural do homem".[47] Para Schmitt, o teólogo político, essa "unidade babilônica" representa a breve harmonia a prefigurar a catástrofe final do Apocalipse.[48] Seguindo a tradição medieval, Schmitt sabe e teme que essa unidade artificial pode ser gerada apenas pela figura trevosa do anticristo.[49] Ele dominará sorrateiramente o mundo inteiro no final da história humana, seduzindo as pessoas com a promessa de "paz e segurança":

> Deus criou o mundo; o anticristo o falsifica [...] O mágico sinistro recria o mundo, altera a face da terra e submete a natureza. A natureza o serve; para qual propósito é uma questão indiferente – para qualquer satisfação de necessidades artificiais, para o prazer e para o conforto. Os homens que se deixam enganar por ele apenas enxergam o efeito fabuloso; a natureza parece ter sido superada e surge a era da segurança; tudo já foi providenciado, pois uma previsão e planejamento inteligentes substituem a providência.[50]

O mundo onde tudo parece administrar a si mesmo é o mundo da ficção científica, o *Snow Crash* [Nevasca], de Stephenson, ou *Matrix*, para aqueles que escolhem não tomar suas pílulas vermelhas. Todavia, nenhuma representação da realidade pode ser a própria realidade, e nunca se deve perder de vista o quadro

---

[47] Heinrich Meier, *Carl Schmitt and Leo Strauss: The Hidden Dialogue*. Trad. J. Harvey Lomax. Prefácio de Joseph Cropsey. Chicago, University of Chicago Press, 1995, p. 47-48.
[48] Heinrich Meier, *Carl Schmitt*, p. 47.
[49] Ibidem, p. 47-48.
[50] Ibidem, p. 48.

mais amplo dentro do qual a representação ocorre. O preço de se deixar abandonar por uma representação de tal forma artificial é sempre muito alto, porque as decisões evitadas são sempre muito importantes.⁵¹ Ao deixar que as pessoas esqueçam que têm almas, o anticristo terá êxito em burlar as pessoas para fora de si mesmas.⁵²

Leo Strauss: proceda com cuidado

Chegamos a um impasse.

Por um lado, temos o projeto historicamente mais recente do Iluminismo, que nunca se tornou abrangente o suficiente para alcançar uma escala global e talvez tenha sempre cobrado um preço excessivamente alto de autoestupidificação. Por outro lado, temos o retorno à tradição mais antiga, mas tal retorno está demasiadamente carregado de violência. As soluções inacreditavelmente drásticas favorecidas por Schmitt em suas meditações mais sombrias se tornaram impossíveis depois de 1945, quando o mundo passou a ostentar armas nucleares.

Que tipo de síntese ou prática intelectual coerente se torna, então, de alguma forma possível? O filósofo político Leo Strauss se esforçou por resolver esse paradoxo central do mundo pós-moderno. O desafio dessa tarefa fica evidente na dificuldade dos próprios escritos de Strauss, proibitivamente obscuros aos não iniciados. Uma passagem representativa e não completamente aleatória pode servir como ilustração: "A unidade do conhecimento e a comunicação do conhecimento pode também ser comparada à combinação entre o homem e o cavalo, embora não ao centauro".⁵³

---

⁵¹ Heinrich Meier, *The Lesson*, p. 46.
⁵² Heinrich Meier, *Carl Schmitt*, p. 48.
⁵³ Leo Strauss, *Thoughts*, p. 290.

De fato, há pouco em Strauss que seja mais claro do que a necessidade de menos transparência. O filosofar irrestrito representa grandes riscos aos filósofos (assim como às cidades que eles habitam), e até mesmo nos regimes liberais mais abertos existem, de fato, certas verdades profundamente problemáticas.[54] Strauss está convencido de que não é o primeiro que descobriu ou redescobriu essas verdades. Os grandes escritores e filósofos do passado também conheciam essas questões, mas, a fim de se proteger contra as perseguições, esses pensadores se valeram da linguagem "esotérica" em seus escritos, em que a "literatura não se destina a todos os leitores, mas apenas aos leitores inteligentes e confiáveis".[55]

Propondo um experimento para o pensar, Strauss convida-nos a considerar a posição de um "historiador vivendo em um país totalitário, um membro insuspeito e respeitado do único partido existente".[56] Como resultado de seus estudos, esse historiador começa "a duvidar da veracidade da interpretação governamental oficial da história da religião".[57] No nível externo, esse historiador realizará uma defesa apaixonada da visão oficialmente apresentada,[58] mas no nível esotérico, no subtexto, "ele escreveria três ou quatro sentenças em estilo vivo e conciso, uma forma perfeita para capturar a atenção de jovens que gostam de pensar".[59] Seria suficiente para o leitor atento, mas não o suficiente para os invariavelmente menos inteligentes censores do governo.[60] Nosso escritor poderia até afirmar "certas verdades de forma bem aberta, usando como porta-voz algum personagem completamente desacreditado [...] Esse seria o motivo para encontrarmos na melhor literatura do passado tantos demônios, loucos, mendigos, bêbados e palhaços interessantes".[61]

---

[54] Leo Strauss, *Persecution and the Art of Writing*. Glencoe, Free Press, 1952, p. 25.
[55] Ibidem, p. 22-23.
[56] Ibidem, p. 24.
[57] Ibidem, p. 24.
[58] Ibidem, p. 36.
[59] Ibidem, p. 36.
[60] Ibidem, p. 25.
[61] Ibidem, p. 36.

Strauss resume os benefícios de um modo tão esquivo de discurso:

> Tem todas as vantagens da comunicação privada sem se prender à sua maior desvantagem – alcançar apenas o círculo íntimo do escritor. Tem todas as vantagens da comunicação pública sem se prender à sua grande desvantagem – pena capital para o autor.[62]

Uma vez que existem livros (e talvez outros escritos) que "não revelam seu significado completo a menos que se reflita sobre ele 'dia e noite' por um longo período", o relativismo cultural e o niilismo intelectual não são a última palavra.[63] Strauss acredita que exista uma verdade sobre a natureza humana, e que essa verdade pode, em princípio, ser conhecida pela humanidade. De fato, os grandes autores do passado estão muito mais de acordo sobre essa verdade do que suas discordâncias exteriores levariam o leitor superficial a acreditar, "pois havia um número maior de grandes homens enteados de seu tempo ou fora de sintonia com o futuro do que facilmente se acreditaria".[64] Esses autores apenas *pareciam* se conformar com as diversas cidades em que moravam. Strauss faz alusão aos perigos que enfrentavam, lembrando-nos do aviso de Goethe, quando Fausto diz a seu assistente: "Os raros homens que foram assaz loucos para não guardar o que lhes passava no coração, e revelaram ao povo o seu sentimento e o seu ponto de vista, foram desde sempre queimados ou crucificados".[65]

*

Não há atalho algum em Strauss. O filósofo pratica aquilo que prega, e, assim, procura-se em vão nos escritos de Strauss

---

[62] Ibidem, p. 25.
[63] Ibidem, p. 174.
[64] Ibidem, p. 174.
[65] Ibidem, p. 174 (citações omitidas).

sistematização da verdade oculta. Talvez a única concessão adicional de Strauss ao candidato a filósofo esteja no fato de seus escritos serem transparentemente esotéricos e difíceis de entender, de modo diferente de autores anteriores que escreveram obras diretas na aparência cuja natureza de fato esotérica se tornava, portanto, ainda mais obscura. "A agenda aberta dos straussianos", declara o professor de Harvard, Harvey Mansfield (ele mesmo um straussiano), limita-se à "leitura das Grandes Obras por si mesmas", e isso não inclui oferecer resumos imbecis.[66]

No entanto, certos temas são de fato recorrentes – a questão sobre a cidade e a humanidade, os temas sobre as fundações e as origens, e a relação entre a religião e o melhor regime. Generalizando um pouco mais, mesmo que não se tome uma posição de casos excepcionais (como fazem Maquiavel e Schmitt), esse temas não podem ser esquecidos. Um relato da dimensão política que fale apenas do perfeito funcionamento do maquinário governamental é incompleto, e é preciso considerar as circunstâncias nas quais esse maquinário foi construído ou criado, em primeiro lugar – e, por extensão, onde e como ele pode ser ameaçado, modificado ou reconstruído.[67]

Quando se amplia o próprio foco de investigação, é possível encontrar a existência de mais coisas entre o céu e a terra do que imaginava a vã filosofia do universo moderno de Locke e Montaigne. O fato de essas coisas estarem ocultas não significa que não existissem ou que fossem incognoscíveis. Na questão problemática sobre as origens, por exemplo, Strauss nota a surpreendente convergência, pelo menos no nível do detalhe factual, entre o mito romano da fundação da mais grandiosa cidade

---

[66] Harvey Mansfield, "Straussianism Democracy and Allan Bloom II: Democracy and the Great Books". In: Robert L. Stone (org.), *Essays on the Closing of the American Mind*. Chicago, Chicago Review Press, 1989, p. 112. O ensaio de Mansfield é, em si, um resumo e uma crítica do livro *The Closing of the American Mind*, de Allan Bloom.
[67] Leo Strauss, *Thoughts*, p. 13-14.

do Mundo Antigo e aquilo que o livro do Gênesis diz a respeito da fundação da primeira cidade da história do mundo.[68]

Strauss levanta a questão se "pode haver uma grande e gloriosa sociedade sem algo equivalente ao assassinato de Remo por seu irmão Rômulo"?[69] De início, ele parece sugerir que os Estados Unidos da América são uma única exceção em toda a história dessa regra, citando, com aprovação, o patriota Thomas Paine: "A Independência dos Estados Unidos [foi] acompanhada de uma Revolução nos princípios e nas práticas dos governos [...] Governos fundados em uma teoria moral, num sistema de paz universal e na hereditariedade inalienável dos Direitos Humanos, e isso está agora se movendo do Ocidente para o Oriente, um impulso mais forte do que o governo da espada, do Oriente para o Ocidente".[70] Mas, ao cabo de poucas páginas, descobrimos que mesmo no caso da fundação dos Estados Unidos, esse relato patriótico não expressa necessariamente toda a verdade, e o leitor é informado de que, talvez: "Os Estados Unidos devam sua grandeza não somente à sua habitual adesão aos princípios de liberdade e de justiça, mas também ao seu ocasional desvio deles".[71] Além do mais, somos informados de que existe uma "interpretação que fala da desonesta compra da Louisiana e do trágico destino dos Peles Vermelhas".[72] De fato, a decisão dos filósofos de escrever de forma esotérica nos lembra que mesmo nos Estados Unidos – o regime mais liberal da história – tabus politicamente incorretos permanecem.[73]

Ao nos lembrar dos problemas permanentes, o filósofo político concorda como a exortação do teólogo político à seriedade e também se junta ao último rejeitando, como ilusória, a noção

---

[68] Ibidem, p. 204.
[69] Ibidem, p. 14.
[70] Ibidem, p. 13 (citações omitidas).
[71] Ibidem, p. 14.
[72] Ibidem, p. 14.
[73] Ibidem, p. 14.

de que "tudo já foi providenciado". Mas uma vez que o filósofo não compartilha de todas as esperanças e temores do teólogo, existe mais liberdade para se mover dentro de um curso intermediário entre "a tragédia do 'absolutismo' e a catástrofe do 'relativismo'".[74] Como Strauss coloca, "existe uma hierarquia de fins universalmente válida, mas não existem quaisquer regras de ação universalmente válidas".[75]

Strauss ilustra essa alegação ao nos lembrar da "situação extrema na qual a própria existência ou independência da sociedade está em jogo".[76] Tal situação extrema é representada pela guerra. Aquilo que uma sociedade decente fará durante a guerra "dependerá em certa medida de como seu inimigo – possível e absolutamente um inimigo inescrupuloso e selvagem – a forçará a agir".[77] Como resultado, "não existem limites que possam ser definidos de antemão, não existem limites designáveis em relação ao que pode se tornar apenas represálias".[78] E, além do mais: "Considerações que se aplicam a inimigos externos podem muito bem ser aplicadas a elementos subversivos dentro da própria sociedade".[79] O filósofo encerra com um pedido para se "deixar essas tristes exigências cobertas com o véu com o qual são justamente ocultadas".[80]

*

Vamos, então, recapitular. O Ocidente moderno perdeu a fé em si mesmo. Durante o período do Iluminismo e pós-Iluminismo, essa perda de fé liberou enormes forças comerciais e criadoras. Ao mesmo tempo, essa perda deixou o Ocidente vulnerável. Será que existe uma forma de fortalecer o Ocidente moderno sem destruí-lo

---

[74] Leo Strauss, *Natural Rights*, p. 162.
[75] Ibidem, p. 162.
[76] Ibidem, p. 160.
[77] Ibidem.
[78] Ibidem.
[79] Ibidem.
[80] Ibidem.

completamente, uma forma de não se jogar o bebê junto com a água da banheira?

À primeira vista, Strauss parece oferecer um curso intermediário altamente moderado, mas seu caminho está repleto de perigos. Tão logo seu esoterismo teórico começa a ser combinado com alguma forma de implementação prática, problemas de autorreferência começam a abundar: a consciência sobre a natureza problemática da cidade torna a defesa irrefletida da cidade impossível. Nesse sentido, a recuperação de Strauss dos problemas permanentes torna sua resolução paradoxalmente muito mais difícil. Ou, colocando a questão nos termos da escatologia de Schmitt, o projeto straussiano visa preservar o *katechon*, mas, em vez disso, torna-se um "acelerador contra sua vontade".[81] Nenhum Alexandre está à vista a fim de cortar o nó górdio de nossa época.

Além do mais, uma direta projeção para a frente é obstruída pelo maquinário constitucional norte-americano. Ao "estabelecer ambição contra ambição" com um elaborado sistema de pesos e contrapesos, o maquinário constitucional previne qualquer pessoa particularmente ambiciosa de reconstruir a Antiga República. Os fundadores dos Estados Unidos gozavam de uma liberdade de ação que superava em muito aquela desfrutada pelos políticos norte-americanos subsequentes. Finalmente, os ambiciosos acabariam aprendendo que se pode fazer muito pouco no âmbito político e que todas as carreiras meramente políticas terminam em fracasso. A paralisia intelectual do autoconhecimento tem sua contrapartida na paralisia política incrustada em nosso sistema aberto de governo.

Ainda assim, não existem mais possibilidades de ação do que parecia possível de início, precisamente porque existem mais domínios que aqueles enumerados pelo sistema jurídico ou

---

[81] Heinrich Meier, *The Lesson*, p. 165 (citação omitida).

legal convencional. Roberto Calasso nos lembra de uma linha alternativa em *A Ruína de Kasch*:

> O período entre 1945 e o presente poderia conceitualmente ser descrito em duas histórias paralelas: a dos historiadores, com seu elaborado aparato de parâmetros, discutindo números, grupos humanos, partidos, movimentos, negociações, produções; e aquela dos serviços secretos, contando-nos sobre os assassinatos, ciladas, traições, execuções, acobertamentos e comércio de armas. Sabemos que ambos os relatos são insuficientes, que ambos alegam ser autossuficientes, que um nunca poderia ser traduzido nos termos do outro, e que continuarão em suas vidas paralelas. Mas será que não foi sempre assim [...]?[82]

Strauss também nos lembra do excepcional quadro operacional necessário para se bancar o regime norte-americano: "A sociedade mais justa não pode sobreviver sem 'inteligência', i.e., espionagem", embora "espionagem seja uma atividade impossível sem a devida suspensão de certas regras do direito natural".[83] Mais uma vez, não existe desacordo com Tennyson em relação aos fins, mas apenas em relação aos meios. No lugar das Nações Unidas, repleta de intermináveis debates entre seus membros que parecem histórias shakespearianas contadas por idiotas, deveríamos considerar o Sistema *Echelon*, a secreta coordenação dos serviços de inteligência mundial, como o caminho decisivo para uma verdadeiramente global *pax americana*.

Críticos liberais, que discordam do filósofo, também tendem a não gostar da política dele. Da mesma forma que parece haver algo

---

[82] Roberto Calasso, The Ruin of Kasch. Trad. William Weaver. Cambridge, Belknap Press of Harvard University Press, 1994, p. 253.
[83] Leo Strauss, *Natural Right*, p. 160.

instável e problemático a respeito de uma construção teórica que não está sujeita ao escrutínio público e não pode participar do debate aberto, também parece haver algo de subversivo e imoral a respeito de uma estrutura política que opera fora dos pesos e contrapesos da democracia representativa, como esta se encontra descrita nos textos escolares; mas, sabendo-se que o liberalismo norte-americano é decididamente incompleto, tal crítica não é tão decisiva. Para o straussiano, não existe qualquer desacordo fundamental com a exortação de Oswald Spengler por ação, no final dramático de *Der Untergang des Abendlandes* [O Declínio do Ocidente].[84]

René Girard: o fim da cidade dos homens

Apesar de sua abrangência inspiradora, o projeto straussiano provoca uma incômoda suspeita, e isso talvez indique que algo fundamental esteja faltando. Caso o crítico literário francês René Girard esteja ao menos parcialmente correto em seu extraordinário relato sobre a história do mundo, então, o momento de triunfo straussiano acabará sendo realmente bastante breve.

De muitas formas fundamentais, a análise girardiana sobre o Ocidente moderno ecoa alguns dos temas já discutidos. Assim como em Schmitt e Strauss, Girard também acredita que exista uma verdade perturbadora a respeito tanto da cidade quanto da humanidade, e todo o tema envolvendo a sempre presente violência humana foi varrido para baixo do tapete e encoberto pelo Iluminismo. Além do mais, haverá um momento em que

---

[84] Oswald Spengler, *Der Untergang des Abendlandes*. Munique, C. H. Beck Verlag, 1969, p. 1194-95. "Para nós, todavia, para quem um Destino colocou nesta Cultura e neste momento de seu desenvolvimento nossa direção [...] desejada e obrigatória de uma só vez, está estabelecido para nós dentro de estreitos limites, e sob quaisquer outros termos a vida não vale a pena ser vivida. Não temos a liberdade de almejar isso ou aquilo, mas a liberdade de fazer o necessário ou não fazer nada. E uma tarefa que a necessidade histórica determinou *será* realizada *com* o indivíduo ou contra ele" (ênfase no original).

essa verdade será completamente conhecida: "Nenhuma outra questão tem hoje mais futuro do que a questão sobre o homem".[85] A possibilidade de se mover para além do incognoscível "X" humano de John Locke e dos racionalistas do século XVIII já se tornara implícita em todo o projeto da ciência evolucionista durante o século XIX.[86] Assim como *A Origem das Espécies*, de Darwin, transformou as ciências naturais, *A Origem das Religiões*, de um futuro autor, fornecerá a sequência lógica e cronológica, transformando porventura as ciências humanas.[87]

Para Girard, esse relato pós-darwiniano deve, de alguma forma, combinar a graduação evolutiva darwiniana com a essencialidade dos pré-darwinistas, sublinhando tanto a continuidade quanto a descontinuidade da humanidade com o resto da ordem natural. Esse relato mais abrangente da natureza humana centrar-se-á no *insight* já disposto na biologia aristotélica: "Os homens diferem dos outros animais por sua maior aptidão à imitação".[88] Aqui é possível encontrar tanto uma diferença de tipo quanto de grau, o que pode fornecer uma base para uma síntese entre Darwin e Aristóteles. Tal síntese e relação já foram indicadas na época de Shakespeare, quando o termo "símio" já indicava "primata" e "imitar".

Todavia, a nova ciência da humanidade deve levar a ideia de imitação, ou mímesis, muito mais adiante do que o fez no passado. Segundo Girard, todas as instituições culturais, começando com a aquisição da linguagem pelas crianças, exigem esse tipo de atividade mimética, e, dessa forma, não se torna mero reducionismo descrever o cérebro humano como gigantescas máquinas de imitação. Uma vez que a humanidade não existiria sem imitação,

---

[85] René Girard, *Things Hidden Since the Foundation of the World*. Trad. Stephen Bann e Michael Metteer. Stanford, Stanford University Press, 1987. [Em português: *Coisas Ocultas desde a Fundação do Mundo*. Trad. Martha Gambini. São Paulo, Paz e Terra, 2009.]
[86] Ibidem, p. 3.
[87] Ibidem, p. 3.
[88] Ibidem, p. 1.

não se pode dizer que exista algo de errado com a imitação *per se* ou que esses humanos que imitam os outros são de alguma forma inferiores aos seres humanos que não o fazem. Esse último grupo, segundo Girard, simplesmente não existe – mesmo que permaneça sendo o mais louvado mito dentre uma diversa série de ideologias modernas que celebram um *self* humano fundamentalmente ficcional, que existiria independente de qualquer outra pessoa.

No entanto, a necessidade da mímesis não a torna não problemática. Convencionalmente, tendemos a pensar sobre a imitação como algo representacional em essência, como ocorre no aprendizado da linguagem e na transmissão de vários conteúdos culturais, mas não há nada que previna que a mímesis se estenda para a dimensão mais profunda de aquisição ou impeça as pessoas de emular os desejos de outras. Durante o processo de "estar à altura", a mímesis nos empurra para rivalidades crescentes. Tal verdade perturbadora da mímesis consegue explicar o motivo pelo qual o conhecimento a respeito da própria mímesis sempre permaneceu um tanto suspenso, de forma quase inconsciente. De todos os pecados mortais catalogados pelo catolicismo medieval, a inveja é aquele que mais se aproxima da rivalidade mimética, e é aquele pecado mortal que permanece um tabu mesmo nos círculos pós-modernos mais vanguardistas.

Por fim, como a habilidade mimética é mais avançada nos humanos do que em outros animais, não há em nós quaisquer freios instintivos que sejam suficientemente fortes para limitar a atuação de tamanha rivalidade. Portanto, no âmago do relato mimético, existe um mistério: O que realmente aconteceu no passado distante, quando todos os símios ansiavam o mesmo objeto, quando a rivalidade entre os duplos miméticos ameaçou levar a uma escalada de violência sem limites?

*

Para o filósofo do iluminismo, a guerra de todos contra todos culminaria no reconhecimento, entre as partes em conflito, sobre a irracionalidade de tal guerra. No meio da crise, as partes em conflito se sentariam e teriam uma conversa sóbria, elaborando o contrato social, que forneceria a base para o estabelecimento de uma sociedade pacífica. Uma vez que Girard vê com clareza o quanto esse relato é disparatado, ele considera o contrato social como a mentira fundamental do Iluminismo – uma mentira tão flagrante que nenhum dos advogados da teoria do contrato social, de Hobbes a Rousseau, acreditavam que realmente um contrato como esse tivesse sido alguma vez anunciado ou assinado.

No relato que Girard faz sobre essas questões, a guerra de todos contra todos não culmina no contrato social, mas na guerra de todos contra um, já que as forças miméticas conduzem os contendores a gradativamente se juntar contra um único indivíduo em particular. A guerra continua em sua escalada, e não existe qualquer ponto final racional – não até que esse indivíduo se torne o bode expiatório cuja morte provoca a união da comunidade, o que gera uma paz limitada para os sobreviventes.[89]

Esse assassinato é a origem secreta de todas as instituições políticas e religiosas, e é lembrado e transfigurado nas formas mitológicas.[90] O bode expiatório, que foi percebido como a fonte primária do conflito e da desordem, teve de morrer para que houvesse a paz. Por meio da violência, a própria violência foi levada ao fim e a sociedade humana pôde surgir. Mas, uma vez que a sociedade se assenta na crença de sua própria ordem e justiça, o ato fundador dessa violência deve ser ocultado – pelo mito segundo o qual a vítima morta era realmente culpada. Assim, a violência fica alojada no coração da sociedade; e o mito é apenas um discurso efêmero à violência. O mito sacraliza a violência do assassinato fundador: o mito nos conta que a violência foi justificada porque a vítima era realmente culpada e, ao menos no

---

[89] Ibidem, p. 80.
[90] Ibidem, p. 25.

contexto das culturas arcaicas, verdadeiramente poderosa.[91] Os mitos transfiguram os bodes expiatórios imolados em deuses, e os rituais religiosos reencenam o assassinato fundador por meio de um sacrifício humano ou animal substitutivo, criando, assim, uma espécie de paz que está sempre misturada com certa quantidade de violência.[92] A centralidade do sacrifício era tão grande que aqueles que conseguiram postergar ou evitar a execução se tornaram objetos de veneração. Todo rei é uma espécie de deus vivo, e aí reside a verdadeira origem da monarquia:

> Não existe cultura humana alguma sem tumba e nenhuma tumba sem uma cultura; no final das contas a tumba é o primeiro e único símbolo cultural. Os túmulos edificados não tiveram de ser inventados. São as pilhas de pedra, sob as quais se encontra enterrada a vítima do apedrejamento unânime. São as primeiras pirâmides.[93]

Era assim que as coisas costumavam funcionar. Mas, agora, vivemos em um mundo no qual o gato já está fora do saco, ao menos à medida que já sabemos que o bode expiatório não era realmente tão culpado quanto a comunidade de perseguidores alegava. Uma vez que o perfeito funcionamento das culturas humanas dependia de uma falta de compreensão sobre essa verdade a respeito de nossas culturas, os rituais arcaicos não mais funcionarão no mundo moderno.

Como em Hegel, a coruja de Minerva estende suas asas apenas no crepúsculo. O desnudamento do passado mítico abre a direção de um futuro em que não mais acreditamos em nenhum dos mitos; numa dramática ruptura com o passado, os mitos estão sendo

---

[91] Ibidem, p. 82.
[92] Ibidem.
[93] Ibidem, p. 83.

desconstruídos e, portanto, tornar-se-ão desacreditados.[94] Mas, diferentemente de Hegel, nosso conhecimento sobre nossa história oculta – sobre "as coisas ocultas desde a fundação do mundo" – não produz automaticamente uma gloriosa síntese final.[95]

Uma vez que esses mitos fundadores também tinham o papel crítico de distinguir entre a violência legítima e a ilegítima, seu desnudamento pode privar a humanidade do funcionamento eficaz oferecido pela violência sagrada, algo de que a humanidade sempre precisou para proteger a si mesma da violência dessacralizada sem limites.

Para Girard, essa combinação entre mímesis e desnudamento da cultura arcaica implica que o mundo moderno compreende uma dimensão determinantemente apocalíptica. A partir de uma perspectiva girardiana, os debates políticos atuais permanecem inadequados, uma vez que ainda há uma forte e arraigada negação do papel fundador da violência causada pela mímesis humana e, portanto, ainda se subestima o verdadeiro escopo da violência apocalíptica. O arsenal nuclear apresenta um terrível dilema, mas é possível imaginar (de alguma forma) um equilíbrio, no qual alguns Estados permaneçam amordaçados em uma guerra fria. Mas, e se a mímesis levar outros a tentar adquirir essas mesmas armas, devido ao prestígio mimético que elas conferem, de forma que a situação tecnológica nunca se torne estática, mas que em vez disso contenha uma dinâmica poderosamente inflamável?

Pode-se definir um "liberal" como alguém que nada quer saber sobre o passado e sua história de violência, e ainda se agarra à visão iluminista da bondade natural da humanidade. E alguém pode definir um "conservador" como alguém que nada quer saber

---

[94] Jean-Pierre Dupuy, "Totalization and Misrecognition". In: *Violence and Truth: On the Work of René Girard*. Ed. Paul Dumouchel. Ensaio traduzido por Mark R. Anspach. Stanford, Stanford University Press, 1988, p. 93. (citações omitidas)
[95] René Girard, *Things Hidden*, p. 138.

sobre o futuro do mundo global, e que, portanto, ainda acredita que o Estado-Nação e outras instituições enraizadas na violência sagrada podem conter doses ilimitadas de violência humana. O presente corre o risco de uma síntese terrível ao ficar entalado nos cantos cegos que compõem o pensamento doutrinário, uma síntese entre violência e globalização, em que todos os limites da violência serão abolidos, sejam eles geográficos, profissionais (por exemplo, não combatentes civis), ou demográficos (por exemplo, crianças combatentes). Nos pontos extremos, até mesmo a diferença entre violência infligida contra si mesmo e violência infligida contra terceiros começa a se evaporar, exatamente o que ocorre como o novo e perturbador fenômeno dos homens-bomba. O termo que melhor descreve essa violência apocalíptica e sem freios é "terrorismo".

De fato, pode-se imaginar se algum tipo de ação política continuará viável para essa geração excepcional, que aprendeu a verdade sobre a história humana pela primeira vez. É nesse contexto que se deve lembrar que a palavra apocalipse significava, originariamente, revelação. Para Girard, o desnudamento ou revelação desse terrível conhecimento abre uma fissura de proporções catastróficas, que começa a rachar a cidade dos homens: "É verdadeiramente o fim do mundo, o apocalipse cristão, o abismo sem fundo da vítima inesquecível".[96]

História e conhecimento

No debate entre Strauss e Girard, talvez o ponto-chave da disputa possa ser reduzido a uma questão de *tempo*. Quando será que esse conhecimento altamente perturbador irromperá sobre a consciência

---

[96] René Girard, "The Founding Murder in the Philosophy of Nietzsche". In: Paul Dumouchel (org.), *Violence and Truth: On the Work of René Girard*. Stanford, Stanford University Press, 1988, p. 246.

pública em geral, tornando os meios políticos impossíveis e, finalmente, levando a cidade dos homens ao seu final?

Se existe algo de profético a respeito da declaração de Girard sobre o assassinato fundador, então Strauss pode notar que sua situação também se assemelha à miséria enfrentada pelo louco de Nietzsche anunciando a morte de Deus para um mundo descrente:

> Chego muito cedo [...] minha hora ainda não chegou. Esse evento tremendo está ainda a caminho, ainda vagando – ele ainda não alcançou os ouvidos dos homens. O raio e o trovão requerem tempo, a luz das estrelas requer tempo, os feitos requerem tempo até mesmo depois que foram realizados, antes que possam ser vistos e ouvidos. Esse feito está ainda mais distante deles do que a mais distante das estrelas – e, ainda assim, foram eles que o perpetraram![97]

Para Strauss, assim como para Nietzsche, a verdade da mímesis e do assassinato fundador é tão chocante que a maioria das pessoas, em todos os tempos e lugares, simplesmente não acreditará. O mundo do Iluminismo pode ter sido baseado em certas concepções equivocadas a respeito da natureza da humanidade, mas o conhecimento completo desses equívocos pode permanecer sendo a província secreta de certa elite filosófica. A popularização bem-sucedida de tamanho conhecimento seria a única coisa a se temer, e foi dentro desse contexto que o straussiano Pierre Manent lançou um ataque feroz contra a teoria de Girard: "Se a 'cultura' humana está essencialmente fundada na violência, então [Girard] nada mais trará do que a destruição da humanidade sob o disfarce falacioso da não violência".[98] Girard, por sua vez, contraporia,

---

[97] René Girard, *Things Hidden*, p. 135.
[98] Jean-Pierre Dupuy, "Totalization and Misrecognition", p. 92.

dizendo que a salvação não mais pode ser encontrada na
reticência filosófica, pois haverá um dia em que não mais existirá
qualquer resto de conhecimento esotérico:

> Penso que aqui seja necessário sustentar nosso
> discurso. Mas, se não o sustentássemos, outros
> o fariam em nosso lugar. De qualquer maneira,
> virão outros que dirão novamente, melhor que
> nós, aquilo que estamos dizendo, e avançarão
> as questões para além daquilo que fomos
> capazes de fazer. No entanto, os próprios
> livros não terão nada mais do que um papel
> menor a desempenhar; os acontecimentos
> no interior dos quais eles surgem são
> infinitamente mais eloquentes do que qualquer
> coisa que escrevamos e produzirão verdades
> que temos dificuldades em descrever e as
> descrevemos insatisfatoriamente. Elas já são
> muito simples, de fato simples demais para
> despertar o interesse de nosso bizantinismo
> atual, mas essas verdades se tornarão ainda
> mais simples; elas estarão em breve ao alcance
> de qualquer um.[99]

Para Girard, o conhecimento do assassinato fundador é passado
pelo desenvolvimento histórico da revelação judaico-cristã.
A revelação pode ser lenta (pois contém uma mensagem que os
humanos não desejam ouvir), mas ela não é reversível. Por essa
razão, a diferença decisiva entre Girard e Strauss (ou Nietzsche) se
centra na questão do historicismo.

No nível do indivíduo, mesmo no final, ainda permanecerá uma
espécie de escolha entre Jerusalém e Atenas. Temos Thomas More,

---

[99] René Girard, *Things Hidden*, p. 135.

um santo cristão, para nos ajudar a fazer essa escolha. Em seu *Dialogue of Comfort Against Tribulation* [Diálogo da Fortaleza Contra a Tribulação], More declara:

> Atestarmos que esta vida não é uma experiência festiva, mas, em vez disso, uma experiência de lágrimas, é descobrir que o nosso salvador chorou duas ou três vezes e que nunca vemos que ele riu mais do que uma vez. Não vou jurar que ele nunca o tenha feito, mas ao menos ele não nos deixou qualquer exemplo disso. Mas, por outro lado, ele nos deixou o exemplo das lágrimas.[100]

O santo sabia que o oposto era verdade para Sócrates, que não nos deixou qualquer exemplo de lágrimas, deixando o exemplo da risada.[101]

*

Porém, o mundo não chegou ainda a um final, e não existe qualquer previsão sobre quanto tempo mais durará o entardecer da era moderna. O que, então, é preciso ser feito, pelo estadista cristão que aspira ser um sábio criado para o nosso tempo?

As respostas negativas são diretas. Não pode haver qualquer retorno ao mundo arcaico ou mesmo à concepção robusta do político vislumbrada por Carl Schmitt. Não pode haver qualquer real acomodação com o Iluminismo, uma vez que tantas de suas pueris banalidades se tornaram falácias mortais em nosso tempo. Mas, também, não pode haver uma decisão de isolamento e se retirar para estudar a Bíblia em antecipação ao Advento, pois não se pode atuar como estadista dessa forma.

---

[100] Leo Strauss, *The City and the Man*. Chicago, University of Chicago Press, 1978, p. 61.
[101] Ibidem, p. 61.

O estadista cristão deve divergir dos ensinamentos de Strauss num aspecto decisivo. Diferentemente de Strauss, o estadista cristão sabe que a era moderna não será permanente, e acabará dando passagem a algo muito diferente. Não se deve nunca esquecer que um dia tudo será revelado, que todas as injustiças serão expostas, e que aqueles que as perpetraram serão tidos como responsáveis.

E, assim, ao determinar a mistura correta de violência e paz, o estadista cristão seria sábio, em cada caso em particular, a fim de se colocar do lado da paz. Não existe qualquer fórmula de resposta à questão crítica sobre o que constitui um "caso particular"; deve-se decidir em cada situação individualmente. Pode ser muito bem que as decisões acumuladas, tomadas em todos esses casos particulares, determinem o destino do mundo pós-moderno. Esse mundo pode diferir do mundo moderno de uma forma que poderia ser tanto muito pior quanto muito melhor – a violência sem limites da mímesis fugitiva ou a paz do reino de Deus.

capítulo 7
entendimento em busca da fé: o problema central na filosofia de Eric Voegelin

Stefan Rossbach

I.

Embora a coleção *The Collected Works of Eric Voegelin* não possa ser considerada uma edição crítica, os 34 volumes tornarão indubitavelmente os escritos de Voegelin mais acessíveis.[1] Além disso, a correspondência de Voegelin com contemporâneos como Leo Strauss, Robert Heilman e Alfred Schütz encontra-se agora disponível em formato de livro,[2] ao passo que os arquivos originais das correspondências de Voegelin, escritos datilografados, notas e palestras não publicadas podem ser facilmente acessados nos

---

[1] Durante a época em que escrevi este ensaio, apenas dois volumes das correspondências – os volumes 29 e 30 – ainda aguardavam publicação. Para uma resenha inspirada de *História das Ideias Políticas*, ver, de Arpad Szakolczai, "Eric Voegelin's History of Political Ideas: A Review Essay". *European Journal of Social Theory*, vol. 4, n. 3, 2001, p. 351-68.

[2] Charles R. Embry (org.), *Robert B. Heilman and Eric Voegelin: A Friendship in Letters 1944-1984*. Columbia, University of Missouri Press, 2004; Peter Emberley e Barry Cooper (orgs.), *Faith and Political Philosophy: The Correspondence Between Leo Strauss and Eric Voegelin 1934-1964*. University Park, Pen State University Press, 1993 [Em português: *Fé e Filosofia Política: A Correspondência entre Leo Strauss e Eric Voegelin, 1934-1964*. Trad. Pedro Sette-Câmara. São Paulo, É Realizações Editora, 2017]; Gehard Wagner e Gilbert Weiss (orgs.), *Alfred Schültz, Eric Voegelin – Eine Freundschaft, die ein Leben ausgehalten hat. Briefwechsel 1938-1959*. Konstanz, UVK, 2004.

Arquivos Hoover da Universidade Stanford. Esse material primário, mais a *International Bibliography* (1921-2000) de Geoffrey Price, parecem dar à obra de Voegelin uma disponibilidade e unidade que nos oferecem a oportunidade de refletir sobre a contribuição desse pensador como um todo, em vez de discutirmos ideias isoladamente selecionadas.[3] Este capítulo tem por objetivo iniciar essa reflexão.

A "unidade" da obra de Voegelin, todavia, não deve ser tomada como uma suposição *a priori* de nossa reflexão; se essa unidade pode ou não ser encontrada é algo que tem de ser estabelecido empiricamente com referência aos materiais anteriormente mencionados. Além do mais, a própria noção de unidade de uma obra pode precisar de esclarecimento. O que exatamente estamos procurando quando buscamos por unidade? Um tema? Uma questão? Um projeto? Uma problemática? Ou, de fato, uma vida? O trabalho de uma vida?

Este ensaio supõe que podemos identificar a abordagem característica de um pensador diante da realidade – suas "digitais" – nas lacunas, erros e "pontos desconexos" que este deixa em sua obra. Todo pensador tem uma configuração característica de pontos desconexos, e tal configuração é o índice-chave para a obra de vida desse pensador. Em certo sentido, portanto, estou propondo que é mais instrutivo caracterizar a obra segundo seus fracassos em vez de caracterizá-la segundo suas realizações, embora tal afirmação faça sentido apenas quando o termo "fracasso" é propriamente qualificado.

Em primeiro lugar, é importante levar em conta que a identificação de pontos desconexos e fracassos não pode ser baseada na recepção da obra, pois os públicos sempre trazem seus próprios contextos, históricos, expectativas e questões à obra proposta. Uma ideia vista como controversa ou não convincente em determinada

---

[3] Geoffrey L. Price, *Eric Voegelin: International Bibliography 1921-2000*. Munique, Fink, 2000.

época de sua publicação não representa necessariamente um ponto desconexo ou fracasso. Para os propósitos deste ensaio, o padrão primário para a identificação dos fracassos deve partir da própria autoavaliação do pensador. Qualquer pensador de gabarito está geralmente ciente dos assuntos não resolvidos em sua obra, e é precisamente em razao dessa consciência que os pontos desconexos não precisam ser vistos tanto como fracassos, mas, pelo contrário, mostram ser parte de um processo criativo e sustentado. Os pontos desconexos são conceitos, ideias, associações e experiências às quais o pensador precisa retornar sucessivamente porque, no entendimento do próprio pensador, ele permanece insatisfeito com seus esforços para articular os problemas subjacentes e apontar soluções. Esse "fracasso", portanto, forma ao mesmo tempo a base para realizações que se desdobram a partir dos esforços criativos do pensador para buscar e dominar os pontos desconexos que continuam a perturbá-lo. Portanto, a unidade do trabalho estaria intimamente relacionada a esses pontos desconexos e "fracassos", uma vez que motivam o pensador a ultrapassar suas primeiras realizações e os problemas de aceitação e, dessa forma, conferem à obra singularidade e identidade. Da mesma maneira, embora esteja focando nos pontos desconexos, lacunas e erros, este ensaio não é um exercício crítico, mas um exercício reconstrutivo.

A fim de ser capaz de compreender a configuração dos pontos desconexos, é crucial que em nossa leitura da obra nos deixemos guiar pelo pensador. Em outras palavras, uma leitura interna da obra é solicitada, uma leitura que não apenas absorva a obra em si, mas também absorva os comentários e reflexões do autor sobre sua obra. Caso estejam disponíveis documentos não publicados, cartas, anotações, transcrições, palestras não publicadas e entrevistas, prefácios, especialmente os de segundas edições e materiais similares ajudam a indicar onde o pensador percebe as fraquezas e pontos desconexos em sua própria obra, e como pretende melhorar sua compreensão das questões relevantes. No caso de Voegelin, por exemplo, é importante notar que por toda sua vida ele primeiro enviava rascunhos de seus trabalhos para

colegas e amigos, buscando *feedback*. Uma cópia em carbono de
cada um dos volumes de *History of Political Ideas* [História das
Ideias Políticas] foi enviada a Friedrich Engel-Janost, e a troca de
ideias resultante entre eles revela – ao menos ocasionalmente –
como Voegelin avaliava muitos aspectos de sua própria obra. As
trocas com Alfred Schultz e, em menor grau, com Robert Heilman
também são importantes.

Uma leitura interna da obra tende a se tornar influenciada
pelos últimos trabalhos do pensador, à medida que os últimos
trabalhos frequentemente incluem o elemento reflexivo. Talvez
isso se dê simplesmente porque as obras finais têm a vantagem
do último *insight*, podendo-se olhar em retrospectiva para os
primeiros esforços, suas consequências e implicações. O elemento
reflexivo também pode ser provocado em resposta à recepção que
o trabalho recebeu. "Sucesso" geralmente significa que a obra
é lida, que resenhas foram escritas, e que o trabalho vem sendo
apreciado por um público crescente, e, desse modo, fornece
oportunidades para que o autor responda tanto às críticas quanto
aos elogios e retome as questões do trabalho. Todavia, o sucesso
pode também implicar certa tendência à distração por parte do
autor em relação às preocupações de seu público, e, de fato,
as exigências para se administrar o sucesso podem acabar se
sobrepondo aos questionamentos independentes. Finalmente, a
proximidade da morte pode fornecer um ímpeto adicional em
direção à autorreflexão.

II.

Os trabalhos publicados de Voegelin não facilitam uma leitura
interna, porque durante toda sua vida Voegelin foi extremamente
relutante para caracterizar o seu trabalho em termos de
"posicionamento" fora do contexto especificamente determinado
pela investigação histórica à qual ele se dedicava no momento.

Em seu primeiro livro, *On the Form of the American Mind* [Sobre a Forma da Mentalidade Norte-Americana], ele aceita a convenção acadêmica de que os autores deviam falar a respeito de seus métodos apenas com muita reserva. Na introdução do livro, Voegelin recusa-se confiantemente a "se engajar em discussões relativas à metodologia" e declara apodicticamente que "nem aceitaria nem refutaria teorias sobre a pureza de métodos, a correlação entre método e objeto, e o banimento do sincretismo metodológico". Embora admita que "por necessidade algo tem de ser dito em relação ao método aqui empregado", ele parece trair tal senso de disciplina profissional algumas frases depois, quando proclama que foi "quase um exagero dizer que as regras foram *seguidas*".[4] Em vez disso, as regras, princípios, ou critérios que de fato aceitou foram sendo encontradas no transcorrer de suas investigações. Elas emergiram da – em vez de precederem à – investigação. Em outras palavras, Voegelin buscou extrair "os instrumentos de interpretação assim como o significado do próprio material".[5]

Esse método paradoxal – a regra segundo a qual nenhuma regra deve ser seguida – parece implicar que os materiais sugerem seu próprio método de interpretação e que a imaginação criativa do autor é desnecessária para revelar o seu significado. A recusa de responsabilidade pela autoria permaneceu uma constante na vida de Eric Voegelin. Já por volta de 1983, quando lhe foi perguntado se havia qualquer coisa em *Anamnesis* que ele negaria 17 anos depois de sua publicação, ele respondeu repetindo uma fórmula já então bem conhecida:

> Não. Eu raramente tenho algo a negar porque sempre me mantenho muito próximo dos materiais empíricos e não generalizo além deles.

---

[4] Eric Voegelin, *On the Form of the American Mind*. Ed. Jurgen Gebhardt e Barry Cooper. Trad. Ruth Hein. Baton Rouge, Louisiana State University Press, 1995, p. 5.
[5] Ibidem, p. 3.

> Assim, quando generalizo, tenho que assim
> fazê-lo por conta dos próprios materiais.[6]

Não diferentemente de Michel Foucault, que uma vez admitiu que escrevia "para não mostrar o rosto",[7] Voegelin podia facilmente se impacientar com leitores que procuravam encontrá-lo – conhecer *sua* posição, *seu* método, *sua* abordagem, *seu* ponto de vista – por trás dos materiais. Segundo sua própria maneira de ver as coisas, Voegelin não tinha posicionamentos, pontos de vista ou abordagens: apenas os ideólogos tinham essas coisas.[8] Ele desenvolvera suas próprias estratégias para lidar com leitores e ouvintes que queriam "categorizá-lo" como defensor ou representante de uma posição:

> Sou frequentemente obrigado a rebater as pessoas que querem de algum modo me classificar. Quando alguém quer me classificar como Católico ou Protestante, digo à pessoa que sou um cristão "pré-reformista". Se quer me enquadrar como tomista ou agostiniano, digo a ela que sou um cristão "pré-nicênico". E, se ainda insiste em me enquadrar dentro desse período mais inicial, digo-lhe que mesmo a Virgem Maria não era membro da Igreja Católica. Possuo um bom estoque de respostas desse tipo para aqueles que procuram me atazanar depois de uma palestra; e, então, podem sair falando sobre

---

[6] Eric Voegelin, "Autobiographical Statement at Age 82". In: *The Beginning and the Beyond: Papers from the Gadamer and Voegelin Conferences*. In: Fred Lawrence (org.), *Lonergan Workshop*. Chico, Scholars Press, 1984, vol. 4, p. 111-31.
[7] Michel Foucault, *The Archaeology of Knowledge*. Londres, Tavistock, 1974, p. 17.
[8] Eric Voegelin para Peter E. Berger, editor de Social Research, 19 de dezembro de 1967, Seção 36, Arquivo 36.29. Todos os números de seção e de arquivo deste capítulo se referem aos *Papers* de Eric Voegelin mantidos nos arquivos do Hoover Institute, Stanford University, Califórnia.

informações em primeira mão a respeito da minha "posição".[9]

"Posicionamentos", Voegelin explicava, seriam os efeitos colaterais da tendência a se "dogmatizar um resultado de análise empírica", e sua reputação e compreensão como acadêmico dependia de sua contínua abertura em direção à realidade empírica. Sua obra não expressava posicionamentos, mas o "estado presente da ciência do assunto em questão".[10]

III.

Contra todo esse fundo de negações, é notável que exista *uma* caracterização afirmativa para sua obra, embora isso não tenha sido dito pelo próprio Voegelin. Como Gregor Sebba afirma:

> Para mim, Eric Voegelin sempre fora um representante exemplar da racionalidade no sentido grego do termo, mas quando eu lhe disse isso contrapondo uma afirmação que o chamava de filósofo místico, ele me escreveu avisando: "Isso o chocará, mas sou um filósofo místico".[11]

---

[9] Eric Voegelin para John East, 18 de julho de 1977, Seção 10, Arquivo 10.23. Numerosas cartas dos *Papers* de Eric Voegelin dão testemunho de sua impaciência e frustração. Ver, por exemplo, a carta de Eric Voegelin para Robert Schuettinger, de 13 de outubro de 1969, Seção 43, Arquivo 43.4; Eric Voegelin para Stephen J. Tonsor, de 3 de abril de 1969, Seção 37, Arquivo 37.27; Eric Voegelin para Peter E. Berger, editor de Social Research, de 19 de dezembro de 1967, Seção 36, Arquivo 36.29; Eric Voegelin para George H. Nash, de 9 de dezembro de 1974, Seção 26, Arquivo 26.13. Voegelin concluiu sua carta a Nash com um apelo: "Eu apenas espero que você não tenha escrito muitos disparates sobre o trabalho que estou desenvolvendo".
[10] Eric Voegelin para Dante Germino, 13 de maio de 1970, Seção 14, Arquivo 14.14.
[11] Gregor Sebba, "Prelude and Variations on the Theme of Eric Voegelin". *Southern Review*, vol. 13, 1977, p. 646-76 (p. 665). A troca de cartas entre Voegelin e Sebba, a qual inclui esta discussão sobre o "filósofo místico", é de 1973.

Essa importante confissão reflete a compreensão de Voegelin "sobre a função do misticismo em épocas de desordem social".[12] Voegelin considerava o misticismo uma solução aos problemas que surgem quando "os limites de expressão doutrinal da verdade [se tornam] visíveis", uma condição que é tanto causa quanto efeito de desordem espiritual e social.[13] Jean Bodin, o homem "a respeito do qual [ele] mais sabia",[14] era o grande modelo de "espiritualista" para Voegelin, o qual, numa época em que havia oito guerras civis na França,

> [...] reconhecia que a luta entre as várias verdades teológicas no campo de batalha só podiam ser apaziguadas ao se compreender a importância secundária da verdade doutrinal em relação ao *insight* místico.[15]

Voegelin concorda plenamente com Bodin sobre o significado crucial do *insight* místico em períodos de conflitos ideológicos. Quando o caminho do debate racional já foi há muito deixado para trás, a única forma de seguir em frente é se valer de algum tipo de descolamento, uma via negativa, que nos permita olhar para além da "dogmatomaquia da época", em direção às experiências que engendraram, como sua expressão simbólica, as próprias doutrinas e dogmas. A chave para a resolução do impasse gerado pelo conflito doutrinal, portanto, é considerar as doutrinas como fenômenos contingentes e secundários; elas são índices de experiências e no momento que são consideradas coisas absolutas, já efetivamente se separaram de suas experiências geradoras. Lutar por doutrinas – sejam ideológicas ou teológicas – é uma forma de idolatria e, portanto, um problema espiritual, o qual requer uma solução espiritual,

---

[12] Eric Voegelin, *Reflexões Autobiográficas*. São Paulo, É Realizações Editora, 2008, p. 164.
[13] Ibidem, p. 164.
[14] Eric Voegelin para Friedrich Engel-Janosi, 31 de março de 1943, Seção 11, Pasta 11.7.
[15] Eric Voegelin, *Reflexões Autobiográficas*, p. 164.

um retorno à "outra experiência", onde símbolos e dogmas foram usados como salvaguarda contra o esquecimento.

Em *Lettre à Jean Bautru* [Carta a Jean Bautru] – identificada por Voegelin como "um dos documentos que influenciaram meu pensamento de forma mais decisiva"[16] –, Bodin define a essência da "verdadeira religião" como uma "apropriada recondução a Deus [*conversio*] em espírito purificado". Na compreensão de Voegelin, esse destacamento e purificação é precisamente a função da *via negativa* mística, pois é por meio da negação que penetramos as brumas do desconhecido, formada por múltiplas camadas de cristalização doutrinal. O misticismo representa a "revolta de uma experiência pessoal" contra o dogmatismo e, portanto, pode ajudar o indivíduo a recuperar sua "liberdade" [*Freiheit*].[17]

Na compreensão de Voegelin, portanto, o misticismo é a chave para se "compreender a ordem em tempos de desordem espiritual",[18] e o fato de ele ficar satisfeito em ser chamado de "filósofo místico" derrama uma luz considerável sobre a compreensão que tinha de si e o tipo de contribuição que pretendia realizar. As três citações que seguem mostrarão de forma mais detalhada como essa apreciação um tanto singular sobre o significado social e político do misticismo – uma constante em sua vida e em sua obra – ecoa a compreensão mesma que Voegelin tem da própria natureza da realidade:

a. O que entra em colapso é o estágio histórico de concretização e suas correspondentes instituições; tanto quanto foi para o indivíduo dos séculos V e XV, o indivíduo de hoje tem à disposição a via socialmente indestrutível da *theologia* negativa;

---

[16] Ibidem, p. 165.
[17] Consultar as notas sobre misticismo datadas de 3 de dezembro de 1970, Seção 84, Pasta 84.9. O quinto volume de *Ordem e História* incluiria um capítulo sobre o misticismo. Ver, por exemplo, os planos e esboços em "For the beginning of Volume 5", de 6 de novembro de 1979, p. 2, Seção 84, Pasta 84.9. Sobre misticismo e "liberdade", consultar carta de Eric Voegelin para Manfred Henningsen, de 17 de maio de 1969, Seção 17, Pasta 17.15.
[18] Eric Voegelin, *Reflexões Autobiográficas*, p. 165.

assim, o indivíduo passa por uma crise apenas quando insiste em coordenar ideologicamente o absoluto, como faz um marxista, um liberal, etc.[19]

b. Todo místico é, de certa forma, um "ateu", uma vez que reconhece que existe um momento em que os símbolos se tornam "inacreditáveis", tanto na vida pessoal quanto na história, e precisam ser renovados e refeitos por meio das experiências das quais surgiram.[20]

c. A experiência da presença divina, quando simbolizada, recebe o ônus da concretude histórica dos símbolos. Nenhuma simbolização é suficientemente adequada para representar a inefabilidade do Além divino. Logo, quando se é um crente no nível dos símbolos, este se torna um "infiel" em relação à verdade inefável da realidade divina. Contudo, quando a fé é constituída por sua relação com o inefável divino, o indivíduo se torna um "infiel" no nível dos símbolos. Mais uma vez, na linguagem do Ocidente, o problema me parece muito parecido com o dado pelo mote *fides quaerens intellectum*, da fé no nível do simbolismo imaginativo a se mover para além da aceitação dos símbolos, por meio da meditação contemplativa, orientando-se segundo o entendimento das experiências que dotam os símbolos de seu sentido.[21]

As afirmações de Voegelin mostram como sua compreensão sobre a natureza da realidade – da Realidade – estava intimamente relacionada ao problema da "desconstrução social" como se vê em (a), o problema da dissolução da ordem. A destruição da ordem implicava a destruição das "coordenadas absolutas", nas quais as crenças são expressas. O místico em (b) olhará para os

---

[19] Eric Voegelin para Karl Löwith, 17 de dezembro de 1944, Seção 24, Pasta 24.4. Todas as traduções das cartas escritas em alemão são minhas.
[20] Eric Voegelin para Elizabeth de Waal, 28 de agosto de 1966, Seção 39, Pasta 39.17.
[21] Eric Voegelin para Carl W. Ernst, 9 de outubro de 1977, Seção 12, Pasta 12.1, EVP.

crentes com grande dose de ceticismo – pois eles também terão que viver a morte de suas simbolizações absolutas –, mas sentirá certa nostalgia da inocência que os crentes ainda desfrutam. Como Nietzsche notou, "quando a rota do ceticismo se encontra com a da nostalgia, nasce o misticismo".[22] Portanto, para esse místico, a experiência da Realidade é uma experiência de transcendência, da realidade transcendendo a si mesma. A realidade é um processo de transfiguração, um movimento contínuo para além de sua própria estrutura.[23] Voegelin fala do "paradoxo da realidade" e do "êxodo dentro da realidade".[24]

O cenário concreto de tal compreensão da realidade transcendendo a si mesma é caracterizado pelo surgimento, expansão, declínio e colapso dos impérios. A destruição sucessiva da ordem comunitária tradicional sob a pressão do expansionismo imperial correlaciona-se com irrupções "espirituais", as quais geram novas "histórias de salvação", mostrando às pessoas como superar a morte da realidade que se vai, como "imortalizar" suas almas numa época em que as realidades em torno perecem. Os impérios funcionam como "cemitérios de sociedades".[25] Como resultado da dissolução da ordem, os antigos e tradicionais símbolos perdem sua credibilidade à medida que a angústia existencial humana se intensifica. O esplendor dos antigos deuses se torna derivativo enquanto um horizonte de novas deidades é introduzido para além dos antigos deuses, gerando, finalmente, a distinção entre deuses falsos e verdadeiros. Segundo Voegelin, essa sucessão de antigo e novo, de falsidade e veracidade, acaba se tornando tema em Platão, que introduz o símbolo do absoluto transcendente (*epekeina*) – o Além –, algo que não possui outro além que o

---

[22] Friedrich Nietzsche, citado em Paul Mendez-Flohr, "Editor's Introduction". In: Martin Bubber, *Ecstatic Confessions: The Heart of Mysticism*. Syracuse, Syracuse University Press, 1996, p. xiv.
[23] Eric Voegelin, *Order and History*, vol. 4, *The Ecumenic Age*. Baton Rouge, Louisiana State University Press, 1974, p. 19.
[24] Ibidem, p. 269.
[25] Ibidem, p. 133-34.

ultrapasse, de onde poderiam surgir novas divindades. Portanto, na leitura que Voegelin faz de Platão, *epekeina* seria o inefável divino, que não pode ser solapado por futuras dissoluções de ordem; é o divino abismo que nunca pode se tornar derivativo.

O Além como horizonte do movimento da realidade para além de sua própria estrutura não é vivenciado "diretamente", mas "apenas" indiretamente por meio da negação de símbolos que, pelo menos durante um período, posaram como símbolos "definitivos". O próprio Além, portanto, deve permanecer sendo um "Deus desconhecido", uma profundidade infinita, uma escuridão, um abismo sem forma e sem nome, e pode ser vislumbrado como tal em momentos de dissolução, quando nossas antigas crenças perdem sua "credibilidade", quando vivemos a morte das antigas garantias absolutas. O *epekeina* de Platão, como compreendido por Voegelin, é precisamente a escuridão misteriosa que está progressivamente sendo revelada como história concreta a tropeçar em sucessivos processos de dissolução.

Voegelin é inflexível ao dizer que nenhuma crença está imune à destruição social. Quem quer que busque mirar mais alto e se tornar imune à perda do *self* por meio da destruição social deve contemplar a si mesmo em termos não simbólicos, ou seja, precisa evitar caracterizações absolutas. Na prática, isso pode ser alcançado por meio do hipervalor absoluto da via negativa, de um movimento interno que preserva uma "distância reflexiva" dos símbolos e coordenadas que usa para se referir a si mesmo. Por conseguinte, esses símbolos nunca devem ser tidos como símbolos definitivos, como pontos finais, mas apenas como "traços" do reflexivo movimento de distanciamento. Tomando-se o cenário biográfico de Voegelin – seus corajosos esforços para preservar sua integridade moral e intelectual na Alemanha e na Áustria nazistas, culminando no rompimento dramático com seu pai e sua fuga para os Estados Unidos via Suíça –, não é difícil perceber como o apreço de Voegelin pela *via negativa* foi tanto uma resposta intelectual quanto pessoal.

IV.

Qualquer relato plausível que vise a contemplar a unidade da obra de Voegelin precisa ser capaz de determinar até que ponto sua preocupação com a *gnosis* e com o gnosticismo foram realmente centrais no desenvolvimento de sua filosofia. Durante as palestras Charles R. Walgreen, ministradas na Universidade de Chicago no início de 1951 e mais tarde publicadas como *A Nova Ciência da Política* [The New Science of Politics (NSP)], Voegelin argumentava (1) que "o crescimento do gnosticismo" constituía "a essência da modernidade", e (2) que havia uma continuidade histórica ligando o gnosticismo da Antiguidade tardia aos movimentos ideológicos da modernidade tais como "progressismo, positivismo, marxismo, psicanálise, comunismo, fascismo e nacional socialismo".[26] Ao menos biograficamente, restam poucas dúvidas de que o sucesso de *A Nova Ciência da Política* foi uma guinada crucial na carreira de Voegelin. O livro rapidamente se tornou celebridade nas ciências políticas, recebendo um artigo de cinco páginas na revista *Time*.[27] Como salientou Eugene Webb, "Eric Voegelin é provavelmente conhecido, em especial entre aqueles muitos que na verdade não o leram, pelas denúncias que fez contra algo que recebe o nome de 'gnosticismo'".[28] De forma semelhante, Murray Jardine observou que Eric Voegelin é, ainda, "provavelmente bem conhecido pela atual geração de teóricos norte-americanos das ciências políticas pela sua incansável crítica à modernidade em *A Nova Ciência da Política*".[29]

---

[26] Eric Voegelin, *The New Science of Politics*. In: *Collected Works of Eric Voegelin: Modernity Without Restraint: The Political Religious; The New Science of Politics; and Science, Politics and Gnosticism*. Ed.e Manfred Henningsen. Columbia, University of Missouri Press, vol. 5, p. 75-241 (p. 190); a lista dos "movimentos gnósticos" modernos é de Eric Voegelin, "Ersatz Religion: The Gnostic Mass Movements of Our Time". In: *Modernity Without Restraint*, p. 293-313 (p. 295).

[27] Max Ways, "Journalism and Joachim's Children". *Time*, 9 de março de 1953.

[28] Eugene Webb, "Eric Voegelin's 'Gnosticism' Reconsidered". *Political Science Reviewer*, vol. 34, 2005, p. 48-76 (p. 48).

[29] Murray Jardine, "Eric Voegelin's Interpretation(s) of Modernity: A Reconsideration of the Spiritual and Political Implications of Voegelin's Therapeutic Analysis". *Review of Politics*, vol. 7, n. 4, 1995, p. 581-605 (p. 581).

Portanto, se tomássemos a recepção dessa obra de Voegelin como guia, seríamos imediatamente levados a crer que o gnosticismo foi uma de suas preocupações centrais. Todavia, como já observado, a avaliação pessoal que Voegelin fez a respeito do valor de *A Nova Ciência da Política* para o desenvolvimento de seu pensamento é muito mais significativa, aos nossos propósitos, do que levar em conta como a obra foi recebida pelo grande público. De fato, é altamente significativo que, cronologicamente, as palestras de Voegelin na Universidade de Chicago precederam – e, de uma forma bastante significativa, iniciaram – sua obra filosófica posterior, incluindo *Ordem e História* e *Anamnese*. Por toda sua vida, Voegelin considerou essas palestras um "divisor de águas", crucialmente posicionadas entre o trabalho não finalizado e não publicado em *História das Ideias Políticas* e o publicado, porém, igualmente não finalizado, *Ordem e História*.[30]

Por que o filósofo místico Eric Voegelin se preocupava com o gnosticismo? Seu interesse pelo gnosticismo foi disparado por uma experiência de leitura específica. Em várias cartas enviadas a diferentes destinatários, Voegelin explicava como "deparou com o problema pela primeira vez", e suas explicações são, em suas correspondências, sempre consistentes. Por exemplo, em carta de 1959 para Carl J. Friedrich, ele escreveu:

> Bem, se você atribui a mim, como é frequentemente feito, a grande descoberta do problema da *gnosis* moderna e sua continuidade com a Antiguidade, devo declinar a honra e humildemente negar esse golpe de gênio. Eu deparei com o problema pela primeira vez em *Prometheus*, de Balthasar, de 1937. Então, constatei que ele estava certo ao estudar *Gnosis*, de Jonas, de 1934, e ao ler montanhas de

---

[30] Eric Voegelin, *Reflexões Autobiográficas*, p. 104.

documentos que falavam sobre sectarianismo medieval. Para uma aplicação moderna, encontrei essa visão confirmada nos trabalhos de Lubac. Então, tive a precaução de discutir a questão em detalhes com Puech, Quispel e Bultmann, isto é, com as maiores autoridades vivas em *gnosis* e cristianismo. Todos concordaram que essa era, de fato, a questão.[31]

A última parte do parágrafo é um tanto ou quanto enganosa, uma vez que Bultmann, por exemplo, tinha deixado muito claro a Voegelin que desaprovava a caracterização que este fazia de *gnosis*. Bultmann acusava Voegelin de "secularizar" o termo e duvidava que tal abordagem pudesse ser "admissível". Novamente, mais tarde, depois da publicação de *Wissenschaft, Politik und Gnosis*, Bultmann criticou o uso que Voegelin fez dos termos *gnosis* e gnóstico.[32] Mas há poucos motivos para se duvidar da precisão da primeira afirmação da carta, que nos diz que foi a leitura de von Balthasar e Jonas que fez nascer a "tese do gnosticismo" na mente de Voegelin. Em carta escrita a von Balthasar em maio de 1950, Voegelin expressava sua gratidão porque *Prometheus* não apenas o ajudara a compreender a história do pensamento [*Geistesgesschichte*] do século XIX, mas também estabelecera os "princípios" [*Prinzipien*] que, podemos inferir, serviram como modelo para seu empreendimento intelectual em *A Nova Ciência da Política*.[33] Republicado em 1947, durante as

---

[31] Eric Voegelin para Carl J. Friedrich, 12 de abril de 1959, Seção 13, Pasta 13.16.
[32] Rudolf Bultmann para Eric Voegelin, 19 de julho de 1957 e 4 de março de 1960, ambas na Seção 8, Pasta 8.55.
[33] Eric Voegelin para Von Balthasar, 20 de maio de 1950, Seção 7, Pasta 7.8. Num questionário para *The New Science of Politics* [A Nova Ciência da Política], então intitulado "Beyond Modernity", Voegelin escreveu: "a ideia segundo a qual a política moderna é essencialmente um movimento gnóstico é um tanto nova. Ela provavelmente não é conhecida por ninguém a não ser um ou dois especialistas como Hans Urs von Balthasar" (Seção 38, Pasta 38.21). A introdução à primeira parte de *Science, Politics and Gnosticism* e o prefácio à edição norte-americana do mesmo texto de fato se referem a Jonas e Von Balthasar como autores-chave sobre os gnosticismos "antigo" e "moderno", respectivamente. Ver, de Voegelin, *Modernity without Restraint*, p. 247 e 253. Em uma carta

palestras Walgreen, *Prometheus*, de von Balthasar, forma o primeiro volume de [O Apocalipse da alma alemã: estudos sobre um Ensino das últimas ações (3 volumes, 1937-1939]. Nesse trabalho seminal, von Balthasar considerava a *gnosis*, juntamente com o quiliasmo (milenarismo), um importante desafio à "unidade" (*Einheit*) e ao equilíbrio da escatologia cristã desde a Idade Média.[34] A afinidade entre o tema de *Prometheus* (Prinzip) – um tema que Balthasar encontrou absolutamente articulado no fragmento de *Prometheus*, de Goethe de 1773 – e aquilo que entendia como mitologia gnóstica foi explorado nas seções centrais do livro. Segundo von Balthasar, o idealismo alemão encontrou sua unidade quando seus representantes ofereceram meras variações do tema prometeico e, dessa forma, continuaram a tradição da *geistesgeschichtliche Ahnenreihe* [Série de genealogia intelectual], que incluía a *gnosis*, Plotinus, Scotus Eriugena, Boehme e a Cabala.[35] Joaquim de Fiore é identificado como a figura central na tradição dessa escatologia do quiliasmo, a qual, por sua vez, contribuiu para certas variações na história do tema prometeico.[36] Levando-se em conta a apropriação que Voegelin faz de *gnosis*, podemos ver facilmente a combinação dos relatos de von Balthasar e de Jonas, tanto para a ideia de uma cadeia ininterrupta de pensamento gnóstico (von Balthasar) quanto para a ideia de "espírito" ou "essência" gnóstica (Jonas).[37]

Algumas das estranhezas em *A Nova Ciência da Política* podem ser facilmente explicadas tão logo levemos em consideração *Prometheus*, de von Balthasar, como influência central. Por exemplo, o fato de *A*

---

intitulada "The Remergence [sic] of Gnosticism in Modern Times", escrita em 18 de março de 1972, Voegelin, mais uma vez, confirmou que foi sua leitura de *Prometheus* que lhe chamou atenção para a questão da gnose. Seção 77, Pasta 77.7,2.

[34] Hans Urs Von Balthasar, *Prometheus: Studien zur Geschitche des Deutschen Idealismus.* Heidelberg, Kerle Verlag, 1947, p. 21, 26 e 37.

[35] Ibidem, p. 139-57 (p. 146).

[36] Ibidem, p. 25-26.

[37] O primeiro volume de *Gnosis und Spaetantiker Geist* de Hans Jonas foi publicado em 1934. Em 1957, Jonas, ao discutir "uma essência do gnosticismo como um todo", revelou ser esse o objetivo central de seu trabalho de 1934. Ver Jonas, *The Gnostic Religion: The Message of the Alien God and the Beginnings of Christianity*. 2. ed. Boston, Beacon Press, 1963, p. xvii.

Nova Ciência da Política considerar o gnosticismo um movimento religioso do Mundo Antigo, que "acompanhou o cristianismo desde seu início", mas não conseguir articulá-lo com o gnosticismo do período final da Antiguidade não deve causar surpresa, uma vez que von Balthasar também excluiu de sua análise a *gnosis* do Mundo Antigo. Em vez, disso, Voegelin inicia sua história com Joaquim de Fiore, enquanto Scotus Eriugena é mencionado de passagem como uma influência capital na "ativação do gnosticismo do Mundo Antigo", durante o século IX; von Balthasar também destaca o significado de ambos os personagens. Considerando-se que Voegelin reconhecia sua dívida para com von Balthasar em suas cartas – mesmo em carta para o próprio von Balthasar –, é impressionante que em *A Nova Ciência da Política* ele simplesmente não faça referência a este como sua maior inspiração.[38]

De fato, em alguns aspectos da argumentação, a transição do *Prometheus*, de von Balthasar, para *A Nova Ciência da Política* de Voegelin implica uma *perda* de precisão conceitual. Onde von Balthasar mais ou menos cuidadosamente distingue entre quiliasmo e *gnosis*, Voegelin fala de "movimentos apocalíptico-gnósticos" como se ambos os adjetivos pudessem ser facilmente associados – sendo que, de fato, não podem.[39] Tamanha confusão distorceu o trabalho de Voegelin sobre gnosticismo desde o começo. Como Gregor Sebba destacou, em 1978, ao enviar uma carta a Voegelin, o termo "a imanentização gnóstica do *escaton*" que aparece em *A Nova Ciência da Política* é um oximoro:

> [...] das fontes que lhe estavam disponíveis à época, segue-se, sem sombra de dúvida, que

---

[38] *A Nova Ciência da Política* faz referência ao *Prometheus* nas notas 23 e 26, no capítulo "Gnosticism: The Nature of Modernity", mas nenhuma das duas notas revela a dívida de Voegelin com Balthasar. Ver *The New Science of Politics*: In: *Modernity without Restraint*, p. 186, 189.

[39] O termo ainda aparece em *The Ecumenic Age*, p. 237-38, e refere-se aos movimentos modernos, sugerindo que a modernidade acrescenta o elemento apocalíptico a um núcleo gnóstico subjacente.

> nenhum dos atributos que se pensa caracterizar a *gnosis* clássica se encaixa, ao menos não sem grandes problemas [...] No entanto, todo o fenômeno da *gnosis* tem um perfil agudo. Um tema se aplica em todo lugar: a rejeição radical de qualquer imanentização da transcendência.[40]

Foi a obra de von Balthasar, e não as fontes primárias da Antiguidade, que alimentou a discussão de Voegelin sobre gnosticismo e modernidade. Muito contrário à usual insistência em "deixar que os princípios da análise surjam do material", ele, de fato, nunca estudou o material gnóstico da Antiguidade a fundo. Em sua defesa, poder-se-ia dizer que quando *A Nova Ciência da Política* foi concebido, essas fontes primárias não se encontravam facilmente disponíveis. Por volta de 1951, nem as descobertas em Nag Hammadi nem as de Qumram se encontravam disponíveis para o público, e, precisamente a fim de contornar a indisponibilidade das fontes primárias, Voegelin consultou alguns especialistas reconhecidos da área – Bultmann, Puech, Quispel, entre outros. Ainda assim, alguns desses especialistas não conseguiram manter a distância entre si e a interpretação que Voegelin impunha sobre qualquer material que compartilhavam com ele.[41] Além disso,

---

[40] Gregor Sebba para Eric Voegelin, em 20 de outubro de 1978, Seção 35, Pasta 35.7, ênfase minha. Sebba era amigo pessoal e um leitor entusiasta de Voegelin. Em contrapartida, Voegelin via-o como um intérprete confiável de seus trabalhos. "Sempre aprecio a crítica de Sebba sobre meu trabalho." Ver Eric Voegelin para Donald E. Stanford, em 24 de janeiro de 1975, Seção 36, Pasta 36.34; ver também Eric Voegelin para Robert Heilman, 19 de junho de 1966, Seção 17, Pasta 17.9; também Eric Voegelin para Gregor Sebba, 21 de abril de 1966, Seção 35, Pasta 35.5. A análise de Sebba do trabalho de Voegelin sobre o gnosticismo foi publicada como "History, Modernity, Gnosticism". In: Peter J. Opitz e Gregor Sebba (orgs.), *The Philosophy of Order: Essays on History, Consciousness and Politics*. Stuttgart, Klett-Cotta, 1981, p. 190-241. A expressão, "Gnostic immanentization of the eschaton" vem de *The New Science of Politics*, p. 234 e 240-41.

[41] Para as reservas que faz Bultmann, ver acima. Manfred Henningsen observa que Gilles Quispel considerava "com reservas a transferência simbólica de significado que Voegelin realizava das antigas religiões gnósticas aos movimentos ideológicos modernos". Ver sua "Editor's Introduction" em *Modernity without Restraint*, p. 16. Finalmente, em 1987, Hans Jonas disse a Eugene Webb que Voegelin não compreendera sua concepção de gnosticismo. Ver, de Eugene Webb, "Voegelin's 'Gnosticism' Reconsidered", p. 72, n. 13.

como Sebba notou, mesmo ao considerar a limitada quantidade de fontes primárias e secundárias disponíveis na época, a "moderna *gnosis*" de Voegelin emerge como o exato oposto de "todo o fenômeno da *gnosis*". De fato, Voegelin *nunca* conseguiu esclarecer a natureza da ligação histórica sugerida em *A Nova Ciência da Política*. Já por volta de 1977, enquanto trabalhava em "Wisdom and the Magic of the Extreme", Voegelin ainda tentava estabelecer "a distinção entre *gnosis* moderna e antiga".[42] A ideia que levou sua obra para o centro das atenções do público acabou se tornando, ao menos para o próprio Voegelin, um grande ponto desconexo.

Portanto, tem-se a forte impressão de que em suas palestras em Chicago (1951) Voegelin firmou um compromisso público com base num conjunto de ideias emprestadas que foram confundidas e deformadas, além de claramente violar as regras (paradoxais) de análise que ele mesmo delineara em trabalhos anteriores e de forma fundamental no próprio *A Nova Ciência da Política*.[43] À luz de tamanhas inconsistências, é natural que apareça a discussão entre os leitores de Voegelin, que levantam a questão sobre se *A Nova Ciência da Política* deve ser considerado mera aberração diante da obra de Voegelin como um todo, um lapso e recaída na pura retórica da Guerra Fria.[44] Porém, essas sugestões não se alinham com a própria avaliação que Voegelin faz a respeito das ideias expostas

---

[42] Eric Voegelin para Arno Baruzzi, 30 de dezembro de 1977, Seção 7, Pasta 7.15.

[43] As regras delineadas em *The New Science of Politics* (In: *Modernity without Restraint*, p. 109-21) compreendem uma versão mais sofisticada das regras encontradas em *On the Form of the American Mind*, acima referido.

[44] Ver, de Michael G. Franz, *Eric Voegelin and the Politics of Spiritual Revolt: The Roots of Modern Ideology*. Baton Rouge, Louisiana State University Press, 1993; Eugene Webb, "Eric Voegelin at the End of an Era: Differentiations of Consciousness and the Search for the Universal". In: Stephen A. McKnight e Geoffrey L. Price (orgs.), *International and Interdisciplinary Perspectives on Eric Voegelin*. Columbia, University of Missouri Press, 1997, p. 159-88; Eugene Webb, "Review of Michael G. Franz, Eric Voegelin and the Politics of Spiritual Revolt". In: *Eric Voegelin Research News*, vol. 3 1997; e Geoffrey L. Price, "Recovery from Metastatic Consciousness: Voegelin and Jeremiah". In: Glenn Hughes, Stephen A. MacKnight e Geoffrey L. Price (orgs.), *Politics, Order and History: Essays on the Work of Eric Voegelin*. Sheffield, Sheffield Academic Press, 2001, p. 185-207 (p. 185-86).

em *A Nova Ciência da Política*. Certamente, é verdade que ele mais tarde qualificou essas ideias, *mas a qualificação nunca chegou a uma desaprovação explícita*. Em vez disso, Voegelin acabou por reconhecer que o gnosticismo era algo mais que mero elemento do composto moderno e que uma análise mais completa teria de incluir outros fatores tais como apocalipsismo, neoplatonismo, hermetismo, alquimia, ocultismo e cientificismo. A análise estava incompleta, segundo Voegelin, mas não equivocada. Por exemplo, durante o simpósio "Vinte Anos de *A Nova Ciência da Política*", organizado na Universidade Notre Dame em 1971, Voegelin notou que "não há nada em *A Nova Ciência da Política*, como escrevi há vinte anos, que tenha de ser retratado. A obra se encaixa no todo, embora muita coisa precise ser adicionada".[45] Já em 1973, por volta da época da publicação de *A Era Ecumênica*, Voegelin insistiu que "a aplicação da categoria de gnosticismo à ideologia moderna é certamente válida".[46] Voegelin nunca se distanciou de *A Nova Ciência da Política* e, de fato, continuou a trabalhar seus pontos desconexos, em particular a distinção crucial entre *gnosis* antiga e moderna.[47] Embora Voegelin nunca tenha desistido e continuasse a insistir que finalmente encontraria uma solução, ele nunca considerou preencher as lacunas de sua obra aplicando a necessária lição de casa, ou seja, retornando às fontes primárias.

Voegelin descrevia *A Nova Ciência da Política* como um "*livre de circonstance*" – uma caracterização que parece bem aplicada

---

[45] Transcrição da apresentação de um *paper* feita por Eric Voegelin durante o *Eric Voegelin Symposium* celebrando "Vinte Anos de *A Nova Ciência da Política*", University of Notre Dame, Primavera 1971, 2, Seção 77, Pasta 77.6.
[46] Eric Voegelin, *Reflexões Autobiográficas*, p. 104-07.
[47] Como já foi observado, essa questão ainda o perturbava enquanto ele trabalhava naquilo que se tornou seu último grande ensaio publicado. Ver Eric Voegelin "Wisdom and the Magic of Extreme". In: Ellis Sandoz (org.), *Collected Works of Eric Voegelin: Published Essays 1966-1985*. Baton Rouge, Louisiana State University Press, vol. 12, 1990, , p. 315-75 (p. 338-39). [Em português: "Sabedoria e a Magia do Extremo: Uma Meditação". In: *Ensaios Publicados 1966-1985*. Trad. Elpídio Mário Dantas Fonseca. São Paulo, É Realizações Editora, 2019.] Encontra-se também presente em seu incompleto *In Search of Order: Order and History*. Baton Rouge, Louisiana State University Press, vol. 5, 1987, , p. 37.

por muitas razões.[48] O súbito e inesperado, embora ansiosamente aguardado, reconhecimento implicara o convite para proferir as prestigiosas palestras Walgreen. A publicidade então gerada em torno de suas palestras, a pressão com prazos, o forte sentido de descoberta disparado pela leitura de von Balthasar e de Jonas, juntamente com o que parece ter sido um estado crítico em suas reflexões sobre o seu projeto em *History of Political Ideas* [História das Ideias Políticas] – todas essas condições-limite podem ter levado a um fechamento conceitual prematuro, com o excesso de confiança a compensar lacunas e óbvias fraquezas conceituais. Em suas cartas, Voegelin confirmava que "a estrutura das palestras" – e as "limitações desse formato" – "compeliram-no a deixar inúmeros pontos desconexos";[49] mas uma vez que o livro fora lançado, e que o sucesso tornara-se realidade, a vida de Voegelin tinha mudado, e ele se inflamara com a expectativa de um público crescente.

O fato de não ser fácil para qualquer pensador questionar e minar a base de seu próprio sucesso não explica exaustivamente a persistência da busca de vida de Voegelin pelos pontos desconexos em *A Nova Ciência da Política*. Houve outras situações em que ele demonstrou uma indiferença extraordinária em relação às oportunidades para que se tornasse um intelectual público. Em vez disso, a importância continuada do gnosticismo no pensamento de Voegelin é mais convincentemente explicada em função de sua relação com as preocupações centrais de sua filosofia mística – dissolução da ordem, imunidade, e a *via negativa*. Voegelin atribui tamanha importância ao gnosticismo porque para ele este último representava o contramovimento ao movimento da *via negativa*. À luz de nossa discussão anterior sobre a compreensão de Voegelin sobre a Realidade – como um movimento contínuo para além de sua própria estrutura, ecoado no místico movimento interno da

---

[48] O "*livre de circonstance*" foi retirado de uma carta a Elizabeth Scott, de 17 de dezembro de 1959, Seção 38, Pasta 38.1.
[49] Eric Voegelin para John H. Hallowell, 28 de Janeiro de 1953, Seção 63, Pasta 63.11; ver também Eric Voegelin para Thomas H. Clancy, em 26 de abril de 1953, Seção 63, Pasta 63.11.

alma – fica claro que a busca por finalidade e por absolutos no nível dos símbolos aparece efetivamente como uma obstrução artificial da realidade. Para Voegelin, não pode haver quaisquer atalhos para se vislumbrar a profundidade infinita do Divino. O falso apelo do gnosticismo se basearia precisamente na fácil promessa vazia a sugerir que os árduos trabalhos da via negativa seriam supérfluos e ilusórios, podendo ser eclipsados pelo imediatismo e objetividade da *gnosis*. A resenha perspicaz de Gregor Sebba sobre o tratamento que Voegelin dava ao gnosticismo chega à mesma conclusão:

> Em última análise é possível chamar de gnóstico tudo aquilo que reflete a obstrução da realidade, e isso supera em muito o estreito conceito de gnosis.[50]

Portanto, no centro da filosofia mística de Voegelin encontramos uma polaridade, uma relação dinâmica – a relação dinâmica entre a distância reflexiva da *via negativa* e a obstrução da realidade por meio da *gnosis*; isto é, entre o movimento infinito e um ponto sem saída. No período final de sua obra, Voegelin começou a refletir sobre essa relação em termos abstratos. Ele argumentava que, historicamente, a busca meditativa – "exegese noética" – "surge, não independentemente da concepção de ordem da sociedade ao redor, mas num argumento crítico com ela. Onde quer que apareça a noese, ela está numa relação de tensão com a autointerpretação da sociedade.[51] Em outras palavras, "o movimento em direção à verdade sempre resiste a uma inverdade".[52] Nesses termos, portanto, podemos identificar o gnosticismo duplamente como realidade histórica e como tipo, como o alvo que iniciou – e sustentou – a resistência de Voegelin à inverdade. Durante o desenvolvimento

---

[50] Gregor Sebba para Eric Voegelin, 30 de setembro de 1978, Seção 35, Pasta 35.11.
[51] Eric Voegelin, "O Que é Realidade Política?". In: *Anamnese: Da Teoria da História e da Política*. Trad. Elpídio Mário Dantas Fonseca. São Paulo, É Realizações Editora, 2008, p. 425-513 (p. 427-28).
[52] Eric Voegelin, *In Search of Order*, p. 39.

de sua filosofia mística, *sua crítica ao gnosticismo representou a exclusão inicial que tornou todo o resto possível*. Os esforços posteriores de Voegelin para dominar os pontos desconexos em *A Nova Ciência da Política* dão testemunho do quanto ele tinha consciência sobre o fato de toda sua filosofia mística erguer-se sobre essa exclusão inicial. Inadvertidamente, parece que o "*livre de circonstance*" se manifestava, na realidade, como pedra angular.

V.

Como estamos vendo, a *via negativa* de Voegelin seria uma busca por imunidade, uma forma de autoproteção contra as consequências desastrosas da dissolução da ordem e a concomitante morte da realidade. Um aspecto importante dessa distância reflexiva em oposição aos símbolos que se buscam absolutos seria uma forma de humildade a enfatizar que a realidade é insondável e que o Divino é desconhecido – a humildade de uma ignorância que está ciente de sua condição, que sabe o quanto não sabe. Essa humildade permeia a obra de Voegelin.[53] Ela está implicada em sua recusa de subscrever e endossar qualquer posição; encontra-se explícita em suas referências ao "abismo que se estende para além, em direção à substância incomunicável do Tetragramatom" para a "profundidade tetragramática da insondável realidade divina que não pode sequer ser propriamente descrita pelo nome 'Deus'", e à "experiência paradoxal da realidade não experienciável".[54] Essa humildade é formada no exercício da não finalidade e na distância

---

[53] Ver, em especial, Paul Caringella, "Voegelin: Philosopher of Divine Presence". In: Ellis Sandoz (org.), *Eric Voegelin's Significance for the Modern Mind*. Baton Rouge, Louisiana State University Press, 1991, p. 174-205.
[54] Ver, de Eric Voegelin, *Order and History*, vol. 1, *Israel and Revelation*. Baton Rouge, Louisiana State University Press, 1956, p. 411; *The Ecumenic Age*, p. 264; *In Search of Order*, p. 103. Todas essas passagens são mencionadas no artigo de Caringella, "Voegelin: Philosopher of Divine Presence", p. 176-77.

reflexiva da tensão intermediária da *metaxia*; é a fundação das "limitações platônicas" que são evocadas em *A Era Ecumênica* e exemplificadas, possivelmente, no capítulo desse volume intitulado "A Visão Paulina do Ressuscitado".[55] Está também implícita nos limites que Voegelin se impõe como filósofo, o qual, *qua* filósofo, deve responder à questão sobre por que "Deus criou um mundo que se encontra em tamanha desordem, de forma que é preciso ser salvo da desordem" com um simples e modesto "simplesmente não sabemos".[56] Dentro dos parâmetros de Voegelin, a humildade se encontra também intimamente relacionada a uma forma de silêncio, porque, uma vez que o divino é desconhecido, inefável e incomunicável, o silêncio pode ser muito bem a forma mais apropriada de reverência.[57]

Mas, assim como a via negativa de Voegelin, a humildade também adquire seu significado e sua significância como um termo colocado em polaridade dinâmica. A via negativa seria, então, o contramovimento à obstrução gnóstica da realidade, e vice-versa. E, oposta à humildade de Voegelin, encontramos

---

[55] Para as "restrições platônicas", ver Eric Voegelin, *The Ecumenic Age*, p. 234.
[56] Transcrição de uma palestra de Eric Voegelin intitulada "The Beyond and Its Parousia", apresentada na Santa Clara University em 16 de outubro de 1982, durante uma conferência sobre "The Meaning of History", Seção 85, Pasta 85.10, p. 25. Ver também, de Eric Voegelin, "Wisdom and the Magic of Extreme: A Meditation", p. 337 [em português: "Sabedoria e a Magia do Extremo: Uma Meditação". In: *Ensaios Publicados 1966-1985*. Trad. Elpídio Mário Dantas Fonseca. São Paulo, É Realizações Editora, 2019]. Ver, de Platão, *Laws*. Trad. A. E. Taylor. In: Edith Hamilton e Huntington Cairns (org.), *The Collected Dialogues of Plato*. 19. reimp. Princeton, Princeton University Press, 2005, p. 1225-1513 (p. 1244), 644d-e: "Podemos imaginar que cada um de nós – criaturas vivas – talvez seja um fantoche feito pelos deuses, possivelmente um brinquedo deles, ou possivelmente destinados a um propósito mais sério. Isso, de fato, está além do que podemos saber".
[57] Paul Caringella apresentou Voegelin à obra *The Silence of St. Thomas*, de Josef Pieper, publicada em língua inglesa pela primeira vez pela Pantheon Books em 1957. É óbvio o motivo pelo qual a discussão que Pieper faz do "elemento negativo" em Santo Tomás teria tido grande apelo para Voegelin, o qual, em 1944, clamava por um "novo Tomás". Ver Eric Voegelin para Friedrich Engel-Janosi, em 6 de janeiro de 1944, Seção 11, Pasta 11.7. Para Voegelin, a humildade é também central como "tolerância", a qual ele, mais uma vez seguindo Bodin, concebe como "o equilíbrio entre os reinos de silêncio e de expressão simbólica". Ver Eric Voegelin, "O que é Realidade Política?". *Anamnese*, p. 494.

a presunção daqueles que alegam conhecer a realidade em sua totalidade, aqueles que alegam poder mapeá-la como um sistema fechado, e, dessa forma, ou imanentizam ou negam a presença formativa do Além. Assim como qualquer outra crença, essas construções fatalmente fracassarão sob a pressão contínua da realidade que está em constante processo de transformação, mas, enquanto isso, especialmente caso a resistência crítica seja social e politicamente suprimida, essas construções podem causar sofrimentos consideráveis e perda de vidas humanas. Dentro desse contexto social e político, a *humildade intelectualizada de Voegelin é simplesmente uma manifestação de sua via negativa* e, como tal, seu propósito também é alcançar e sustentar certa imunidade contra a desordem espiritual. Além do mais, como uma forma de resistência, ela também pressupõe um papel mais positivo pelo fato de que pode se tornar uma instância mais ou menos pública e aberta contra a crise.

A ambiguidade da *via negativa* e da humildade de Voegelin como forma de resistência surge do fato de que se obtém significado e significância segundo uma relação dinâmica entre opostos. Numa relação como essa, a busca por imunidade passa a ser, ao mesmo tempo, uma forma de autoasserção e a expressão de um desejo de estar certo quando tudo e todos estão comprovadamente equivocados. Visto desse ângulo, o caminho negativo de Voegelin se transforma em pura manifestação de orgulho intelectual, o qual pressupõe que, desde que uma precaução apropriada seja tomada, o filósofo permanecerá, de fato, imune à crise que afeta a sociedade e da qual ele se faz um membro. Uma "crise" histórica, como afirma Voegelin, afeta apenas o "espírito da época" à medida que se impõe sobre as instituições, e nos afetará individualmente apenas se, de maneira um tanto desnecessária, "tornarmos a ordem de [nossa] própria alma dependente das instituições que sofrem a crise". Em outras palavras, não existe qualquer obrigatoriedade de sofrer um período de crise pessoal somente porque a sociedade está em perigo – mesmo se ocasionalmente isso significasse que teríamos de enfrentar as consequências "mortais" de viver em uma sociedade passando por uma crise como essa.⁵⁸ Para Voegelin, a crise seria sempre e exclusivamente um fenômeno social, e a imunidade pessoal seria uma possibilidade distinta, ou mesmo uma obrigação. O orgulho ao qual estamos nos referindo nesse contexto corresponde à indisposição ou inabilidade do filósofo para contemplar a possibilidade de seu próprio pensamento revelar ser um sintoma da doença mesma que ele diagnostica em seu meio ambiente social. O que está aqui em jogo é a relação crucial entre a análise sobre a crise do filósofo e a própria crise: o que é cura e o que é doença?⁵⁹

Portanto, somos deixados com duas perspectivas sobre a distância reflexiva de Voegelin, as quais, se caracterizadas pelos termos humildade e orgulho, parecem ser diametralmente opostas. Onde, dentro dessa oposição, ele colocaria a si mesmo? Como as citações no parágrafo anterior sugerem, o discurso e o tom de imunidade claramente predominam em seus escritos. No entanto, é contra esse pano de fundo que algumas poucas e entremeadas observações tardias em seus escritos, de súbito, assumem grande significado. Em seus últimos escritos, publicados ou não, encontramos evidência de uma nova e mais introspectiva consciência: a busca por imunidade não é mais tão direta como seus primeiros escritos sugeriam.
O período final de sua obra não apenas reconhece que a relação entre movimento e contramovimento – entre verdade e inverdade – é uma relação dialética e pode muito bem descarrilar em embate *mimético* entre duas teologias, mas esse período final também faz alusão à possibilidade de o tom das críticas de Voegelin – e a própria postura de selecionar alvos – ter lançado uma sombra que escureceu a busca meditativa em desenvolvimento:

---

⁵⁸ Ver, por exemplo, a carta para o senhor Schüddekopf, de 27 de fevereiro de 1953, Seção 34, Pasta 34.6. Minha tradução.
⁵⁹ Em algumas das notas de Voegelin, encontramos formulações que parecem sugerir que, ocasionalmente, Voegelin tinha vislumbres do problema. Ver, por exemplo, as notas de 3 de dezembro de 1970, Seção 84, Pasta 84.9, nas quais Voegelin explica que o misticismo surgiu como uma "revolta pessoal" contra o dogma, e então acrescenta, entre parênteses e em letras maiúsculas, "EM QUE MEDIDA A 'RESPOSTA PESSOAL' SE ENCONTRA LIGADA AO 'CAMPO SOCIAL'?".

> Ao usar o componente oposicional de significado, algo sobre a inverdade infectou a própria simbolização da verdade.[60]

Além disso, existe um sentido em que o processo de deformação – a diferenciação da inverdade – contribui para a busca formativa pela verdade:

> O pensador envolvido na busca formativa é um ser humano acometido pelas forças da resistência autoafirmativa em sua alma tanto quanto sua contraparte, aquele que resiste à estrutura paradoxal da consciência-realidade, é acometido pela verdade da realidade. Consequentemente, um movimento de resistência, caso alcance clareza sobre suas motivações experienciais e elabore a narrativa de sua busca deformadora, pode contribuir substancialmente para a compreensão do paradoxo na estrutura formativa à qual resiste, enquanto os defensores da verdade podem cair nas armadilhas preparadas por sua própria resistência autoafirmativa e, desse modo, contribuir substancialmente para uma compreensão das forças de deformação.[61]

Como a citação bem mostra, Voegelin estava bem ciente do fato de "resistência" à desordem e autoasserção orgulhosa poderem muito bem se tornar indistinguíveis:

---

[60] O termo *mimesis* é usado por Eric Voegelin em "The Beginning and the Beyond: A Meditation on Truth". In: Thomas A. Hollweck e Paul Caringella (orgs.), *Collected Works of Eric Voegelin: What is History? And Other Late Unpublished Writings*. Baton Rouge, Louisiana State University Press, vol. 28, 1990, p. 173-232 (p. 203), e em "Quod Deus Dicitur". In: *Collected Works of Eric Voegelin: Published Essays 1966-1985*, vol. 12, p. 376-94 (p. 389). A citação foi retirada de "Wisdom and the Magic of the Extreme", p. 349. [Em português: *Ensaios Publicados 1966-1985*. Trad. Elpídio Mário Dantas Fonseca. São Paulo, É Realizações Editora, 2019.]
[61] Eric Voegelin, *In Search of Order*, p. 39.

> Na profundeza da inquirição, a verdade
> formativa e a falsidade deformadora estão mais
> intimamente relacionadas do que a linguagem
> da "verdade" e da "resistência" sugeririam.[62]

Todavia, a linguagem da "verdade" e da "resistência", certamente, é a linguagem de Voegelin. Assim, encontramos nessas afirmações um reconhecimento não apenas a dizer que a resistência pode minar a imunidade, mas, também, de forma mais vigorosa, que a linguagem a partir da qual Voegelin abordara esses problemas poderia ser inadequada.

Tomando-se essas reflexões tardias, sabemos que existe uma continuidade em relação às meditações que Voegelin teve pouco antes de sua morte. Que o pecado do orgulho estava em sua mente torna-se óbvio ao sabermos que ele requisitou 1 João 2,15-17 como uma das duas leituras para o seu funeral – um texto que mais uma vez destaca o problema do orgulho:

> *Não ameis o mundo nem o que há no mundo.*
> *Se alguém ama o mundo, não está nele o amor*
> *do Pai. Porque tudo o que há no mundo – a*
> *concupiscência da carne, a concupiscência dos*
> *olhos e o orgulho da riqueza – não vem do Pai,*
> *mas do mundo.*
> *Ora, o mundo passa com a sua concupiscência;*
> *mas o que faz a vontade de Deus permanece*
> *eternamente.*

Quando sua atônita esposa lhe perguntou o motivo da escolha daqueles versos, Voegelin respondeu simplesmente "por penitência".[63]

---

[62] Ibidem, p. 37.
[63] Paul Caringella divulgou essa informação referente ao funeral de Voegelin em 6 de setembro de 2005 no "evforum" *Yahoo group*.

VI.

Como devemos ler essas últimas afirmações? E como elas nos informam em nossa leitura dos trabalhos iniciais de Voegelin? O capítulo conclusivo do primeiro livro de René Girard, *Mentira Romântica e Verdade Romanesca*, embora trate de romancistas em vez de acadêmicos, sugere que tais reflexões introspectivas possam representar uma virada crucial no entendimento do autor. Segundo Girard, muitos dos grandes romances foram escritos em processo de dois estágios: como autodesmistificação do autor e sua conversão. O primeiro rascunho do romance é frequentemente uma forma de autojustificação, com uma clara distinção entre o bem e o mal, verdade e inverdade, mas "caso o escritor tenha potencial para a grandeza", depois de escrever o primeiro rascunho, à medida que relê o trabalho, ele começa a perceber sua autojustificativa, "que sua distinção entre o bem e o mal não suportará um sério autoexame". O "romancista de gênio", então, torna-se capaz de ver que "ele e seu inimigo são verdadeiramente indistinguíveis" e, a partir daí, consegue "descrever a maldade do outro a partir de dentro de si, ao passo que anteriormente isso era [...] completamente artificial". Para Girard, essa experiência de conversão é "devastadora à vaidade e ao orgulho do escritor"; "é uma queda existencial".[64] Ao mesmo tempo, todavia, significa a origem do verdadeiro *insight*.

No romance, o momento-chave em que esse *insight* encontrará ou não o seu lugar é a conclusão:

> A verdade intervém ativamente por toda parte na obra romanesca, porém ela se detém mais especialmente na conclusão. A conclusão é o templo dessa verdade. Lugar onde a verdade

---

[64] René Girard, em James Williams e René Girard, "The Anthropology of the Cross: A Conversation with René Girard". In: James G. Williams (org.), *The Girard Reader*. New York, Crossroad, 1996, p. 262-88 (p. 284).

> marca sua presença, a conclusão é o lugar de onde o erro se desvia.[65]

A conclusão do romance "é uma reconciliação entre o indivíduo e o mundo, entre o homem e o sagrado".[66] O herói, "Ao renunciar à divindade enganosa do orgulho [...] se liberta da escravidão e se apodera finalmente da verdade de sua infelicidade".[67] Esse momento de "lucidez atrasada" inspira não apenas o herói, mas também seu criador, tomando conta de todo o romance:

> O herói sucumbe ao alcançar a verdade e confia a seu criador a herança de sua clarividência. Deve-se reservar o título de herói de romance à personagem que triunfa sobre o desejo metafísico em conclusão trágica e se torna, assim, capaz de escrever o romance. O herói e seu criador ficam separados no decorrer de todo o romance, mas se juntam na conclusão.[68]

"As grandes criações romanescas", explica Girard, "são sempre fruto de uma fascinação superada"[69] – grandes romances dão testemunho de uma conversão. As "obras romanescas efetivamente grandes nascem todas nesse instante supremo e voltam a ele da mesma maneira como a igreja jorra inteira do coro e vai caminhando até ele".[70]

> Todas essas imagens de afastamento e de ascensão expressam uma visão nova e mais desprendida, a visão do próprio criador. É necessário não confundir esse movimento

---

[65] René Girard, *Mentira Romântica e Verdade Romanesca*. Trad. Lilia Ledon dos Santos. São Paulo, É Realizações Editora, 2009, p. 341.
[66] Ibidem, p. 341.
[67] Ibidem, p. 340.
[68] Ibidem, p. 330.
[69] Ibidem, p. 333.
[70] Ibidem, p. 343.

ascensional com o do orgulho. O triunfo
estético do romancista se confunde com a
alegria do herói que renunciou ao desejo.[71]

É precisamente a ausência de certo desejo nessa visão que torna possível recapturar os desejos pretéritos. Nesse sentido, a visão é uma "visão panorâmica", uma "revivescência do passado", e, assim, uma forma de lembrança. De fato, "a inspiração é sempre memória, e a memória surge da conclusão".[72] No processo criativo, a conclusão é o verdadeiro começo do romance, o momento de sua possibilidade. Sem a conclusão, não haveria qualquer começo. Portanto, "deve-se encarar a conclusão como uma superação da impossibilidade de concluir [...] uma impossibilidade de morrer na obra e de se livrar de si mesmo na morte".[73] Girard também percebe o significado de João 12,24-25, que reverbera em momentos cruciais nos grandes romances, por causa das "vistas mais amplas e mais longínquas" indicando "o novo ser que nasce, literalmente, da morte".[74]

Em verdade, em verdade, vos digo:
Se o grão de trigo que cai na terra não morrer,
permanecerá só;
mas se morrer,
produzirá muito fruto.
Quem ama sua vida a perde
e quem odeia sua vida neste mundo
guardá-la-á para a vida eterna.

As sugestões de Girard são instrutivas no sentido em que nos ajudam a formular o que percebemos ser o problema central na filosofia de Eric Voegelin. O problema central refere-se ao relacionamento entre o filósofo e a crise que este analisa; entre a resistência à

---

[71] Ibidem, p. 330.
[72] Ibidem, p. 331.
[73] Ibidem, p. 342.
[74] Ibidem, p. 346.

inverdade e a inverdade resistida. Em que medida a obra de Voegelin foi contaminada pela própria crise que alegava ter revelado? Suas reflexões finais sugerem que ele se tornara crescentemente mais consciente desse problema, um ponto desconexo, e, assim, procurou introduzir um terceiro fator, possivelmente mediador, nessa relação: a conversão (como compreendida por Girard).

Não foi até o momento de suas reflexões finais que Voegelin começou a contemplar a possibilidade de que tanto ele quanto seus inimigos eram, na verdade, indistinguíveis. Não resta dúvida de que no autoexame apresentado nos textos finais, essa possibilidade é articulada nos termos mais claros. Nesse contexto, é bastante significativo que a segunda leitura solicitada por Voegelin para seu funeral seja João 12,24-25, exatamente os dois versos destacados por Girard como a perfeita expressão da distinção entre uma morte que é a extinção do espírito e uma morte que *é* espírito. Poderíamos, portanto, compreender as últimas afirmações de Voegelin como conclusões, como catedrais de verdade e, dessa forma, como evidência de conversão? Ou será que "estaríamos dando demasiada importância a um punhado de linhas que caíram no esquecimento?".[75]

VII.

Que René Girard enfatize a importância das conclusões chamando-as de "catedrais de verdade" no capítulo conclusivo de seu livro não é, certamente, uma coincidência. Em perfeita concordância com seu conteúdo, "A Conclusão" de *Mentira Romântica e Verdade Romanesca* presta testemunho da própria conversão de Girard:

> Quando escrevi o último capítulo do meu primeiro livro, eu tinha uma vaga ideia do

---

[75] Ibidem, p. 335.

> que faria, mas, à medida que o capítulo foi tomando forma, percebi que usara minha própria experiência. Eu estivera particularmente atraído pelos elementos cristãos, por exemplo, a jornada final de Stiepan Verkhovensky e sua guinada para o Evangelho antes de sua morte. Começara a ler os Evangelhos e o resto da Bíblia. Tornara-me um cristão.[76]

Essa "conversão intelecto-literária", como Girard denomina sua experiência, não implicou, de início, nenhuma alteração de vida, mas preparou o caminho para uma "conversão definitiva" na qual "o estético deu lugar ao religioso".[77]

Para Girard, assim como para alguns dos romancistas romanescos que ele analisou em seu primeiro livro, a experiência da superação bem-sucedida "da inabilidade para se concluir", que é uma experiência de conversão, encontra um óbvio lar espiritual nos Evangelhos cristãos. O último trabalho de Girard sugere que essa afinidade se deve ao fato de em ambos os contextos as experiências subjacentes sinalizarem uma superação bem-sucedida em relação ao mecanismo do bode expiatório. Caso estejamos procurando respostas para as nossas questões a respeito do significado das últimas reflexões de Eric Voegelin, seu encontro final com os Evangelhos pode, portanto, fornecer um sensato ponto de partida em nossa busca.

Tanto para seus leitores mais críticos quanto para seus admiradores, a atitude de Voegelin em relação ao cristianismo é um assunto altamente sensível.[78] Pouco depois da publicação dos primeiros três

---

[76] René Girard, "The Anthropology of the Cross", p. 285.
[77] Ibidem, p. 285-86.
[78] Alguns títulos centrais, numa lista crescente de publicações, incluem: Thomas J. J. Altizer, "A New History and a New but Ancient God? A Review-Essay". *Journal of the American Academy of Religion*, vol. 43, 1975, p. 757-64. Reimpresso em: Ellis Sandoz (org.), *Eric Voegelin's Thought: A Critical Appraisal*. Durham, Duke University Press, 1982, p. 179-88; Thomas J. J. Altizer, "The Theological Conflict between Strauss and Voegelin". In: Peter

volumes de *Ordem e História*, Hannah Arendt previra que Voegelin seria incapaz de completar a série, porque "ele não consegue lidar com o cristianismo, já que este quebra todo seu esquema".[79] Quando o quarto volume de *Ordem e História* finalmente apareceu, dezessete anos depois do volume anterior, com apenas um único capítulo que tratava diretamente dos Evangelhos, seus leitores mais

---

Emberley e Barry Cooper (orgs.), *Faith and Political Philosophy: The Correspondence between Leo Strauss and Eric Voegelin*. University Park, Penn State University Press, 1993, p. 267-77 [Em português: *Fé e Filosofia Política: A Correspondência entre Leo Strauss e Eric Voegelin, 1934-1964*. Trad. Pedro Sette-Câmara. São Paulo, É Realizações Editora, 2017]; Bernhard W. Anderson, "Politics and the Transcendent: Voegelin's Philosophical and Theological Exposition of the Old Testament in the Context of the Ancient Near East". In: Stephen A. McKnight (org.), *Eric Voegelin's Search for Order in History*. Lanham, University Press of America, 1987, p. 62-100; Bruce Douglas, "The Gospel and Political Order: Eric Voegelin in the Political Role of Christianity". *Journal of Politics*, vol. 38, 1976, p. 25-45; Bruce Douglas, "A Diminished Gospel: A Critique of Voegelin's Interpretation of Christianity". In: Stephen A. McKnight (org.), *Eric Voegelin's Search for Order in History*. Lanham, University Press of America, 1987, p. 139-54; *Eric Voegelin: A Restauração da Ordem*. Trad. Elpídio Mário Dantas Fonseca. São Paulo, É Realizações Editora, 2011, p. 159-81; Michael P. Morrisey, *Consciousness and Transcendence: The Theology of Eric Voegelin*. Notre Dame, University of Notre Dame Press, 1994; Gerhart Niemeyer, "Eric Voegelin's Philosophy and the Drama of Mankind". *Modern Age*, vol. 20, 1976, p. 22-39; Gerhart Niemeyer, "Christian Faith, and Religion. In: "Eric Voegelin's Work". *Review of Politics*, vol. 57, 1995, p. 91-104; John J. Ranieri, "What Voegelin Missed in the Gospel". *Contagion: Journal of Violence, Mimesis and Culture*, vol. 7, 2000, p. 125-59; William M. Thompson, "Voegelin on Jesus Christ". In: John Kirby e William M. Thompson (orgs.), "Voegelin and the Theologian: Ten Studies in Interpretation". *Toronto Studies in Theology*, vol. 10, Toronto, Edwin Mellen Press, 1983, p. 178-221; William M. Thompson, "Christ and Christianity in Israel and Revelation". In: William M. Thompson e David L. Morse (orgs.), *Voegelin's Israel and Revelation: And Interdisciplinary Debate and Anthology*. Milwaukee, Marquette University Press, 2000, p. 215-41; William M. Thompson, "The Gospel Movement: Pulls and Counterpulls in Voegelin's Interpretation of Christ and Christianity". In: Glenn Hughes, Stephen A. McKinght e Geoffrey L. Price (orgs.), *Politics, Order and History: Essays on the Work of Eric Voegelin*. Sheffield, Sheffield University Press, 2001, p. 440-61; Fritz Wagner, "Voegelin and Christianity", uma análise realizada para um debate organizado pela Eric Voegelin Society durante a conferência anual da American Political Science Association, Boston 2002; David Wash, "The Reason-Revelation Tension in Strauss and Voegelin". In: Emberley and Cooper (org.), *Faith and Political Philosophy*, p. 349-68; Harold L. Weatherby, "Myth, Fact, and History: Voegelin on Christianity". *Modern Age*, vol. 12, 1978, p. 144-50; Eugene Webb, "Eric Voegelin's Theory of Revelation". *Thomist*, vol. 42, 1978, p. 95-110; Frederick D. Wilhelmsen, "Professor Voegelin and the Christian Tradition". In: *Wilhelmsen, Christianity and Political Philosophy*. Athens, University of Georgia Press, 1978, p. 193-208.

[79] Hannah Arendt é citada em "Prelude and Variations", de Gregor Sebba, p. 648.

fiéis, os quais desejavam ver Voegelin firmemente ancorado dentro do campo cristão, viram-se na defensiva. Gerhart Niemeyer foi apenas um dentre muitos críticos que tomaram o quarto volume como a evidência cabal de que "Voegelin abordara uma grande realidade espiritual a partir de um ponto de vista estranho a ela".[80] O fato de críticos cristãos, tais como Niemeyer, expressarem seu desapontamento com o tratamento que Voegelin dera ao cristianismo sob a forma de uma excomunhão teve um infeliz e duradouro efeito no debate subsequente, que começou a revolver crescentemente em torno da pergunta sobre se, afinal de contas, Voegelin *era* ou não um cristão. Há certa ironia no caso, pois, embora a maior parte dos leitores de Voegelin tivesse visões surpreendentemente firmes sobre a questão, a compreensão de Voegelin em relação ao cristianismo permaneceu tão incerta quanto o debate em geral.

A elaboração do quarto volume de *Ordem e História* fornece-nos ampla evidência sobre a difícil luta de Voegelin diante "de questões tão delicadas como o cristianismo".[81] Especialmente em suas cartas aos editores da Louisiana State University (LSU), os quais aguardavam o quarto volume, Voegelin foi bastante honesto ao admitir que o atraso fora causado por várias "questões problemáticas" referentes ao cristianismo e seu sucesso histórico – por que o cristianismo vencera "a competição ante às religiões de mistério e à filosofia estoica?". A mesma carta na qual se encontram essas citações também anunciava que Voegelin tinha "de súbito" descoberto uma "óbvia e simples solução" para o problema;[82] no entanto, como de costume, a sensação de exaltação pouco durou. Quase dez anos mais tarde, ele confessava que (ainda) se encontrava "paralisado" pelo mesmíssimo problema – por que Jesus e os Evangelhos "tiveram o sucesso histórico de formar uma civilização".[83]

---

[80] Gerhart Niemeyer, "Eric Voegelin's Philosophy and the Drama of Mankind", p. 35.
[81] Eric Voegelin para Donald R. Ellegood, em 15 de janeiro de 1961, Seção 23, Pasta 23.28.
[82] Eric Voegelin para Donald R. Ellegood, em 22 de janeiro de 1961, Seção 23, Pasta 23.28.
[83] Eric Voegelin para Hans Sedlmayer, em 31 de maio de 1970, Seção 35, Pasta 35.8.

Enquanto se batia com essas questões tão fundamentais, Voegelin permaneceu dolorosamente ciente de que seu volume sobre o cristianismo seria minuciosamente avaliado, em parte porque os volumes anteriores de *Ordem e História* – assim como *A Nova Ciência da Política* – tinham levantado grandes expectativas:

> Devemos considerar que o volume sobre o cristianismo atrairá uma atenção toda especial e também receberá fogo de todos os lados. Ele deve ser impecável.[84]

Tendo-se isso em mente, os conteúdos reais e o formato do quarto volume de *Ordem e História* tornam a obra ainda mais notável. Apenas um único capítulo do livro é dedicado a um personagem do Novo Testamento – Paulo –, e tal capítulo tem apenas 32 páginas. Ele se divide em duas partes – a primeira é "A Teofania Paulina", e a segunda é "A Revolta Egofânica" –, com a segunda parte repetindo a usual lista de pensadores que, segundo Voegelin, representaram um "descarrilamento" ou, na linguagem de *A Era Ecumênica*, uma "revolta egofânica": Fichte, Hegel, Comte, Nietzsche, Feuerbach, Marx. Isso reduz a análise que Voegelin dedica a Paulo a nada mais que vinte páginas. Certamente, o autor faz referência ao cristianismo em outras partes do volume e, de fato, durante toda a obra, mas é realmente surpreendente o fato de, em seu tratado de aproximadamente 1.800 páginas, intitulado *Ordem e História*, apenas vinte páginas serem dedicadas a uma análise mais sistemática dos símbolos e experiências cristãos. Tal brevidade indica problemas mais profundos na análise de Voegelin.

---

[84] Eric Voegelin para Donald R. Ellegood, em 9 de março de 1959, Seção 23, Pasta 23.28. Em sua resposta para os leitores que perguntavam sobre o destino do volume 4, Voegelin se mostrava ávido por dar a impressão de que o atraso nada tinha a ver com o fato de o cristianismo "quebrar o seu esquema", usando a formulação de Arendt. O problema, ele insistia nessas ocasiões, não era o cristianismo, mas a modernidade. Ver, por exemplo, Eric Voegelin para David A. Nordquest, em 19 de agosto de 1969, Seção 27, Pasta 27.17.

Pressionado pela consciência que tinha sobre a expectativa de seus leitores, Voegelin parecia disposto a enfatizar que a revelação cristã e o relato de Paulo sobre ela representavam um avanço genuíno de diferenciação da verdade da existência.
O "mito paulino", segundo Voegelin, "é distinguível por seu grau superior de diferenciação" quando comparado com "os tipos mais compactos", os quais incluem presumivelmente o tipo platônico.[85] Portanto, o capítulo sobre Paulo prossegue a linha de análise do ensaio "Evangelho e Cultura", onde Voegelin já estabelecera que os Evangelhos "dão o passo decisivo para tornar a experiência de tensão humana em direção ao Deus Desconhecido a verdade à qual toda verdade da realidade precisa se conformar".[86] Em contraste com essas afirmações, todavia, o capítulo de Paulo retorna frequentemente a Platão como padrão excelente de medida. Na filosofia, Voegelin dizia, "a análise noética da metaxia foi tão longe quanto o movimento dos Evangelhos, e, em alguns pontos, ela é superior a qualquer coisa que encontramos nos Evangelhos". De fato, ele considera "a análise paulina da ordem existencial por meio da tensão humana em direção ao campo divino [...] menos clara que a análise platônico-aristotélica", embora "a equivalência entre os resultados seja bastante discernível".[87] Mais adiante, no mesmo texto, Voegelin observa que "o gênio mitopoético de Paulo não era da mesma forma controlado pela consciência crítica de um Platão", e considera a interpretação que Paulo faz de sua própria visão "analiticamente deficiente".[88]

Essas contradições são reais, mas são, por fim, resolvidas – ainda dentro do mesmo capítulo – por um relato que não mais enfatiza a sucessão histórica e a diferenciação crescente; em vez disso, a

---

[85] Eric Voegelin, *The Ecumenic Age*, p. 250.
[86] Eric Voegelin, "The Gospel and Culture". In: *Collected Works of Eric Voegelin: Published Essays 1966-1985*, vol. 12, p. 172-212 (p. 208). [Em português: "Evangelho e Cultura". In: *Ensaios Publicados 1966-1985*, Trad. Elpídio Mário Dantas Fonseca. São Paulo, É Realizações Editora, 2019.]
[87] Eric Voegelin, *The Ecumenic Age*, p. 246.
[88] Ibidem, p. 267.

diferença entre filosofia e a interpretação paulina da revelação cristã passa a ser uma diferença de mera "ênfase":

> A análise paulina da ordem existencial apresenta um paralelo estreito com a platônico-aristotélica, o que é esperado, visto que tanto o santo quanto os filósofos articulam a ordem constituída pela reação do ser humano a uma teofania. A ênfase, entretanto, decididamente mudou da ordem divinamente noética encarnada no mundo para a salvação divinamente espiritual da desordem deste mundo, do paradoxo da realidade para a abolição do paradoxo, da experiência do movimento direcional à sua consumação.[89]

Se, como Voegelin sugeriu, a Realidade é um movimento contínuo para além de sua própria estrutura, nossa observação do movimento pode colocar sua "ênfase" ou no "movimento direcional" (a estrutura) ou em sua "consumação" (além da estrutura, sua transfiguração). A relação entre filosofia e cristianismo, portanto, aparece em última instância como uma relação de complementaridade. Dentro do quadro teórico de Voegelin, esta seria, de fato, uma solução muito elegante, mas, em certo sentido, essa elegância se torna um problema, porque a solução passa a ser determinada pelo quadro teórico em vez de se sujeitar a uma consideração cuidadosa dos símbolos e experiências cristãos. Em outras palavras, o tratamento que Voegelin confere ao cristianismo pressupõe a aplicação de um sistema de ideias preexistente ao seu encontro acadêmico com o cristianismo. Dessa forma, ele pôde se dar ao luxo de ser breve com o cristianismo, porque tudo o que precisava fazer era "encaixar os materiais num padrão que já se encontra bem estabelecido".[90] E, uma

---

[89] Ibidem, p. 241.
[90] Eric Voegelin para Donald R. Ellegood, em 22 de janeiro de 1961, Seção 23, Pasta 23.28.

vez que compreendamos esse sistema – o padrão –, o resultado de sua aplicação é um tanto previsível.

As limitações desse sistema tornam-se particularmente óbvias sempre que Voegelin se apropria de elementos da história do pensamento e do dogma cristãos para defender o próprio sistema. Sua interpretação da Definição de Calcedônia (a.D. 451), referente à união das duas naturezas, divina e humana, na única pessoa de Cristo é um bom exemplo:

> Essa corajosa tentativa dos padres de expressar a realidade dois em um da participação de Deus no homem, sem ceder à separatibilidade das duas ou à divisão de uma, refere-se à mesma estrutura de realidade intermediária, da metaxia, que o filósofo encontra quando analisa a consciência de participação do homem no campo divino de sua existência.[91]

Voegelin retorna ao Concílio de Calcedônia outras vezes, e sempre com o intuito de sublinhar o mesmo ponto de vista de que, apesar de haver diferentes ênfases, a filosofia e o cristianismo são fundamentalmente equivalentes.[92] Sua leitura sobre a Calcedônia, todavia, fracassa em perceber o ponto central. Dizer que o Cristo tem duas naturezas em uma pessoa implica exatamente dizer que ele certamente não se encontra no *Intermediário*. De fato, se continuarmos a adotar metáforas espaciais, a definição alcançada em Calcedônia implica que realmente o Cristo não está "no *Intermediário*", mas "*fora*". Voegelin não ignorava esse núcleo

---

[91] Eric Voegelin, "Immortality: Experience and Symbol" In: *Collected Works of Eric Voegelin: Published Essays, 1966-1985*, vol. 12, p. 52-94 (p. 79). [Em português: "Imortalidade: Experiência e Símbolo". In: *Ensaios Publicados 1966-1985*, Trad. Elpídio Mário Dantas Fonseca. São Paulo, É Realizações Editora, 2019.]
[92] Outra referência à Calcedônia se encontra em Voegelin, "Wisdom and the Magic of the Extreme", p. 370. [Em português: "Sabedoria e a Magia do Extremo". In: *Ensaios Publicados 1966-1985*, Trad. Elpídio Mário Dantas Fonseca. São Paulo, É Realizações Editora, 2019.]

radical do cristianismo, mas, dentro da lógica de seu sistema, ele via esse núcleo apenas como distorção, como descarrilamento.

Todavia, a brevidade do tratamento que Voegelin confere ao cristianismo, no quarto volume, não pode ser explicada, exclusivamente, segundo o álibi de se referir aos símbolos cristãos com base em ideias preexistentes; pois os *conteúdos* dessas ideias também precisam ser considerados. Como notamos anteriormente, o padrão-mestre que ele aplicou baseava-se em uma exclusão inicial – a exclusão do gnosticismo, da obstrução da realidade como contramovimento em relação ao movimento da *via negativa*. Dessa forma, em sua busca por um cristianismo que estivesse livre de gnosticismo, Voegelin era obrigado a dizer – de alguma forma – que a Encarnação, embora fosse uma concretização do divino, nada mais era do que a manifestação do Deus Desconhecido, e que esse Deus Desconhecido permanecia desconhecido mesmo que "o *Logos* Divino" tivesse se tornado "presente no mundo por meio da vida e morte de um homem", de Jesus Cristo. O argumento se estende, mas ao menos é breve, porque, caso Jesus nada possa fazer além de nos lembrar sobre a "presença" do Deus Desconhecido, não pode haver qualquer "mensagem de Jesus" e "nenhuma doutrina a ser ensinada".[93] Em outras palavras, se o cristianismo for purgado do gnosticismo (como este é compreendido por Voegelin), *nada mais resta*.

O sistema de Voegelin dá significado à Encarnação apenas como manifestação do *metaxia*. Qualquer adição a esse esquema, uma vez que pode criar simbolismos absolutos e obstruir a Realidade, evoca o perigo do descarrilamento gnóstico. Porém, como Voegelin sabia muito bem, a história do cristianismo é uma história amplamente dominada por tais adições; de fato, parece ser indefensável catalogar símbolos cristãos como meras superposições do *metaxia* de Voegelin. Por exemplo, a noção segundo a qual Cristo não

---

[93] Eric Voegelin, "The Gospel and Culture", p. 189-90. [Em português: "Evangelho e Cultura". In: *Ensaios Publicados 1966-1985*, Trad. Elpídio Mário Dantas Fonseca. São Paulo, É Realizações Editora, 2019.]

foi apenas revelador (do *metaxia*), mas também redentor é algo constitutivo da mais antiga compreensão cristã. Todavia, Voegelin luta por encontrar um lugar para essas adições e, finalmente, vê-se forçado a concluir que o perigo de um descarrilamento gnóstico foi intrínseco ao cristianismo, desde os seus primeiros momentos:

> Considerando a história do gnosticismo, com grande parcela de suas manifestações pertencendo à órbita cristã, ou dela derivando, sou inclinado a reconhecer na epifania do Cristo o grande catalizador que tornou a consciência escatológica uma força histórica, tanto para formar quanto deformar a humanidade.[94]

O ensaio "Evangelho e Cultura" enfatiza o mesmo perigo:

> Portanto, será necessário refletir sobre o perigo ao atribuir ao Deus Desconhecido um nome inapropriado, induzindo certos desenvolvimentos doutrinais como medida protetora, como é o caso do perigo de o Evangelho se desviar em gnosticismo.[95]

Portanto, considerando-se aquilo que Voegelin chama de Realidade, não é de todo surpreendente o fato de colocar cristianismo e *gnosis* em tamanha proximidade.[96] Sob a pressão de seu próprio esquema teórico, o "livro impecável" que ele desejava escrever sobre o cristianismo definhou a meras vinte páginas. A brevidade do

---

[94] Eric Voegelin, *The Ecumenic Age*, p. 20.
[95] Ver, de Eric Voegelin, "The Gospel and Culture", p. 200. [Em português: "Evangelho e Cultura". In: *Ensaios Publicados 1966-1985*, Trad. Elpídio Mário Dantas Fonseca. São Paulo, É Realizações Editora, 2019.]
[96] Em seus planos iniciais para o quarto volume de *Order and History*, "Apocalypse, Christianity and Gnosis" seria tratado como um *único* complexo religioso. Ver, por exemplo, Eric Voegelin para Donald R. Ellegood, em 22 de fevereiro de 1963, Seção 24, Pasta 24.1. Também Voegelin, "Political Science and the Intellectuals". Ensaio não publicado, Seção 62, Pasta 62.17, p. 12.

capítulo é uma medida de o quanto Voegelin e seu inimigo haviam se tornado, de fato, indistinguíveis.

VIII.

Voegelin continuou a se debruçar sobre os "delicados problemas" do cristianismo, mesmo depois da publicação de *A Era Ecumênica*. Embora existam muitos pontos desconexos que precisam ser apresentados, um único exemplo talvez seja suficiente para demonstrar que Voegelin nunca conseguiu convencer a si mesmo de que tinha apreendido a essência da verdade cristã. Em 1977, Voegelin escreve em carta:

> Tendo-se em vista as questões teóricas, estou agora absolutamente ocupado em esclarecer a questão "O que é uma Visão?", que acabou se tornando central para compreender o cristianismo.[97]

Uma vez que o termo "visão" aparece no próprio título do capítulo sobre Paulo, Voegelin discute brevemente seu significado no início do capítulo. As passagens relevantes referem-se à visão como um "evento na realidade metaléptica a respeito do qual o filósofo nada pode fazer além de tentar compreender usando o melhor de suas habilidades". O evento da visão ocorre em *metaxia* e, portanto, "não deve ser dividido em 'objeto e 'sujeito'":

> Não existe "objeto" da visão além da visão tal qual recebida; e não há "sujeito" da visão, além da reação na alma de um homem à divina presença.

---

[97] Eric Voegelin para R. Bishirjian, em 20 de julho de 1977, Seção 8, Pasta 8.18.

Todavia, a próxima frase explica que "a visão emerge como um símbolo de *Metaxia*, e o símbolo é tanto divino quanto humano", deixando que a imaginação do leitor descubra em quais sentidos a visão pode ser ao mesmo tempo um evento e um símbolo.[98] Embora o capítulo use o termo, em seu próprio título, ele permanece, no entanto, subteorizado e, portanto, constitui um importante ponto desconexo. Todavia, existe uma razão adicional que explica por que Voegelin sentiu que tinha de "retornar à questão da 'visão'", e esse motivo se relaciona ao esquema teórico geral de seu pensamento, especialmente ao desenvolvimento de sua teoria da consciência. Em sua contribuição para o *festscrift* publicado durante a ocasião do 80º aniversário de Eric Voegelin, Aníbal Bueno sujeitou a teoria da consciência de Voegelin a uma análise detalhada e sugeriu que "o *metaxia* deveria ser considerado um índice de relação entre os polos temporal e eterno da experiência".[99] Voegelin agradeceu Bueno pelo ensaio em uma carta de 24 de fevereiro de 1981, acrescentando:

> O que mais gostei foi sua observação crítica segundo a qual o metaxia deve ser caracterizado como "índice". Isso toca a questão que me preocupa o tempo todo. O termo "índice" foi escolhido em *Anamnese* a fim de expressar a experiência de um movimento apontando em direção aos polos da tensão existencial em metaxia – mas o centro do movimento, metaxia, é em si mesmo o índice do movimento?[100]

Na época em que essa carta foi escrita, Voegelin havia dado alguns passos para abordar o problema:

---

[98] Todas as citações são de *The Ecumenic Age*, p. 242-43.
[99] Aníbal A. Bueno, "Consciousness, Time and Transcendence in Eric Voegelin's Philsophy". In: Peter J. Opitz e Gregor Sebba (orgs.), *The Philosophy of Order: Essays on History, Consciousness and Politics*. Stuttgart, Klett-Cotta, 1981, p. 91-109 (p. 106).
[100] Eric Voegelin para Aníbal A. Bueno, em 24 de fevereiro de 1981, Seção 81, Pasta 8.52. É minha a ênfase.

> No momento, inclino-me a seguir o curso
> que iniciei em "Sabedoria e a Mágica do
> Extremo": seguir as análises de Platão sobre
> esse movimento de transição sob o simbolismo
> da "visão". Se essa análise de uma experiência
> da transição visionária da compacidade
> à diferenciação fosse levada às últimas
> consequências, isso introduziria o processo
> histórico da "visão" como uma dimensão
> adicional na estrutura da consciência.[101]

O que está em jogo nessas afirmações é, de fato, uma peça central no quebra-cabeça da teoria da consciência de Voegelin: a "localização" e natureza do movimento no qual o "*metaxia* pode se tornar diferenciado". Esse problema, então, foi também o local onde ele quis ancorar o termo "visão". Escrito como contribuição a uma conferência sobre o "sentido de imperfeição", o ensaio "Sabedoria e a Mágica do Extremo" proporcionou a ocasião para que ele desenvolvesse "visão" como um conceito e, então, preenchesse uma lacuna crucial deixada no capítulo sobre Paulo em *A Era Ecumênica*. Esse ensaio propunha a noção de que "a verdade da realidade, respondendo e questionando, surge na consciência por meio da interação entre visão e *noesis*". A diferenciação da "visão" permite a Voegelin apresentar a busca filosófica como uma versão da *fides quaerens intellectum*, de Anselmo, da fé buscando entendimento, com a "visão" correspondendo à *fides*, e a "*noesis*", ao *intellectus*. Todavia, Platão permanece como referência principal por todo o ensaio:

> No caso de Platão, a *fides* encontrou sua
> verdade simbólica na visão do amor como a
> fonte de ordem na realidade e por meio da
> visão da verdade na existência humana através
> da participação no movimento da realidade em

---

[101] Eric Voegelin para Bueno, em 24 de fevereiro de 1981.

direção ao Além divino; o *intellectus* é a ação noética de explorar as estruturas num processo de realidade cuja ordem e direção fundamental são reveladas pelas visões (*opsis*).[102]

O ensaio, então, prossegue a fim de explorar as implicações de tais ideias, culminando na apresentação da "Visão" agora maiusculizada, como uma "estrutura" compreendendo certo número de "facetas" (seis, ao todo). A visão, portanto, é "a experiência participativa do homem em 'ver' o paradoxo da [...] realidade"; é também a "possibilidade vivenciada de erguer a 'visão' [...] da compacidade para o estado de diferenciação reflexiva"; e é "o corpo de símbolos linguísticos que expressam a verdade sobre a realidade e os estágios de sua emergência", incluindo o *metaxia* simbolo/índice como "seus movimentos humanos de questionamento e busca, em resposta à atração exercida pelo divino". Portanto, na superfície, a "visão" de Voegelin alcançou aquilo que buscava alcançar, apresentar o *metaxia* como índice de movimento que vai da compacidade à diferenciação.

Todavia, o ensaio "Sabedoria" mal pode ser visto como um avanço no esclarecimento das questões. Ele é três vezes mais longo que o capítulo sobre Paulo e, dessa forma, realmente acrescenta muita profundidade à análise de Voegelin, mas o uso inflacionário que faz de termos como visão, Visão, visionário, e daí por diante, não inspira confiança de que o autor tenha realmente conseguido esclarecer as questões em jogo. O termo "visão" (no singular ou plural) aparece 77 vezes; "Visão", em maiúscula, aparece 27 vezes; encontramos o adjetivo "visionário" catorze vezes, e o substantivo "visionário" (no singular ou plural) nove vezes.[103] Descontando-se a frequente justaposição entre "Visão de Platão" e "visões cristãs", parece

---

[102] Eric Voegelin, "Wisdom and the Magic of the Extreme", p. 337. [Em português: "Sabedoria e a Magia do Extremo". In: *Ensaios Publicados 1966-1985*, Trad. Elpídio Mário Dantas Fonseca. São Paulo, É Realizações Editora, 2019.]
[103] Suponho que os editores do volume mantiveram as maiúsculas dos manuscritos originais.

impossível identificar qualquer *insight* ou padrão a fundamentar essas variações nos termos usados. Sabemos que o ensaio, cujo subtítulo é "Uma Meditação", foi desenvolvido "como o resultado de um processo de pensamento contínuo"; ou seja, não houve qualquer esquema seguido por Voegelin. Como ele explicou a Thomas Hollweck:

> Transições são bons lugares para checar se aquilo que se fez até o momento pode permanecer [...] Não importa o que eu esteja pensando a respeito disso ou daquilo, mas aquilo que emerge como processo de pensamento [*Gedankengang*].[104]

Próximo ao final do ensaio, Voegelin repete os *insights* presentes em *A Era Ecumênica*, mas agora na linguagem das "visões". As visões aparecem "com" ou "em" diferentes modalidades: noética e pneumática, com a primeira enfatizando "a estrutura no movimento" da realidade e a última enfatizando "o movimento na estrutura".[105] Um novo termo foi acrescido, e *insights* mais antigos foram para ele transferidos. Porém, houve um ganho ou uma perda de clareza?

A configuração do ensaio "Sabedoria", com sua ênfase na interação entre visão e *noesis*, não foi estável. Em escritos posteriores, a linguagem das visões, embora presente, tornou-se muito menos proeminente. Para Voegelin, a meditação sobre as visões representou um estágio transitório tardio em direção à configuração que encontra sua mais clara articulação no quinto volume de *Ordem e História*. Depois do ensaio "Sabedoria", Voegelin volta sua atenção para o "local" da visão e o identifica na "misteriosa *RealidadeIsto*". Uma vez que Voegelin não conseguiu finalizar o volume, é impossível dizer se teria continuado a considerar a nova

---

[104] Thomas Hollweck, "Reading, Not Deconstructing Voegelin After All".
[105] Eric Voegelin, "Wisdom and the Magic of the Extreme", p. 369. [Em português: "Sabedoria e a Magia do Extremo". In: *Ensaios Publicados 1966-1985*, Trad. Elpídio Mário Dantas Fonseca. São Paulo, É Realizações Editora, 2019.]

configuração uma resolução estável e satisfatória "aos problemas" como ele os percebera. Dentro de seu esquema teórico, a resolução é admiravelmente elegante, mas o propósito original da meditação sobre as visões – a compreensão do cristianismo – foi de alguma forma descartado durante o percurso. O fragmento do quinto volume que temos não inclui qualquer discussão séria sobre os símbolos e as experiências cristãs. Certamente, é verdade que tal discussão poderia ter sido incluída em seções posteriores do volume, caso Voegelin tivesse tido tempo para completá-lo; mas o material que de fato possuímos nos permite concluir que nenhuma futura discussão sobre o cristianismo teria novamente assumido a forma de uma aplicação de um conjunto de ideias.

Todavia, o "problema" do cristianismo se impôs novamente sobre o pensamento de Voegelin durante os últimos meses e semanas de sua vida, enquanto os planos para o seu funeral tinham de ser definidos. Ele solicitou um serviço luterano com as duas breves leituras anteriormente citadas (1 Jo 2,15-17 e Jo 12,24-25); mas o planejamento do serviço foi precedido de uma conversa mais fundamental entre Eric Voegelin e Robert Hamerton-Kelly – na época, capelão da Stanford Memorial Chapel – sobre se ele – Voegelin – merecia um enterro cristão. *Essa conversa foi iniciada por Voegelin*, para a total surpresa de Hamerton-Kelly:

> [...] ele pediu que me chamassem quando estava no hospital. Isso aconteceu mais ou menos um mês antes de seu falecimento, e nós conversávamos a sós [...] e então ele me disse, "Quero lhe perguntar se mereço um enterro cristão". E eu disse, "Bem, é claro que você merece". Então ele retorquiu, "Não, não, não, de jeito nenhum". [...] Bem, então mudamos de assunto, e em retrospecto percebo uma vez mais o quanto não o compreendi naquele momento [...] Ali, havia alguém consciente dessas coisas, querendo realmente discutir se

era ou não um cristão [...] Porém, o que fica martelando em minha cabeça foi que, naquele momento, senti que devia persuadi-lo a aceitar seu direito a um enterro cristão.[106]

No mesmo contexto, mas em outra ocasião, Voegelin perguntou a Hamerton-Kelly sobre o significado de uma expressão-chave no primeiro versículo da Epístola aos Romanos – "escolhido para o evangelho de Deus". Sabemos o suficiente a respeito das últimas semanas e dias de Voegelin para sermos capazes de concluir que a questão "sou cristão?" foi uma das preocupações centrais de suas meditações finais.[107]

Não houve, portanto, qualquer conclusão nos encontros de Voegelin com o cristianismo. Seu trabalho escrito sobre o assunto, publicado ou não, sugere que ele nunca conseguiu encontrar uma solução para as "delicadas questões" colocadas pelas experiências e símbolos cristãos. Esse "nunca encontrar uma solução" significa, nesse contexto, que ele jamais conseguiu se convencer de que realmente apreendera a essência do cristianismo – das experiências cristãs, seus símbolos e seu "sucesso" histórico. As poucas páginas que escreveu sobre o assunto, como anteriormente notamos, sempre assumiram a forma de uma recaída conceitual, uma mera aplicação de terminologias: o Deus Desconhecido e a "experiência paradoxal da realidade não experienciável". A insistência de Voegelin no mistério fundamental da Realidade e de seu campo divino *não* reflete

---

[106] Robert Hamerton-Kelly, citado de uma transcrição de uma sessão de "Politics and Apocalipse", Workshop, Stanford, Califórnia, julho de 1004, sessão com Paul Caringella, Fita n. 1, 2, p. 36.

[107] Ellis Sandoz, na segunda edição de *The Voegelinian Revolution*. Nova Brunswick, Transaction, 2000, conta a história de uma conversa entre Voegelin e sua esposa, Lissy, apenas alguns dias antes de sua morte, durante a qual ele exclamou: "Finalmente compreendo o cristianismo!". Ela respondeu: "Sim, Eric, mas você vai levá-lo consigo!". A evidência para essa tardia exclamação de Voegelin é desconhecida, mas uma afirmação como tal, caso seja autêntica, implica que ele sentiu que, pelo menos até aquele momento, ele fora incapaz de compreender o cristianismo.

o "acesso humilde" da prece meditativa, mas a imposição de um sistema portador de um paradoxo em seu centro. Quando Voegelin teve a ocasião de observar essa recaída em outros autores, ele se referia ao fato como um "fracasso de transcendência".[108]

É irônico, e também revelador, que uma das noções-chave de seu sistema – *Metaxia* (*Intermediário* – *no meio*) – foi, em si mesmo, o resultado de uma hipostasia, pois, ao contrário do que o próprio Voegelin alegava, *metaxia não* é um termo técnico em Platão. *Metaxia* é um termo comum; não é um substantivo, mas simplesmente uma preposição ou advérbio. A ampla gama de significados abarcados pelo termo *metaxia* torna-o completamente inapropriado como termo técnico. Como bem observou Zdravko Planinc, o termo aparece por volta de cem vezes nos Diálogos, e "nenhum esforço imaginativo pode atribuir às questões centrais nos diálogos uma dependência conceitual com o termo '*metaxia*'".[109] Ainda mais significativo do que os atributos gramaticais e semânticos do termo *metaxia* é o fato *de a linguagem filosófica de Platão não apresentar termos "técnicos"* – o que é altamente significativo para qualquer apreciação séria da filosofia de Platão.[110]

Todavia, a inquietação de Voegelin em relação a esses assuntos também sugere que ele nunca esteve realmente satisfeito como as apropriações que fazia da simbologia cristã. Um pouco depois da publicação de "Evangelho e Cultura", e, então, mais tarde, depois da publicação de *A Era Ecumênica*, Voegelin sentiu que havia encontrado uma solução para os problemas, mas isso valeu apenas

---

[108] Eric Voegelin para Donald E. Stanford, em 15 de setembro de 1970, Seção 43, Pasta 43.15.
[109] Zdravko Planinc, "The Uses of Plato in Voegelin's Philosophy of Consciousness". *Voegelin Research News*, vol. 2, n. 3.
[110] Lothar Kramm chamou a atenção de Voegelin para esse fato em uma carta de 7 de julho de 1982, Pasta 22.4. Todavia, Voegelin não reconsiderou sua posição. *In Search of Order* reafirma que o termo grego *metaxia* foi "desenvolvido por Platão como termo técnico em sua análise da estrutura [da consciência]" (p. 16). A análise que Voegelin faz do termo baseia-se no léxico inglês-grego de Liddell-Scott. Ver Eric Voegelin para Manfred Henningsen, em 26 de dezembro de 1964, Seção 17, Pasta 17.14, p. 2.

para que os pontos desconexos ressurgissem em outro ponto, enquanto ele se esforçava para seguir adiante.

Então, qual é o significado de suas últimas afirmações – dessas "poucas e esquecidas palavras" – nas quais a resistência à inverdade e uma autoafirmação orgulhosa aparecem como gêmeas? O capítulo de conclusão do primeiro livro de René Girard nos convida a olhar para as afirmações das últimas meditações de Voegelin como expressões de um momento de atrasada lucidez, de uma "reviravolta" e da superação de uma obsessão. O capítulo de Girard também implica que, para ele, assim como para os romancistas que estudou, o cristianismo se tornara o óbvio lar espiritual de suas experiências. Os encontros de Voegelin com o cristianismo, de modo diferente, permaneceram inconclusivos. O volume final de *Ordem e História* encontra Voegelin *em busca da ordem*, aperfeiçoando seu sistema. Em seu prefácio a esse último volume, Lissy Voegelin recorda que:

> Em seus últimos meses eu o via, quase todos os dias, lendo e relendo os manuscritos, fazendo, ocasionalmente, pequenas correções, e sempre me dizendo: Este será o volume cinco. Ele gostava de sua obra e falava frequentemente sobre ela, e me deixava a par de tudo. Dizia que essas páginas seriam capitais para todos os seus trabalhos e que nelas ele fora o mais fundo que pôde em sua análise, dizendo o que queria dizer da forma mais clara possível.[111]

No entanto, concluímos que as últimas considerações de Voegelin não apontam para além de seu sistema; mas são o resultado do sistema que se vira para dentro, aplicando sua forma a si mesmo, radicalizando-se. A exclusão inicial – gnosticismo – permaneceu excluída.

---

[111] Lissy Voegelin, prefácio a *In Search of Order*, p. xv.

IX.

Este ensaio pretende refletir sobre a contribuição de Eric Voegelin como um todo e, assim, refletir a unidade de sua obra. Em minha busca por essa unidade, decidi, logo de início, que abordaria os pontos desconexos da obra na esperança de que nos levariam ao seu centro nervoso – ou seja, ao problema central que sustentou toda a busca intelectual de Voegelin. Encontrei esse centro na relação ambígua entre a análise do filósofo sobre a crise e a própria crise. Valendo-me do ensaio de Girard sobre as conclusões, contemplei as meditações finais de Eric Voegelin, a fim de estabelecer se suas últimas confissões fornecem evidências de uma resolução bem-sucedida ao problema. Na seção anterior, concluí que o ponto desconexo central permaneceu como ponto desconexo em toda a obra, tornando ainda mais plausível apresentá-lo como o índice-chave da unidade de sua obra.

Na sequência, pretendo aprofundar um pouco mais minha análise ao confrontar diretamente a sugestão final de Eric Voegelin, que sustentou que seu trabalho dá continuidade à tradição meditativa de Santo Agostinho e Santo Anselmo de Canterbury. Como já observado, o ensaio "Sabedoria e a Mágica do Extremo" tem como subtítulo "Uma Meditação"; de forma semelhante, o fragmento "O Início e o Além" sustenta o subtítulo "Uma Meditação sobre a Verdade". Nesses dois ensaios, Voegelin dedica-se à forma literária da meditação como o formato apropriado para seu esforço "de esclarecer o centro formativo da existência, *metaxia*, e proteger esse centro noético contra as predominantes forças deformadoras de nossa época".[112] Voegelin refere-se a Agostinho e a Anselmo como seus predecessores:

> Tomei um cuidado especial [...] para conduzir a
> análise de tal forma que seu caráter abstrato não

---

[112] Eric Voegelin, "Wisdom and the Magic of the Extreme", p. 317. [Em português: "Sabedoria e a Magia do Extremo". In: *Ensaios Publicados 1966-1985*, Trad. Elpídio Mário Dantas Fonseca. São Paulo, É Realizações Editora, 2019.]

> escondesse sua íntima relação com a linguagem de Santo Anselmo de Canterbury, dentro da tradição Agostiniana, da *fides quaerens intellectum* e o correlativo *credo ut intelligam*.[113]

O fato de Voegelin se comprometer com essa linguagem é um tanto surpreendente, tendo-se em vista que uma das duas mais significativas meditações de Santo Anselmo de Canterbury, o *Proslogion*, visa a elaborar uma prova para a existência de Deus. Sem as devidas qualificações e modificações, tal prova não pode ser integrada ao esquema de Voegelin, já que "o problema cardinal da prova lógica para a existência de Deus é uma tentativa de construir o Deus Desconhecido".[114]

Por conseguinte, a análise que Voegelin faz do *Proslogion* de Anselmo tinha de qualificar seu caráter como "oração de amor da criatura pelo Criador, a fim de conceder uma visão mais perfeita de Sua divindade".[115] De forma mais específica, Voegelin tinha de apresentar a oração de Anselmo como movimento em *metaxia*. Infelizmente, a linguagem do *Proslogion* não se refere explicitamente a qualquer *Intermediário*, e, dessa forma, Voegelin teve de procurar em outro lugar um termo que, ao menos em sua leitura, se tornasse uma referência para *metaxia*. Não desprovido de uma sensação de triunfo – e alívio? – a busca de Voegelin teve êxito ao desenterrar uma expressão próxima o bastante para os seus propósitos:

> No prefácio para *De Fide Trinitatis*, Anselmo fala da compreensão possível nesta vida como um *medium inter fidem et speciem*, como algo entre a pura fé e a visão fornecida pela graça na morte. Portanto, o *medium* –

---

[113] Eric Voegelin, "The Beginning and the Beyond", p. 191.
[114] Eric Voegelin para Gregor Sebba, em 16 de novembro de 1970, Seção 35, Pasta 35.6.
[115] Eric Voegelin, "The Beginning and the Beyond", p. 193.

o Intermediário/ no meio – aparece, afinal de
contas, como conceito.[116]

Voegelin conclui que Anselmo "compreendeu claramente a estrutura cognitiva [da oração] como interna ao *Metaxia*".[117] Uma segunda qualificação ainda pressupõe que é errado considerar a oração uma prova, mas aceita que exista um contexto no qual tal equívoco pudesse ser eminentemente plausível. O contexto em questão é a "luta" que se desdobra com a chegada do "insensato" no Salmo 14,1, que diz "em seu coração: 'Deus não existe!'". O insensato espera que aquele que "busca a Deus" esteja engajado em uma prova para a afirmação de que Deus existe, e é em resposta ao insensato que a "reflexão noética do espiritualista adquire o caráter de uma proposição afirmativa referente à existência de Deus".[118] Em outras palavras, sem o insensato, a oração de Anselmo não tem qualquer necessidade de se apresentar como prova. Em defesa dessa observação, Voegelin destaca que o substantivo *probatio* não aparece no *Proslogion*, mas "apenas" no apêndice, na resposta de Anselmo a Gaunilo, um monge em Marmoutier, que fala "em nome do insensato".[119]

Juntamente com essas duas qualificações sobre a meditação de Anselmo, Voegelin também introduz duas modificações. A primeira consiste em uma "expansão deliberada da *fides quaerens intellectum* para além do horizonte cristão de Anselmo, para os múltiplos eventos teofânicos pré-cristãos, assim como não cristãos".[120] Toda *fides*, não somente a cristã, precisa ser incluída na busca do entendimento pela razão.[121] A segunda modificação refere-se ao

---

[116] Ibidem, p. 194.
[117] Ibidem, p. 196.
[118] Ibidem, p. 199.
[119] Ibidem, p. 197.
[120] Ibidem, p. 191.
[121] Ver também "Response to Professor Altizer's 'A New History and a New but Ancient God?'". In: *Collected Works of Eric Voegelin: Published Essays 1966-1985*, vol. 12, p. 292-303 (p. 294). [Em português: "Resposta ao artigo 'Uma nova história e um Deus Novo, mas Antigo?', do Professor Altizer". In: *Ensaios Publicados 1966-1985*, Trad. Elpídio Mário Dantas Fonseca. São Paulo, É Realizações Editora, 2019.]

fato um tanto ou quanto inconveniente de que para Anselmo, "a finalidade do Credo [cristão] é absoluta":

> Embora uma busca por uma melhor compreensão da *fides* por meio da razão do filósofo implique uma distância crítica em relação ao simbolismo investigado, nenhuma distância desse tipo é percebida nas reflexões de Anselmo [...] Não existe qualquer tentativa de estabelecer, ou questionar, a verdade dos conceitos à luz das experiências que os engendraram. Logo, a linguagem de Anselmo não pode ser tomada *telquel*, porque falta-lhe aquela camada de reflexão que é nossa preocupação presente.[122]

Muitos leitores solidários a Voegelin têm dito que a *fides quaerens intellectum* foi a "essência de seu método".[123] Ainda assim, a leitura que ele faz do *Proslogion* de Anselmo é caracteristicamente artificial. No prefácio ao texto, Anselmo torna seu propósito muito claro, e o fato de o substantivo *probatio* não aparecer – embora *probandum* apareça – parece ser completamente insignificante:

> Comecei a pensar se talvez seria possível encontrar um só argumento, um que por si só não precisasse de nenhum outro para resgatá-lo [*quod nullo alio ad se probandum quam se solo indigeret*], que por si só fosse suficiente para garantir que Deus existe verdadeiramente, que Ele é o Sumo Bem, sem nada de outra coisa precisar, do qual todas as coisas têm necessidade para existir e bem

---

[122] Eric Voegelin, "The Beginning and the Beyond", p. 193.
[123] Ver, por exemplo, Morrissey, *Consciousness and Transcendence*, p. 14 e 16.

existir, em suma tudo o que acreditamos da substância divina.[124]

A citação também deixa claro que o que está em jogo na oração de Anselmo não é apenas a existência de Deus, mas seus atributos – o que precisa ser mostrado é que Deus existe da forma que acreditamos. Uma análise mais detalhada sobre o verdadeiro *argumentum* de Anselmo revela que foi concebido para provar "que as essências: Bondade, Verdade, Justiça, etc., as quais ele mostrara em seu *Monologion* como atributos necessários de Deus, devem aderir em um único Ser, e que esse Ser, propriamente compreendido, não pode ser tido como não existente".[125] O Deus de Anselmo não é Desconhecido.

Além disso, o texto de Anselmo envolve o insensato desde o começo, muito antes das trocas com Gaunilo. O insensato é o alvo do *Proslogion*, e isso fica claro já no segundo capítulo. De fato, em sua resposta a Gaunilo, Anselmo deixa o insensato para trás:

> Uma vez que não é o Insensato, contra o qual falei em meu discurso, que me interessa, mas aquele que, apesar de falar em nome do Insensato, é um cristão ortodoxo e não um insensato, será suficiente se eu responderão cristão.[126]

Todavia, o problema com a apropriação que Voegelin faz de Anselmo é o fato de compreender equivocadamente ou mesmo deturpar a experiência subjacente à meditação de Anselmo. Tendo delineado sua preocupação – encontrando *esse* único argumento –

---

[124] Anselmo da Cantuária, prefácio ao *Proslogion*. Trad. M. J. Charlesworth. In: Anselmo of Canterbury, *The Major Works*. Ed. Brian Davies e G. R. Evans. Oxford, Oxford University Press, 1988, p. 128.
[125] De R. W. Southern, *Saint Anselm: A Portrait in a Landscape*. Cambridge, Cambridge University Press, 1990, p. 128.
[126] Anselmo, "Reply to Gaunilo". Trad. M. J. Charlesworth. In: Anselm of Canterbury, *The Major Works*, p. 111.

de forma absolutamente clara, Anselmo prossegue seu relato de contar a história de sua descoberta:

> Inúmeras vezes, ardorosamente, voltei meu pensamento para isto. E o que procurava, às vezes, parecia-me poder ser captado, outras vezes fugia completamente ao olhar da mente. Desesperado, enfim, quis desistir como se se tratasse de investigar algo impossível de alcançar. Mas então que eu queria absolutamente excluir de mim este pensamento, receando que ele ocupasse futilmente a minha mente, impedindo-me de outras ocupações onde pudesse progredir, eis que ele começou, com alguma importunidade, a impor-se-me mais e mais, mau grado a minha rejeição e interdição. E certo dia, enquanto me cansava em resistir com veemência à sua importunidade, aquilo que eu desesperara ofereceu-se-me de tal forma no próprio conflito dos meus pensamentos, que abracei com ardor o pensamento que antes, perturbado, repelira. Considerando então aquilo que um gáudio encontrara poderia, se fosse escrito, agradar algum leitor, escreveu o presente opúsculo sobre este mesmo assunto e alguns outros, em nome daquela pessoa que se esforça por elevar o seu espírito à contemplação de Deus e procura compreender o que crê.[127]

Em seu relato, Anselmo deixa muito claro que o texto do *Proslogion* foi escrito *depois que um processo meditativo tinha alcançado sua conclusão*. Assim como nos "grandes romances"

---

[127] Anselmo, prefácio ao *Proslogion*, p. 82-83.

estudados por Girard, a "conclusão é o verdadeiro início" do *Proslogion*, o "momento de sua possibilidade".[128] O *Proslogion* foi escrito "sob o impulso de um *insight* original", em estado de exaltação causado por um genuíno senso de descoberta e iluminação.[129] A "finalidade" da linguagem de Anselmo é "a finalidade daquele que vasculhou o chão para procurar uma moeda perdida e a encontra".[130] Em todos esses textos, Anselmo visa a uma "precisão de linguagem, de argumentação, de definição: mas apenas quando uma prolongada meditação já o tinha feito ver a verdade com instantânea clareza":

> Se alguma vez Anselmo teve um momento de hesitação entre duas conclusões conflitantes, ele não nos deixa entrevê-lo: em todos os seus escritos, ele aparece em cena já como vencedor, pronto para elucidar, talvez para demonstrar, mas não para lutar.[131]

Dessa forma, Voegelin afirma o óbvio, quando percebe uma falta de "distanciamento crítico" em Anselmo, pois a natureza da experiência de Anselmo foi exatamente aquela em que tal distância é superada. Ao pretender acrescentar essa distância – uma distância reflexiva – na meditação de Anselmo, Voegelin termina por alterar profundamente o seu caráter. Além do mais, de fato existe uma distância no trabalho de Anselmo – isto é, o distanciamento entre a meditação e a subsequente articulação de suas conclusões na forma da linguagem, da argumentação e das definições. Por sua vez, os escritos de Voegelin carecem justamente de tal distanciamento.

Os ensaios meditativos de Voegelin não foram escritos após a conclusão de uma meditação; eles *são meditações em busca de*

---

[128] René Girard, *Mentira Romântica e Verdade Romanesca*, p. 331.
[129] Ver de Southern, *Saint Anselm*, p. 129.
[130] Ibidem, p. 117.
[131] Ibidem, p. 114-15.

uma conclusão – a razão em busca da fé. À luz dessa observação, não se torna de todo surpreendente o fato de o problema com as finalizações – e conclusões – continuarem a assombrar os ensaios de Voegelin desde o primeiro até o último volume de *Ordem e História*. Um dos maiores problemas que atormentaram Voegelin enquanto trabalhava nos volumes de *Ordem e História* era o fato de ele precisar conceber um início "sem saber como a narrativa vai terminar".[132] Esse problema se torna temático na reflexão de abertura do volume cinco, *Em Busca de Ordem*, no qual explica que "a narrativa não tem início antes de chegar a seu final".[133] O caráter inconcludente da obra de Voegelin não se deve ao fato de ele ter falecido enquanto ainda trabalhava em textos capitais, mas, em vez disso, deve-se ao fato de que no seu caso, e ao contrário do caso de Anselmo, a articulação do processo meditativo *se confunde* com o próprio processo meditativo.

X.

Em seu *Proslogion*, Anselmo abre seu coração em oração:

> Venha, então, Senhor meu Deus, ensinai-me onde e como buscá-lo, onde e como encontrá-lo. Senhor, se Vós não estiverdes aqui presente, então onde, e já que estais ausente, como poderei encontrá-lo? Por outro lado, se Vós estais em toda parte, então onde, já que não o vejo? Mas, certamente, habitais a "luz inacessível" [1 Timóteo 6,16] [...] Nunca o vi, Senhor meu Deus, não conheço vossa face.[134]

---

[132] Eric Voegelin para Donald R. Ellegood, em 22 de fevereiro de 1963, Seção 24, Pasta 24.1.
[133] Eric Voegelin, *In Search of Order*, p. 13.
[134] Anselmo, *Proslogion*, p. 1, 84.

Há duas razões principais pelas quais Anselmo não consegue "ver" a "face" de Deus. A primeira é a "luz inacessível" da presença de Deus, a imensidão de Deus e seu esplendor e totalidade absolutos.[135] O segundo motivo não se refere, todavia, aos atributos de Deus, mas às limitações da alma de Anselmo:

> Senhor meu Deus, Vós que me formastes e reformastes, diga à minha alma desejosa o que sois Vós além daquilo que ela conhece para que possa ver claramente o que deseja. Ela se esforça para que possa ver mais, e nada mais consegue ver além da escuridão e aquilo que já conhece.[136]

Voegelin também considera esta citação importante porque a lê como um comentário sobre "os limites da busca noética"; com esta citação, Anselmo "reconhece que o Deus encontrado por meio da verdade da razão não é ainda o Deus que o investigador experimentou como presente na formação e reformação de sua existência".[137] Mas o texto de Anselmo prossegue de forma diferente: a escuridão que ele vê não é a escuridão do Deus Desconhecido, mas as sombras de sua própria alma:

> Não vê a escuridão, a qual não está em Vós, de forma alguma; mas percebe que não pode ver além por causa de sua própria escuridão.[138]

Anselmo endossa aquilo que percebem, segundo Girard, os "romancistas de gênio" em um momento de "queda existencial":

---

[135] Ibidem, p. 14, 95-96; sobre esse tema, ver, em especial, p. 16.
[136] Ibidem, p. 14 e 96.
[137] Eric Voegelin, "Quod Deus Dicitur", p. 383; essa seção também é citada, com menos análise, em "The Beginning and the Beyond", p. 195. [Em português: "Quod Deus Dicitur". In: *Ensaios Publicados 1966-1985*, Trad. Elpídio Mário Dantas Fonseca. São Paulo, É Realizações Editora, 2019]
[138] Anselmo, *Proslogion*, p. 14 e 98. Ênfase minha.

a autojustificação por meio da exteriorização é um sinal de vaidade e orgulho. Ele sabe que a sombra de sua alma não representa o limite da análise noética e conceitual, mas a aflição da alma com seu pecado:

> Reconheço, Senhor, e dou graças que Vós tenhais criado em mim a Vossa imagem, de forma que eu possa lembrar-me de Vós, que eu possa amá-lo. Mas essa imagem se encontra tão apagada e desgastada pelo vício, tão escurecida pela fumaça do pecado, que não pode mais fazer o que foi feita a fazer, a não ser por meio de vossa renovação e reforma.[139]

O problema do pecado, portanto, é crucial para a meditação de Anselmo. A sua *fides quaerens intellectum* responde ao comando do Senhor para que tenhamos fé, o que requer a superação não apenas da ignorância, mas também do pecado.[140] Nesse sentido, Anselmo simplesmente segue o modelo do livro *Confissões* de Agostinho:

> Quem me fará descansar em ti? [...] Quem fará com que venhas ao meu coração e o inebries a ponto de eu esquecer meus males, e me abraçar a ti, meu único bem? [...] Minha alma é morada muito estreita para te receber: será alargada por ti, Senhor. Está em ruínas, restaura-a! Tem coisas que ofendem aos teus olhos: eu o sei e confesso. Mas, quem pode purificá-la? A quem senão a ti eu clamarei: "Purifica-me, Senhor, dos meus pecados ocultos, e perdoa a teu servo as culpas alheias?".[141]

---

[139] Anselmo, *Proslogion*, p. 1 e 87. Ênfase minha.
[140] Ver a proveitosa discussão de Montague Brown, "Faith and Reason in Anselm: Two Models". *The Saint Anselm Journal*, vol. 2, n. 1, 2004, p. 10-21.
[141] Augustine, *Confessions*. Trad. John K. Ryan, Garden City, Image Books, 1960, p. 43.

A noção de pecado não aparece nas meditações de Voegelin, que alega usar o *Proslogion* de Anselmo e as *Confissões* de Agostinho como modelos. Será que tal incongruência é mero resultado da "abstração", como Voegelin pensava?

Podemos vislumbrar uma busca meditativa alternativa que em muitos sentidos pareceria equivalente à de Voegelin. Essa busca começaria não como resistência à inverdade, mas com resistência ao pecado. E para cada termo evocado na busca de Voegelin haveria um termo equivalente em nossa busca. Alguns termos podem ser comuns a ambas as meditações. E, ainda assim, embora "os processos de pensamento" – o *Gedankengang* de Voegelin, acima citados – possam bem parecer nos dois movimentos, no sentido de uma correspondência estrutural dos termos, o *significado* dos movimentos meditativos estaria em divergência.[142] A principal razão para essa divergência está intimamente relacionada ao problema central de toda a filosofia de Voegelin, da forma como identificada neste ensaio: embora possamos nos definir em oposição à inverdade, a natureza peculiar da categoria "pecado" torna muito difícil para nós resistir ao pecado, sem que meditemos sobre as aflições geradas pelos nossos próprios pecados. A noção de pecado, muito mais do que a de inverdade, não pode ser evocada sem uma séria introspecção, porque o pecado, tanto em sua dimensão pessoal quanto transpessoal, sempre inclui o orgulho como componente.[143]

---

[142] Aqueles que alegam que os dois tipos de meditação – a de Voegelin e a de Agostinho/Anselmo – compartilham a mesma natureza não apenas segundo suas estruturas, mas também segundo seus significados, já operam em função do quadro esquemático de Voegelin.

[143] Ver, também, Josef Pieper, *The Concept of Sin*. Trad. Edward T. Oakes, S. J. South Bend, St. Augustine's Press, 2001, em especial o capítulo 5: "Pride and Desire".

posfácio
o terrorismo, o bode expiatório e o mundo atual

João Cezar de Castro Rocha[1]

Etimologia como *revelação*

Política e Apocalipse: o leitor tem em mãos um livro surpreendente.

A começar pelo título.

Em sua introdução, Robert Hamerton-Kelly não somente justifica a escolha, como também esclarece um emprego inadequado que se tornou dominante.

De fato, no uso cotidiano, apocalipse se confunde com "grande cataclismo; fim do mundo". Muito embora esta seja a sexta e última acepção consagrada no *Dicionário Houaiss*, praticamente se tornou o único sentido atribuído à voz de origem grega *apokalypsis*.

Contudo, basta consultar as cinco primeiras acepções da palavra para encontrar o significado comum de *revelação*. Isto é, *apokalypsis* nem sempre implica uma referência escatológica – ainda que o sentido possa estar (e esteja) presente em inúmeros contextos –, porém necessariamente indica um ato de *revelação* de significados até então ocultos.

---

[1] Professor de Literatura Comparada da Universidade do Estado do Rio de Janeiro (UERJ).

Como já vimos em outros volumes da Biblioteca René Girard,[2] retornar à etimologia é gesto indispensável para compreender o caráter *apocalíptico* da antropologia derivada da teoria mimética.

Caso contrário, o preconceito, alimentado por um mal-entendido tolo, impede o diálogo com as teses propostas pelo pensador francês.

Ora, acima de tudo, Girard afirma que o estudo da violência em sociedades humanas *revela* a centralidade do mecanismo do bode expiatório na constituição dos primeiros núcleos culturais providos de alguma complexidade.

Em outras palavras, em ocasiões de grande violência interna, quando um grupo social pode chegar ao ponto da autodestruição, o mecanismo do bode expiatório ter-se-ia imposto como autêntico passaporte para o retorno à ordem e ao restabelecimento das hierarquias. Afinal, a violência, que antes se disseminava sem controle, é canalizada na figura de um único membro do grupo, considerado responsável pela irrupção da desordem. Em consequência, seu sacrifício absorve a violência coletiva, transformando-a em reforço do vínculo gregário.

Desse modo, a antropologia mimética pretende *revelar* a centralidade da violência, ou seja, do mecanismo do bode expiatório, nas origens da cultura humana. Trata-se, assim, rigorosamente, de uma *antropologia apocalíptica*.

Um dos mais próximos e fecundos colaboradores de René Girard, Robert Hamerton-Kelly dá um passo adiante de grande importância, iluminando o projeto subjacente a este livro:

> Na Bíblia ficamos sabendo que apocalipse e política são fatores intimamente interligados

---

[2] Tratei do tema especialmente em "Teoria Mimética e Secularismo: Relações Perigosas", apresentação do livro de Gabriel Andrade, *René Girard: Um Retrato Intelectual*. Trad. Carlos Nougué. São Paulo, É Realizações Editora, 2011.

desde o início; na realidade, na maior parte das vezes, *apocalipse* é uma *interpretação da política na forma de uma narrativa codificada*. Essa definição de apocalipse mostra sua relevância estreita com o universo político e é suficiente para explicar as bases de nosso projeto.[3]

Além do potencial antropológico, a recuperação etimológica de *apokalypsis* autoriza uma releitura da atividade política. Após um percurso erudito pelas ocorrências do termo na Bíblia, evidenciando o contexto propriamente político de sua utilização, Hamerton-Kelly propõe pensar o mundo contemporâneo em chave semelhante.

Trata-se de gesto ousado e, por isso mesmo, relevante.

Gesto tornado urgente por um evento epocal.

11/09/2001

Em seu ensaio, Peter Thiel esclarece o sentido radical da ruptura dos padrões políticos dominantes do século XIX até o dia 11 de setembro de 2001. No fundo, os textos aqui coligidos buscam criar uma forma para a compreensão do bravo mundo novo das relações políticas internacionais surgido desse evento.

Leiam-se as palavras de Peter Thiel:

> O século XXI começou com os estrondos de 11 de setembro de 2001. Naquelas horas aterrorizantes, todo o modelo político-militar dos séculos XIX e XX e, de fato, de toda a época moderna,

---

[3] Ver, neste livro, p. 17 (grifos do autor).

com sua ênfase nos métodos militares dissuasórios, em Estados-Nação calcados nos princípios da razão, dos debates públicos e da diplomacia internacional, foi colocado em xeque.[4]

Realmente, desde a ocorrência do atentado contra o World Trade Center, por muito tempo parece que ficamos condenados tanto à repetição das imagens do atentado terrorista como ao desfilar de interpretações contraditórias. Com o começo da ofensiva militar, inicialmente no Afeganistão e depois no Iraque, novas cenas e outras tantas interpretações passaram a ocupar o centro dos acontecimentos.

Contudo, uma circunstância fundamental do episódio ainda não mereceu o devido destaque: à necessidade de reordenar as relações internacionais corresponde a tarefa, talvez até mais importante, de imaginar cenários filosóficos e políticos alternativos para o mundo atual.

A tentativa de oferecer semelhante configuração é precisamente o grande mérito do livro que o leitor tem em mãos. A fim de esclarecer a importância da iniciativa, recorde-se brevemente a própria dinâmica do atentado.

De um lado, os terroristas lançaram mão de um recurso elementar, presumivelmente empregando facas e estiletes para dominar a tripulação dos aviões sequestrados. O recurso é tão trivial que driblou os padrões usuais de segurança, programados para identificar instrumentos mais "sofisticados". De outro lado, esses mesmos terroristas assumiram o controle de máquinas extremamente avançadas, transformando-as em autênticos "aviões-bomba" – numa cruel versão *high-tech* dos homens-bomba.

Essa combinação de recursos extremamente simples, quase arcaicos, com técnicas altamente avançadas provocou um colapso militar e

---

[4] Ver, neste livro, p. 273-74.

interpretativo – e um colapso em cadeia, ressalte-se. Os sistemas de defesa não tinham como antecipar essa conjunção desigual de recursos e, sobretudo, não estavam preparados para enfrentar seu emprego *simultâneo*.

De igual modo, os sistemas interpretativos dominantes também não têm demonstrado capacidade de explicar essa equação em aparência insustentável. Aqui reside a força e a originalidade dos ensaios reunidos neste livro, pois o recurso à teoria mimética permite uma abordagem finalmente livre da armadilha do maniqueísmo.

Aliás, os ensaios deste livro também discutem em profundidade a obra de Carl Schmitt, Leo Strauss e Eric Voegelin, conferindo à leitura dos impasses do momento presente um bem-vindo horizonte comparativo.

O colapso dos sistemas de defesa não precisa ser comentado – o êxito do atentado comprova-o com veemência. Em relação aos sistemas interpretativos, nada poderia ser mais eloquente do que os inúmeros estudos que ainda hoje insistem no samba de uma nota só: a irracionalidade definidora dos atos terroristas, o caráter inédito dos atentados, o surgimento de um mundo novo, etc. São apocalípticos, mas na acepção usual do termo, não no sentido girardiano, isto é, na acepção aprofundada de Hamerton-Kelly.

Naturalmente, tal perspectiva apocalíptica tem muito pouco a oferecer para um entendimento inovador do mundo contemporâneo.

Ora, não houve nenhuma irracionalidade no planejamento e na execução do atentado. Muito pelo contrário, o uso simultâneo de recursos *low* e *high-tech* almejava desorientar a racionalidade tradicionalmente empregada contra atos terroristas. Nada mais racional, portanto, do que a aparente irracionalidade.

No tocante à novidade do gesto suicida, a surpresa é tanto maior quanto mais volátil se torna a memória ante o bombardeio de imagens e comentários ininterruptos do cotidiano globalizado do universo digital.

Guardadas as óbvias diferenças, ao fim da Segunda Guerra Mundial a estratégia kamikaze já adotara o mesmo princípio. Ou seja, a combinação da tecnologia mais avançada – os caças de guerra – com um milenar código de honra – o código samurai. O kamikaze, o "deus do vento" em japonês, chocava seu avião, carregado de explosivos, contra navios aliados. O voo suicida dos primeiros deuses do vento foi recebido com grande surpresa pelas forças ocidentais, que também consideraram a estratégia irracional, filha do desespero de uma guerra perdida.

No exemplo kamikaze, porém, pode-se argumentar que os alvos atingidos eram militares. Entretanto, os homens-bomba são prioritariamente utilizados contra alvos civis. Eles também combinam controle técnico e disposição suicida, com base no comportamento religioso mais arcaico possível. Trata-se da divisão maniqueísta do mundo em pares opostos irreconciliáveis: o bem e o mal; assim, sem nuanças ou sutilezas.

Numa cruel ironia, imediatamente após o atentado contra as torres gêmeas, tanto a imprensa mundial quanto o governo norte-americano pareciam estar enredados na reprodução da lógica interna dos atentados – e o princípio da ofensiva militar somente agravou o problema. A mídia, graças à sofisticada tecnologia das comunicações, foi capaz de transmitir o evento praticamente desde o seu princípio. O choque do segundo avião contra o World Trade Center foi visto em todo o mundo *no momento mesmo de sua ocorrência*. O governo norte-americano, graças à sofisticada tecnologia militar, pôde assumir a "cruzada" imperial de erradicar o terrorismo da face da terra, anunciando o horizonte de uma *pax americana*, transformando certos países islâmicos na Cartago dos tempos globalizados.

Contudo, a mídia (pelo menos sua maior parte) e o governo norte-americano (pelo menos nos pronunciamentos do presidente George W. Bush) de igual modo lançaram mão do mais arcaico dos sistemas interpretativos; na verdade, daquele que segundo René Girard se encontra na origem da cultura – esclarece-se, pois, o elo desse evento epocal com a teoria mimética.

Em outras palavras, imprensa e governo acreditavam dar conta da extraordinária complexidade do momento atual mediante a *busca de bodes expiatórios*.

Osama bin Laden foi apenas o mais visível de todos eles. Os muçulmanos, em segundo lugar. Depois, aqueles cujas feições pareçam árabes. E, muito em breve, todo e qualquer *estrangeiro*. A mensagem do presidente George W. Bush no Congresso, logo após o 11 de setembro, foi clara: quem não estiver com os Estados Unidos, estará ao lado dos terroristas; assim, sem nuanças ou sutilezas. Num outro momento, Bush afirmou que, nesse caso, "Deus não estaria neutro"... Salvo engano, a afirmação não faz sentido para o adepto de uma religião monoteísta. No discurso de 7 de outubro do mesmo ano, anunciando o começo da ofensiva militar, Bush mostrou-se mais modesto, mas nem por isso menos assustador: "Nesta guerra, nenhum país poderá ser neutro".

Estaremos condenados a reproduzir a dinâmica dos atentados terroristas, combinando tecnologia de ponta com esquemas interpretativos arcaicos, dividindo o mundo apressadamente entre o bem e o mal?

Esta pergunta se torna ainda mais relevante se tivermos lucidez para observar a diferença: enquanto os terroristas *deliberadamente* utilizaram ao mesmo tempo instrumentos sofisticados e recursos arcaicos, a mídia e o governo norte-americano pareceram estar dominados *inconscientemente* pela mesma dinâmica. Aliás, o discurso de Osama bin Laden, gravado antes mesmo do princípio da ofensiva militar, e transmitido à exaustão por redes de televisão de todo o mundo, comprova o que proponho. De um lado, ele empregava uma avançada tecnologia de comunicação, e, de outro, difundia uma mensagem tão arcaica quanto a do bode expiatório: os Estados Unidos – na verdade, todo o Ocidente – representam o reino dos infiéis, por isso, a encarnação do mal.

Nessa guerra de espelhos, os duplos miméticos, como Girard ensinou, não podem senão alimentar o ciclo infinito da retribuição e, portanto, da violência.

Essa é a única lógica disponível numa situação complexa como a que vivemos?

Os ensaios aqui reunidos pretendem oferecer uma alternativa.

Terrorismo e bode expiatório[5]

Talvez se possa romper esse círculo vicioso retornando ao mecanismo do bode expiatório, associando-o ao problema da narrativa numa época em que um evento epocal e sua exposição na mídia ocorrem *simultaneamente*.

Como vimos em inúmeros livros da Biblioteca René Girard, a descoberta do mecanismo do bode expiatório corresponde ao período mais arcaico de organização da cultura humana, possibilitando *o surgimento de uma narrativa elementar*, com base na divisão maniqueísta entre o bem e o mal. Vale dizer, o mecanismo do bode expiatório também favorece a gênese da linguagem simbólica, o que permite a fabulação de narrativas mínimas de explicação de conflitos.

Um dos maiores desafios para a compreensão do mundo contemporâneo reside na simultaneidade dos atos e de sua exposição imediata. A fim de narrar uma história, relacionamos ações ocorridas em momentos diferentes. A narrativa é a própria organização dessas ações mediante o estabelecimento de conexões entre elas. Conexões que, por sua vez, dependem de uma interpretação, que costuma ter como

---

[5] René Girard oferece interpretações propriamente miméticas do fenômeno atual do terrorismo em seu diálogo com Benoît Chantre, *Rematar Clausewitz: Além Da Guerra*. Trad. Pedro Sette-Câmara. São Paulo, É Realizações Editora, 2011.

base a sequencialidade das ações. Como *interpretar* um evento quando ele ocorre no momento mesmo em que devemos interpretá-lo?

Nesse caso, também não estamos diante de uma configuração radicalmente nova. A queda do Muro de Berlim, em 1989, e a Guerra do Golfo, em 1991, já haviam provocado um relativo colapso dos sistemas interpretativos tradicionais, devido à simultaneidade do ato e de sua divulgação midiática. Entretanto, é inegável que o atentado de 11 de setembro e a cobertura da ofensiva militar se diferenciaram pela amplitude da cobertura e pela dimensão do acontecimento.

Se a ocorrência do evento e sua exposição são simultâneas, e se seu alcance rompe com as expectativas usuais, como oferecer uma organização narrativa coerente se nem sequer temos tempo para interpretar os fatos? Vale dizer, como estar à altura da complexidade do fenômeno?

Talvez por isso a cobertura da guerra contra o Afeganistão e depois contra o Iraque tenha optado por um caminho cômodo. Por um lado, substitui-se a necessidade de prover uma conexão interpretativa pela repetição *ad nauseam* de determinadas cenas emblemáticas. Por outro, substitui-se a necessidade de um aprofundamento das questões implicadas no evento pela procura de bodes expiatórios. Assim, a complexidade possibilitada pelo avanço tecnológico dos meios de comunicação é diluída pelo recurso a um sistema interpretativo arcaico.

A superação desse círculo vicioso representa o desafio maior. É necessário imaginar uma nova narrativa que, em lugar de bodes expiatórios, busque a justiça, não deixando de condenar com vigor a ação criminosa, mas criando condições francas de diálogo.

Em outras palavras, uma narrativa complexa, que esteja à altura da complexidade do mundo contemporâneo, exige um esforço filosófico igualmente renovador.

Eis precisamente o sentido e a relevância de *Política e Apocalipse*.

índice analítico

Agnosticismo, 229
Aldeia
  global, 106
Anomia, 30
Antissemitismo, 204, 226
  Anti-Semitismus, 15
  cristão, 63
Antropologia
  bíblica, 270
Apocalipse, 10, 13, 26,
  28, 30, 81, 85, 97, 139,
  191-92, 296
  apocalipse em Voegelin,
  161
  apocalipses bíblicos, 93
  conteúdo do, 22
  cristão, 311
  definição de, 17
  e história, 157, 168
  e política, 168
  e política internacional,
  32
  etimologia de, 11, 192
  historiografia do, 29
Aquecimento
  global, 140
Assassinato
  coletivo, 71
  dos profetas, 52
  fundador, 49, 52, 55,
  71, 74, 308, 312

religioso, 51
ritual, 265
Ateísmo, 97, 125, 197,
  205, 240, 244, 263
  religioso, 244, 248, 265
Auschwitz
  vítimas de, 100
Autorrealização
  culto da, 144
Autossacrifício, 292
Bode expiatório, 41, 57,
  61, 65, 70, 119, 308
  mecanismo do, 53, 93,
  119, 126, 134, 193,
  198, 237
Calvinismo, 122
Caos, 44
Capitalismo, 285
  liberal, 185
Catarse
  katharsis, 51
Catolicismo, 131
Ceticismo, 249
Comunismo, 186
Conservadorismo, 190, 259
Contrarreforma, 279
Conversão, 35, 153, 155,
  171, 345, 348
  conversio, 325
  intelectual, 349
  possibilidade de, 155

Crise
  mimética, 118
  sacrificial, 21, 30, 40, 265
Cristianismo, 88, 109,
  126, 130, 132-33, 193,
  197, 209, 214, 219-20,
  235, 250, 252, 281, 350,
  354, 366
  e filosofia, 354
  e gnosticismo, 357
  medieval, 59
  primitivo, 24
  sacrificial, 136
Cruz
  hermenêutica da, 20
  revelação da, 92
Cultura
  sacrificial, 66, 70
Deísmo, 124
Democracia
  liberal, 186
Desejo, 33, 347
  distorcido, 162
  metafísico, 33
  mimético, 37, 195
Dialética, 172, 279
Emulação, 274
Escândalo, 193
Escatologia, 26, 139, 146,
  165, 303
  e história, 139, 142

Escolástica, 142
Estruturalismo, 68
Eterno retorno, 247, 248, 250, 255, 262, 265-66
Evolucionismo, 91, 306
Fundamentalismo, 84
  cristão, 16
Globalização, 39, 133, 252, 256
Gnosticismo, 46, 153, 329, 333, 336, 356-57
  crítica ao, 339
Guerra Fria, 107, 275, 335
Gulags
  vítimas dos, 100
Heroísmo, 246
Hiroshima
  vítimas de, 100
História
  fim da, 294
Historicismo, 214, 239
Historiografia, 160, 161
Holocausto, 230, 249
Humanismo
  integral, 115
Humildade, 340
Iluminismo, 176, 177, 212, 220, 276, 287-88, 297, 302, 307, 314
  crítica do, 208
  radical, 208
Interpretação
  figural, 59
Islamismo, 287
Islã, 41
Isomorfismo, 139
Judaísmo, 62, 171, 209, 210, 218, 223, 229, 231, 233, 237, 243, 252, 254
  bíblico, 222
  sacerdotal, 235
Liberalismo, 169, 179, 185, 233, 255, 281, 326
  moderno, 253
Liderança, 43
  teoria da, 43
Marxismo, 150, 162, 326

Masoquismo, 250
Méconnaissance, 310
Messianismo, 210, 234, 236, 252
Método
  mimético, 20
Milenarismo, 9, 20
Milênio, 81
Mímesis, 192-93, 195, 198, 306, 310, 312, 315, 343
Misticismo, 324-25, 327, 342
Mito, 308-09
  paulino, 353
Modernismo, 186
Monoteísmo, 125
Nacionalismo, 259
Nazismo, 15, 168
Niilismo, 149, 186, 263
Ordem
  filosofia da, 150
Paganismo, 124-25, 130-31, 136
Paixão, 69-71, 74
Paradoxo, 321, 343, 361
Política
  como guerra, 43
Pós-história, 21
Positivismo, 131, 150
Pós-milenarismo, 84
Pós-modernismo, 144, 149, 258, 297
Pré-milenarismo, 84
Primeira Guerra Mundial, 105, 115, 169
  global guerra civil, 105
Profecia, 26
Psicanálise, 67
Questão
  judaica, 201, 203, 205, 211, 215, 222, 238, 255
Racionalismo, 178
  platônico, 217
  pré-moderno, 176
Redenção, 242

Reforma, 84, 181, 279
Reino de Deus, 94, 99, 120, 134, 137
Relativismo, 186, 215, 302
Religião
  mito da, 65
  pagã, 128
Renascimento, 181
Ressentimento, 19, 92, 100, 186
Ressurreição, 24, 97-98, 100, 192
Revelação, 58, 71, 75, 192, 209, 311, 313
  cristã, 62, 354
Revolução
  Americana, 280-81, 301
  Francesa, 202, 281
  Puritana, 84
Rivalidade
  mimética, 38, 83, 307
Sacrifício, 79, 263, 265, 278
  de Deus, 263
  linguagem do, 265
  necessidade do, 262
  ritual, 38
Sagrado, 264, 268
Satanás, 16, 28, 30, 55, 86, 94
  como assassino, 55
  como ciclo mimético, 55
  reino de, 135
  sentido de, 57
Secularização, 195
Segunda Guerra Mundial, 110, 116, 275, 288
Simbolicidade, 57
Sincretismo
  metodológico, 321
Sionismo, 168, 205
  cultural, 206, 221
  político, 194, 205, 238
Sistema
  sacrificial, 227
Suicídio, 39

Teologia, 147, 209, 244
  católica, 145, 193
  cristã, 92
  Dramática, 81
  escolástica, 82
  política, 119, 122, 124-25
  Sistemática, 81
  theologia negativa, 325
Teoria
  apocalíptica, 43
  mimética, 10, 32, 38, 43, 47, 81, 107, 110, 133, 191, 198
Terrorismo, 9, 103, 107, 273, 287, 311
  fundamentalista, 108
  globalizado, 104
Totalidade, 375
Tradição
  judaico-cristã, 256, 267
Transcendência, 21
  divina, 174
Unanimidade, 73
Universalismo, 24, 62, 232-33, 256
Vingança, 19, 49, 92, 96, 101, 118
Violência, 41, 58, 75, 95, 138, 267, 274, 286, 315
  apocalíptica, 311
  escalada de, 307
  espiral de, 95
  estrutural, 118
  global, 9
  humana, 77-78, 118
  mimética, 199
  planetária, 118
  primordial, 114
  psicológica, 198
  ressentida, 14
  sacralização da, 308
  sagrada, 32, 37, 40, 43, 265
Vítima, 38, 50, 53, 61, 75, 98, 127, 199, 233, 251, 270, 311
  centralidade da, 256
  idolatrada, 39
  original, 54
  substituta, 20, 38, 39, 43
Vitimização, 50, 63, 67, 99
  coletiva, 52

índice onomástico

Alexandre, 303
Alfarabi, 175, 189
Altizer, Thomas J. J., 349
Ambrósio, 133
Anselmo, 369, 371, 373-75
Arendt, Hannah, 127, 350
Aristóteles, 141, 144,
    147-50, 152, 155, 157,
    170, 172, 175, 182, 187,
    190, 306
Averrois, 175
Avicena, 175
Bacon, Francis, 181
Baker, Margaret, 29
Balthasar, Hans Urs von,
    197
Balzac, Honoré de, 286
Baruzzi, Arno, 335
Beckett, Samuel, 12
Behnegar, Nasser, 170
Berger, Peter E., 322
Bergson, Henri, 111
Berman, Russell, 103
Bespaloff, Rachel, 127
Bloom, Allan, 149, 187
Bodin, Jean, 324
Bonhoeffer, Dietrich, 129,
    136
Brecht, Bertolt, 286
Brooks, David, 13
Buber, Martin, 208, 327

Bueno, Aníbal, 359
Bultmann, Rudolf, 89,
    146, 167, 331
Burckhardt, Jacob, 162
Bush, George W., 12, 43,
    287
Butterfield, Herbert, 181
Calasso, Roberto, 304
Calígula, 31
Calvino, João, 174
Canterbury, Anselmo de,
    156, 367
Caringella, Paul, 196, 344
Celso, 125
Churchill, Winston, 190-91
Clancy, Thomas H., 337
Clausewitz, Carl von, 43
Cohen, Hermann, 171,
    208, 233, 239
Cohn, Norman, 10
Collingwood, Robin
    George, 188
Collins, J. J., 11, 17
Comte, Auguste, 181, 352
Condorcet, Marquês de, 181
Constantino, 81
Cooper, Barry, 317
Cortés, Juan Donoso,
    124-25
Cromwell, Oliver, 112,
    121, 293

Crowe, Frederick E., 142
Cullmann, Oscar, 146
D'Alembert, Jean le Rond,
    181
Darwin, Charles, 306
Davis, Gregory M., 14
Descartes, René, 175
Diderot, Denis, 181
Domiciano, 28
Doran, Robert M., 142
Dostoiévski, Fiódor, 33,
    132, 197
Dubnow, Simon, 221, 223
Dupuy, Jean-Pierre, 310,
    312
Durkheim, Émile, 30
East, John, 323
Ecker, Ludwig, 199
Édipo, 53
Elior, Rachel, 29
Eliot, T. S., 24, 146
Ellegood, Donald R., 354
Emberley, Peter, 317
Embry, Charles R., 317
Engel-Janost, Friedrich,
    320
Ernst, Carl W., 326
Espinosa, Baruch de, 171,
    204, 207, 252
Eusébio de Cesareia, 81
Feuerbach, Ludwig, 352

Fichte, Johann Gottlieb, 352
Filo de Alexandria, 31
Fiore, Joaquim de, 15, 82, 332
Flaubert, Gustave, 36
Fleming, Chris, 10
Foley, Mark, 12
Fortin, Ernest, 175
Foucault, Michel, 322
Franz, Michael G., 335
Fraser, Giles Anthony, 245-46
Freud, Sigmund, 49, 65, 207, 211, 229, 245
Friedman, Milton, 285
Friedrich, Carl J., 330
Fukuyama, Francis, 9
Gibson, Mel, 283
Girard, René, 9, 11, 32, 36-37, 44, 47, 49, 79, 81, 92, 94, 103, 105, 108, 120, 127, 129, 134, 139, 147-49, 191-95, 197, 203, 235, 251, 256-57, 265-67, 305-06, 308, 310-12, 345, 348, 366-67, 375
Goethe, Johann Wolfgang von, 299
Gourevitch, Victor, 235, 249
Green, Kenneth Hart, 170
Halevi, 175
Hallowell, John H., 337
Halperin, Mark, 43
Hamerton-Kelly, Robert G., 103, 127, 137, 363-64
Hanna, Gillian, 12
Harris, John F., 43
Hedges, Chris, 14
Hegel, Georg W. F., 179, 181, 185, 276, 309, 352
Heidegger, Martin, 77, 153, 169, 170-71, 194, 202, 258
Heilman, Robert, 317, 320
Henningsen, Manfred, 325, 334

Heráclito, 77, 270
Heródoto, 162
Herzl, Theodor, 222
Hitler, Adolf, 15, 100, 168, 257
Hobbes, Thomas, 113, 132, 169, 175, 180, 182, 195, 198, 279, 283, 293, 308
Hofstadter, Richard, 12
Hollweck, Thomas, 362
Homero, 127
Huntington, Samuel P., 107, 109-10
Husserl, Edmund, 170-71
Illich, Ivan, 106
Jaffa, Harry V., 190
Jardine, Murray, 329
Jenkins, Jerry, 14
Jesus Cristo, 146, 159, 192-93, 199, 282, 291, 351, 356
Johann, Robert O., 143
Johnson, Jeffrey P., 125
Josefo, Flávio, 31
Kant, Immanuel, 167, 181, 184, 276
Käsemann, Ernst, 91
Kierkegaard, Soren, 153
Koch, Klaus, 89-90
Kojève, Alexandre, 185, 294
Koskenniemi, Martti, 122
Krauthammer, Charles, 287
Krugman, Paul, 12
Kundera, Milan, 36
Laden, Osama bin, 276, 287, 292
LaHaye, Tim, 14
Lampert, Laurence, 259
Lawrence, Fred, 42, 46, 139, 144
Lessing, Gotthold, 171
Levkowitz, Albert, 233
Lewis, Bernard, 108
Ley, Michael, 15
Locke, John, 180, 182-83, 185, 195, 280-82, 285-86, 288, 300, 306

Lonergan, Bernard, 141, 142-43, 145, 180
Lord, Carnes, 190
Löwith, Karl, 168, 201, 231, 247, 261, 326
Lubac, Henri de, 82
Lucrécio, 249
Lutero, 174
Maimônides, Moisés, 171, 175
Manent, Pierre, 277-78, 312
Mansfield, Harvey, 300
Maquiavel, 180-81, 277, 300
Maritain, Jacques, 115
Marx, Karl, 181, 185, 202, 260, 275, 277, 352
McCornick, John P., 169
McLuhan, Marshall, 106
Meier, Heinrich, 112, 120-21, 128, 169, 174, 254, 289
Mendelssohn, Moses, 208
Merrill, Clark A., 210
Metz, Johann Baptist, 91
Moltmann, Jürgen, 79
Montaigne, Michel de, 300
Montesquieu, 181
More, Thomas, 313
Mouffe, Chantal, 117
Müller, Jan-Werner, 110
Munck, Johannes, 72
Münzer, Thomas, 83
Musil, Robert, 179
Nash, George H., 323
Newton, Isaac, 84
Niemeyer, Gerhart, 351
Nietzsche, Friedrich, 19, 144, 168, 181, 186, 194, 197, 201, 203, 210, 213-14, 216-18, 220, 222, 224, 226-28, 230, 236, 238-39, 242, 245-48, 250, 255, 257, 261-63, 265, 267, 269, 271, 312-13, 327, 352

Niewiadomski, Józef, 79, 85, 99
O'Donovan, Oliver, 137
Opitz, Peter J., 334, 359
Orígenes, 81, 125
Paine, Thomas, 301
Palaver, Wolfgang, 10, 44, 103, 119, 131, 136-37
Pangle, Thomas L., 171
Pannenberg, Wolfhart, 146
Papa João Paulo II,, 137-38
Papa Urbano II, 292
Pascal, Blaise, 195
Peterson, Erik, 124-25
Piccone, Paul, 103
Pieper, Josef, 377
Pinter, Harold, 12
Planic, Zdravko, 365
Platão, 133, 148, 150, 152, 172, 177-78, 187, 189, 194, 201, 217, 236, 249, 263, 267, 353, 360, 365
Plotino, 154
Pogue Harrison, Robert, 64
Price, Geoffrey L., 318
Quispel, Gilles, 334
Ranieri, John, 201, 231
Reagan, Ronald, 16
Reinhardt, Karl, 271
Riezler, Kurt, 269
Rockefeller, 275
Rosenzweig, Franz, 170, 208
Rossbach, Stefan, 11, 15, 46, 317
Roth, Michael S., 235
Rousseau, Jean-Jacques, 144, 177, 181, 183-84, 190, 195, 198
Ruston, Roger, 130
Sandoz, Ellis, 336, 364
Santo Agostinho, 81-82, 94, 130, 133, 277, 367, 376-77
Santo Tomás de Aquino, 140, 174, 284, 340
São João, 55
São Lucas, 75
São Mateus, 75
São Paulo, 23-24, 29, 83, 167, 192, 196, 353
Schelling, Friedrich W. J., 157, 196
Scheurman, William E., 117
Schmitt, Carl, 11, 29, 42-44, 103-05, 109-12, 114, 117, 120, 123, 128-29, 131-32, 134, 136-37, 169, 171, 254, 289, 291, 293, 295, 300, 303, 305, 314
Schüerer, Emil, 27, 31
Schuettinger, Robert, 323
Schütz, Alfred, 317
Schwab, George, 170
Schwager, Raymund, 81, 85, 93, 95, 195
Schweitzer, Albert, 88, 146
Scott, Elizabeth, 337
Sebba, Gregor, 323, 334, 338, 359, 368
Serres, Michel, 24
Shakespeare, William, 306
Smith, Adam, 181, 185, 277
Sócrates, 150, 153, 173, 188, 213, 239, 314
Sokolowski, Robert, 174
Soros, George, 9, 12
Spengler, Oswald, 305
Stalin, Josef, 100
Stern, Karl, 193
Strauss, Leo, 42, 44, 104, 111, 114, 120, 132, 139, 147-49, 155-56, 168, 170, 172-73, 175-78, 181, 183, 186-87, 189, 194, 196-97, 201-04, 208-10, 212, 215-16, 218, 220, 222, 224, 228, 230-32, 235-36, 238, 240-41, 243, 245-46, 248, 250-51, 254, 256-57, 261, 263, 265, 267, 269, 271, 277, 280, 297, 299-01, 303-05, 312, 315, 317
Szakolczai, Arpad, 317
Taubes, Jacob, 106, 134
Tennyson, Alfred, 304
Tertuliano, 47
Thiel, Peter, 9, 273
Tito, 27
Tonsor, Stephen J., 323
Troeltsch, Ernst, 88
Tucídides, 249, 262, 269
Ulmen, Gary, 103
Vespasiano, 27
Vitoria, Francisco de, 130
Voegelin, Eric, 15, 42, 46-47, 132, 139, 142-43, 145, 147-49, 151, 154-56, 159-62, 166-68, 171-72, 179-80, 185, 187, 191, 194, 196, 198, 317, 321, 323, 326-27, 329, 331, 334-35, 337, 340, 343-44, 347, 349-50, 354, 356, 359, 361-62, 365, 367, 369, 371, 373, 377
Voegelin, Lissy, 366
Voltaire, 277
Von Balthasar, Hans Urs, 331-33, 337
Waal, Elizabeth de, 326
Wagner, Gehard, 317
Wagner, Richard, 197
Walgreen, Charles R., 329
Wandinger, Nikolaus, 98, 101
Ways, Max, 329
Webb, Eugene, 329
Weber, Max, 150, 170, 194
Weil, Simone, 108, 127
Weiss, Gilbert, 317
Weiss, Johannes, 88
Williams, James G., 192
Wright, Lawrence, 14
Wright, Nicholas Thomas, 146
Xenofonte, 194
Zank, Michael, 206

biblioteca René Girard*
coordenação João Cezar de Castro Rocha

Dostoiévski: do duplo à unidade
René Girard

Anorexia e desejo mimético
René Girard

A conversão da arte
René Girard

René Girard: um retrato intelectual
Gabriel Andrade

Rematar Clausewitz: além *Da Guerra*
René Girard e Benoît Chantre

Evolução e conversão
René Girard, Pierpaolo Antonello e João Cezar de Castro Rocha

Violência sagrada
Robert Hamerton-Kelly

O tempo das catástrofes
Jean-Pierre Dupuy

Édipo mimético
Mark R. Anspach

"Despojada e despida": a humilde história de Dom Quixote
Cesáreo Bandera

René Girard: do mimetismo à hominização
Stéphane Vinolo

Quando começarem a acontecer essas coisas
René Girard e Michel Treguer

Aquele por quem o escândalo vem
René Girard

O pecado original à luz da ressurreição
James Alison

O Deus escondido da pós-modernidade
Carlos Mendoza-Álvarez

O sacrifício
René Girard

O trágico e a piedade
René Girard e Michel Serres

Deus: uma invenção?
René Girard, André Gounelle e Alain Houziaux

Violência e modernismo
William A. Johnsen

Espertos como serpentes
Jim Grote e John McGeeney

Anatomia da vingança
Mark R. Anspach

Mito e teoria mimética
Richard J. Golsan

Além do desejo
Daniel Lance

Teoria mimética: conceitos fundamentais
Michael Kirwan

O Rosto de Deus
Roger Scruton

Mímesis e invisibilização social
Carlos Mendoza-Álvarez e José Luís Jobim

* A Biblioteca reunirá cerca de 60 livros e os títulos acima foram os primeiros publicados.

Você poderá interessar-se também por:

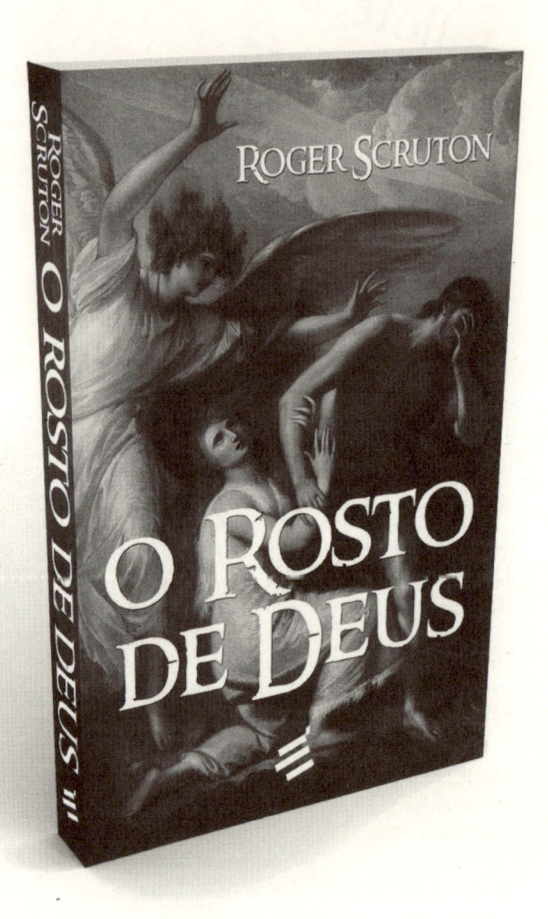

Roger Scruton explora o lugar ocupado por Deus num mundo em que a crença no divino é rejeitada, considerada um sinal de imaturidade emocional e intelectual. Este livro é uma resposta à cultura ateísta que cresce hoje à nossa volta, e também uma defesa da singularidade humana. Ele refuta a afirmação de que não existe propósito no mundo natural, e argumenta que o sagrado e o transcendental são "presenças reais", por meio das quais os seres humanos podem se conhecer e encontrar tanto sua liberdade quanto sua redenção.